남중국해 분쟁과 권력 정치

김 석 수 지음

김석수(金錫壽, Kim, Seuk Soo)

학부에서 영어 교육, 한국외국어대학교 대학원 아시아 지역 연구학과에서「일본 군사력 증강에 관한 연구」석사, 국제관계학과에서「日本의 대ASEAN 政策 過程 變化에 관한 연구」라는 주제로 정치학 박사학위(1997년)를 받았다. 이후 아세안 국제관계, 동남아와 소말리아 해적, 남중국해 분쟁 그리고 인도·태평양 전략에 관한 연구를 계속했다. 한국외국어대학교, 서울 교대, 청주대 강사를 거쳐 한국 외국어대학교 글로벌 캠퍼스 미네르바 교양대학 교수로 정년 퇴임했다. 현재 독립 연구자로 논어, 맹자, 노자, 장자 등 동양 고전을 공부하고 있다.

대표 논문으로「일본의 인도·태평양 전략과 아세안의 역할」,「아베 정부의 인도·태평양 구상의 전개 과정」,「인도와 중국의 영역권, 연결성 그리고 세력권 경쟁」,「The Complexities of Problems Cause By Refugges」,「베트남의 동맹정치: 남중국해 분쟁을 중심으로」,「남중국해 분쟁과 베트남의 전략」,「일본 정부개발원조(ODA)와 국익의 연계」,「남중국해 분쟁 해결과 아세안방식(ASEAN Way)」,「남중국해와 일본의 해양 안보」,「남중국해 분쟁과 미중의 전략적 경쟁」,「남중국해 해적과 해양테러리즘 연계 가능성」,「말라카 해협의 해적 퇴치 노력과 국제협력」,「동남아 테러리즘과 안보 문제화: 싱가포르와 인도네시아를 중심으로」,「남중국해 분쟁의 국제관계-파라셀과 스프래틀리 군도 분쟁을 중심으로」,「말라카 해협의 안보 협력」등이 있다. 저서로는『헤게모니 이후 세계정치경제에서 협력과 불화』(공역),『갈등과 통합의 국제정치』(공저),『정치학이란?』(공저),『스포츠와 국가 정체성』(공역) 등이 있다.

남중국해 분쟁과 권력 정치

2022년 3월 9일 초판 1쇄 인쇄
2022년 3월 16일 초판 1쇄 발행

지은이 ■ 김석수
펴낸이 ■ 정용국
펴낸곳 ■ (주)신서원
주소 : 서울시 서대문구 냉천동 260 동부센트레빌 아파트 상가동 202호
전화 : (02)739-0222·3 팩스 : (02)739-0224
신서원 블로그 : http://blog.naver.com/sinseowon
등록 : 제300-2011-123호(2011.7.4)
ISBN 978-89-7940-287-2   93340
값 25,000원

신서원은 부모의 서가에서 자녀의 책꽂이로
'대물림'할 수 있기를 바라며 책을 만들고 있습니다.
잘못된 책이 있으면 연락주세요.

이 저서는 2017년 대한민국 교육부와 한국연구재단의 지원을 받아 수행된 연구임 (NRF: 2017S1A6A40122677).

남중국해 분쟁과 권력정치

김석수 지음

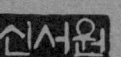

■ 남중국해 지도

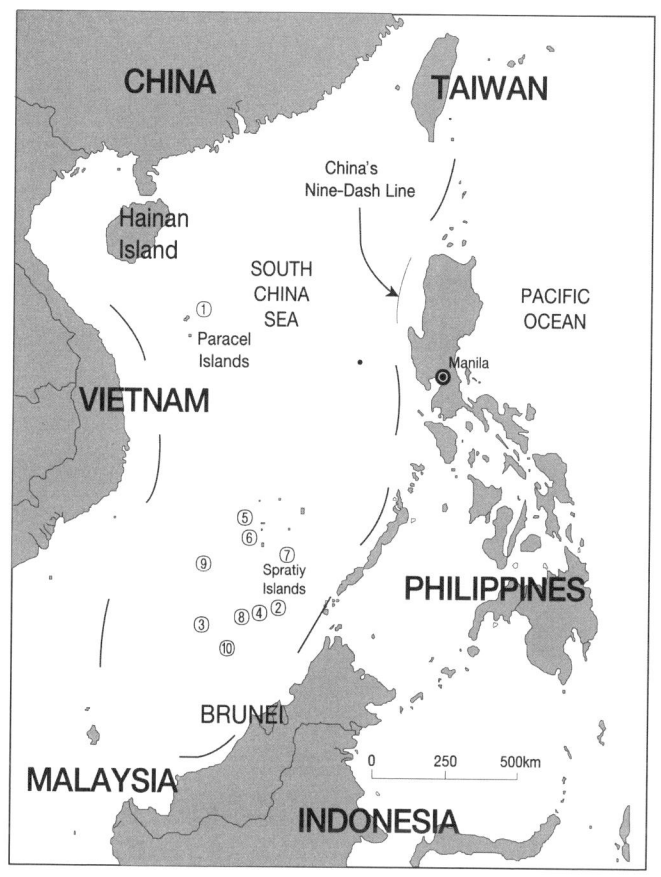

중국의 9단선(China's Nine-Dash Line)
지형물(점유국가)

1. Woody Island(중국), 2. 코모도어 환초(Commodore Reef), 3. 암보이나 케이(Amboyna Cay)(베트남), 4. 인베스게이터 사구(Investigator Shoal)(말레이시아), 5. 수비 환초(Subi Reef)(중국), 6. 이투 아바 섬(Itu Aba Island)(대만), 7. 미스치프 환초(Mischief Reef)(중국), 8. 에리카 환초(Erica Reef)(말레이시아), 9. 피어리 크로스 환초(Fiery Cross Reef)(중국), 10. 스왈로 환초(Swallow Reef)(말레이시아)

출처: International Crisis Group, Asia Report N°315 29, "Competing Visions of International Order in the South China Sea Asia," (29 November 2021), p. 36 에서 재구성.

약어표

ADMM-Plus(ASEAN Defense Ministers' Meeting-Plus) 아세안 확대 국방장관 회의
AIDZ(Air Defence Identification Zone) 방공식별구역
AIIB(Asian Infrastructure Development Bank) 아시아 인프라 투자은행
A2/AD(Anti-Access/Area Denial) 반(反)접근/지역 거부
APEC(Asia-Pacific Economic Cooperation) 아시아·태평양 경제 협력체
ARF(ASEAN Regional Forum) 아세안 지역 포럼
ARIA(Asia Reassurance Initiative Act) 아시아 안심 법안
ASEAN(Association of South-East Asian Nations) 동남아시아 국가연합/아세안
AUKUS(Australia, United Kingdom, United States) 오커스: 미국, 영국, 호주의 외교 안보 동맹
BDN(Blue Dot Network) 블루닷네트워크
BN(Barisan Nasional) 국민전선
BRI(Belt and Road Initiative) 일대일로구상
BRICS(Brazil, Russia, India, China) 브릭스
B3W(Build Back Better World) 더 나은 세계 재건
C4ISR(Command, Control, Communications, Computers, Intelligence, Surveillance and Reconnaissance) 명령, 제어, 통신, 컴퓨터, 정보, 감시 및 정찰
CLCS(Commission on the Limits of Continental Shelf) 유엔 대륙붕 한계 위원회
CoC(Code of Conduct) 행동강령
CPTPP(Comprehensive and Progressive Agreement for Trans-Pacific Partnership) 포괄적·점진적 환태평양 경제 동반자 협정
CUES(Code for Unplanned Encounters at Sea) 해상 우발적 충돌 방지 행동 기준
DoD(US Department of Defense) 미국 국방부
EAS(East Asia Summit) 동아시아 정상회의
EEZ(Exclusive Economic Zone) 배타적 경제 수역
EPN(Economic Prosperity Network) 경제 번영 네트워크

EU(European Union) 유럽 연합
5G(5 Generation) 5세대
FDI(Foreign Direct Investment) 외국인 직접투자
FOIPS(Free and Open Indo-Pacific Strategy) 자유롭고 개방된 인도·태평양 전략
FONOP(Freedom of Navigation Operations) 항행의 자유 작전
GDP(Gross Domestic Product) 국내총생산
HA/DR(Humanitarian Assistance and Disaster Relief) 인도적 지원과 재난 구호
IMF(International Monetary Fund) 국제통화기금
IOR(Indian Ocean Region) 인도양 지역
MDT(Mutual Defense Treaty) 상호방위조약
MIC 2025(Made in China 2025) 메이드 인 차이나 2025
MSDF(Maritime Self-Defense Force) 해상자위대
MSP(Malacca Straits Patrol) 말라카 해협 순찰
MSI(Maritime Security Initiative) 해양 안보 구상
NATO(North Atlantic Treaty Organization) 북대서양조약기구/나토
NDB(New Development Bank) 신개발은행
NDS(National Defense Strategy) 국방전략
NGO(Nongovernmental Organization) 비정부 기구
NSS(National Security Strategy) 국가안보전략
QUAD(Quadrilateral Security Dialogue) 4자 안보 대화/쿼드
PDI(Pacific Deterrence Initiative) 태평양 억제 구상
PKO(Peace Keeping Operation) 평화 유지 활동
PPP(Purchasing Power Parity) 구매력평가
RCEP(Regional Comprehensive Economic Partnership) 지역 포괄적 경제 동반자 협정
R&D(Research and Development) 연구개발
RIMPAC(Rim of the Pacific Exercise) 환태평양 다국적 훈련/림팩
SLOC(Sea-Lanes of Communication) 해양교통로
TCA(Trilateral Cooperative Arrangement) 3국 협력 협정
UNCLOS(United Nations Convention on the Law of the Sea) 유엔해양법협약
VFA(Visiting Forces Agreement) 방문군 협정
WTO(World Trade Organization) 세계무역기구
ZOPFAN(Zone of Peace, Freedom and Neutrality) 동남아아시아 평화·자유 및 중립지대

감사의 글

이 책은 2017년 대한민국 교육부와 한국연구재단의 지원을 받아 수행된 연구 결과물이다. 한국연구재단의 지원이 없었으면 『남중국해 분쟁과 권력정치』는 5년이라는 긴 시간 동안 이 책의 완성을 위해 다양한 자료와 다양한 주제를 수집하고 분석할 수 없었을 것이다. 이 책의 제목처럼 남중국해 분쟁에 방점을 찍을 것인가? 아니면 권력정치에 초점을 맞출 것인가에 대해 오랜 시간 동안 고민했다. 남중국해 분쟁에 방점을 찍으면 중국과 관련 국가들 간의 분쟁을 중심으로 분석이 이루어지게 되면서 중첩되는 내용이 많았다. 그리고 이 주제에 대한 모든 연구들이 이 형식을 통해 분석하고 있기 때문에 이 책은 그러한 연구와 차별하기 위해 권력정치에 초점을 주면서 남중국해 분쟁을 분석하고 있다.

남중국해 분쟁과 미·중의 경쟁과 대립은 완료형이 아니라 지금도 변화를 계속하고 있는 영원한 현재완료진행형이라고 볼 수 있다. 그래서 이 책의 남중국해 분쟁과 관련된 권력정치는 2021년 말까지의 상황을 분석한 현재완료형이 될 수밖에 없다. 미·중 경쟁과 대립이 계속되는 한 남중국해와 대만 문제는 항상 두 강대국이 충돌할 수 있는 불씨를 제공하고 있다고 볼 수 있다. 그래서 그 이후 진행되는 상황은 후속 연구와 연구자들의 몫이라고 생각한다.

이 책이 나오게 된 과정에서 반드시 고마운 말씀을 전해야 할 분들이 계신다. 우선 정치학에 무지했던 나를 학문을 할 수 있게 인도해 주시고 학문적 방향과 목표를 정해 주신 한국외국어대학교 홍원표 교수님이다. 이 분은 내가 인생의 좌표를 잃고 절망하고 있을 때 정신적, 물질적, 학문적 그리고 인간적인 지원과 지지를 통해 한국외국어대학교 글로벌 교양대학 교수로 만들어 주셨다. 한국외국어대학교 사학과 이근명 교수님은 노마를 천리마로 만들어 주신 백락과 같은 분이다. 이 두 분이 없었으면 대학 교수가 아니라 그냥 연구자로 남아 있었을 것이다. 가산 불교 문화 연구원 원장님이신 고옥 스님은 한나 아렌트 학회에서 만났지만 물질적, 정신적 지원을 해주셨다. 한국외국어대대학교 고경희 박사는 강의와 연구를 하면서 다양한 학문적 의견과 생각, 소통을 통해 학문의 발전에 도움을 주었다. 고려대학교 최치원 박사는 다양한 최신 학술지 논문을 신속하게 제공해 가장 최근의 이론과 정보를 획득할 수 있는 기회를 제공했다. 본인은 의도하지 않은 멘트를 통해 학문적인 자극을 발동시켜 전포사(전임 포기 박사)로 은퇴할 뻔 했는데 특전사(특별히 전임 교수가 된 박사)로 영전시켜 은퇴하게 해준 명지대학교 정상률 교수에게도 고마움을 전한다. 한국연구재단 가입과 프로젝트 제안서 작성에 안내자가 되어준 한국외국어대학교 불어과 김태수 박사에게도 동료 학자로서 든든함과 고마움을 전한다. 그리고 미네르바 교양 대학 입단 동기로서 미운 정과 고운 정을 통해 학문 발전과 인간에 대한 공부를 같이 했던 거란족 족장이신 나영남 교수에게도 진정으로 고마운 마음을 전한다. 마지막으로 이 책의 완성을 위해 학회와 학술지 논문 심사를 통해 다양한 비판적 의견을 주신 많은 연구자들에게도 고마움을 전한다. 이 책은 40년의 학문적 여정에 마침표를 찍는 결과물이다.

그리고 부족한 글을 좋은 결과물로 만들어 준 신서원 출판부와 정용국 대표에게 고마움을 전한다. 50년 동안 우정을 통해 나를 응원하고 다양한 지지와 지원을 해준 폭포 가족 여러분에게도 고마움을 전한다. 마지막으로 그동안 학자의 길을 가고 있는 동안 조용히 참고 기다려준 가족들, 종호, 효빈, 사위 진성원 그리고 중요한 글을 사랑으로 교정 봐주신 평생 동지이자 반려자이신 임유자 여사에게 다시 한 번 사랑과 고맙다는 말을 전해 드린다.

2022년 봄
한강이 보이는 무연재에서

차 례

남중국해 지도 5
약어표 7
감사의 글 9
프롤로그 17

제1부
남중국해 분쟁과 중국

제1장 남중국해 분쟁의 발생 원인 31
1. 서론 ··· 31
2. 중국의 남중국해 전략 전환 ··· 38
3. 남중국해 분쟁의 국제화 ·· 41
4. 아세안의 헤징 전략 ··· 46
5. 코로나19 이후 남중국해 안보 구조 변화 ·· 55
6. 결론 ··· 59

제2장 중국의 해양 공정 목적 ··· 67
1. 서론 ··· 67
2. 중국 해양 민족주의 부상 ·· 71
3. 무주공산 지형물에 대한 점유 경쟁 ··· 76

4. 중국의 권리 주장의 특징 ·· 81
　　　　1) 굴욕 세기를 넘어서 중국 영토 회복 투쟁 ················ 83
　　　　2) 역사 기록과 역사 서사 ·· 85
　　5. 화평굴기, 해양공정 그리고 새로운 해양 서사 ················ 90
　　　　1) 제국주의 파도 대 협력의 바다 ································ 93
　　　　2) 대중 동원과 통제 노력 ·· 96
　　6. 결론 ·· 98

제3장　중국의 남중국해 정책 전환과 영향　　　　　　　　103
　　1. 서론 ·· 103
　　2. 전략적 모호성에서 전략적 명확성으로 ······················ 104
　　3. 중국의 공세전략 강화 ·· 109
　　4. 국제 중재 재판소 결정 거부 ···································· 118
　　5. 결론 ·· 129

제 2 부
미국과 중국의 전략 경쟁

제4장　미국과 중국의 경쟁과 권력정치　　　　　　　　　137
　　1. 서론 ·· 137
　　2. 헤게모니 경쟁과 세력전이 ······································ 139
　　3. 지리경제와 지리정치적 차원 ···································· 145
　　4. 기술과 군사력 우위 경쟁 ·· 151
　　5. 결론 ·· 158

제5장 미국과 중국의 전략 경쟁의 최전선 동남아시아 163
  1. 서론 163
  2. 미·중 경쟁의 체스판 출현 170
  3. 지정학적 공급과 수요 변화 177
  4. 동남아시아 전략적 가치 재인식 183
  5. 결론 195

제6장 미국과 중국의 남중국해 지배권 경쟁 211
  1. 서론 211
  2. 해양 지배권의 전략적 중요성 213
  3. 미·중의 남중국해 전략 경쟁의 목적 219
  4. 자신감과 신뢰 구축 227
  5. 결론 235

제3부
아세안의 헤징 전략과 남중국해 분쟁 해결

제7장 남중국해 분쟁과 아세안의 헤징 전략 247
  1. 서론 247
  2. 헤징의 정의 250
  3. 아세안의 전략 부재와 헤징 전략 258
  4. 현실주의와 아세안의 헤징 전략 268
  5. 남중국해 분쟁과 아세안의 신중한 헤징 전략 278
  6. 결론 285

제8장 남중국해 분쟁 해결과 미·중의 역할   295

1. 서론   295
2. 남중국해 분쟁 발생의 복잡한 배경   297
   1) 분쟁의 다양성   297
   2) 분쟁 해결과 협력 레짐   305
3. 국제 중재 재판소 판결과 대응전략   308
   1) 중국의 반응   310
   2) 아세안 국가들의 반응   318
   3) 남중국해 행동강령   321
4. 미국 주도 질서 대 중국 주도 질서?   324
   1) 공동 운명의 공동체   326
   2) 자유롭고 개방적인 인도·태평양   330
   3) 미·중 안보 딜레마   333
5. 강대국 책임과 결자해지   340
   1) 베이징의 정통성 부족   343
   2) 국제법 또는 규칙 기반 질서   345
   3) 불가원 불가근   350
6. 결론   356

제9장 결론과 전망   373

에필로그   407
찾아보기   421

프롤로그

· 5년간의 남중국해 분쟁 연구를 마무리 하면서 ·

세계의 부와 권력은 19세기와 20세기에 동양에서 서양으로 이동했고 21세기에 다시 동양으로 이동하고 있다. 경제 성장과 그에 따른 권력의 역사적인 순환적 재배치는 남중국해의 성격을 동양과 당시 서구 식민주의 갈등 통로, 세계 대전의 전략적 해양 공간 그리고 이제는 규칙에 근거한 국제 질서를 유지하거나 수정하기 위한 경쟁의 전장터로 변화시켰다. 중국은 명 왕조의 정화 함대 원정 이후 수세기 만에 처음으로 대양해군이 인도·태평양 전역에 전력 투사가 가능해졌고 남중국해를 자신의 호수로 만들기 위한 해양 전략을 추진해 오고 있다. 따라서 남중국해의 지배권 확보를 위한 미국과 중국의 경쟁 승사는 인도·태평양의 21세기 진로를 주도할 수 있을 것이다.

남중국해는 중국과 베트남, 필리핀, 대만, 말레이시아, 브루나이 그리고 최근에 인도네시아 등 아시아·태평양Asia-Pacific의 중국에 비해 상대적으로 약한 국가들과의 분쟁 지역이 되었다. 남중국해는 처음에 중국과 관련 국가들 사이의 양자 간 분쟁이었으나 2010년 이후 미국이 이 분쟁에 개입하면서 미국과 중국, 더 나아가 미국, 일본, 호주, 인도, 프랑스, 영국 그리고 독일과 같은 민주주의 진영 국가들과 중국 사이의 분쟁으로 확대되었다. 따라서 냉전 시기에는 분쟁 국가들이 미국과 소련의 대리전을 전개했지만, 남중국해는 중국과 영유권 주장국들 사이의 분쟁이 아니라 오히려 연안 국가를 대신한 미·중이 직접 대결하면서 상수와 변수가 뒤바뀐 이상한 분쟁이 되었다. 미국은 남중국해에서 중국의 강력한 공세 정책에 맞서 약소국들을 지원함으로써 균형자 역할을 하고 있다. 특히 미국은 2021년 1월 바이든Joe Biden 행정부 출범 이후 인도·태평양 지역에 군 주둔과 전략 투사 횟수를 대폭 증가시키고 있다.

미국은 동맹국과 협력국들의 항행 자유를 보호하기 위해 남중국해 지역에 미군의 전력 투사를 강화하고 있다고 주장하고 있다. 중국은 이러한 미국 전략을 인도·태평양 지역에서 자국의 이익과 안보 위협으로 간주하고 있다. 그러나 세력전이이론power transition theory 측면에서 보면 오히려 세계 유일의 초강대국인 미국이 현재 남중국해에서 중국의 강력한 도전을 받고 있다고 볼 수도 있다. 이 이론은 신흥초강대국이 기존 초강대국이 확립한 규칙을 따르지 않는다면 충돌이 불가피하다고 주장하고 있다. 중국이 남중국해에서 인공섬 건설을 통해 여러 지역에서 다양한 군사 기지화를 구축해 놓았기 때문에 중국과 영유권 국가 간, 더 나아가 중국과 미국 사이의 군사적 충돌의 가능성이 아주 높아졌다.

현실주의 학자, 전문가 그리고 세계 언론들은 향후 미·중 사이의 물리적 충돌이 발생할 가능성이 높은 지정학적 인화점이 있다면 남중국해 지역이 확실하다고 분석하고 논평하고 있다. 남중국해는 동아시아의 해양 중심지에 위치해 있고 석유, 가스와 같은 천연자연과 다양한 어류자원이 풍부한 해역으로 연간 세계 무역의 최대 5조 달러의 물동량이 발생하는 중요한 해양교통로이다. 남중국해는 또한 미·중 '신냉전New Cold'의 매개변수들parameters이 가장 뚜렷하게 나타나는 곳이기 때문에 심각한 안보 우려 문제가 있는 곳이다. 남중국해는 결정적으로 중국 헤게모니hegemony를 위한 최초의 시도가 명백하게 보여 약소국인 주변 국가들에게 끔찍한 결과를 초래할 가능성이 높은 지역이 되었다.

1960년대까지 남중국해는 평화롭고 확고한 중상주의 국가들로 둘러싸인 상대적으로 잘 알려지지 않은 지역이었다. 아시아에서 수백만의 생명을 희생시킨 장기간의 냉전이 종식되면서 경제 발전은 이 지역의 통치와 국가 정치의 최우선적으로 강력히 추진하는 목표가 되었다. 싱가포르는 말라카 해협을 통과하는 수조 달러의 해양 무역을 유치하는 세계적인 무역 중계국이 되었고, 태국은 일본 제조사들을 대신해 수백만 대의 자동차를 생산하면서 '아시아의 디트로이트Detroit of Asia'로 변모했다. 한편, 말레이시아, 인도네시아, 필리핀, 그리고 더 최근에는 베트남이 평균 이상의 경제 성장률을 보인 후 '새끼 호랑이Tiger Cub' 경제가 되었다.

중국은 마오쩌둥毛澤東 이후의 인류 역사상 가장 큰 자본주의 확장을 경험했고, 한 세대 만에 수억 명의 사람들을 빈곤에서 구출할 수 있었다. 냉전 이후의 낙관주의optimism와 대담성audacity이라는 시대정신zeitgeist에 고무된 아세안ASEAN은 보다 넓은 동아시아 지역에 포괄적이고 안정적이며 번영하는 질서 구축을 강력히 지원하기 시작했다. 예를 들어 아세안 지역 포럼(ARF)은 미국, 중국, 일본, 인도, 호주, 유럽연합(EU) 그리고 최근에는 러시아를 포함한 모든 주요 강대국들 사이에 건설적이고 제도화된 대화를 위한 전례 없는 플랫폼platform을 제공했다.

아세안 자유 무역 지역(AFT)과 아세안 플러스 3(중국, 일본, 한국 포함) 플랫폼 덕분에, 아세안 지역 제도는 범아시아 경제 및 지정학적 진영을 형성하는 데 점점 더 자신감을 갖게 되었다. 이러한 전략적 번영의 결과는 인도를 제외한 전 지역에서 가장 크고 유망한 경제 15개국을 포함하는 널리 알려진 역내 포괄적 경제 동반자 협정(RCEP)의 궁극적인 설립이다. 아세안이 추진하는 우호와 협력의 목표에 균열이 생기기 시작한 것은 오래 걸리지 않았다. 대중 민족주의와 영토 회복, 귀중한 에너지와 수산자원에 대한 경쟁 그리고 중국의 급속한 부상과 그에 수반되는 역내 세력 균형에 대한 충격 등 여러 요인들이 맞물리면서 남중국해의 잔잔한 해역이 지정학적 불씨가 되었다.

중국의 공세에 대응하기 위해 트럼프Donald Trump 행정부와 현재 바이든 행정부는 역내 동맹국들과 군사 훈련을 강화하고, 남중국해에서 소위 '항행의 자유 작전'에 따라서 중국의 점령 섬 인근에 해군 배치와 순찰 횟수를 확대·강화하면서 중국에게 규칙 기반 질서인 국제법 준수 의무를 계속 강조하고 있다. 미국과 영국, 독일 그리고 프랑스와 같은 유럽 강대국들뿐만 아니라 일본, 호주 그리고 인도로 구성된 4자 안보대화/쿼드 QUAD 등 미국의 가치 동맹 세력은 중국의 공세 증가를 역내 평화와 안보에 직접적인 위협이 된다고 인식하고 있다. 국제 사회와 아세안 내 경쟁 약소국들이 우려하는 두 가지 주요 분야가 있다. 하나는 중국이 지대공 미사일과 기타 첨단 무기를 매립된 섬에 배치하는 것을 포함하여 분쟁을 빠르게 군사화하는 것이다.

바이든 행정부 출범 이후에도 트럼프 행정부 시기보다 남중국해에서 더 첨예하고 치열하게 미·중의 전략 경쟁이 진행되고 있다. 이 미·중

간 전략 경쟁은 인도·태평양에서 관련국들의 군비 경쟁을 촉발시키고 있다. 한쪽의 무력 증강이 다른 쪽의 대응을 부르는 군비 경쟁의 '안보 딜레마'의 악순환이 시작되고 있지만, 신냉전이라 불리는 거대한 지정학적 변동 속에서 관련국들 사이의 불신의 늪이 너무 깊어 이 흐름을 반전시킬 수 있는 획기적인 계기는 아직 보이지 않는다.

왜 강대국들은 위대한 전쟁을 할까? 통상적인 해답은 부상하는 도전 세력과 쇠퇴하는 헤게모니 국가의 이야기다. 기존 질서의 규칙을 무시하는 부상 세력은 자신이 주도하는 질서를 구축하기 위해 기존 세력에 도전하게 된다. 그러면 양 세력 사이의 긴장감이 증가하고 세력을 시험해 보기 위한 시도가 뒤따르게 된다. 그 결과는 거의 필연적으로 갈등으로 이어지는 두려움과 적대감의 소용돌이가 발생하게 된다. 고대 역사학자 투키디데스Thucydides는 '펠로폰네스 전쟁Peloponnesian War'에서 '아테네의 세력 성장과 이를 경계한 스파르타의 분발이 양 세력 간의 전쟁을 불가피하게 만들었다'고 주장했다. 이 주장은 미·중의 전략 경쟁을 설명하는 데 자주 등장하는 이론이 되었다.

앨리슨Graham Allison이 대중화시킨 '투키디데스 함정Thucydides Trap' 이론은 급성장하는 중국이 침체된 미국을 추월함에 따라 전쟁의 위험이 아주 높아지게 될 것이라고 주장한다. 심지어 시진핑習近平 중국 국가 주석도 미국이 중국을 위한 공간을 만들어야 한다고 주장하며 이 개념을 지지했다. 미·중 사이의 긴장이 고조되면서 마찰의 근본 원인이 희미하게 다가오는 '세력전이power transition' 즉 기존 강대국이 다른 헤게모니 세력으로 대체된다는 믿음이 규범으로 굳어지게 되었다.

그러나 투키디데스 함정 이론은 펠로폰네소스 전쟁이 발생한 원인을 잘 설명하지 못한다. 이 이론은 종종 1914년의 독일이든 1941년의 일본이든 수정주의 세력들revisionist powers이 역사의 가장 파괴적인 갈등을 발생시키는 역학 관계를 포착하지 못한다. 그리고 투키디데스 함정 이론은 오늘날 미·중 관계에서 전쟁이 매우 현실적인 가능성인지 설명하지 못하는데, 이것은 중국이 현재 발전 궤도에서 자신을 발견하고 있는 지점 즉 상대적인 세력이 정점에 달해 있고 곧 쇠약해지기 시작할 것이라는 지점을 근본적으로 잘못 진단하고 있기 때문이다.

현재 미·중 전략 경쟁 과정을 보면 양국이 빠질 수 있는 치명적인 함정이 존재하고 있는 것은 사실이다. 그러나 그것은 투키디데스의 상투적인 표현이 말하는 세력전이의 산물은 아니다. 대신에 그것은 '정점 강대국 함정peaking power trap'이라고 볼 수 있다. 그리고 만약 역사가 어떤 지침이 된다면 급격한 쇠퇴가 발생할 수 있는 국가는 미국이 아니라 중국이라는 것을 알 수 있을 것이다.

세력전이이론power transition theory으로 알려진 많은 연구들이 있는데 이 이론은 강대국 전쟁은 전형적으로 하나의 헤게모니 국가의 부상과 또 다른 헤게모니 국가의 쇠퇴 교차점에서 발생한다고 주장하고 있다. 이것은 투키디데스 함정 이론의 기초가 되는 작업이며 그 생각에 기본적인 진실이 있다고 인정한다. 이 이론은 새로운 세력이 부상하는 것을 국제 체제의 불안 요인이라고 주장한다. 기원전(B.C) 5세기 펠로폰네소스 전쟁이 시작될 무렵, 스파르타가 거대한 제국을 건설하고 해군 초강대국이 되지 않았다면 아테네는 스파르타에 그렇게 위협적으로 보이지 않았을 것이다. 중국이 여전히 가난하고 약하다면 미·중은 경쟁 관계에 갇히지 않았을 것이다. 신흥 강대국들은 지배 세력을 위협하는 방식으로 영향력을 확장한다.

그러나 전쟁을 일으키는 계산법-특히 기존 체제를 뒤흔들고 폭력적으로 몰아붙이는 국가를 수정주의 세력이라고 밀고 나가는 계산법-은 더욱 복잡하다. 상대적인 부와 권력이 증가하고 있는 국가는 확실히 더 공세적이고 야망이 커질 것이다. 모든 것이 평등하다면, 그 국가는 큰 세계적인 영향과 명성을 추구할 것이다. 그러나 그 국가의 위치가 꾸준히 개선되고 있다면 그 국가는 더욱 강해질 때까지 기존 헤게모니 국가와 치명적인 대결을 유예해야 한다. 이러한 국가는 탈냉전 이후 떠오르는 중국을 위해 덩샤오핑鄧小平이 제시한 격언인 도광양회韜光養晦 전략을 따라야 한다.

아테네와 스파르타의 펠로폰네소스 전쟁 때처럼 세계에서 가장 중요한 해로 중 한 곳인 남중국해에서 부상하고 있는 강대국인 중국이 현상 유지를 강조하는 강대국인 미국에 도전하고 있다. 미국이 현재 부상 중인 중국을 견제하지 않으면 남중국해 분쟁은 결국 중국이 아시아의 해양 심장부를 지배하게 되거나 심지어 더 나쁜 것은 주요 강대국과 이류 강대국 모두를 격변의 분쟁으로 내몰게 될 것이다.

남중국해 분쟁은 모든 다차원적이고 고차원적인 갈등이기 때문에 마법 같은 해결책은 없다. 그러나 분명한 것은 중국의 헤게모니적 야망을 억제하는 것은 세계에서 가장 역동적인 지역에서 전략적인 악몽을 피하기 위한 것이 필수 조건이라는 것이다. 확실히 이 아시아의 초강대국인 중국은 냉전 시대의 소련과 달리 너무 크고 세계 경제 체제에 너무 통합되어 있어 억제하기 힘들다. 그러나 중국은 전략적 억제와 중국의 최악의 본능을 억제하기 위한 관여를 교묘하게 결합해 아세안과 다른 가치 동맹 강대국을 포함시키는 다자적인 접근을 통해 제약할 수 있고 또 제약해야 한다. 이것이 중요한 것은 아시아의 미래뿐 아니라 21세기 세계 질서가 달려있기 때문이다.

남중국해 분쟁에서 새로운 것은 무엇인가? 미·중 사이의 전략 경쟁이 외관상 난해해 보이는 남중국해의 다자간 주권 분쟁보다 더 중요해지고 있다. 자신의 이익을 보호하려는 중국의 능력과 결단력이 증가함에 따라서 주변 국가들의 안보 우려는 더욱 커지면서 국제법에 대한 중국식 해석을 견제하기 위해서 미국 주도의 국제적인 노력이 촉발되었다. 남중국해 분쟁이 왜 중요한가? 남중국해에서 중국의 주장은 소위 '규칙 기반 국제 질서'에 대한 수정주의적 도전이라는 미국의 인식을 강화한다. 중국은 자국의 정당한 국제적 역할을 방해하는 미국 주도의 중국 봉쇄정책을 강하게 반대한다. 이러한 긴장을 어떻게 관리하느냐가 국제법, 해양질서 그리고 분쟁 위험에 중요한 문제이다.

남중국해 분쟁 해결을 위해 무엇을 해야 할까? 미·중은 서로가 지지하는 법에 근거한 지역 질서 발전을 통해 갈등 위험을 관리해야 한다. 미국은 유엔해양법협약(UNCLOS)을 비준해야 하고 중국은 그 법을 준수해야 한다. 양국은 고위급 대화를 통해 마찰을 줄이고, 사고 관리 구조에 합의하고 금지선red line을 명확히 해야 한다. 미·중의 치열한 전략 경쟁은 중국과 영유권 주장국들 사이에 복잡하게 얽혀져 있었던 남중국해 분쟁을 미·중 양국 문제로 전환시켰다. 단순화하면 미·중 경쟁은 일반적으로 획기적인 세력전이를 주도하는 신흥 강대국 중국이 기존 강대국 미국 주도의 '규칙 기반 국제 질서'에 도전하는 것으로 규정할 수 있다. 따라서 중국은 경제력과 군사력 성장에 상응하는 영향력을 추구하면서 자국의 선호도를 반영한 지역 질서 구축에 착수하기 시작하고 있다.

반면 미국은 자국 이익을 보호하고 동아시아의 상대적 평화와 번영을 뒷받침하는 제2차 세계대전 이후의 국제 질서 보존을 목표로 하고 있다. 이러한 패러다임은 일부 전문가들이 뜨거워질 수 있는 신냉전 지역으로 보고 있는 남중국해에서 충돌하고 있다. 미·중의 전략 경쟁은 연안국의 권리, 국제법 그리고 분쟁위험에 대한 의미를 담고 있다. 미·중은 마찰을 흡수하고 갈등을 피할 수 있는 지역 질서를 발전시키기 위해 서로 및 약소국 연안 국가들과 협력할 의무를 공유하고 있다.

2016년 유엔해양법협약(UNCLOS)에 따라 구성된 특별 중재 재판소는 필리핀이 제기한 사건에서 중국이 주장한 남중국해에서의 광범위한 해양 권리를 무효라고 판결했다. 국제 중재 재판소 법적 절차 참여를 거부했던 중국은 이 결정을 거부했다. 중국은 스프래틀리 군도에서 7개 인공섬 건설과 군사 기지화 구축을 통한 가장 가시적이고 구체적인 방법으로 물리적 환경 변화를 포함해 자신의 권리 주장을 두 배로 확장시켰다.

중국은 그 다음 단계로 이 인공섬에 대규모의 중국해군, 해양 경비대 그리고 해양 민병대를 주둔시켰다. 중국의 행동은 배타적 경제 수역(EEZ) 내에서 해양 권리를 위한 다른 영유권 주장국들의 권리를 침해하고 있다. 수년 동안 말레이시아, 필리핀, 베트남은 중국 해양 세력의 위협을 감수하지 않고 자신들이 주장하는 해역에서 석유와 천연 가스 개발과 어업 활동을 할 수 없었다.

중국이 일으킨 물질적 변화는 새로운 법적 논쟁을 동반하는데, 이것은 주변 지역에서 새로운 국제 질서를 형성하려는 중국의 야망을 보여준다. 중국은 '공동운명의 공동체' 명제 아래 일대일로구상(BRI)을 통해 주변 국가들에게 지원과 원조 대가로 베이징에 유리한 지역 질서 구축을 시도하고 있다. 미국 중심의 동맹국과 협력국들은 중국의 권력 증가와 공세 강화에 안보 불안이 높아지면서 그 대응 전략으로 동남아시아 지역과 남중국해를 목표로 하는 '자유롭고 개방된 인도·태평양전략(FOIPS)' 개념을 발표해 실행하고 있다.

남중국해 영유권 분쟁에 대한 단기적 해결 전망은 보이지 않는다. 이론적으로 이러한 사실이 과학적 연구 수행에서 공동으로 환경보호와 자원 배분에 이르기까지 잠정적인 협력 협정을 배제해서는 안 된다. 그러나 현실은 연안 국가들의 민족주의 정서가 고조되고 영유권 주장국들 사이의 지속적인 신뢰 부족으로 인해 남중국해 대부분 지역에 대한 전면적인 영유권 주장을 강행하려는 중국의 결의 때문에 필요한 타협이 특히 복잡해지고 있다.

한편, 중국의 공세와 이에 대한 미국 주도의 강력한 대응전략으로 남중국해 해양과 공중에 위험이 고조되고 있다. 이 미국의 대응전략은 다른 국가들이 유엔해양법협약(UNCLOS)에 대한 일방적 해석을 받아들이지 않을 것을 중국에 각인시키기 위한 전략이라고 볼 수 있다. 그러나 이 전략은 중국이 대중 봉쇄정책에 대한 두려움을 느끼고 중국 공산당이 국가안보를 위해 중국 근해를 확보하기 위한 노력을 강화하도록 자극할 가능성을 높일 수 있다.

중국은 유엔해양법협약(UNCLOS)에 명시된 연안국들의 주권을 존중할 필요가 있으며 더 일반적으로 많은 지역 목표의 달성을 위해서는 주변국들의 매입 동의가 필요하다는 것을 내부화할 필요가 있다. 양자 차원에서는 미·중 양국 간 오해를 최소화하고, 사고 관리 구조를 확립하고 안정성을 도모하기 위해 고위급 대화를 강화해야 한다. 2021년 11월 미·중 정상들의 화상 회담은 환영할만한 첫 단계이다. 양국은 법 집행, 환경 보호, 어업과 같은 문제들에 대해 영유권 주장국들 간의 협력을 지원할 수 있는 방법을 모색해야 한다.

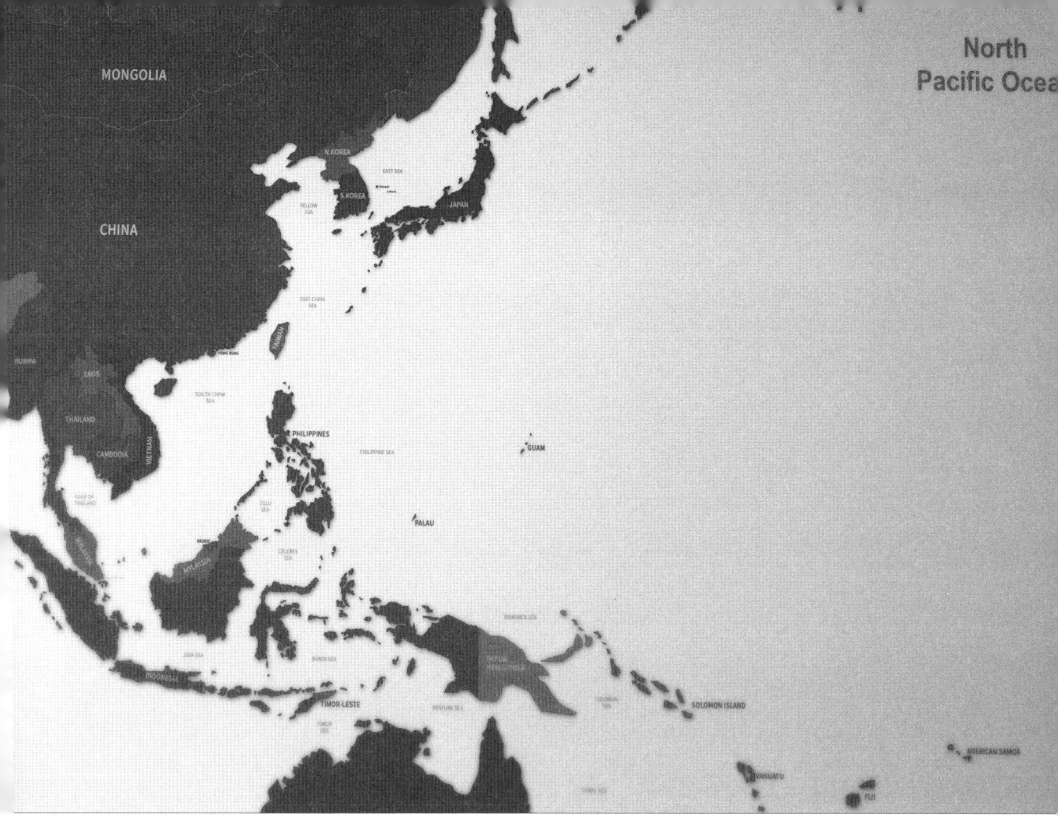

제1부

남중국해 분쟁과 중국

제1장

남중국해 분쟁의 발생 원인

1. 서론

남중국해는 북쪽으로 중국과 대만, 동쪽으로 필리핀, 남쪽으로 브루나이, 말레이시아와 인도네시아 그리고 서쪽으로 베트남을 접하고 있는 반폐쇄해Semi-enclosed Sea 지역이다. 남중국해는 카리마타Karimata와 말라카 해협Malacca Straits에서 대만 해협Taiwan Strait까지 약 140만 평방 마일square miles의 면적을 포괄하는 태평양Pacific Ocean 일부 해역이다. 남중국해 분쟁은 일반적으로 동아시아에서 잠재적인 국익 중돌과 국제 평화와 안보에 대한 위협이 될 수 있는 한반도, 대만 해협과 함께 3곳의 인화점flashpoints 중의 하나로 인식되고 있다.

따라서 남중국해를 둘러싼 안보 쟁점은 항상 국제 사회 관심의 초점으로 남아 있다. 남중국해는 반폐쇄해로서 수많은 섬islands, 암초rocks 그리고 환초reefs가 존재하고 있다. 남중국해의 주요 섬과 사구shoal는 스프래틀리 군도Spratly Islands, 파라셀 군도Paracel Islands, 프라타스 군도Pratas Islands, 나투나 군도Natuna Islands 그리고 스카버러 사구Scarborough Shoal 등이 있다. 남중국해는 석유, 천연가스 그리고 다양한 어종의 어업 자원이 풍부한 해역으로 알려져 있다. 남중국해는 해양 운송과 해군 이동성을 위한 해양교통로(SLOC: Sea-Lanes of Communication)의 역할을 하고 있다. 남중국해는 세계 선박의 3분의 1과 매년 5조 달러 이상의 물동량이 통과하는 지역이다. 어류 자원은 동남아시아 국가들의 식량 안보에 특히 중요하다. 전략적 위치와 풍부한 자원은 남중국해를 국제 사회의 이해관계와 우려 대상일 뿐만 아니라 연안 국가들 간 외교 문제의 중요한 의제로 만들고 있다.

남중국해 분쟁은 주권 국가들 사이의 섬과 해양 권리 주장 모두 포함하고 있으며, 그 쟁점은 국제정치에서 오랫동안 논쟁거리가 되어왔다. 남중국해 분쟁은 분쟁 당사국뿐만 아니라 미국을 포함한 다른 역외 강대국들이 포함된다. 남중국해의 중요한 전략 위치와 개발 가능성이 높은 풍부한 자원은 미국, 중국, 일본, 인도, 호주, 한국, 러시아 그리고 최근에는 영국, 독일, 프랑스 등 유럽 국가들과 같은 역외 강대국 그리고 연안 국가들의 권력과 자원의 경쟁 지역으로 만들고 있다. 2016년 7월 국제중재 재판소 판결은 남중국해 분쟁 해결에 새로운 전환점과 동력을 제공했다. 남중국해 분쟁의 근본적인 문제는 중국, 브루나이, 말레이시아, 베트남, 필리핀, 인도네시아 그리고 대만을 포함한 여러 국가들의 주권 권리가 중복된 지역이라는 점이다. 관련 당사국들 모두는 큰 섬들islands과 작은 섬islets, 환초reefs, 암석rocks 그리고 자원에 대한 자신들의 주권 권리를 주장하고 있어 장기간 지속된 갈등이 평화적으로 해결될 가능성을 약화시키고 있다. 특히 중국과 베트남, 중국과 필리핀 사이의 갈등은 미국 중심의 역외 강대국들이 관여하면서 더욱 복잡해지고 첨예해지고 있다.

남중국해의 영토 분쟁은 태평양 전쟁 이후 간헐적으로 오랜 기간 존재해 왔지만, 2010년 이후 10여 년 동안 더욱 심화되었다고 볼 수 있다. 2009년 중국은 말레이시아와 베트남이 유엔 대륙붕 한계 위원회(CLCS: Commission on the Limits of Continental Shelf)에 공동 제출한 것에 대해 이의를 제기하는 구상서Note Verbale에 악명 높은 9단선nine-dash line 지도를 첨부했다. 1947년에 중국이 발행한 지도에 처음 등장한 이 9단선은 남중국해의 약 90%에 대한 중국 영유권이 표시되어 있다. 중국은 이 구상서에서 남중국해 섬과 인근 해역에 대한 명백한 주권 권리를 주장했다. 가오Gao와 지아Jia는 9단선이 이 지역 내 모든 육지 지형에 주권 권리를 부여하는 것 외에도 '역사적 권리'에 근거하여 중국에 어업, 항행 그리고 자원 탐사와 개발에 주권을 중국에 부여하는 잠재적인 해양 경계를 형성할 수 있다고 주장했다.[1] 9단선의 의미가 전략적으로 모호하고 남중국해가 중국에 속한다는 서사narrative 때문에 혼란스러웠지만,[2] 국제법에 따라서 남중국해의 해양 주권을 주장하는 다른 연안 국가들이 치열한 경쟁을 벌이고 있다.

2010년 이후 10여 년 동안 남중국해는 미·중이라는 초강대국 경쟁의 최전선 무대가 되었다. 남중국해는 130만 평방 마일square miles 이상을 포

---

[1] Zhiguo Gao and Bing Bing Jia, "The nine-dash line in the South China Sea: History, status and implications," *American Journal of International Law*, 107(1): 2013, pp. 98-123.

[2] Franz-Stefan Gady, "Chinese admiral: South China Sea 'belongs to China,'" *The Diplomat*, (16 September 2015).

괄하고 있고 어류, 석유와 가스, 다양한 섬과 암석에 대한 주권, 환초reefs와 모래톱shoals과 같은 간출지 통제, 기선baselines과 군도 수역archipelagic water 그리고 항행의 자유freedom of navigation를 포함한 육지 지형들과 관할권에 대해 광범위하고 다각적이며 중복되는 영유권 주장의 각축장이 되었다. 중국이 국제적인 '규칙 기반 질서rules-based order'에 도전하는 부상하는 강대국이라는 인식은 남중국해에서의 공세적 행동으로 잘 보여주고 있다.

2014년부터 중국은 남중국해에서 신속하고 대규모적인 군사화와 인공섬 건설에 관여하여 항행을 제한하고 다른 동남아시아 영유권 국가들의 법적 권리를 거부함으로서 중국의 능력과 의지에 대한 경종을 울렸다. 다른 국가들도 그러한 활동을 하고 있었지만, 중국은 남중국해를 군사기지화하는 데 상당한 역할을 했는데, 예를 들어 중국은 대함 미사일과 장거리 지대공 미사일을 인공 섬에 배치하고, 다른 국가의 군함 이동을 방해하고 감시와 위협을 목적으로 해양 민병대를 운용하고 있다. 이러한 행동들은 일반적으로 지역 질서에 대한 흐름에 다른 의도를 가진 중국이 현존의 해양 규칙을 개정하고 보완하거나 무시하는 것을 목표로 하고 있다는 우려를 촉발시켰다. 가장 중요한 예는 중국이 남중국해의 어업과 에너지 자원에 대한 자국의 역사적 권리 주장이 국제법상 무효라고 판단한 2016년 유엔해양법협약(UNCLOS: United Nations Convention on the Law of the Sea)의 국제 중재 재판소의 판결을 인정하지 않은 것이다.

2019년 6월에 발표한 미국의 '인도·태평양 전략 보고서Indo-Pacific Strategy Report'는 자유로운 바다와 평화로운 해양과 영토 분쟁 해결의 중요성을 강조하면서 '지역 질서 재편'을 추구하고 있는 중국을 수정주의 세력revisionist power으로 명시했다.³ 2017년 아시아·태평양 경제 협력체(APEC: Asia-Pacific Economic Cooperation) 정상회의에서 '자유롭고 개방된 인도·태평양 전략(FOIPS: Free and Open Indo-Pacific Strategy)'을 위한 트럼프 Donald Trump 미국 대통령의 구상은 '항행과 비행의 자유 등을 포함한 국제 규칙과 규범 준수'를 강조했다.

2017년의 미국의 '국가 안보전략National Security Strategy'과 2018년의 '국방전략National Defense Strategy 같은 미국의 다른 정책들 또한 전략적 대결의 서사를 도입해 '자유와 억압의 미래 국제 질서에 대한 비전의 대결'이라고 주장한다. 특히 남중국해는 동아시아 안보 질서의 성격, 형태, 목적과 이를 뒷받침하는 규범과 제도를 둘러싼 경쟁의 적절한 사례를 제시하고 있다. 남중국해에서 해양과 주권 분쟁은 유엔해양법협약(UNCLOS)에 의해 지지되는 미국 주도의 안보 질서와 현존 국제법에 대한 새로운 해석을 추구하는 중국 주도의 안보 질서 경쟁이 뚜렷하게 가시화되는 축소판이 되었다.⁴

미국의 새로운 인도·태평양 전략은 동맹국들과 파트너들이 공동 위협, 특히 해양에서 그 지역을 방어하는 책임을 공유하는 것으로 인식하고 있다. 2018년 샹그릴라 대화Shangri-La Dialogue에서 매티스 당시 국방장관James Mattis은 '미국은 전략적 의존이 아닌 전략적 동반자 관계를 제안한다'고 주장했다. 섀너핸Patrick M. Shanahan 당시 국방장관 대행은 상원

---

3   United States Department of Defense, *Indo-Pacific strategy report: Preparedness, partnerships, and promoting a networked region* (Washington, DC: United States Department of Defense, 2019), p. 4, 7.
4   Rebecca Strating, "Maritime disputes, sovereignty and the rules-based order in East Asia," *Australian Journal of Politics and History*, 65(3): 2019, p. 449.

청문회에서 트럼프 행정부의 국방 전략이 국제 안보 부담의 책임을 강화해 다른 것과 비교할 수 없는 동맹과 협력 관계 네트워크network를 활성화할 것임을 강조했다.[5]

미국의 2019년 '전략적 보고서Strategy Report'는 '상호적으로 유익한 동맹과 동반자 관계가 우리의 전략에 필수적이며, 어떤 경쟁자들이 따라올 수 없는 지속적이고 비대칭적인 전략적 이점을 제공한다'고 주장했다.[6] 이 보고서는 또한 '국제 규칙 기반 질서를 유지하기 위한 네트워크 안보 구조'의 중요성을 강조하면서, 동맹국들과 동반자들과 국내 및 해외에서의 '규칙 기반 국제 질서 유지'를 포함하여 많은 분야에서 지역 안보에 기여할 것이라는 기대를 요약했다.[7] 2019년 11월, 미 국무부 '실행 보고서'는 '호주, 인도, 일본 그리고 한국 등과 같이 가치 동맹국들like-minded countries과 공통의 문제를 해결하기 위한 안보 동반자 관계의 유연하고 탄력적인 네트워크 구축 필요성'을 강조했다.[8]

2019년 5월 미국 유도 미사일 구축함이 '자유롭고 개방된 인도·태평양전략(FOIPS)'에서 해양 협력을 촉진하기 위해 일본 항공모함급 구축함 이즈모出雲호, 인도 해군 함정 두 척 그리고 필리핀 순찰함과 남중국해에서 1주일간의 공동 순찰을 수행했다. 이 4개국 항행 작전은 그러한 종류의 최초 훈련으로 목적이 같은 인도·태평양 해군들 사이의 협력을 강조했다.[9] 2019년 5월, 미국, 일본, 호주 그리고 한국은 서태평양에서 첫 합

---

5   US Department of Defense(2019), op. cit., p. 18.
6   ibid., p. 21.
7   ibid., pp, 6, 21, 54.
8   ibid.
9   Ankit Panda, "US, India, Japan, Philippine navies demonstrate joint presence in

동 해양 훈련을 실시했다. 미 해군 7함대 사령관 소이어Phillip G. Sawyer 중장에 따르면 '퍼시픽 뱅가드(Pacific Vanguard; 4국 간 다국적 해양훈련)' 훈련은 공유된 가치와 공동 이익을 기반으로 인도·태평양 전역의 안보를 제공하는 가치가 같은 4개국 해양 국가들의 해군이 참여했다. 호주 왕립 해군 Royal Australian Navy 함대 사령관인 미드Jonathan Mead 제독은 '퍼시픽 뱅가드 훈련은 자유롭고 개방적이며 번영하는 인도·태평양에 대한 우리의 공통된 견해를 지지하기 위해 함께 노력하는 가치동맹 4개국이 참여했다'라고 소이어 사령관의 말을 반복했다.[10] 가치동맹국들은 자신들의 외교정책 담론에서 규칙 기반 질서를 옹호하는 데 전념했다. 예를 들어 2018년 9월, 아베 신조安倍晋三 일본 총리는 유엔에서 '넓고 광대한 우리의 해양과 상공을 통제해야 하는 것은 법치이며, 규칙 기반 질서'라고 선언했다. 호주는 또한 규칙 기반 질서 수사rhetoric의 강력한 옹호자였다. 이 문구는 2016년 호주 국방백서에서 56번 사용되었는데, 부분적으로 남중국해에서의 중국의 행동에 대한 대응 때문이었다.[11] 미국의 동맹국들과 협력국들의 지역 안보 네트워크가 해양의 규칙 기반 질서를 수호하는 중요한 강령crucial plank을 감안할 때, 남중국해에서 가치동맹국들이 얼마나 같은 생각을 갖고 있는가? 이러한 국가들은 자국의 국익과 우선순위가 유사하거나 다른 방식으로 인식하고 있는가? 요컨대 남중국해는 두 강대국 사이의 경쟁의 장으로서 학문적, 대중적 관심이 많아졌고, 중국

South China Sea," *The Diplomat*, (11 May 2019).

10 Commonwealth of Australia, *Senate Estimates: Foreign Affairs, Defence and Trade Legislation Committee*, (Canberra: Commonwealth of Australia), (10 April 2019).

11 Nick Bisley and Benjamin Schreer, "Australia and the rules-based order in Asia: Of principles and pragmatism," *Asian Survey*, 58(2): 2018, p. 302.

과 영유권 주장국들의 경쟁의 장으로 부상하게 되었다.

2. 중국의 남중국해 전략 전환

중국은 2003년 중요한 전투 방식 중 하나로 '삼전전략three warfare strategy'을 공식 채택했다. 여기서 삼전이란 심리전psychological warfare, 여론전media warfare, 법률전legal warfare을 뜻하는데, '총 한 발 안 쏘고 안보 전쟁에서 승리하겠다는 전략'이다. 심리전은 경제·외교 압력, 유언비어 등으로 상대국을 혼란에 빠뜨리는 것이다. 2011년 중국과 일본 간의 센카쿠열도(일본명: 尖角列島)/댜오위다오(중국명: 釣魚島)/댜오위타이(대만명: 釣魚臺) 분쟁 때 중국이 일본에 대한 희토류 수출을 막은 것이 대표적이다. 여론전은 국내외 여론을 조작해 중국 인민들의 중화 민족주의 자극을 통해 공산당 주장을 적극적으로 지지하게 만드는 것이다. 중국은 국내의 모든 TV·신문·잡지는 물론 인터넷까지 통제하고 있다. 14억 중국인은 공산당이 조종하는 여론에 따라 흥분하고 분노하는 경우가 많다.

법률전은 각종 문서나 지도, 국제 규약 등을 끌어들여 분쟁 상황을 중국에 유리하도록 왜곡하는 방식이다. 중국은 남중국해 영유권 등 각종 분쟁에서 모호한 역사적 근거와 국제법을 내세워 전략적 이익을 정당화하려 했다. 2011년 힐러리Hillary Clinton 미 국무장관이 '미국의 태평양 시대'라는 기고를 통해 선언한 '아시아로의 회귀/재균형정책Pivot to Asia/Rebalancing Asia policy'은 미국의 대중국 해양 봉쇄정책으로 이어지고, 이에 대해 중국은 필리핀·대만·한국·일본으로 이어지는 포위망을 약화시키고 러시아와 연계하여 서태평양으로 진출한다는 해양 전략으로 대응하고 있다. 이러한 해양 전략의 일환으로 중국은 주변국들과 끊임없는 해양 영토 분쟁을 야기하고 있는데 이때 사용되는 중요한 전법이 바로 '법률전'이다.[12]

남중국해에서 제기되는 문제 중의 하나는 분쟁 중인 육지 지형과 인접 해역에 대한 주권 권리 주장을 위해 중국의 유사 해군력paranaval forces이 채택한 '회색 지대 전술grey zone tactics'이다.[13] '양배추 전략cabbage strategy'으로 묘사되는 중국의 해안 경비대, 대규모 어선단 그리고 해양 민병대 maritime militia는 해양 방어의 제1선을 구성하는 압력층을 형성하고 있다.[14] 그러한 강압 전술은 동남아시아 약소국들이 해양 자원 권한에 접근할 수 있는 능력을 약화시키고 있다. 한 가지 예가 스프래틀리 군도의 세컨드 토마스 사구Second Thomas Shoal의 전초 기지에 물자를 운반하는 필리핀 선박들을 중국 초계함들이 지속적으로 방해한 사건이었다.[15] 2014년의 또 다른 예는 중국이 베트남이 영유권을 주장하는 배타적 경제수역(EEZ) 내 석유 광구oil block에 석유 탐사 굴착 장치인 하이양 시유 981HAI YANG SHI YOU 981로 명명된 시추 장비를 설치했을 때이다. 중국이 HYSY 981 장치를 설치했을 때 베트남에서 반중 시위가 격렬하게 발생해 중국

---

[12] 이지훈, "현대전에서 법률전(法律戰)과 우리 군에 대한 함의," 『국방정책연구』 제30권 제2호, 2014년 여름(통권 제104호), pp. 126-127.

[13] Andrew Erickson and Ryan Martinson, "Introduction: War without gun smoke. In Andrew Erickson and Ryan Martinson," eds., *China's maritime grey zone operations* (Annapolis: Naval Institute Press, 2019), pp. 1-14.

[14] Michael Green, Kathleen Hicks, Zack Cooper, John Schaus, and Jake Douglas, *Countering coercion in maritime Asia: The theory and practice of grey zone deterrence* (Center for Strategic and International Studies, 2017), pp. 11-12.

[15] ibid., p. 169.

과 베트남 관계가 최악의 상태가 되었다.[16] 2019년 베트남은 자신의 배타적 경제수역(EEZ)에서 중국 조사선 하이양 디지 8호 Haiyang Dizhi 8를 철수할 것을 거듭 요청했다. 그러나 중국은 유엔해양법협약(UNCLOS)에 따라서 베트남의 대륙붕 권리의 합법성에 대해 공개적으로 이의를 제기했다.[17]

그러한 조치는 남중국해 역외 국가들에게 외교적 문제를 제기한다. 일부 전략가들은 호주와 같은 가치 동맹국들은 동남아시아 국가들을 지지하고 남중국해에서의 중국의 행동을 더 공개적으로 비난할 필요가 있다고 주장해왔다.[18] 베트남은 남중국해가 '모든 국가들의 공동 이익뿐만 아니라 공유 책임이 되었다'라고 주장하면서 남중국해 분쟁 국제화를 추진해 왔다.[19] 2019년 8월 호주, 일본 그리고 미국은 공격적인 세력으로 중국을 구체적으로 명명하지 않았지만, 남중국해에서 현상 유지를 바꾸고 긴장을 고조시키는 강압적이고 일방적인 행동에 대한 심각한 우려를 표명하는 공동성명을 발표했다.[20]

회색지대전략 문제에 대한 하나의 대응은 남중국해 영유권 주장국들이 공동 해군 훈련 수행뿐만 아니라 자신들의 주권 권리를 방어하기 위

---

[16] ibid., p. 202.
[17] Huong Le Thu, "China's incursion into Vietnam's EEZ and lessons from the past," *The Strategist* (Australian Strategic Policy Institute), (20 August, 2019).
[18] Huong Le Thu, "What Vietnam is looking for from Scott Morrison's visit," *Financial Review*, (21 August, 2019).
[19] Dang Du Nhat, "Vietnam seeks Australia's support on the South China Sea," *The Diplomat*, (23 August, 2019).
[20] United States Department of State, "Trilateral Strategic Dialogue Joint Ministerial Statement," (August 1, 2019).

한 해양 능력 구축을 지원하는 것이다. 이러한 조치는 가치 동맹국들 사이의 해군 상호 운용성을 증진하려는 미국의 노력을 반영한다. 한국, 일본, 그리고 호주는 동남아시아의 해양력 증대에 대한 투자와 활동도 늘렸다. 일본 평화헌법은 전통적으로 '자위self-defense'를 제공하는 것으로 군사 활동을 제한해 왔으나, 2014년 아베 신조 정부가 헌법 9조를 보다 광범위하게 재해석함으로써 이제 집단적 자위권과 공격을 받고 있는 동맹국을 도울 권리를 포함하고 있다. 일본과 미국은 미사일 구축함 래슨호USS Lassen가 수비 암초Subi Reef의 12해리 내를 공개적으로 통과했던 같은 달인 2015년 10월 남중국해에서 처음으로 양국 해군 훈련을 실시했다. 2016년 이나다 도모미稲田朋美 일본 방위상은 '일본은 미 해군과의 훈련 순항과 지역 해군과의 다자간 훈련을 통해 남중국해 연안 국가들과 교류를 증대시키겠다'고 선언했다.[21] 2018년에는 일본 해상자위대(MSDF: Maritime Self-Defense Force) 잠수함 한 척은 동남아시아 주변에서 장기 임무였던 구축함 3척과 대잠 훈련을 실시했다. 같은 해, 미 해군의 로날드 레이건 항공모함 타격전단Ronald Reagan Strike Group은 남중국해에서 합동 군사 훈련을 위해 일본 방위 함대에 합류했다.

3. 남중국해 분쟁의 국제화

지역 질서 재편의 역동성은 다양한 형태를 취할 수 있다. 남중국해의 분쟁은 권력과 통제의 네 가지 핵심 중심지를 두고 전개된다.[22] 한 측면

---

21   Matthew Pennington, "Minister: Japan to increase activities in South China Sea," *Navy Times*, (15 September, 2016).

에서 남중국해는 아시아의 세력균형 변화를 상징해 이 지역의 평화와 안정에 대한 우려를 낳고 있다. 롤리 경Sir Walter Raleigh이 '바다를 지배하는 자, 세계의 부를 통제하고, 결과적으로, 세계 그 자체를 지배한다'라고 표현했듯이 해양 통제는 오랫동안 전력 투사, 무역, 그리고 강대국 지위의 확립이나 유지를 위해 중요했다.[23] 분석가들은 중국 해군력의 급속한 증강과 제1도련선first island chain 내 '반反접근/지역 거부A2/AD: Anti-Access/Area Denial' 능력과 이것이 아시아에서 미국의 전략적 영향력을 약화시키고 대만에서 미국 이익을 저해할 수 있는가에 대해 우려를 표명하고 있다.[24] 일본 분석가들은 남중국해를 활동 중인 강대국 갈등의 '인화점' 또는 '용광로'로 묘사하며, 중국의 공세가 미국이 항행의 자유 또는 동맹국 및 동반자 국가들의 해양 권리에 대한 자국의 이익을 보호하도록 압박할 것이라는 우려를 반영하고 있다. 그러나 미국은 남중국해 분쟁의 당사국은 아니다. 결과적으로, 다른 분석가들은 미국이 남중국해에 중요한 이해관계를 가지고 있는지, 그리고 미국이 그러한 이익과 지역 동맹과 동반자 국가들의 이익을 보호하기 위해 중국과 대립을 감수할 것인지에 대

---

22   Peter Dutton, "Three disputes and three objectives—China and the South China Sea," *Naval War College Review*, 64(4): 2011, pp. 42-67.

23   Jo Inge Bekkevold and Geoffrey Till, "International order at sea: What it is. How it is challenged. How it is maintained," In Jo Inge Bekkevold and Geoffrey Till, eds. *International order at sea: How it is challenged. How it is maintained* (London: Palgrave Macmillan, 2016), p. 6.

24   중국은 1980년대 들어 쿠릴열도에서 필리핀 해역을 지나 인도네시아 북부와 베트남 주변 해역 등 남중국해를 아우르는 해역을 제1도련선으로, 사이판과 괌 주변 해역까지를 아우르는 해역을 제2도련선으로 설정한 뒤 꾸준히 제해권 확대를 추진하고 있다. 금철영, "중국이 타이완을 침공하면 미국은 어떻게 대응할 것인가?,"『KBS』 2021/10/14; US Department of Defense(2019), op. cit.; Patrick Cronin, "Maritime power and US strategic influence in Asia," *War on the Rocks*, (11 November, 2017).

해서 의문을 제기한다.[25] 중국 입장은 남중국해에서 미국의 '항행의 자유 작전(FONOP: Freedom of Navigation Operations)'은 불법이며 중국은 주권을 수호하고 미국의 '해양 헤게모니즘maritime hegemonism'에 저항하기 위해 필요한 조치를 취할 것이라는 것이 지배적이다.[26]

미국 지도자들은 남중국해에서의 중국의 행동에 대응하여, 오바마 Barack Obama 행정부의 아시아 회귀/아시아 재균형정책의 일환으로 2010년 이후 항행의 자유에서 미국의 강한 국익을 점차 주장해 왔다.[27] 2015년 샹그릴라 대화에서 카터Ashton Carter 당시 국방장관은 미국은 국제법이 허용하는 곳이라면 어디든 비행, 항해, 운항할 것이라고 선언하면서 동시에 동남아시아 국가 간 해양력 증대를 위한 새로운 해양 안보 구상(MSI: Maritime Security Initiative)을 출범시켰다. 미국의 이러한 비슷한 수사는 2019년 '인도・태평양 전략Indo-Pacific Strategy' 보고서에서도 언급되었다.[28] 미국의 전략 사상가들 사이에서는 항행의 자유가 남중국해에서 미국의 주요한 이익이라는 것에 폭넓게 동의하고 있다. 미국의 동맹국과 협력국들도 중국의 반접근/반거부(A2/AD) 능력에 대해 우려를 표명하고 있다. 남중국해는 무역 측면에서 동북아시아와 동남아시아 국가들에게 특히 중요한 해역이다. 일본은 2019년 '일본 방위백서'에서 주장했듯이,[29] '중국은 강압에 의한 현상유지status quo 변화 시도에서 보여주고 있

---

25   Brendan Taylor, "The South China Sea is not a flashpoint," *Washington Quarterly*, 31:1, 2014, pp. 99-111.
26   Idrees Ali, "US warship sails near South China Sea islands claimed by China," *Reuters*, (28 August. 2019).
27   Hillary Clinton, "Remarks at press availability," *Hanoi*, (23 July. 2010).
28   US Department of Defense(2019), op. cit., p. 43.

듯이 해양 영역의 이해 충돌 문제와 관련해 계속해서 적극적인 조치를 취하고 타협하지 않고 일방적 주장을 실현하겠다는 입장 표시를 보내고 있다. 호주와 같은 다른 역내 강대국들도 남중국해에서 중국의 유례없는 토지 매립을 통한 인공섬 건설의 속도와 규모에 우려를 표명했다.[30]

지역 질서 통제를 위한 두 번째와 세 번째 경쟁은 중국과 해양 동남아시아 국가들 사이의 중복되는 영토와 해양 권리 주장과 관련이 있다. 남중국해 영유권 분쟁은 중국, 대만, 필리핀, 베트남, 말레이시아 그리고 브루나이가 영유권을 주장하는 섬, 환초, 암석, 물에 잠겨있는 모래톱 그리고 간출지를 포함해 해양 위로 솟아있는 수백 개의 육지 지형물에 대한 소유권에 관계되어 있다. 이러한 권리 주장은 효과적인 점유, 발견, 그리고 역사와 같은 영유권을 결정하기 위한 법적인 원칙에 기초하고 있다. 이러한 육지 지형물에 대한 주권은 '육지가 바다를 지배한다'라는 법적 권리에 따라서 석유, 가스 그리고 어류와 같은 해양 자원에 대한 수반 권리와 해양 지역에 영향을 미칠 수 있는 능력을 가지고 있다. 중국, 대만, 필리핀, 베트남, 말레이시아, 브루나이 그리고 인도네시아는 각각 남중국해의 배타적 경제 수역(EEZ: Exclusive Economic Zone)과 대륙붕에 대한 영유권을 주장하며, 인도네시아는 남중국해의 먼 남쪽 끝에 있는 나투나 군도Natuna Islands에 대한 영유권을 주장하고 있다.

이러한 해양 구역을 획정하는 유엔해양법협약(UNCLOS)에 따라 제공되

---

29   Japan Ministry of Defense, *Defense of Japan* (Tokyo: Ministry of Defense, 2019), p. 58.

30   Commonwealth of Australia Department of Defence, *Defence white paper*, (Canberra: Commonwealth of Australia, 2016), p. 58.

지만 2016년 남중국해 중재 판결과 같이 영유권 주장국들 사이의 해양 자원 분쟁을 해결하기 위한 외교 및 법적 시도는 지금까지 해양 경계를 설정하지 못해 남중국해에서 중복되는 영유권 주장이 거미줄처럼 얽혀 있다. 논란이 되고 있는 중국의 9단선과 역사적 권리는 2013-2016년 국제 중재 재판소 결정으로 무효화됐지만 이 결과를 중국 법률 전문가들이 거부했고 중국 정부는 무시했다.[31] 이로 인해 중국이 점점 더 강력해지고 자신감을 갖게 됨에 따라 경제적 강압이나 지연 전술stand-over tactics을 사용함으로써 국제법상 정당한 권리가 없는 해양 자원에 접근할 수 있을 것이라는 우려를 낳고 있다. 예를 들어 오브라이언Robert O'Brien은 아세안 국가들이 연안 자원 개발과 2조 5,000억 달러의 석유와 가스 매장량에 대한 접근을 차단하기 위해 협박하고 있다고 중국을 공개적으로 비난했다.[32]

이 세 가지 관리 영역인 해양, 주권 그리고 해양 자원을 종합하면 이 지역의 유엔해양법협약(UNCLOS)이 주도하는 법적 질서에 도전하게 되었다. 현대의 분쟁은 해양 질서를 유지하고 해양이 주로 공유 자원이라는 원칙을 지지하는 유엔해양법협약(UNCLOS)의 약점을 강조한다. 미국 중심의 가치 동맹국들은 중국과 동남아시아 국가연합/아세안(ASEAN: Association of South-East Asian Nations) 국가 간 현재 벌어지고 있는 행동 강령(CoC: Code of Conduct) 협상이 남중국해를 안정시킬 것이라는 희망을 잠정적으

---

[31] CSIL(Chinese Society of International Law), "The South China Sea arbitration awards: A critical study," *Chinese Journal of International Law*, 17(2): 2018, pp. 207-748.

[32] Bernadette Nicolas, "China blocking ASEAN access to $2.5-trillion energy resources in South China Sea," *Business Mirror*, (5 November 2019).

로 표명했지만, 전문가들은 다른 국가들에게 자신의 권리들이 타당하다고 인정하도록 설득하기 위해 3전 전략three warfare strategy의 일환으로 법률전을 사용해 유엔해양법협약(UNCLOS)이 허용하는 범위 이상으로 해양 권리 주장을 확대하려는 중국의 노력에 우려를 표명하고 있다.[33] 미국은 중국의 이러한 수정주의 전략에 우려를 하면서 비록 관습법customary law 으로 그 원리를 인정하고 있지만 해양 영역에서 국제법 의무에 대한 미국 입장은 유엔해양법협약(UNCLOS)에 대한 의회의 비준 거부로 인해 약화되고 있다. 가치 동맹국은 유엔해양법협약(UNCLOS)에 따른 항행 레짐 regim을 포함해 국제 해양 규칙에 대한 다른 해석을 가지고 있다.

4. 아세안의 헤징 전략

 미국과 중국의 지리전략적geostrategic 경쟁은 정치, 경제 그리고 안보 등을 포함한 거의 모든 분야에서 최근 두드러지고 있다. 미·중 경쟁이 양국 간 전면전all-out war으로 발전할 가능성은 낮지만, 많은 국가들이 향후 두 강대국 간 영토 밖에서 벌어지는 소규모 분쟁이나 대리전proxy wars 가능성에 대해서는 여전히 우려하는 시각이 많다. 골드스타인 Goldstein은 미·중 경쟁은 자신들의 중요한 이익을 지키기 위해 무력 사용에 의존하는 경향이 있을 때 쉽게 우발적인 군사 충돌로 번질 수 있다고 주장했다. 특히 미·중 간 중요한 이해관계의 경계선red lines이 모호해 이전의 미국과 소련 관계에서 핵심 이익들처럼 분명하게 정의되지 않았

---

[33] Douglas Guilfoyle, "The rule of law and maritime security: Understanding lawfare in the South China Sea," *International Affairs*, 95, 2019, pp. 999-1017.

기 때문에 특히 갈등의 가능성이 높다.[34] 주펑 중국 난징대 국제관계 연구원장은 다음과 같이 주장한다.

> 미국은 중국 인민해방군이 남중국해를 장악할 수 있는 능력을 가지는 것을 우려한다. 이 때문에 일본, 호주 그리고 인도 등을 끌어들여 연합훈련을 실시하고 있고, 영국, 프랑스 그리고 독일 등 유럽 국가와 캐나다 군함 및 항공기까지 남중국해에 진입하도록 부추기고 있다. 미·중 두 나라가 남중국해상에서 자주 대치하다가 '총을 닦다 불발해버리는' 사태가 발생한다면 국지적 군사위기가 유발될 가능성이 매우 크다. 남중국해에서 교전이 발생해 피가 한 방울이라도 흐른다면 미·중 관계의 마지막 지푸라기마저 사라지게 될 것이다.[35]

선행연구들은 남중국해에서 미·중 경쟁 이면에 있는 몇 가지 원인을 제시하고 있다. 첫 번째 원인은 미·중 간 세력균형balance of power 변화와 관련이 있다. 미국의 쇠퇴와 중국이 가까운 장래에 미국을 능가할 것인가의 측면에서 학자들 사이에 여전히 큰 차이가 있지만 미·중의 상대적 능력 격차가 좁혀지고 있다는 것은 확실한 사실이다.[36]

브룩스Brooks와 월포트Wohlforth가 주장한 '권력 스펙트럼power spectrum'에서 중국은 국제정치의 '잠재적인 신흥 초강대국emerging potential super-

---

34 Avery Goldstein, "First things first: The pressing danger of crisis instability in U.S.-China relations," *International Security*, 37(4), 2013, pp. 58-59.
35 주펑, " 미중 관계 신냉전으로 갈 것인가," 『동아일보』 2021/9/9, p. A, 33면.
36 Adam P. Liff & G. John Ikenberry, "Racing toward tragedy?: China's rise, military competition in the Asia Pacific, and the security dilemma," *International Security*, 39(2), 2014, pp. 52-91.

power'으로 분류되어 초강대국인 미국 바로 아래에 위치하고 있지만, 그 어느 강대국보다 순위가 높다. 중국은 초강대국 지위를 시도할 수 있는 충분한 경제력을 가지고 있었지만, 여전히 그렇게 추진할 수 있는 충분한 기술적 능력을 가지고 있지 않다는 것 역시 약점으로 가지고 있다.[37] 심지어 국제정치의 세력전이이론power transition theory 조차 중국 국력이 미국을 추월할 시점이 되면 투키디데스의 함정Thucydides Trap에 빠져 미·중 간의 전쟁은 필연적으로 발생할 수밖에 없다고 주장한다.[38] 앨리슨Graham Allison은 역사가 투키디데스의 말을 인용해 고대 그리스를 폐허로 만들었던 펠로폰네소스 전쟁이 신흥국 아테네의 부상에 대한 헤게모니 국가인 스파르타의 두려움 때문에 일어났다고 설명했고, 지난 500년 동안 이런 상황이 16번 발생해 그중 12번이 결국 전쟁으로 귀결됐다고 주장한다. 엘리슨은 현재 미·중 경쟁은 역사상 강대국 경쟁의 17번째 사례에 해당한다고 주장하면서 미·중이 왜 '투키디데스의 함정'에 빠져 있는지를 설명하고 있다.[39]

중국은 물질적 능력이 급격하게 증가했기 때문에 군사력을 강화할 수 있었다. 랜드연구소Rand Corporation가 2020년 발표한 보고서에 따르면 중

---

[37] Stephen G. Brooks and William C. Wohlforth, "The Rise and Fall of the Great Powers in the Twenty-first Century: China's Rise and the Fate of America's Global Position," *International Security*, 40(3) (Winter 2015/16), p. 43.

[38] Carsten Rauch, "A tale of two power transitions: Capabilities, satisfaction, and the will to power in the relations between the United Kingdom, the United States, and Imperial Germany," *International Area Studies Review*, 20(3), 2017, pp. 201-222.

[39] 그레이엄 앨리슨 저, 정혜윤 옮김, 『예정된 전쟁: 미국과 중국의 패권 경쟁, 그리고 한반도의 운명』(서울: 세종서적, 2018)을 참조.

국은 경제력을 활용해 미국의 군사적 영향력을 약화시킬 수 있다.[40] 중국의 군사력은 미국이 1990년대에 그랬던 것처럼 모든 군사적 선택지를 배치하는 것을 훨씬 어렵게 만들고 있다. 이것은 미국이 중국의 반작용 가능성을 감안해야 한다는 것을 의미한다. 게다가 세계 문제에 대한 자국의 이익을 추구할 수 있는 미국의 능력은 떠오르는 세력 중국에 의해 놀라울 정도로 제약을 받고 있다. 간단히 말해 미국은 이제 남중국해, 아프리카 그리고 중남미 등에서 중국과 경쟁해야 한다.[41]

게다가 중국은 다른 나라에 영향력을 행사하고 강압적인 외교정책을 추구하기 위해 경제력을 활용하고 있다. 지난 20년 동안 중국은 거의 모든 아시아 국가들의 첫 번째 혹은 두 번째 큰 무역 파트너가 되었다. 동아시아 국가들은 과도한 무역 의존 때문에 중국의 정치와 경제적 이익, 즉 시장 경제로서의 중국의 지위 문제 등을 수용하는 것 외에는 선택지가 거의 없다.[42] 중국은 일대일로구상(BRI: Belt and Road Initiative)의 도입으로 수출과 수입을 통제하고 중국인 관광객들의 특정 국가 방문을 금지하고, 중국 내 외국 기업을 불리하게 만드는 것과 같이 다른 국가들의 행동을 변화시키기 위해 유인책incentive과 강압적인 경제 수단을 빈번하게 사용하고 있다.[43]

---

[40] RAND, *Regional responses to U.S.-China competition in the Indo-Pacific* (RAND Corporation, 2020).

[41] Joshua R. Itzkowitz and Shifrinson Michael Beckley, "Debating China's rise and U.S. decline," *International Security*, 37(3), (Winter 2012/13), pp. 172-181.

[42] Scott L. Kastner, "Buying influence? Assessing the political effects of China's international trade," *Journal of Conflict Resolution*, 60(6), 2016, pp. 980-1007.

[43] Sung Chul Jung, Jaehyon Lee & J i-Yong Lee, "The Indo-Pacific strategy and US alliance network expandability: Asian middle powers' positions on Sino-US

미·중의 전략 경쟁의 두 번째 원인은 서로 다른 두 세계 비전vision인 민주주의democracy와 권위주의authoritarianism 사이의 이념적 충돌에서 비롯되었다. 2013년 시진핑習近平이 국가 주석으로 취임한 이후 중국의 외교정책은 덩샤오핑鄧小平의 도광양회(韜光養晦: 빛을 숨기고 어둠속에서 힘을 기른다) 전략에서 보다 큰 지역 통합과 중국에 대한 의존을 강화하고 중국의 주변 지역을 운명공동체로 전환하는 것에 중점을 두는 분발유위(奮發有爲: 할 게 있으면, 즉 중국의 이익에 도움이 되는 일이라면 적극적으로 분발해 한다) 전략으로 전환했다.

중국은 이 새로운 틀 안에서 다양한 전략적 목표를 달성하기 위해 여러 가지 구상을 제시하고 경제적 책략을 구사하고 있다. 중국은 국제무대에서 '워싱턴 컨센서스Washington Consensus'에 간접적으로 도전할 수 있는 '차이나 모델China Model'의 대안을 부각해 자신감 있는 의제를 강화하고 있다.[44] 따라서 미국은 공식 보고서에서 인도·태평양 지역의 세계 질서에 대한 '자유free'와 '억압repressive' 비전을 명확히 구별하려고 시도하고 있다.[45]

미국은 세력 균형의 변화와 이념적 차이가 심화됨에 따라 최근 몇 년간 중국에 대한 강경한 입장을 유지하고 있다. 트럼프 행정부 기간 동안 대중 강경정책이 초당적 지지를 얻었다.[46] 이 전략은 2021년에 출범한 바

---

geostrategic competition in Indo-Pacific region," *Journal of Contemporary China*, 30(127), 2021, p. 3.

[44] Jonathan Stromseth, *DON'T MAKE US CHOOSE: Southeast Asia in the throes of US China rivalry* (Washington, DC: Foreign Policy at Brookings, 2019), pp. 1-31.

[45] The Trump White House, *National Security Strategy of the United States of America* (White House, 2017); U.S. Department of Defense (DoD)(2018), op. cit.

[46] David Shambaugh, "The New American Bipartisan Consensus on China Policy,"

이든Joe Biden 행정부에서도 변함없이 유지되고 있다. 2017년 미국의 국가안보전략(NSS: National Security Strategy)과 2018년 국방전략(NDS: National Defense Strategy)은 모두 중국을 인도·태평양 지역에서 미국의 전략적 경쟁자로 간주했다.[47] 백악관이 2020년 5월 발표한 중국에 대한 미국 전략적 접근 보고서는 '중국과의 맹목적 포용의 오래된 패러다임old paradigm of blind engagement with China'이 실패했다고 지적하고 경쟁적 전략을 채택할 것을 미국에 호소했다.[48] 이 보고서 발표 직후에 폼페이오Mike Pompeo 국무장관은 2020년 7월 23일 연설에서 50여 년간의 중국에 대한 미국의 관여정책은 실패했다고 선언하면서 이러한 맹목적인 포용정책을 중단한다고 주장했다.[49]

미국은 이 목적을 위해 중국을 겨냥한 다양한 방안을 채택했다. 트럼프 행정부는 2017년 말 자유롭고 개방적인 인도·태평양 비전을 도입해 기존 아시아·태평양 전략을 대체하고 미국 공식 담론의 핵심 용어로 만들었다. 트럼프는 2018년을 계기로 중국에 강제 기술이전, 시장 접근 제한, 지적재산권 도용, 국영기업 보조금 등 불공정 무역관행을 해소하기 위해 중국산 수입품에 대한 관세 인상으로 무역전쟁을 벌이기도 했다. 이런 상황에서 현재의 미·중 관계는 돌아올 수 없는 지점을 통과했다고 볼 수 있다.

    China Focus (21, September 2018).

[47] The Trump White House, op. cit., p. 25; U.S. DoD(2018), pp. 1-2.

[48] The Trump White House, *United States Strategic Approach to the People's Republic of China* (White House, 2020).

[49] Mike R. Pompeo, *Communist China and the free world's future*, (U.S. Department of State, 23 July 2020).

미·중 경쟁은 동남아시아 약소국들에게 복합적인 영향을 미치고 있다. 미국은 중국의 부상이 미국의 중심축hub과 하부축spoke으로 구성된 동맹체제에 위협이 될 수 있다고 생각하고, 중국은 미국과 동맹국 네트워크network 간의 안보 유대 강화를 봉쇄정책으로 간주하고 있다. 그 결과 미·중 사이의 대립은 점차적으로 동아시아 지역을 가로지르는 지정학적 단층선을 만들어 내고 있다.⁵⁰ 미·중은 이 단층선에서 지지 세력이나 자신의 구상에 참여하도록 지역 국가들을 압박하거나 유도하기 위한 전략을 추구하고 있다. 미국은 자유롭고 개방된 인도·태평양 전략(FOIP) 전략에 착수함으로써 중국의 부상에 대응하기 위해 이 지역에서 미국이 주도하는 균형 연합balancing coalition 구성을 추진하고 있다. 미국은 쿼드 4개국과 몇몇 중국 주변국들을 포함하는 '아시아판 나토Asian NATO' 구상을 점차 구체화시키고 있다.⁵¹

전통적인 국제이론의 통찰에 따르면 비대칭 구조asymmetric structure 하에서 약소국들이 가장 자주 채택하는 주요 강대국에 대한 전략이 균형 balancing 또는 편승bandwagoning 중의 하나라고 주장한다.⁵² 약소국은 능력을 강화시킴에 따라 균형 전략을 채택할 가능성이 높아지며 그 반대의 경우도 마찬가지이다. 그러나 중국의 부상과 함께 대다수의 동아시아 지역 국가들은 세력균형balance of power 논리가 예측한 것처럼 '순수 균형

---

50 Yu-Shan Wu, "Pivot, hedger, or partner: Strategies of lesser powers caught between hegemons," In L. Dittmer (Eds.), *Taiwan and China: Fitful embrace* (Berkeley: University of California Press, 2017), pp. 202-204.

51 Jimmy Quinn, "An Asian NATO?," *National Review* (7 October).

52 David C, Kang, "Between balancing and bandwagonig: South Korea's response to China," *Journal of East Asian Studies*, 9(1), 2009, pp. 1-28.

pure balancing' 또는 '순수 편승pure bandwagoning'을 채택하지 않았다. 대신 특히 동남아시아 약소국들은 실제로 '헤징(hedging/위험 회피)'이라고 부르는 균형과 편승 사이의 전략을 채택했다.

헤징이라는 용어는 불확실성과 위험이 높은 상황에서 약소국들이 다양한 정책 선택지를 채택하고 국제체제에서 위험을 줄이기 위해 서로 다른 주요 강대국들과 협력 관계를 유지하는 것으로 정의된다.[53] 림Lim과 쿠퍼Cooper는 헤징이 약소국들이 강대국들과 자신들의 안보 공유shared security 범위를 알려주는 모호성 생성전략ambiguity-generating strategy이라고 지적했다.[54] 결국 약소국들은 모든 주요 강대국들과 좋은 관계를 발전시키려고 노력하지만, 어떤 강대국들과 너무 긴밀하거나 너무 멀리할 수 없는 불가근 불가원不可近 不可遠 전략을 취할 수밖에 없다.[55] 베트남은 다방향적multidirectional이고 다자적인multilateralisation 외교정책을 통해서 이 전략을 채택하고 있는 대표적인 동남아시아 국가이다.[56]

일반적으로 헤징 개념은 냉전 종식 이후 중국에 대한 약소국들의 외교정책을 설명하기 위해 사용되어 왔다. 그러나 이 개념 자체의 설명력은 이론적으로나 실제적으로나 지금 도전받고 있다. 이론적으로 헤징 연구들은 양자 관계의 국가에 초점을 맞춰왔지만 약소국들이 두 강대국 또는

---

[53] Cheng-Chwee Kuik, "The essence of hedging: Malaysia and Singapore's response to a rising China," *Contemporary Southeast Asia*, 30(2), 2008, pp. 159–185.

[54] Darren J. Lim & Zack Cooper, "Reassessing hedging: The logic of alignment in East," *Asia. Security Studies*, 24(4), 2015, pp. 696–727.

[55] Kuik, op. cit., p. 164.

[56] Carlyle A. Thayer, "Vietnam's Foreign Policy in an Era of Rising Sino-US Competition and Increasing Domestic Political Influence," *Asian Security*, 13(3), 2017, pp. 183–199.

세 강대국 사이에 끼어 있을 경우에 거의 이루어지지 않았다.[57] 사실상, 미·중 사이의 경색된 관계를 감안할 때 약소국들의 정책 선택지는 상당히 제한되었다. 결과적으로 헤징 전략이 지속될 수 있을지 혹은 어떻게 진화할지는 규명할 가치가 있다. 퀵Kuik은 동남아시아 국가들이 긴급한 위협의 부재, 국가들을 반대 진영으로 나누는 어떤 이념적 단층선의 부재 그리고 국가들에게 양자택일을 강요하는 전면적인 강대국 경쟁의 부재를 포함해 어떤 조건들이 존재했을 때 헤징할 수 있다고 주장한다.[58]

그러나 세 번째 조건은 이 지역에서 영향력을 행사하려는 미·중 경쟁과 경쟁 심화의 맥락에서 더 이상 온전하게 유지될 수 없다고 할 수 있다. 특히 미국은 동남아시아 지역을 중국 부상에 대응하기 위한 핵심 발판으로 보고 있지만 중국은 이 지역을 세계 강대국으로 부상하기 위한 시험장이나 시범 지역으로 간주하고 있다.[59] 미·중 양국은 목적이 겹치기 때문에 이 지역에서 영향력을 확보하기 위해 치열하게 경쟁하고 있다. 동남아시아 국가들의 관점에서 미·중 모두 똑같이 자신들에게 정치, 경제, 안보 그리고 다양한 차원에서 중요한 영향력을 가지고 있다. 미국은 외교와 군사적 영향력이 크지만, 중국은 피할 수 없는 경제적 상호의존으로 인해 엄청난 경제적 영향력을 확보하고 있다.[60] 따라서 동남아시아 국가들은 미·중 양국과 건설적인 관계를 맺으려 하고 이 두 강대국으로부터 동시에 이익을 얻기 위해 양국이 제안하고 있는 구상에 모

---

57 Wu, op. cit., p. 199.
58 Kuik, op. cit., p. 165.
59 Stromseth, op. cit.
60 Rand, op. cit.

호한 방식으로 대응하는 전략을 선호하고 있다.

5. 코로나19 이후 남중국해 안보 구조 변화

많은 분석가들은 코로나19 대유행Covid 19 pandemic으로 인한 아세안 국가들의 경제 위기와 안보 위협을 우려했다. 이러한 위협은 많은 국가들이 더 긴급한 문제에 예산을 재할당하고 있기 때문에 이미 해양 방위 분야에서 현실화되었다. 동남아시아에서 핵심 국가들의 해군 예산 감축이 분쟁이 심각한 지역에서 자신들의 존재를 약화시켜 세력 균형을 위협할 수도 있다. 중국은 다른 분쟁국들의 세력 약화로 이익을 얻기 위해 남중국해에서 정책을 조정해 왔다. 해양 분쟁을 둘러싸고 국제적 긴장이 고조되는 위험은 치안부대security forces의 부분적인 철수를 활용한 해양 범죄가 현실화되고 있을 뿐 아니라 여러 행위자들의 세력 약화로 가속화되고 있다. 해양 분쟁 지역이 많은 동남아시아에서 해양 안보가 특히 해군력에 의존해 안정을 확보하고 있기 때문에 이 상황은 더욱 악화되고 있다.

이 코로나19의 영향은 가까운 미래뿐만 아니라 앞으로 몇 년 동안 지역 및 세계 해양 안보 계산법security calculus에 계속해서 영향을 미칠 것이다. 많은 경제학자들은 코로나19는 세계 경제 위기를 초래할 것으로 예측했다. 이러한 상황은 아세안 국가들이 이미 국방예산 감축으로 전환되면서 군 현대화와 새로운 군사 장비와 무기 조달이 지연되고 재조정되면서 장기적인 영향을 미치고 있다. 인도네시아는 약 5억 9천만 달러의 국방 예산 삭감을 발표해 분쟁이 심한 해역의 국가 주권과 안보의 핵심 요소인 해군 예산에 직접적인 영향을 미쳤다. 태국이 국방예산을 5억 5천

500만 달러 삭감하고 말레이시아 베트남 필리핀도 같은 제약을 받는 등 동남아시아 여러 나라가 국방예산을 축소하고 있다. 장기적으로 이러한 상황은 외교 및 군사 지역 협력에 영향을 미치는 배치 공간deployment footprint 감소로 이어질 수 있다.

협력 관계를 강화하는 다국적 및 양자 간 훈련은 축소되어야 하며, 국가 이익 또는 지역 질서에 대한 위협 대응능력에 영향을 미칠 수 있다. 필리핀은 이미 미국, 호주와의 발리카탄 2020 훈련Balikatan 2020 exercise을 취소했다. 미국이 주최한 '환태평양 다국적훈련/림팩(RIMPAC: Rim of the Pacific Exercise)'은 2주 훈련으로 단축되었는데, 이것은 2018년 5주 간의 훈련과 극명한 대조를 이룬다. 따라서 코로나19의 영향은 국가들이 자신들의 다른 역할과 임무를 위한 대응을 재조정해야 하는 많은 직간접적인 방법으로 운영 준비 상태에 영향을 미칠 것이다. 이런 병력 감축은 군사력을 저하시켜 해양협력과 합동훈련 부족으로 인해 공동위협 대응 능력을 약화시킬 가능성이 높다.

세계 해양의 해군 함정 수가 이렇게 감소함에 따라, 일부 국가들은 무력으로 이 상황으로부터 이익을 얻으려 할 수도 있다. 세계에서 가장 중요한 무역로 중 하나이며 중국, 브루나이, 베트남, 필리핀, 말레이시아, 대만 등이 상반된 영유권 주장을 하고 있는 남중국해 지역은 중국이 코로나19 동안에 입지를 굳히면서 새로운 긴장의 무대가 되었다. 남중국해 영토 분쟁의 확대는 매년 5조 달러 이상의 무역 상품과 세계 해양 교통의 3분의 1 이상이 이 해역을 통과하며 주변 국가들의 에너지 수입의 상당 부분을 차지하고 있다는 점에서 세계적인 영향을 미칠 수 있다. 중국이 이 지역을 통제하게 되면 다른 나라들의 운송을 위협할 수 있으며, 해양을 둘러싼 유엔해양법협약(UNCLOS) 권리를 유지하려고 노력해 온 다른 외국군, 즉 미군의 접근을 거부할 수 있다.[61] 싱Anil Jian Singh 인도 제독에 따르면 중국 해군은 이미 남중국해에 존재하는 함대의 전반적인 약화를 이용하기 시작했다.

> 며칠 전에 중국 해군은 베트남 어선을 침몰시켰고 최근 며칠 동안 대만에 대한 공격적인 자세를 취하기 시작했다. 그 사건은 미국 항공모함 주둔이 대만에 대한 중국의 공격적인 움직임을 사실상 저지했던 1995-96년 대만해협 사건으로 기억될 수 있다. 하지만 이제 중국은 서태평양에서 공격적인 자세를 취할 수 있다는 자신감을 가지게 되었다. 항공모함 루즈벨트 Roosevelt호가 괌에 정박해 코로나19와 싸우고 있기 때문에 중국은 더 과감한 입장을 취할 수도 있다.

중국군은 남중국해에서 군사 활동을 확대해 분쟁 지역에 대한 중국의 존재를 강화했다. 2020년 3월 코로나19가 확대되기 시작한 이후 중국군은 대만 해안 경비대 함정과 충돌하고 말레이시아 배타적 경제 수역(EEZ)에 탐사선을 파견하고 남중국해에 새로운 행정 구역을 신설하고 남중국해 지형물에 중국어로 공식 명칭을 부여했을 뿐 아니라 통상적인 항행의 자유를 수행하고 있는 미군 함정을 추방하겠다고 위협하고 있다. 더욱이 코로나19 위기가 한창이던 2020년 4월 중국 정부 조사선이 말레이시아 대륙붕에 대한 해저 조사를 위해 파견되어 2019년 12월에 시작된 말레이

---

61 Theo Locherer, "COVID 19 and the Shifting Maritime Balance," *Global Risk Insight* (November 13, 2020).

시아와 베트남이 관련된 석유 및 가스 탐사를 둘러싼 대치 상황을 고조시켰다. 중국은 이 지역에 해군력을 더 자주 출동시키는 것과 함께 분쟁 지역에서 자신의 영유권 주장을 위해 코로나19로 심하게 타격을 받은 국가들의 약한 입장을 이용했다.

중국의 이러한 접근 방식modus operandi은 새로운 것이 아니며 일부 학자들이 주장하는 최소한의 위험으로 근거를 확보하기 위해 갈등을 유발하지 않고 중국의 이익을 실질적으로 증가시키기 위한 작전을 의미하는 '회색지대 전술gray area tactics'이라고 부르는 것과 연속선상에 있다. 그러나 이 전략에 대한 남중국해 연안 국가들의 강한 항의와 행동의 상징적인 차원과 공세 강화는 중국의 전략 진화를 보여주는 것이다.

또 다른 발전은 중국이 세부 사항을 거의 드러내지 않은 '대양 2020Blue Sea 2020'이라는 새로운 구상에 착수한 것이다. 중국 언론에 따르면 이 구상은 2020년 4월 30일부터 11월 30일까지 지속되는 해양 환경 보호를 중심으로 기획되었다. 그러나 그 구상 감독 하에 있는 중국 법 집행 기관은 석유 탐사, 해양 연안 건설, 모래 및 해양 채광 활동 등에서 중국 법률의 '위반'을 목표로 삼고 있다. 자원이 풍부한 지역에서 상충되는 재산권 청구를 고려할 때, '대양 2020' 구상은 갈등 지역에 대한 '법 집행'을 실시하기 위해 반대되는 영유권 주장국들을 대상으로 하고 있는 것으로 추측할 수 있다.[62]

중국이 점점 더 공세적인 태도를 보이면서 베트남은 서방과의 관계를 강화하게 되었고, 2020년 3월에 코로나19와 경제와 안보 영향에 대한 대

---

[62] ibid.

화에 참가하기 위해 쿼드 플러스에 합류하고 4월에는 미국 항공모함 루스벨트호가 베트남에 기항했다. 미국과 베트남 당국자들 대화는 계속됐고, 폼페오Pompeo 미국 국무장관은 하노이에서 팜 빈 민Pham Binh Minh 베트남 외교장관과 공동 선언을 통해 10월 30일 아시아 5개국 순방을 끝으로 양국 관계가 더욱 개선되기를 기대한다고 주장했다.[63] 이러한 상황은 아세안이 중국의 공세 강화에 대응하기 위해 새로운 동맹을 모색함에 따라 동맹 역학 관계가 변화가 발생하고 있다. 이런 시기에 미국이 동맹과 가치 동맹국들과 협력 강화를 중국은 봉쇄전략으로 인식해 새로운 긴장 관계를 발생하고 있다.

6. 결론

남중국해와 동중국해의 해양 및 항공 영역에서 중국의 주장은 미국 주도 지역 현상유지를 일방적으로 바꾸려는 시도로 널리 인식되어 왔다.[64] 미국은 인도·태평양 전략 일환으로 해양 영역을 포함해 규칙 기반 질서를 방어하는데 생각이 같은 국가들의 중요성을 강조했다. 가치를 공유하는 것이라는 특징은 국제법과 해양 질서가 남중국해 안팎의 과도한 해양 권리 주장에 대항하기 위한 노력의 함의를 개념화하고, 운용하고 그리고 규정하는 방식으로, 중요한 차이를 은폐하고 있다. 가치동맹국들은 또한 해양 영역을 포함한 더 긴밀한 관계 형성을 방해하는 지역 질서에 대한

---

[63] ibid.
[64] Japan Ministry of Foreign Affairs, *National security strategy* (Tokyo: Ministry of Foreign Affairs, 2013), p. 12.

다른 세계관과 개념을 공유하고 있다.[65] 한국, 일본, 인도 그리고 호주 등 가치가 같은 미국 동맹국들의 반응은 자국의 물질적 이익, 전략적 계산 그리고 경제적 고려사항으로 형성되며, 인도·태평양 지역의 두 강대국, 미국 및 중국과의 관계를 관리하는 방법과 관련이 있다. 남중국해 역외 국가들은 무역 통로로서 남중국해에 대한 경제 및 에너지 이해관계를 가지고 있고 그 국가들은 항행의 자유를 수호하기를 원하지만 긴장을 고조시키거나, 강대국 분쟁의 위험을 높이거나, 경제 보복을 초래하지 않는 방식으로 인해 어려움에 처해 있다. 이러한 가치동맹국들을 포함한 국제사회의 양면성은 중국이 '살라미 슬라이싱 전술salami-slicing tactics'의 느리고 점진적인 사용을 통해 현상의 사실을 변화시킴으로써 현상 유지를 교란하게 만들었다.[66]

중국의 부상과 전략 변화로 발생하고 있는 남중국해 안보 불안을 상쇄하기 위해 미국 중심의 쿼드 국가들은 동남아시아 지역에서 해양 안보 협력을 포함해 외교와 경제 관계를 다각화하기 위해 다양한 수준으로 움직이고 있다. 이것은 약소국들이 강대국들과 협력을 강화할 뿐만 아니라 국제법에 따라 자신의 권리를 보호하도록 지원하는 방법으로 해석될 수 있다. 그러나 가치 동맹국들과 같은 수사법은 국가들이 해양 규칙을 어떻게 방어하고 남중국해에서 중국과 같은 도전자들에 맞서 적극적으로 대응할 의지가 어느 정도인가에 따라 영향을 미치는 지역 질서에 대한

---

65 Priya Chacko and Alexander Davis, "The natural/neglected relationship: Liberalism, identity and India-Australia relations," *Pacific Review*, 30(1): 2017, pp. 26-50.

66 Robert Haddick, "Salami slicing in the South China Sea," *Foreign Policy*, (3 August, 2012).

다양한 관점을 은폐하고 있다.

그러나 2020년 4월부터 시작된 코로나19 이후 해양 전략은 크게 바뀌고 있다. 장기적으로는 많은 분석가들이 코로나19 이후 새로운 세계를 예상하고 있다. 경제적으로 압박을 받는 국가들은 외부의 압력에 취약해지거나, 중국을 견제하기 위해 새로운 동맹을 모색할 수도 있다. 한편, 해양 범죄와 국제적 긴장 상태는 경제 위기에 대처할 수 없는 지역과 약한 세력의 약화와 코로나19 부담으로 병참선(logistic chain)을 가진 세력 투사를 할 수 있는 강대국으로부터 이익을 얻을 수 있을 것이다. 그러나 지출의 감소와 군사 협력의 감소는 국제 순환과 통행을 위한 중요한 지역의 안정화에 실질적인 좌절을 의미한다.

참고문헌

그레이엄 앨리슨 저, 정혜윤 옮김. 2018. 『예정된 전쟁: 미국과 중국의 패권 경쟁, 그리고 한반도의 운명』. 서울: 세종서적.

금철영. 2021. "중국이 타이완을 침공하면 미국은 어떻게 대응할 것인가?." 『KBS』(10/14).

이지훈. 2014. "현대전에서 법률전(法律戰)과 우리 군에 대한 함의." 『국방정책연구』 제30권 제2호, 여름(통권 제104호), pp. 126-127.

주펑. 2021. " 미중 관계 신냉전으로 갈 것인가." 『동아일보』 (9/9), p. A, 33면.

Ali, Idrees. 2019. "US warship sails near South China Sea islands claimed by China." *Reuters*, (28 August).

Bekkevold, Jo Inge and Geoffrey Till. 2016. "International order at sea: What it is. How it is challenged. How it is maintained." Jo Inge Bekkevold and Geoffrey Till, eds., *International order at sea: How it is challenged, How it is maintained*. London: Palgrave Macmillan, p. 6.

Bisley, Nick and Benjamin Schreer. 2018. "Australia and the rules-based order in Asia: Of principles and pragmatism." *Asian Survey*, 58(2), p. 302.

Brooks, Stephen, G. Brooks and William C. Wohlforth. 2016/16. "The Rise and Fall of the Great Powers in the Twenty-first Century: China's Rise and the Fate of America's Global Position." *International Security*, 40(3) (Winter), p. 43.

Chacko, Priya and Alexander Davis. 2017. "The natural/neglected relationship: Liberalism, identity and India-Australia relations." *Pacific Review*, 30(1): pp. 26-50.

Clinton, Hillary. 2010. "Remarks at press availability." *Hanoi*, (23 July).

Commonwealth of Australia Department of Defence. 2016. *Defence white paper*. Canberra: Commonwealth of Australia, p. 58.

Commonwealth of Australia. 2019. *Senate Estimates: Foreign Affairs, Defence and Trade Legislation Committee*. Canberra: Commonwealth of Australia, (10 April).

CSIL(Chinese Society of International Law). 2018. "The South China Sea arbitration awards: A critical study." *Chinese Journal of International Law*, 17(2): pp. 207-748.

Erickson, Andrew and Ryan Martinson. 2019. "Introduction: War without gun smoke. In Andrew Erickson and Ryan Martinson." eds., *China's maritime grey zone operations*.

Annapolis: Naval Institute Press, pp. 1-14.

Cronin, Patrick. 2017. "Maritime power and US strategic influence in Asia." *War on the Rocks*, (11 November).

Dutton, Peter. 2011. "Three disputes and three objectives—China and the South China Sea." *Naval War College Review*, 64(4): pp. 42-67.

Gady, Franz-Stefan. 2015. "Chinese admiral: South China Sea 'belongs to China.'" *The Diplomat*, (16 September).

Gao, Zhiguoand Bing Bing Jia. 2013. "The nine-dash line in the South China Sea: History, status and implications." *American Journal of International Law*, 107(1): pp. 98-123.

Goldstein, Avery. 2013. "First things first: The pressing danger of crisis instability in U.S.-China relations." *International Security*, 37(4), pp. 58-59.

Green, Michael, Kathleen Hicks, Zack Cooper, John Schaus, and Jake Douglas. 2017. *Countering coercion in maritime Asia: The theory and practice of grey zone deterrence*. Center for Strategic and International Studies, pp. 11-12.

Guilfoyle, Douglas. 2019. "The rule of law and maritime security: Understanding lawfare in the South China Sea." *International Affairs*, 95, pp. 999-1017.

Haddick, Robert. 2012. "Salami slicing in the South China Sea." *Foreign Policy*, (3 August).

Itzkowitz, Joshua R. and Shifrinson Michael Beckley. 2012/13. "Debating China's rise and U.S. decline." *International Security*, 37(3), (Winter), pp. 172-181.

Japan Ministry of Defense. 2019. *Defense of Japan*. Tokyo: Ministry of Defense, p. 58.

Japan Ministry of Foreign Affairs. 2013. *National security strategy*. Tokyo: Ministry of Foreign Affairs, p. 12.

Jung, Sung Chul, Jaehyon Lee & Ji-Yong Lee. 2021. "The Indo-Pacific strategy and US alliance network expandability: Asian middle powers' positions on Sino-US geostrategic competition in Indo-Pacific region." *Journal of Contemporary China*, 30(127), p. 3.

Kang, David. C. 2009. "Between balancing and bandwagonig: South Korea's response to China.," *Journal of East Asian Studies*, 9(1), pp. 1-28.

Kastner, Scott L. "Buying influence? Assessing the political effects of China's international trade." *Journal of Conflict Resolution*, 60(6), pp. 980-1007.

Kuik, Cheng-Chwee. 2008. "The essence of hedging: Malaysia and Singapore's response to a rising China." *Contemporary Southeast Asia*, 30(2), pp. 159-185.

Nhat, Dang Du. 2019. "Vietnam seeks Australia's support on the South China Sea." *The Diplomat*, (23 August).

Nicolas, Bernadette. 2019. "China blocking ASEAN access to $2.5-trillion energy resources in South China Sea." *Business Mirror*, (5 November).

Liff, Adam P. & G. John Ikenberry. 2014. "Racing toward tragedy?: China's rise, military competition in the Asia Pacific, and the security dilemma." *International Security*, 39(2), pp. 52–91.

Lim, Darren J. & Zack Cooper. 2015. "Reassessing hedging: The logic of alignment in East." *Asia. Security Studies*, 24(4), pp. 696–727.

Locherer, Theo. 2020. "COVID 19 and the Shifting Maritime Balance." *Global Risk Insight*, (November 13).

Panda, Ankit. 2019. "US, India, Japan, Philippine navies demonstrate joint presence in South China Sea." *The Diplomat*, (11 May).

Pennington, Matthew. 2016. "Minister: Japan to increase activities in South China Sea." *Navy Times*, (15 September).

Pompeo, Mike R. 2020. *Communist China and the free world's future*. U.S. Department of State, (23 July).

Quinn, Jimmy. 2020. "An Asian NATO?." *National Review* (7 October).

RAND. 2020. *Regional responses to U.S.-China competition in the Indo-Pacific*. RAND Corporation.

Rauch, Carsten. 2017. "A tale of two power transitions: Capabilities, satisfaction, and the will to power in the relations between the United Kingdom, the United States, and Imperial Germany." *International Area Studies Review*, 20(3), pp. 201-222.

Shambaugh, David. 2018. "The New American Bipartisan Consensus on China Policy." *China Focus*, (21 September).

Strating, Rebecca. 2019. "Maritime disputes, sovereignty and the rules-based order in East Asia." *Australian Journal of Politics and History*, 65(3): p. 449.

Stromseth, Jonathan. 2019. *DON'T MAKE US CHOOSE: Southeast Asia in the throes of US China rivalry*. Washington, DC: Foreign Policy at Brookings.

Taylor, Brendan. 2014. "The South China Sea is not a flashpoint." *Washington Quarterly*, 31:1, pp. 99-111.

Thayer, Carlyle A. 2017. "Vietnam's Foreign Policy in an Era of Rising Sino-US Competition and Increasing Domestic Political Influence." *Asian Security*, 13(3), pp. 183-199.

The Trump White House. 2017. *National Security Strategy of the United States of America*. White House.

The Trump White House. 2020. *United States Strategic Approach to the People's Republic of China*. White House.

Thu, Huong Le. 2019. "China's incursion into Vietnam's EEZ and lessons from the past." *The Strategist* (Australian Strategic Policy Institute), (20 August).

Thu, Huong Le. 2019. "What Vietnam is looking for from Scott Morrison's visit." *Financial Review*, (21 August).

United States Department of Defense. 2019. *Indo-Pacific strategy report: Preparedness, partnerships, and promoting a networked region*. Washington, DC: United States Department of Defense, p. 4, 7.

United States Department of State. 2019. "Trilateral Strategic Dialogue Joint Ministerial Statement." (August 1).

U.S. Department of Defense(DoD). 2019. *Indo-Pacific strategy report: Preparedness, partnerships, and promoting a networked region*, (1 June).

Wu, Yu-Shan. 2017. "Pivot, hedger, or partner: Strategies of lesser powers caught between hegemons." In L. Dittmer (Eds.), *Taiwan and China: Fitful embrace* (Berkeley: University of California Press, pp. 202-204.

제2장

중국의 해양 공정 목적

1. 서론

이 장은 남중국해 분쟁에서 중국 지도부가 전파한 민족주의 서사 narratives를 규명하고 이러한 정치 담론이 중국 인민들 사이에서 해양에 대한 어떤 집단의식을 형성하고 새로운 해양 지역을 만드는데 어떻게 기여했는지 규명하는 것이다. 남중국해 분쟁에 관한 연구는 어떻게 동남아시아 지역에 양자와 다자 관계에 영향을 미치고 중국, 필리핀, 베트남 그리고 말레이시아와 같이 경제적으로 긴밀한 관계가 있는 국가들을 직접적으로 관련시키느냐 하는 문제에 초점을 맞추고 있다.

중국은 이 시나리오에서 외교와 전략적으로 가장 영향력 있는 행위자이다. 덩샤오핑鄧小平 시대가 시작된 1970년대 후반 이후 중국은 남중국해에 대한 분명한 정책을 수립하여 분쟁 지역에 대한 다른 영유권 주장국들의 전략에 점진적으로 영향을 미쳤다. 중국이 스프래틀리 군도Spratly

Islands를 점유한 것은 이와 같은 시기에 시작되었으며, 이 과정은 시간이 지나면서 국제 사회와 주변 국가들이 인식하지 못할 정도로 천천히 그리고 지속되어 왔다. 2000년대 초반까지 거의 모든 남중국해 군도 지역은 영유권 주장국들이 실효적으로 지배하고 있었다.

중국은 남중국해의 많은 지역에 대한 영유권 주장을 하고 있지만 자신의 입장을 재고하거나 논의할 의지를 가지고 있지 않다. 중국은 국가 영토로 간주되는 것에 대한 보존은 정당성이 있고 신성하며 논쟁의 여지가 없다고 확신하고 있다. 이런 중국 지도부 입장에서 한발 뒤로 물러나면 중국 여론에 큰 영향을 미칠 수 있다. 중국 공산당은 남중국해를 아직 대만과 티베트의 방식대로 핵심 국가 안보 문제로 인식하지 않고 있지만 남중국해의 전략적이고 경제적인 중요성은 중국의 정치 의제에서 중추적인 역할을 하고 있었다.

이러한 특정한 측면에서 중국 공산당은 적절한 서사와 변증법을 사용하여 남중국해 상황을 다른 방식으로 제시할 필요가 있었다. 중국은 남중국해를 자신의 영토 일부로 주장되고 있기 때문에 자원과 해양교통로(SLOC: Sea Lanes of Communication)에 대한 접근의 관점뿐만 아니라 국가 정의 측면에서도 분쟁 수역의 중요성을 강조했다. 중국의 지도부는 이러한 전략을 실행하기 위해 해양에 대한 국가 정체성을 재조정하기 위해 과거를 이용해 고대 중국 제국을 본질적으로 평화로운 해양 세력으로 묘사하고 있다.

15세기 초 명나라 때의 유명한 함대 제독인 정화鄭和의 역사적인 항해는 중국 해양 전통의 건국 신화를 이룬다. 2005년은 정화의 외교, 무역 및 발견의 항해 600주년이 되는 해였다. 그의 유명한 공적을 둘러싼 신화를 조작하는 것은 중국 정부가 인민들에게 해양에 대한 새로운 방향을 설정하고, 사명감과 인공 해양 유산을 심어 주는 데 도움을 주었다. 중국 지도부가 정체성과 문화를 조작함에 따라 민족 국가가 국내 및 국제 환경에서 어떻게 행동할 것인지에 대한 기대감을 일으키고 있다. 이 과정은 중국 인민들에게 높은 인식과 남중국해에서의 현상 유지에 대한 비판이 거세게 일어나면서 이것은 주요한 국가 이익의 문제가 되었다. 중국은 오늘날의 위기에 특별히 맞추기 위해 정체성과 중국 해양 문화를 구축하는 한편, 국내 인지도를 높이고 그것을 효과적으로 활용하기 위해 과거 이용을 시도하고 있다.

이 장은 어떻게 이러한 애국적 선전propaganda과 그 결과로 인한 해양 유산의 창조가 중국으로 하여금 이 문제를 그들 자신의 속도와 강력한 대중의 지지를 가지고 다룰 수 있게 했는지를 분석한다. 비록 중국이 전통적으로 지역의 해양 대국이 아니었지만 남중국해 전략은 현재 중국이 동아시아 지역에서 헤게모니 세력으로 여겨질 수 있는 수준까지 발전해 왔다. 따라서 이 장은 중국이 남중국해의 국유화와 영토화 전략을 어떻게 발전시켰는지를 규명하는 것을 목적으로 하고 있다. 따라서 중국의 해양 전략 분석은 남중국해에서 중국의 존재에 대한 역사적 기록과 관련이 있다.

남중국해에 대한 중국의 권리 주장은 국내외적으로 지향하는 수사rhetoric를 과감하게 융합한 결과이다. 중국의 밀레니엄 존재millennial presence의 역사적 표상과 그에 따른 신성한 영토 개념의 해양 확장이 시간 차이를 두고 작용한다. 현실주의 정치학자 모겐소Hans Morgenthau가 주장한 것처럼 분쟁에 대한 중국의 진화하는 접근 방식은 점차적으로 국내 정책과 대외정책의 구별을 점진적으로 약화시켜서 국내외 정책을 동일하게 만들었다. 남중국해의 특수한 경우에 관해서는 국내정치가 실제로 국제정치에 영향을 미칠 수 있고 그 반대의 경우도 마찬가지이기 때문에 국내 정치가 문제화되어야 한다.[1] 국가는 단일 분석 단위로 간주해서는 안 되기 때문에 국내와 대외의 양극성domestic-foreign polarity은 다차원 역학을 분석할 때 오도될 가능성이 있다.

멩가Filippo Menga가 주장한 것처럼 이 장 연구의 가장 중요한 분석 측면은 물리적 공간이 사회적으로 정치적으로 어떻게 구성될 수 있는지에 대한 강조이다. 이러한 설정에서 중국의 남중국해 정책은 두 개의 정치적 영역이 각각의 결과에 영향을 미치는 다양한 전략을 보여주고 있다. 중국이 채택한 조치와 결정은 내적 원인에도 불구하고 반드시 국내와 대외정책의 결과를 가지게 될 것이다. 이 전략은 두 차원 사이의 상호관계에 퍼트남Robert Putnam의 아이디어가 분명한 예를 보여주고 있다. 각국 정부는 대외 발전의 불리한 결과를 최소화 하면서 국제 수준에서 국내 압력을 만족시키기 위해 자신의 능력을 극대화하려고 노력한다.[2] 중국의 가장 중요하면서도 가장 어려운 목표는 연안 국가들과 관계를 위태롭게 하지 않으면서 강한 국내 공약을 유지하는 것이다.

결과적으로 중국의 남중국해에 대한 수사는 정화 제독의 신화로 뒷받침되는 국내 패러다임paradigm으로 역할을 하지만, 또한 남중국해의 섬들

---

1 Filippo Menga, "Domestic and International Dimensions of Transboundary Water Politics," *Water Alternatives* 9:3, 2016, p. 204.

2 Robert D. Putnam, "Diplomacy and Domestic Politics: The Logic of Two-Level Games," *International Organization* 42:3, 1988, p. 434.

과 주변 해역에 대한 명백한 주권에 대한 국제적인 주장을 보여주고 있는 것이다. 중국이 남중국해 통제를 위한 영유권 주장과 투쟁을 동시에 진행하고 있는 것은 이 지역이 양도할 수 없는 주권 권리 지역이라는 것을 확신하고 있기 때문이다. 중국은 남중국해를 사실상 자국의 영토 일부로 간주하고 있다. 그렇다면 중국은 어떻게 해양 자산의 전략을 개발하고 그 세력을 활용해 왔을까?

2. 중국 해양 민족주의 부상

로스Robert Ross는 중국 전략의 지정학적 범위geopolitical scope에 관한 흥미로운 통찰력을 제공하고 있다. 로스는 해군 민족주의naval nationalism를 위신 전략들prestige strategies 중의 하나의 표시로 규정하고 그것을 통해 각국은 국내 여론의 지지를 강화하기 위해 국제적 성공을 추구하게 된다.[3] 로스는 또한 국가들은 문화 또는 역사 경향 때문이 아니라 지속적인 지정학적 상황 때문에 육상 세력 또는 해양 세력으로 간주되어야 한다고 강조한다. 해군 민족주의 접근법에 따라 중국은 역사적 성향이 아니라 지정학적 상황으로 인해 해양 정책을 재조정하고 있다.

천연자원 확보가 중국 안보에 대한 절대적인 과제가 되었기 때문에 남중국해에서 해양 교통로 통제권과 직접적으로 관련되어 있다. 중국의 해군 민족주의자들 또한 주요 안보 이익은 해양 주권과 천연자원 도입을 위한 해로 보호가 포함되어야 한다고 주장하고 있다. 동시에 이 세력들

---

[3] Robert S. Ross, "China's Naval Nationalism: Sources, Prospects, and the U.S. Response," *International Security* 34:2, 2009, p. 50.

역시 중국의 해양력 회복과 국가 해양 문화 강화를 강조하고 있다. 그러나 중국은 해양의 역사 유산과 문화의 주장에도 불구하고 지정학적 조건에서 볼 때 분명한 대륙 세력으로 구분할 수 있다.

정화 원정은 중국의 해양 민족주의 가정에 대한 예가 될 수 있다. 명나라 영락제(永樂帝: 1405-33)의 통치 이후 때로는 수백 척의 선박과 거의 3만 명 이상으로 구성된 정화 함대는 중국 본토로 소환되어 난징南京 항구에 버려졌다고 전해지고 있다. 더욱이 환관이었던 정화 제독의 원정은 대륙 국경의 안전을 위한 명나라의 선호를 분명히 하면서 해양 세력에 대한 유일한 시도였다.[4] 중국은 결코 진정한 해양 우위를 경험한 적이 없으며 중국이 주장하는 해양 문화는 지리전략으로 더 많이 적용된다. 그러나 중국은 정화 업적에 근거해서 해양 문화를 적용하고 있다. 그러나 정화 업적에 근거한 중국의 해양 재명칭화 과정rebranding process은 지정학적 렌즈를 사용하여 다른 측면에서 분석되어야 할 것이다.

중국이 공산당과 국가를 위해 상징적 차원에서 남중국해 영토의 중요성을 강조하는 배경의 이해가 선행되어야 한다. 학술적 맥락에서 영토에 대한 국가들의 전반적인 생각은 지난 수십 년 동안 변화를 겪어 왔다. 영토에 대한 국가들의 생각이 이용 가능한 자원으로서의 순수한 물질적 해석으로부터 관계적이고 복잡한 본성을 고려한 더 광범위한 해석으로 옮겨 갔다. 영토는 환경과 인간 정착 사이의 끊임없는 상호작용에 의해 형성되고 강화되는 살아있는 주제이다. 남중국해는 사실상 중국 영토의 일부로 이상화되었으며, 해양 범위에도 불구하고 육상과 같은 방식으로 중

---

[4] ibid.

국이 인식하고 설명하고 있다. 중국의 남중국해에 대한 영유권 주장에 대한 역사적 배경과 정화의 자비로운 원정에 의해 조작된 변증법은 이러한 가정의 경험적 근간을 보여주고 있다.

해양 민족주의에 대한 알루슈Jeremy Allouche 연구는 남중국해에 대한 특징 때문에 이 장의 분석 사례를 적용할 수 있을 것이다. 알루슈에 따르면 해양 민족주의는 특히 국가 영토를 국가적으로 만들 의지 가운데 천연자원에 대한 선언된 주권처럼 국가 건설 과정을 통해 분석될 수 있다.[5] 남중국해 영토화에 이 이론을 적용하기 위해서는 몇 가지 기본 개념을 명확히 할 필요가 있다. 첫째, 영토주의 개념은 현대 국가 개념의 발전에서 중심적이다. 지리적인 관점에서 볼 때 영토는 인간의 끊임없는 인간 개조에 의해 만들어진 사회 구성 요소로 설명할 수 있다. 그러므로 영토주권의 개념은 사람들과 환경 사이의 진화 관계, 사회와 최고 수준의 사회적 자율성 달성을 목표로 하는 생태 및 인류학적 세계 사이의 가교를 보여주고 있다.

즉, 영토화 과정은 인간의 생활환경을 변화시키기 위한 인간의 자유를 기반으로 하고 있다. 색Robert Sack은 영토를 특정 지리적 영역에 대한 통제를 주장하고 시도함으로써 행동에 영향을 미치고 지배하고 통제하기 시도로 규정하고 있다.[6] 색Sack의 정의는 특히 남중국해에서 중국의 접근 및 통제전략access and-control strategy을 설명하는 데 특히 적절하다고 볼 수

---

[5] Jeremy Allouche, *Water Nationalism: An Explanation of the Past and Present Conflicts in Central Asia, the Middle East and the Indian Subcontinent*, doctoral dissertation (Institut universitaire de hautes ′etudes internationales, Geneva, 2005), p. 114.

[6] Robert D. Sack, "Human Territoriality: A Theory," *Annals of the Association of American Geographers* 73:1, 1981, p. 55.

있다. 색의 정의 속에서 영토는 시민 사회에 의한 공간에 대한 일반적 인식에 영향을 미치고 있는 사회와 정치적 공간을 구축하라는 데 핵심적인 요소이다. 따라서 국가 영토에 대한 사회의 인식은 고정된 상태라기보다는 진화하는 과정이라 할 수 있다.

색의 주장에서 도출한 영토성이란 공간과 시간에 따라 반드시 달라지는 개념이며 오늘날에는 주권의 자긍심과 밀접하게 관련되어 있다. 이 연결은 특히 남중국해에서 중국의 주권 분석에 중요하다. 중국은 중화민족주의 부활과 실지 회복이 국가 정체성 확보와 유지에 중요하다고 인식하고 있고 그 전략 속에 남중국해는 확실한 핵심축이 되었다. 따라서 중국이 남중국해에 대해 자체적으로 선언한 주권 권리는 명백하고 협상의 여지가 없게 되었다.

그로스비 Steven Grosby는 영토성을 거의 모든 사회의 초월적이고 원시적인 특징으로 설명한다.[7] 그로스비 이론에서 영토성은 다양한 요소들로 구성된다. 그로스비는 육지의 물리적 특징, 육지가 영토 내에 거주하는 사람들에 의해 어떻게 인식되고 이러한 경계가 정해진 형태의 관계에 대중들의 의식을 강조하고 있다. 알루슈는 '영토성은 전 세계에서 국가 통제의 가장 중요한 대들보가 되었다. 해양과 연계는 해양이 이러한 영토적 과정의 구성적인 부분이 되었기 때문에 아주 분명하다'고 주장했다.[8] 영토와 영토성의 개념은 어떤 국가 건설 과정 또는 국가주의적 프로젝트의 근본적인 전제 조건이다. 모든 국가 건설 과정 및 민족주의 프로젝트,

---

[7] Steven Grosby, "Territoriality: The Transcendental, Primordial Feature of Modern Societies," *Nations and Nationalism* 1:2, 1995, p. 149.

[8] Allouche, op. cit., p. 94.

국가가 상상된 정치 공동체로 묘사한 앤더슨Benedict Anderson에 의해 형성된 이론적인 경로에 따라, 국가는 제한된 공간적 및 인구학적 범위를 지닌 사회적이고 문화적 구조물로 국가를 정의할 수 있다.[9]

중국의 경우 패러다임의 한 종류이지만 이러한 영토 공간 확장은 고정되고 불변의 매개 변수가 아니다. 이것은 국내 상황과 정치적 요구에 따라 다를 수 있다. 따라서 민족주의의 개념은 중국 공산당 발전과 특히 1989년 천안문 사태 이후에 당과 국가의 정통성을 보존할 필요성에 의해 형성되었다. 장밍Zhang Ming은 '중국의 민족주의 파동은 정부의 선전이 아닌 일련의 국제적 사건에 대한 자발적인 대중들의 반응이다'라고 주장했다.[10] 그러나 수이성Zhao Suisheng이 제안한 것처럼 중국 민족주의 분출 또한 공산당 지도부가 지시한 하향식 과정top-down process으로 볼 수 있다.

서구에 의한 중국의 고립정책과 천안문 사태 이후 서구의 경제 제재는 중국이 세계무대에서 어떻게 인식되었는지에 대한 명확한 개념과 함께 손상된 국가 자부심 형성에 중요한 역할을 했다. 그러나 중국 공산당은 이러한 역동성에 빠져들었다. 중국 공산당은 민족주의를 강화하기 위한 몇 가지 중요한 책략을 지시하고 제정했다. 미국과 소련의 자본주의와 사회주의 진영의 양극 대결 종식 이후 중국은 국제 공산주의의 급속한 하락으로 인해 위험한 내부 정통성 위기를 겪었다.

중국 공산당의 대응은 중국 문화와 역사적 유산의 독특한 특징을 부각시키며 민족주의 고양의 활용에 초점을 맞추었다. 중국의 이러한 노력의

---

9   Benedict Anderson, *Imagined Communities* (London: Verso, 1991), p. 7.
10 Ming Zhang, "The New Thinking of Sino-US Relations: An Interview Note," *Journal of Contemporary China*, 14:6, 1997, pp. 117-23.

주된 표현은 1992년에 시작된 애국심 교육 캠페인이었다. 수이성에 따르면 '중국의 애국 교육 운동은 비공산주의 이데올로기에 기초하여 공산당 지배가 계속될 수 있는 것을 허용하는 방식으로 천안문 사태 이후 정통성을 재정의하는 국가주의 민족주의 운동이었다'.[11] 중국의 위대함에 대한 추정된 국제 음모의 출현, 서방 제국주의의 영속과 외국 통제 하에서의 굴욕의 세기에 대한 기억은 남중국해를 논쟁하는 데 여전히 적실성이 있는 방식으로 국내 변증법 형성에 기여했다.

3. 무주공산 지형물에 대한 점유 경쟁

중국의 남중국해 국유화 과정 관련은 중국 국민당 집권기(1912-49)에 초점을 맞추어야 한다. 제국주의 시대의 중요성에도 불구하고, 국가 건설 과정은 1912년에 중화민국Republic of China 건국과 함께 시작되었다. 알루슈는 국가 건설 과정은 국가가 그 영토 전체를 강력하게 통제하도록 의도된 정서적으로 구축된 구조라고 정의했다. 알루슈는 적절한 수준의 통제를 달성하는 두 가지 방법을 설명하고 두 방식을 중국 과정에 적용하고 있다.

첫 번째 방법은 국경에 따라서 국가 정체성을 구축하여 국가 영토를 국가적으로 만드는 것이다. 중국이 해양 자존심을 강화하고 2005년에 '해양의 날Maritime Day'을 제정한 것은 현대 해양 국가의 정체성을 확보하

---

11   Zhao Suisheng, "A State-Led Nationalism: The Patriotic Education Campaign in Post-Tiananmen China," Communist and Post-Communist Studies 31:3, 1998, pp. 287-302.

고 남중국해 정책을 공세적으로 추진하게 된 배경이 되었다. 이러한 경계는 이제 중국 대중을 위한 변증법의 필수적인 부분이 되었고 그것들은 민족주의적 수사와 정체성으로 완벽하게 통합되어 있다. 중국이 영토에 대한 강력한 정서적 애착을 보이는 것은 신성한 영토의 불가침이라는 중국 전통에 뿌리를 둔 기본 원칙 때문이다.

이러한 원칙들은 중국이 긴 해안선과 많은 섬들, 그리고 광대한 해양 지역에 관할권을 가진 속성에 의해 부여된 해양 국가라고 주장한 우성리 吴胜利 전 인민 해방군 해군 제독이며 남해 함대 사령관과 같은 중요한 군부 인사들에 의해 촉진되었다. 우성리 제독은 중국 인민들에게 해양에 대한 집단의식을 강화해 중화 제국의 위대한 부활을 완수할 것을 요청했다.[12]

영토를 국가적으로 만드는 두 번째 방법은 국제 사회로부터 이전을 받는 것이다. 이와 관련하여 알루슈는 해양은 각국이 국가 영토 내의 해양에 대한 완전 주권을 선언하고 있기 때문에 육상과 동화된다는 것을 분명히 하고 있다.[13] 이러한 가정은 중국을 제외한 남중국해 관련 국가들이 중복된 영유권을 주장하고 있는 지역에 대한 쟁탈전을 분석할 때 정확하다. 그러나 이러한 약소국들의 남중국해 영유권 주장은 중국이 볼 때 실현 가능성이 낮다. 동남아시아 국가연합/아세안(ASEAN: Association of Southeast Asian Nations) 국가 중 캄보디아, 라오스 그리고 미얀마와 같이 남중국해와 관련이 없는 아주 소수의 국가만 중국의 입장을 인정하거나 비

---

[12] James Holmes and Toshi Yoshihara, *Red Star over the Pacific: China's Rise and the Challenge to US Maritime Strategy* (Annapolis: Naval Institute Press, 2018), p. 18.

[13] Ilouche, op. cit., p. 123.

판을 삼가고 있다. 중국이 남중국해 분쟁 해역에서 우호적인 현상 유지를 유지할 수 있는 한 국제적인 인정은 중요하지만 중국 정부에서 필수적인 것은 아니다.

분석을 계속 진행시키면 알루슈의 첫 번째 선택은 이 장 분석의 가설을 뒷받침하는 데 가장 적합하다. 국가 정체성과 국경 사이 관계를 강화하는 것은 국제적인 인정을 얻는 것보다 중요하지 않지만 필수적인 단계이다. 따라서 중국 공산당과 정부는 국가 영토와 영토성의 새롭고 광범위한 개념을 발전시키고 그 개념 안에서 남중국해는 가장 중요한 국가 의제의 최우선 순위 중의 하나가 되었다.

나이트David Knight가 지적한 바와 같이 '영토는 인간의 신념이자 영역의 의미를 부여하는 행동이다'.[14] 중국 정부는 인민의 가치관과 국가 영토에 대한 자신들의 인식에 영향을 미치는 일련의 사회적이고 정치적인 행동을 강화했다. 영토성에 대한 색의 정의를 적용하면 중국의 남중국해에 대한 지배력 강화 시도는 1947년으로 거슬러 올라간다. 태평양 전쟁이 끝난 뒤 장제스와 국민당 정부는 지도와 국경을 획정하고 갱신함으로써 국가 영토를 재정의하기 시작했다. 1947년 국민당 정부는 11개의 점선으로 구성되고 북쪽에서 남쪽으로 약 1,800km, 동서로는 약 900km의 해양 지역을 포함하는 소위 U자형 선을 그렸다. 장제스의 국민당 정부는 이 U자형 선을 근거로 남중국해 3분의 2 이상을 포함하는 광범위한 지역의 해양이 중국 주권 아래 있다고 주장하고 선포했다.

---

[14] David Knight, "Identity and Territory: Geographical Perspectives on Nationalism and Regionalism," *Annals of the Association of the American Geographers* 72:4, 1982, p. 517.

제즐리Linda M. G. Zerilli가 지적한 대로, 물리적 공간은 언제든지 정치적 공간으로 변형될 수 있지만, 정치적 행동에 의해 맞춰지지 않는다면 자연스러운 형태로 돌아갈 수도 있다.[15] U자형 배후의 일방적인 행위는 중국이 남중국해에서 명백한 국경을 규정하고 이 특정한 지리적 지역에 대한 장기적인 권리 주장의 시작을 알려준 것이다. U자형 선은 여전히 남중국해에서 중국 권력의 주된 표현이 되었다. 상징적으로 이 U자형 선은 자원 탐사와 이용, 어업, 항해에 대한 중국 자체 선언의 역사적 권리를 포함하기 위해 주권에 대한 단순한 주장 이상을 넘어가는 것이다. 더 나아가 U자형 선의 획정은 해양의 국유화와 영토화 과정의 출발점으로 볼 수 있다. 이 과정은 수십 년 동안 강화되어 최근 몇 년 동안 더 많은 결과를 만들어 냈다.

2012년 6월 중국 정부는 메이클즈필드 뱅크Macclesfield Bank, 파라셀 군도 그리고 스프래틀리 군도 지위를 군郡단위 행정 부서 수준에서 파라셀 군도의 우디 섬Woody Island에서 통제하는 산사시三沙市라는 이름으로 도道 수준의 행정 부서로 격상시켰다.[16] 동년 7월에 중국 해군은 행정 업무를 수행하는 군의 소관구sub-district인 산사시에 새로운 기지를 설치했다. 산사시 기지는 징병과 국방 동원 업무와 같이 지자체가 수행하는 군사 업부를 지원하는 책임을 맡고 있다.[17] 산사시 기지의 주요한 의미는 군사

---

15   Linda M. G. Zerilli, *Feminism and the Abyss of Freedom* (Chicago, IL: University of Chicago Press, 2000).

16   Global Times, "China Raises Administrative Status of South China Sea Islands," *Global Times*, (21 June, 2012).

17   Dennis J. Blasko and M. Taylor Fravel, "Much Ado about the Sansha Garrison," *The Diplomat*, (23 August, 2012).

력이 아니다. 그 기지는 남중국해에 대한 중국의 주권 권리 의지를 보여주는 정치적 결정이다.

산사시 기지의 설치는 남중국해 영토에 대한 중국의 완전한 통제를 보여주는 것을 의미하면서 행정 지역의 격상을 반영하는 것이다. 영토화의 과정은 천연자원에 대한 엄밀하고 실용주의적인 통제를 반영하고 있다. 중국은 비록 국제적으로 인정받지 못했지만 일방적인 계획의 활동을 계획하고 발표하고 다자 합의를 촉진하면서 주권을 활용하고 있다. 2000년대 초 남중국해 심토subsoil 자원을 공유하기 위한 중국의 의지는 다른 영유권 주장국들에 대한 우호적인good-faith 신호로 인식되었다.

2004년에 필리핀 국영 석유 회사와 중국 해양 석유 회사는 스프래틀리 군도의 143,000km^{2}의 주변 해역에 대한 공동 탐사를 위해 3년 계약을 체결했다. 이 협정은 2005년에 합류한 베트남의 페트로베트남PetroVietnam과 같은 제3의 서명국을 위해 의도적으로 개방되었다. 하층토 자원 개발에 대한 중국의 개방성은 이제 어획 활동을 포괄하는 보다 엄격한 입장으로 진화했다. 중국은 남중국해에서 일방적인 어업 금지 조치를 선포하고 외국 어민들을 체포하고 그 선박들을 나포함으로써 영토에 대한 통제권을 행사했다. 한편 중국은 이제 심해와 대양에서 조업할 수 있도록 자신의 어선단들의 능력을 확대·강화했다.

남중국해에서 이러한 우위 전략은 중국이 어업 자원 관리에서 주도적 위치를 확보할 수 있게 해 주었다. 중국은 유엔 식량 농업기구United Nations Food and Agricultural Organization의 최근 보고서에 따르면 2030년까지 전 세계 어류 소비량의 38%를 차지할 것으로 예상된다.[18] 중국은 이러한 전망과 해산물 수요 급증을 예상해 해양에서 공격적이 되고 훨씬 더 강화된 능력 확대를 추구했다. 2016년 8월 2일 중국은 하이난섬海南島의 산야山亞 자치구 아래의 작은 도시인 야저우崖州에 대규모 어항을 조성했다. 중국은 남중국해 서쪽 해역에 부과한 연례 어업 금지 조치를 해제했다. 새로운 시설은 또한 산사시가 어업 자원을 이용하기 위한 지원 기지 역할을 하도록 설계되었다.

산야시 수산청장Ocean and Fishery Bureau인 장화중Zhang Huazhong은 남중국해에서 중국의 어업 권리를 보호하기 위해 새로운 항구의 중요성을 주장했다. 중국은 신중하게 경계를 획정해 거의 배타적으로 천연자원을 처분할 수 있도록 남중국해에 대한 매우 상세한 공간적 표상을 제공했다. 중국은 또한 이 민감한 문제를 향해 높아진 애국심과 민족주의를 강화하기 위한 적절한 수사와 의미 있는 목적이 필요했다.

4. 중국의 권리 주장의 특징

남중국해는 약 350만km^{2}의 면적을 가지고 있으며 중국, 베트남, 필리핀, 말레이시아, 인도네시아, 싱가포르 그리고 브루나이를 포함한 많은 연안 국가와 섬들로 둘러싸여 있다.[19] 남중국해는 메이클즈필드 뱅크, 파라셀 군도, 스프래틀리 군도 그리고 프라타스 군도Pratas Islands 등 네 개의 주요 군도들이 결합되어 수많은 섬, 사구shoals, 환초 그리고 암석rocks들

---

[18] World Bank, *Fish to 2030: Prospect for Fisheries and Aquaculture* (Agriculture and Environmental Services Discussion Paper, 3 December, 2013.

[19] 이 장에서 중국이라는 용어는 중화인민공화국과 대만(Taiwan) 둘 모두를 포함한다. 이러한 선택은 양국 정부가 남중국해에서 같은 입장과 같은 주장을 공유하고 있기 때문이다.

이 산재되어 있다. 중국은 국민당 정부가 획정한 U자형 선을 근거로 남중국해의 역사적 용법에 대한 영유권 주장의 정통성을 구축해 이렇게 규정된 해양 공간에 대한 근거 없는 역사적 권리를 제공하고 있다.[20]

이 패러다임을 바탕으로 중국은 그 섬들은 한 왕조 때부터 중국 영토 일부였다고 주장하면서 당연하게 자국의 신성한 영해라고 남중국해에 대한 권리를 주장하고 있다.[21] 중국의 기록에 따르면 스프래틀리 군도의 발견은 한漢 왕조로 거슬러 올라간다. 한 왕조(23-220년)의 양 푸Yang Fu는 그의 저서『기록의 희귀성Record of Rarities』에서 남중국해 섬들을 언급했다.[22] 12세기에서 17세기까지 중국의 기록은 자주 남중국해 그 섬들을 언급하고 있고, 이 기간 동안에 중국 제국은 조공 국가tributary states들의 위계질서를 관리하는 중화 체제의 중심으로 인식했다.[23] 중국이 해양 이웃 국가들에 대한 명백한 우월성을 감안할 때, 천상의 제국은 주권을 공식적으로 주장할 이유가 없었다. 1405년에서 1433년 사이에 실시된 정화의 항해는 아마도 그 시기에 가장 중요한 보고서일 것이다.

---

20 역사적 권리라는 개념은 중국이 1996년에 비준한 해양법에 존재하지 않지만 베이징은 해양 영역에서 역사적 권리를 창출할 수 있는 전통적인 어업과 관련된 특별한 요인들이 있다고 국제 사법 재판소 판결에 호소하고 있다.

21 Frederic Lasserre, "Once Forgotten Reefs. Historical Images in the Scramble for the South China Sea," *Cybergeo: European Journal of Geography*, 92, 1994, p. 4.

22 Ministry of Foreign Affairs, Peoples' Republic of China, "Historical Evidence to Support China's Sovereignty over Nansha Islands," (17 November, 2000).

23 Lu Ning, *The Spratly Archipelago: The Origins of the Claims and Possible Solutions* (Washington, DC: International Center, 1993), p. 22.

1) 굴욕 세기를 넘어서 중국 영토 회복 투쟁

중국의 남중국해에 대한 첫 번째 공식적인 주권 행사는 1876년에 있었다. 그 해에 중국 주재 영국 대사가 파라셀 군도를 중국 영토로 표시했다.[24] 그 시기 중화 제국인 청 왕조는 점점 세력과 영향력을 잃어 가고 있었다. 1839년의 제1차 아편 전쟁은 중국 역사에서 굴욕의 세기century of humiliation의 시작이었다. 1914년에 청 왕조가 멸망하면서 남중국해를 둘러싸고 있는 계속적인 국경선이 두 지도 제작자에 의해 편찬된 중국 지도책에 나타났다.

한편, 일본은 이 시기를 제국주의 정책을 확대하면서, 1930년대 후반에는 이투 아바Itu Aba 섬을 잠수함 기지로 사용해 남중국해에서 강력한 입지를 구축했다. 태평양 전쟁 후 일본의 항복은 남중국해에서 중국의 야망을 위한 이정표로 여겨진다. 국민당 정부는 공산당과 내전(1845-49)이 진행되고 있음에도 1947년에 새로운 지도를 발행해 남중국해에서 주권의 지리적 범위를 표시하기 위해 11개 점선을 그었다.

1949년 5월 국민당 정부는 남중국해의 모든 섬은 광둥성廣東省 하이난성 지역의 지배를 받는다고 발표했다.[25] 동년 10월에 중화인민공화국의 출범은 현 중국의 정치 체제를 위한 중대한 변화였다. 중국 공산당은 남중국해에 관련해서 단순히 국민당의 주장을 확인했다. 1951년 저우언라

---

24 Jon M. van Dyke and Dale L. Bennett, "Islands and the Delimitation of Ocean Space in the South China Sea," *Ocean Yearbook* 10, 1993, p. 64.

25 Zhiguo Ga oand Bing Bing Jia, "The Nine-Dash Line in the South China Sea: History, Status and Implications," *American Journal of International Law* 107:1, 2013, p. 103.

이周恩來 중국 외교부장은 다음과 같이 주장했다.

'프라타스 군도와 메이클드필드 뱅크의 전 지역과 마찬가지로 파라셀과 스프래틀리 군도는 원래 중국 영토이다. 그 섬들은 일본 제국주의자들이 벌인 침략 전쟁 동안에 함락되었지만 일본이 항복함에 따라 중국 정부는 그 지역을 완전히 회복했다'.[26]

국제법적 관점에서 1951년 샌프란시스코 조약Treaty of San Francisco 2조에 따르면 일본은 스프래틀리 군도와 파라셀 군도에 대한 모든 권리, 소유권 그리고 주장을 포기한다고 명시되어 있다.[27] 중국은 두 군도에 대한 역사적 권리 주장의 정통성 증거로 샌프란스코 성명에 강력하게 호소하고 있지만 그 문서는 특정 국가에 대해서 전혀 주권을 부여하지 않았다. 중국의 입장에서 볼 때 그 섬들에 대한 명백한 권리를 가지고 있기 때문에 주권을 명확하게 할 필요를 인식하지 못했다.

남중국해 분쟁은 중국과 다른 영유권 주장국들 모두 일관되게 1970년 말까지 현상 유지 상태였다. 1988년 중국과 베트남이 스프래틀리 군도에서 군사적으로 충돌해 중국 해군이 베트남 선박 3척을 침몰시켜 72명이 사망했다. 1992년 2월 중국은 영해와 접속 수역에 관한 법Law on the Territorial Sea and the Contiguous Zone을 공포했다. 중국 국내법 6조는 '비군

---

26   Hanns Jurgen Buchholz, *Law of the Sea Zones in the Pacific Ocean* (Singapore: Institute of Southeast Asian Studies, 1987), p. 44.

27   United Nations, "Treaty of Peace with Japan (with Two Declarations). Signed at San Francisco, on 8 September 1951," *United Nations Treaty Series*, vol. 136, 1952, p. 50.

사 목적을 위한 외국 선박은 중화 인민 공화국 영해를 무해 통행의 권리 right of innocent passage를 누릴 수 있다. 중화 인민 공화국의 영해에 들어가기 위해서는 외국 군함은 중화 인민 공화국 정부의 허가를 얻어야 한다'라고 규정하고 있다.[28]

중국의 해양에 대한 역사적 지배는 영토 회복주의자의 법적 토대를 중심으로 점차 강화되어 왔다고 볼 수 있다. 1998년 6월 중국은 남중국해 섬들까지 확대한 배타적 경제 수역과 대륙붕에 관한 법Law on the Exclusive Economic Zone and the Continental Shelf을 공포했다. 중국 정부는 이 해역에 대한 영유권 주장을 강화하면서 '스프래틀리 군도(난사 군도)에 대한 중국 주권을 지원하기 위한 역사적 증거'라는 제목의 문서를 발행했다. 난사 군도는 스프래틀리 군도의 중국식 명칭이다. 그 문서는 중국 외교부가 2000년 11월 7일에 발표했다.

2) 역사 기록과 역사 서사

중국은 스프래틀리 군도에 대한 발견, 명명, 개발, 경제 활동을 수행하고 관할권을 행사하는 데 있어서 우월성을 지속적으로 재확인해 왔다. 스프래틀리 군도에 대한 중국 주권을 지원하기 위한 역사적 증거 문건의 처음 두 단락은 한 왕조, 당 왕조 그리고 송 왕조 시대의 항해 활동에 대해 자세하게 기술하고 있는데 이것은 중국인 선원과 어부가 어떻게 해양 환경을 개발하고 형성했는지를 보여주고 있다. 중국의 어업 활동과 일정 수의 항만 건설은 1868년에 청 왕조가 발행한 남중국해 지침서에 잘 설

---

[28] Standing Committee of the National People's Congress, People's Republic of China, *Law on the Territorial Sea and the Contiguous Zone of 25 February 1992*, (1992).

명되어 있다. 이 지침서에 따르면 '청 왕조 어부들의 활동 흔적은 난사 군도의 모든 섬에서 발견될 수 있으며 어부들 중 일부는 오랜 기간 동안 거기에서 거주했다'.[29] 일부 관할권 문제를 다루는 세 번째 단락은 이 지침서에서 가장 도전적이고 흥미로운 부분일 것이다.

이 설명은 스프래틀리 군도는 청 왕조 해군의 정기적인 순찰과 조사 활동에 의해 뒷받침 되어 원元 왕조(1271-1368) 이후 중국 관할 하에 있다는 전제로서 시작하고 있다. 청 왕조 동안에 스프래틀리 군도는 1724년 중국 전역의 행정 구역 지도와 1817년에 갱신된 1767년 천년 동안의 위대한 청 왕조의 통합 중국 지도와 같은 많은 지도에서 중국 영토로 표시되었다. 이 추세는 중화민국 초기와 중화 인민공화국 설립 초기 동안 계속되었다. 그 문서는 중국이 최초로 스프래틀리 군도를 발견하고 관할권과 주권을 부여했다는 분명한 설명으로 마무리하고 있다. 따라서 중국은 이러한 문서를 토대로 스프래틀리 군도는 수 세기 동안 중국 영토의 양도할 수 없는 부분으로 인정되었다고 인식한다.

중국이 내세우는 이 문서의 전체 내용 정당성은 여전히 관련 학계의 평가를 받고 있으며 일부 학자들은 근거 없는 역사적 증거라고 반박하고 있다. 예를 들어 헤이턴Bill Hayton은 전술한 1876년 영국 대사의 주장이 결코 구체화되지 않았다고 주장한다. 헤이턴은 중국의 그 문서는 영국 정부에 의한 공식적인 외교 권리 주장이 아니라 그 대사의 일기장에 기재된 내용이었다고 주장한다.[30] 말릭Mohan Malik은 중국이 남중국해에서

---

[29] Ministry of Foreign Affairs, Peoples' Republic of China, "Historical Evidence to Support China's Sovereignty over Nansha Islands," (17 November, 2000).

[30] Bil. Hayton, "When Good Lawyers Write Bad History: Unreliable Evidence and the

영유권 주장을 정당화하기 위해 역사를 사용함에 있어서 몇 가지 모순이 존재하고 있다는 것을 강조하고 있다. 말리의 주장에 의하면 '육상 국경이 역사적으로 결코 정의되거나 획정된 것이 없다는 중국의 권리 주장은 중국의 해양 국경이 항상 정의되고 획정되었다는 주장과 뚜렷한 대조를 이루고 있다'.[31] 중국 주장의 주요 약점은 해양 주권에 대한 전체 개념이 아직 존재하지 않았던 역사적 시기, 제국 시대를 언급한 것에 비롯된 것이다. 자크Martin Jacques는 '해양 주권에 대한 생각은 미국이 영해에 주권을 행사할 것이라고 선언한 1945년부터 시작된 비교적 최근의 발명품'이라고 강조하고 있다.[32]

중국의 해양 과거의 인위적인 역사적 표현은 사료 편찬적 설명이라기보다는 보다 광범위한 영토화 과정과 연계되어 있다. 영토권이 개인의 선택이 심지어 전유에 의한 공간과 관계를 구체화하는 열린 과정이라면 중국 정부는 공간의 물리적 점령을 뒷받침하기 위해 복잡한 형태의 상징을 만들어 낼 것이다. 따라서 중국의 남중국해 영토화는 영토의 물질과 상징적 생산과 동시적 건설에 의해 결정된다. 그러나 중국의 역사적인 권리 주장은 특별한 경우 섬들에 대한 소유와 권위의 관점에서 완전히 합법적이지 못하다. 중국 당국이 작성한 방대한 서류에도 불구하고, 기록은 모호하고 불완전하며 지속적인 작업과 효과적인 관리에 대한 강력

South China Sea Territorial Dispute.,' *Ocean Development & International Law*, 48:1, 2017, p. 22.

[31] Mohan, Malik, "Historical Fiction: China's South China Sea Claims," *World Affairs*, (May/June, 2013).

[32] Martin Jacques, *When China Rules the World: The Rise of the Middle Kingdom and the End of the Western World* (London: Allen Lane, 2009), pp. 292-93.

한 증거를 제공하지 못하고 있다.[33]

4개의 군도들이 명백히 중국의 통제 하에 있다는 중국의 주장은 1928년에 발간된 중국의 공식적인 정부 보고서에 의해 더욱 모순된다. 이 보고서는 스프래틀리 군도에 대한 언급없이 파라셀 군도西沙群島를 영토의 최남단으로 설명하고 있다.[34] 중국이 구현한 U자형 선을 고려할 때 남중국해를 태고부터 완전히 통제했다는 주장은 정당화하기가 더욱 어렵다. 중국이 U자형 선을 획정한 것은 1947년부터 시작되었고 수 세기 동안 남중국해 섬들을 통제한 것이 아니라 국민당의 장제스의 야망에서 비롯되었다고 볼 수 있다. 이것은 중국의 국공 내전이 한창일 때 남중국해가 11개 점선의 U자형 선으로 둘러싸인 지도를 국민당 정부가 발행한 것에서 유래한 것이다. 원래 U자형 선은 11단선으로 이루어졌다. 1953년 국공 내전이 끝난 뒤 새로 출범한 중화인민공화국이 그 지도를 되찾아 통킹만 Gulf of Tonkin에서 2개 선을 삭제한 이후 9단선으로 U자형 선을 축소했다.[35]

중국 정부에 의해 만들어진 거의 모든 역사적 증거는 중국의 선언에도 불구하고 근거 없는 정황적인 것임이 확실하다. 더욱이 중국의 주장이 역사적 근거로 정당화될 수 있다면 같은 접근법이 다른 유사한 주장에도 적용될 수 있다. 베트남과 필리핀은 각각 과거의 제국과 정치 체제를 근

---

[33] Hayton, op. cit., p. 22.

[34] Mark J. Valencia, Jon M. van Dyke, and Noel Ludwig, *Sharing the Resources of the South China Sea* (The Hague: Martinus Nijhoff, 1997), p. 23.

[35] 원래 U자형 선은 11단선으로 이루어졌다. 1953년 국공 내전이 끝난 뒤 새로 출범한 중화인민공화국이 그 지도를 되찾아 통킹만(Gulf of Tonkin)에서 2개 선을 삭제한 이후 9단선으로 U자형 선을 축소했다.

거로 역사적인 주장을 하고 있다. 중국의 입장이 강하게 보인다면 이것은 중국의 권리 주장이 법적인 관점에서 보편적으로 받아들여지기 때문이 아니라 주로 국가의 지위와 권력 자원 때문이다. 그러나 중국 역사에 대한 이러한 표현은 시민 사회의 특정 부문과 일부 압력 단체들에게 합법화의 원천이 되었다.

중국의 실지 회복주의 정책은 강력한 대중 호소력이 부족함에도 불구하고 지배 엘리트에게 중요한 정치적 도구가 되었다. 중국의 이러한 국민 통합의 부족 배후의 주된 이유는 전략적 목적과 대중적 서사 사이의 비대칭 때문일 수 있다. 남중국해 쟁점은 역사적 권리와 정의의 문제로 묘사되었을 뿐만 아니라 중국이 다른 영유권 주장국들과 협상할 의지가 없는 중요한 지정학적 자산이기 때문이다.

중국 공산당은 더 강력하고 폭넓은 대중의 지지를 얻기 위해서 영광스러운 과거의 기억을 각성하고 일깨우고 당과 국가의 정치적 목적과 전략을 지지하는 기대를 조성하기 위해 의도된 수사에 더 많은 감정이입을 위해 시민 사회를 참여시킬 필요가 있었다. 중국은 수 세기 동안 자신들을 대륙 세력으로 간주해 왔고 이러한 경향은 마오쩌둥毛澤東이 통치하는 동안 지속되었다. 1978년 덩샤오핑鄧小平 시대가 출범하면서 중국은 새로운 형태의 정치와 경제 위기가 발생해 공산당은 전통적인 육상 중심의 전략을 재고하기 시작했다.

1990년대 동안 중국은 괄목할만한 경제 성장을 이룩했고 이로 인해 중국 지도자들이 경제 발전을 통한 화평굴기(和平崛起: 군사적 위험 없이 평화적으로 성장한다는 의미)를 보호하기 위해 지역의 상업적 해로의 안보를 재평가하도록 설득했다.[36] 중국 공산당 지도부는 해양 전통의 부족을 보완하기 위해 역사에 의존해 왔다. 이에 따라 덩샤오핑과 후계자들은 해양 추진 전략을 중국 사회를 결속시킬 수 있는 새로운 문화적 접착제로 발전시키기 시작했다.[37]

5. 화평굴기, 해양공정 그리고 새로운 해양 서사

아라비아와 동아프리카까지 확대하고 1409년에서 1433년까지 수행된 중국과 동남아시아에서 큰 인기가 있었던 정화 함대의 7차례 원정은 중국이 해양에 대한 중국 대중들의 시야를 전환하는데 큰 도움이 되었다. 중국은 정화 함대 원정은 다른 지역 땅을 정복하고 사람들을 예속시키기 위한 것이 아니라고 주장한다. 정화 원정은 명 왕조의 영락제(1402-1424) 명령으로 중국 권위와 미덕 지식을 해외로 확대하기 위한 주로 외교, 새로운 지역과 사람들의 교류 그리고 무역을 목적으로 하는 평화로운 여정이었다.[38]

정화 함대의 무력 사용은 특정한 상황에서만 고려되었다. 정화 함대는 통상적인 해적 소탕 작전과 함께 충성스러운 조공국들을 지원할 때만 무력을 사용했다.[39] 결과적으로 이러한 정화 원정은 확실히 명 제국 이익을

---

[36] James Holmes, "China Fashions a Maritime Identity," *Issues & Studies* 42:3, 2006, p. 99.

[37] ibid.

[38] Marwyn S. Samuels, *Contest for the South China Sea* (New York: Methuen, 1982), pp. 20-22.

[39] Louise Levathes, *When China Ruled the Seas: The Treasure Fleet of the Dragon Throne, 1405-1433* (New York: Oxford University Press, 1994), pp. 114-18.

보호하기 위한 것이었지만, 이러한 평화로운 활동 전망은 현 중국 정부에게 가장 설득력 있는 결과일 것이다. 따라서 2000년대 초 중국 지도부는 정화 함대 항해의 평화적인 측면을 다루는 새로운 해양 서사를 만들기 시작했고, 이것은 점차적으로 중국 해양 정책의 패러다임이 되었다.

이와 관련하여 비록 도시 환경에 초점을 맞추고 있지만 스위니거도브Erik Swyngedouw의 수력사회hydrosocial 영토와 해양 풍경에 대한 연구는 중국 지도자들이 자신의 정신적 무대로서 남중국해를 이용하기 위해 어떻게 계획하고 있는지를 이해하기 위한 유용한 이론적 도구가 되고 있다. 따라서 남중국해는 시민 사회로부터 더 깊은 참여를 요구하기 위해 사회공간적socio-spatial 권력 연출power choreographies이 제정되고 수행되는 영역, 즉 중국인의 호수로 점진적으로 묘사되었다.[40]

중국은 연안 인접 국가들에게 새로운 우호적인benevolent 세력으로 자신을 보여줄 필요가 있었지만 권력 연출도 필요했다. 정화는 방문했던 전 지역에서 존경받는 역사적 인물이다. 이러한 측면에서 정화를 중국의 지역 신뢰성dependability, 성의good faith, 소프트 파워soft power 정책을 강화하고 중국의 새로운 지역 전략을 위한 국내 지지를 증가시키기 위한 이상적인 외교적 도구로 승화시켰다. 중국은 2005년을 정화 첫 번째 원정 600주년을 맞이하는 해로·해양 유산의 부활 착수 원년으로 삼았다. 2005년 5월 중국 국무원은 7월 11일을 해양의 날로 제정했다. 장 춘셴張春賢 국무원 교통부 부장은 '해양의 날 제정을 통해서 중국 인민들이 항해

40　Erik Swyngedouw, "Scaled Geographies: Nature, Place, and the Politics of Scale," in Robert McMaster and Eric Sheppard, eds., *Scale and Geography Inquiry: Nature, Society and Method* (Oxford: Blackwell, 2004), pp. 129-53.

와 해양의 중요성을 인식해 해양 발전과 해양 산업 촉진에 이바지할 것이다'라고 주장했다.[41]

첫 번째 해양의 날 주제는 '조국을 사랑하고, 이웃 국가와 좋은 친구가 되고 과학적으로 항해하라'라는 제목으로 중국 정부가 설정한 목표로 요약할 수 있다. 정화를 기념하기 위한 일련의 행사들은 전국적으로 조직되었다. 황주黃菊 전 부총리는 개막 연설에서 정화의 항해가 항해에 대한 세계의 이해에 기여하고 경제와 문화 교환을 촉진했다고 강조했다.[42] 전 외교부 부부장인 장예쑤이張業遂에 따르면 이러한 해양 노력은 다양한 문명의 평화적 공존을 촉진해 중국의 고유한 우정의 전통을 국제관계에 과시한 것이었다. 정화 함대 신화는 신속하게 중국 해양 소프트 파워의 가장 중요한 촉매제 중의 하나가 되었다. 향후 몇 개월 동안 수많은 정화 함대 기념 행사가 동남아시아에 개최되었다. 2005년 8월 정화를 기리는 새로운 사찰이 정화 보물선이 수차례 왕래한 것으로 보여지는 지역인 중앙 자바주Central Java Province의 수도인 세마랑Semarang에서 공개되었다.

중부 자바 주지사 마르디얀Mardiyan은 그 사찰 제막식은 단결, 상호 도움 및 평화 공존이라는 정화의 이상을 인식해야 해야 한다고 선언했다.[43] 싱가포르는 전시회, 회의 그리고 뮤지컬을 포함한 일련의 활동으로 정화를 기념했다. 마지막 행사는 정화 항해 중의 하나의 루트였다고 믿어지고 1848년에 영국이 파괴한 고대 성문인 룽야멘 Longyamen을 재현한 것

---

41 china. org, "July 11 Set as Maritime Day," 〈china.org〉, (25 May, 2005).
42 china. org, "Anniversary Highlights Peaceful Growth," 〈china.org〉, (12 July, 2005).
43 china. org, "New Zheng He Temple Unveiled in Samarang," 〈china.org〉, (3 August, 2005).

이었다. 싱가포르 관광청Singapore Tourism Board의 최고 경영자인 림Lim Neo Chian은 '영웅적인larger than life' 인물인 정화를 기념하는 중요성을 강조하면서 정화는 국경을 초월했고 이러한 축하 행사는 정화가 이 지역에 남긴 강력한 영향을 보여주는 것이다'라고 주장했다.[44]

이러한 공개 연설에서 사용된 어휘에 초점을 맞춘다면 끊임없는 단어와 개념을 발견하게 된다. 정화가 내걸었던 평화 공존과 발전, 상호 도움과 조화 가치를 중국과 주변 국가의 관리들이 강조했다. 정화의 평화로운 접근 방식은 외부 세계와 중국 인민들의 평화로운 관계의 화신embodiment으로 제시되었다.[45] 결과적으로 중국은 동남아시아 지역 정책에 대한 두 가지 중요한 성과를 성공적으로 달성했다. 첫째, 중국은 책임감 있는 세력임을 보여 주면서 이웃 국가들에게 중국이 한 때 이 지역에 우호적인 영향력을 발휘했다는 것을 상기시켰다. 둘째, 정화는 중국 인민들이 공감할 수 있는 포괄적인 역사적 서사를 제공했다.

1) 제국주의 파도 대 협력의 바다

정화 신화를 홍보하는 중국 지도부의 서사는 남중국해를 통해서 국내 권위를 강화하는 데 도움이 되었다. 만약 해양에 대한 평화적인 영향력이 중국 전통에 내재되어 있다면 남중국해에 대한 통제와 영유권 권리 주장은 완벽하게 이치에 맞는 일이다. 이러한 전략적 접근은 중국 지도

---

[44] People's Daily, "Singapore Recreates Longyamen to Commemorate Zheng He's Epic Voyages," *People's Daily* (7 September, 2005).

[45] James Holmes and Toshi Yoshihara, *Red Star over the Pacific: China's Rise and the Challenge to US Maritime Strategy* (Annapolis: Naval Institute Press, 2010), p. 163.

부의 통찰력으로 뒷받침되었다. 후진타오胡錦濤 국가 주석은 2003년 10월 호주를 공식 방문하는 동안 주목할 만한 연설을 했다. 그 연설은 흥미로운 이론을 제시했다. '중국인들은 광대한 바다를 항해 해 남쪽 땅 즉 오늘날 호주에 정착했다. 그들은 중국 문화를 여기에 가져왔고 지역 주민들과 조화롭게 살면서, 호주의 경제, 사회 그리고 다원적 사회의 번영에 공헌했다'.[46]

정치 서사의 측면에서 비록 경험적 지지가 부족하지만 후진타오의 말은 이중적인 영향을 미쳤다. 첫째, 국내 수준에서 후진타오는 유럽인들이 도착하기 전 중국을 태평양의 해양 강국으로 제시했다. 이런 수사는 중국 민족주의에 대한 탁월한 추진력을 제공했고 새로운 해양 화법 구축에 기여했다. 둘째, 국제 차원에서 후진타오는 명 왕조의 적극적 역할로 알려진 새로운 시각을 가지고 호주 초기 역사와 함께 뚜렷한 중국인의 병렬 서사를 만들었다.

따라서 홈즈Holmes가 역사가 해양 문제에 대한 중국의 관점에 강력한 영향을 미쳐 운명 감각을 갖게 해 중국의 해양 열망을 고취시켰다고 한 것은 정당성이 있다고 할 수 있다.[47] 정화는 명 제국의 황제가 관직을 수여했음에도 불구하고 일종의 반제국주의적 영웅으로 제시되고 있다. 중국은 정화 함대 원정 동안 어떤 영토도 점령하지 않았고 식민지도 건설하지 않아 중국의 조화 정신을 완전히 표현했다고 포장해 선전하고 있다. 환관 제독인 정화 덕목은 콜럼버스Cristopher Columbus에 의해 인격화

---

[46] Parliament of Australia, *Within China's Orbit? China through the Eyes of the Australian Parliament*, (2008).

[47] Holmes and Yoshihara, op. cit., p. 162.

된 전형적인 약탈적 서양 행동과 그에 따른 아메리카 대륙을 유럽 식민지로 만든 것과 대조적으로 유교 가르침을 순수하게 표현한 것으로 인식되었다. 서양 제국주의와의 이러한 대조는 유럽 식민주의를 경험한 국가들에 대해 중국 지도부의 변증법에서 중심이 되었다. 2007년 2월에 후진타오는 남아프리카 프레토리아 대학교University of Pretoria에서 연설을 하면서 중국을 평화를 사랑하는 국가로, 정화를 아프리카 사람들에게 총, 약탈 그리고 노예가 아니라 평화와 선의의 메시지를 가져온 사람으로 설명했다.[48]

중국의 지도부와 외교관들은 서구의 식민지 지배 세력과는 달리 중국이 헤게모니를 추구하고 있지 않다는 것을 주장하기 위해서 이런 이분법적인 수사를 적극적으로 활용하고 있다. 이에 따라 중국 지도자들은 정화 항해가 토지 수용이나 주민 항복 결과로 이어진 적이 없다고 주장하고 있다. 게다가 중국 지도자들은 중국의 화평굴기 해양 차원을 정당화할 뿐만 아니라 남중국해 분쟁에 관해 중국에서 높아진 국내 민족주의에 대응하기 위해 정화의 영웅적인 노력에 자신의 해양 역사를 재구축하기 위해 노력해 왔다. 중국이 정화 제독을 독창성이 풍부한 세계적인 인물로서 신격화시키는 전체 과정은 중국 해양 유산 지식과 인식을 중국 인민들에게 심어주기 위한 선략의 일환이었다.

---

[48] Hu Jintao, "Enhance China-Africa Unity and Cooperation to Build a Harmonious World,' *Speech at University of Pretoria, South Africa*, (7 February, 2007).

2) 대중 동원과 통제 노력

제를리의 출현 공간에 대한 개념을 상기해보면 남중국해라는 공간의 정치적 차원은 중국 인민들이 연설과 행동에 관여하는 한 강행될 수 있다.[49] 중국 전략은 정화에 관한 많은 기념 박물관과 성지 개관을 통해 전달되는 탄탄한 대중 참여를 확보할 수 있었다. 특히 젊은 시민들 사이에서 애국심을 키우는 열정은 흥미롭지만 잠재적으로 위험한 결과를 낳았다. 이 역사적인 이미지 재구축 과정에서 여론과 시민 사회의 점진적인 참여 결과로, 점점 더 많은 시민이 국가 해양 이익에 대해 더 단호하게 대처할 것을 정부에 요구했다.[50]

중국 지도자들은 국가의 정체성을 보호하고 육성할 책임이 있지만 민족주의 열정이 어떻게 그리고 얼마나 강력하게 표현될지에 대해서 통제해야 한다. 린치Daniel Lynch는 국가의 생활과 문화의 모든 측면에 스며들고 신화, 문학 그리고 정화와 같이 탁월한 인물들을 포함해서 모든 종류의 구체적이고 살아있는 형성을 통해서 그 자제를 표현하는 무엇인가로 국가 정신을 표현했다.[51]

중국 지도부는 전략 목표를 추구하기 위해 인민들의 소속감에 영향을 미쳐 해양 차원으로 확대시킬 필요가 있었다. 중국은 2005년 해양의 날

49　Zerilli, op. cit., p. 20.

50　Linh Tong, "The Social Media 'War' Over the South China Sea," *The Diplomat*, (16 July, 2016; Zheping Huang and Echo Huang, "China's citizens are livid at the SouthChina Sea ruling because they've always been taught it is theirs," *Quartz*, (13 July, 2016).

51　Daniel C. Lynch, "Securitizing Culture in Chinese Foreign Policy Debates: Implications for Interpreting China's Rise," *Asian Survey* 53:4, 2013, p. 639.

이 시작된 이래 중국은 남중국해 쟁점에 초점을 맞춘 수많은 공청회 public meeting, 싱크 탱크think tanks 그리고 비정부 기구(NGO: Nongovernmental Organization)를 포괄했다. 중국 NGO와 정치 행동주의 환경은 아마도 이러한 추세의 가장 중요한 요소이다. 예를 들어 통상적인 시위와 행진 외에도, 점점 더 많은 수의 활동가들이 남중국해 섬에 대한 중국 주권을 되풀이하는 해양 시위를 계획하기 시작했다.

2013년 11월, 13명으로 구성된 홍콩의 한 단체가 스프래틀리 군도로 낚시 여행을 주선했다. 활동가 중 한 명이 여행 일정에 대한 질문을 받았을 때 '우리는 난사 군도에 고기가 없다면 고기가 있는 중국 영토 내 어디든 갈 것이고 물고기가 가장 많은 곳이 어디라고 지금 말할 수 없다'라고 대답했다.[52] 중국 지방 당국과의 2일간의 협상 끝에 이 단체는 안전을 이유로 홍콩 빅토리아 항구를 떠날 수 있는 허가를 거부당했다. 같은 단체의 활동가들은 결국 중국과 일본이 영유권 분쟁을 겪고 있는 동중국해의 센카쿠열도尖閣列島/중국명 댜오위다오釣魚島에 도착해 그 곳에서 일본 당국에 체포되어 며칠 후 풀려났다.

중국 지도자들은 해양 주권에 대한 국내 여론의 주장이 고조되면서 정화 신화를 이용했고 그 결과로 해양을 너무 과도하게 자극했기에 중국 정부에게 공세 선약에서 한발 물러나게 하는 전략으로 전환하게 만들었다. 따라서 중국은 정화 함대의 신화에 대한 새로운 해양 전통과 국내 변증법을 효과적으로 구축할 수 있었다. 중국 지도자들에게 주요 도전은 민족주의에 대한 여론이 너무 과열되지 않도록 조절하면서 이 과정의 통

---

52 The Straits Times, "Hong Kong Activists Head to Spratlys for 'Fishing' Trip," *Straits Times*, (13 November, 2013).

제를 유지하는 것이다.

6. 결론

이 장은 이상과 같은 분석을 통해 중국이 남중국해에 대한 지배력을 강화하기 위한 해양 이미지 전환 과정을 수용했다고 결론 내릴 수 있다. 이 전략은 중국 지도자들이 체계적으로 계획하고 실행했으며, 시민 사회와 여론으로부터 전폭적인 지원을 얻을 수 있었다. 남중국해에 대한 중국의 역사적인 권리 주장은 국내적으로 매우 중요한 의미를 가지고 있지만 중국 인민들의 집단의식 속으로 확산시키기 위한 더욱 매력 있는 서사가 필요했다. 정화는 중국 전략에 있어 탁월하게 유용한 자산으로 입증되었으며 현재를 위해 오래되었지만 새롭게 창조된 해양 신화를 유통시킬 수 있는 촉진제 역할을 해 주었다.

2005년 해양의 날이 시작된 이래 중국 인민들은 환관 제독인 정화에게 헌정한 박물관과 사당으로 몰려갔다. 중국 문화와 전략적 해양 이미지 전환은 남중국해에서 영유권 주장에 대한 국내 정통성을 강화했지만 그 운동 효율성은 해양 주권을 관리하기 위해 보다 정부에게 단호한 정책을 요구하는 더 많은 국내 세력을 만들었다. 중국 지도자들이 이 전략의 효과를 과소평가했을지 모르지만 신성불가침 국토의 필수적인 부분으로 간주되고 있는 남중국해에 대해 보다 응집력 있는 국민적 유대감을 분명하게 형성할 수 있었다. 남중국해는 해양의 범위에도 불구하고 많은 면에서 중국의 호수로 비유될 수 있어 중국 정부와 여론은 그 해양의 물 한 방울도 포기하지 않을 것이기 때문에 해양 전유라는 생각은 이러한 경우에 적용될 수 있을 것이다. 따라서 넓은 남중국해는 중국 영토의 필수적인 부분으로 간주될 수 있다. 중국이 남중국해를 점진적으로 영토화 해가는 과정은 이 전략의 근본적 부분이어서 지리적 영역에 대한 통제를 강력하게 주장하고 실행함으로써 해양을 접하고 있는 중국 지방성 정부에 대한 행동, 상호 작용 그리고 접근에 성공적으로 영향을 미치고 통제했다.

중국의 남중국해의 국유화와 영토화 과정이 현재 진행 중인 국가 건설 과정에 의해 결정되었다는 것을 보여주는 실증적 증거가 있다. U자형 선은 국제적인 승인 부족에도 불구하고 중국 영토의 정의된 해양 경계로 간주되고 있다. 중국은 남중국해 일부 섬들의 매립 사업을 통한 인공섬을 건설하면서 그 위에 군사와 민간 시설 구축에 의해 영토로 형성되고, 일방적으로 조업 금지를 계획하고 실행하고 석유와 가스 개발을 위한 협정을 제안함으로써 남중국해 섬들과 해역에 대한 행정적 통제를 강화했다. 이러한 모든 결정들은 중국이 남중국해 해역과 천연자원에 대한 사회적 권력을 행사하는 방법을 보여주었고, 영토라는 개념을 강화시켰다. 중국의 노력은 점차적으로 최고 수준의 전유를 만들었던 물질적이고 상징적인 투입의 끊임없는 생산에 의해 강화된 해양 환경의 구체화를 목표로 한 형태의 새롭고 효과적인 상호작용으로 전환되었다고 볼 수 있다.

참고문헌

Allouche, Jeremy. 2005. *Water Nationalism: An Explanation of the Past and Present Conflicts in Central Asia, the Middle East and the Indian Subcontinent*, doctoral dissertation, Institut universitaire de hautes ′etudes internationales, Geneva.

Anderson, Benedict. 1991. *Imagined Communities*. London: Verso.

Blasko, Dennis J. and M. Taylor Fravel. 2012. "Much Ado about the Sansha Garrison." *The Diplomat*, (23 August).

Buchholz, Hanns Jurgen. 1987. *Law of the Sea Zones in the Pacific Ocean*. Singapore: Institute of Southeast Asian Studies, p. 44.

china. org. 2005. "Anniversary Highlights Peaceful Growth." 〈*china.org*〉, (12 July).

china. org. 2005. "July 11 Set as Maritime Day." 〈*china.org*〉, (25 May).

china. org. 2005. "New Zheng He Temple Unveiled in Samarang." 〈*china.org*〉, (3 August).

Dyke, Jon M. van and Dale L. Bennett. 1993. "Islands and the Delimitation of Ocean Space in the South China Sea." *Ocean Yearbook* 10, p. 64.

Gao, Zhiguo and Bing Bing Jia. 2013, "The Nine-Dash Line in the South China Sea: History, Status and Implications." *American Journal of International Law* 107:1, p. 103.

Global Times. 2012. "China Raises Administrative Status of South China Sea Islands." *Global Times*, (21 June 21).

Gray, Colin S. 1994. *The Navy in the Post-Cold War World: The Uses and Value of Strategic Seapowe*. University Park: Pennsylvania State University Press.

Grosby, Steven. 1995. "Territoriality: The Transcendental, Primordial Feature of Modern Societies." *Nations and Nationalism* 1:2, p. 149.

Hayton, Bill. 2017. "When Good Lawyers Write Bad History: Unreliable Evidence and the South China Sea Territorial Dispute." *Ocean Development & International Law*, 48:1, p. 22.

Holmes, James. 2006. "China Fashions a Maritime Identity." *Issues & Studies* 42:3, p. 99.

Holmes, James and Toshi Yoshihara. 2010. *Red Star over the Pacific: China's Rise and the Challenge to US Maritime Strategy*. Annapolis: Naval Institute Press.

Huang, Zheping and Echo Huang. 2016. "China's citizens are livid at the SouthChina Sea ruling because they've always been taught it is theirs." *Quartz*, (13 July).

Hu Jintao. 2007. "Enhance China-Africa Unity and Cooperation to Build a Harmonious World." *Speech at University of Pretoria, South Africa*, (7 February).

Jacques, Martin. 2009. *When China Rules the World: The Rise of the Middle Kingdom and the End of the Western World*. London: Allen Lane.

Knight, David. 1982. "Identity and Territory: Geographical Perspectives on Nationalism and Regionalism." *Annals of the Association of the American Geographers* 72:4, p. 517.

Lasserre, Frederic. 1999. "Once Forgotten Reefs. Historical Images in the Scramble for the South China Sea." *Cybergeo: European Journal of Geography*, 92, p. 4.

Levathes, Louise. 1994. *When China Ruled the Seas: The Treasure Fleet of the Dragon Throne, 1405-1433*. New York: Oxford University Press.

Linh Tong. 2016. "The Social Media 'War' Over the South China Sea." *The Diplomat*, (16 July).

Lu Ning. 1993. The Spratly Archipelago: *The Origins of the Claims and Possible Solutions*. Washington, DC: International Center.

Lynch, Daniel C. 2013. "Securitizing Culture in Chinese Foreign Policy Debates: Implications for Interpreting China's Rise." *Asian Survey* 53:4, p. 639.

Malik, Mohan. 2013. "Historical Fiction: China's South China Sea Claims." *World Affairs*, (May/June).

Menga, Filippo. 2016. "Domestic and International Dimensions of Transboundary Water Politics." *Water Alternatives* 9:3, p. 204.

Ministry of Foreign Affairs, Peoples' Republic of China. 2000. "Historical Evidence to Support China's Sovereignty over Nansha Islands." (17 November).

Murphy, Alexander. 2012. "Entente territorial: Sack and Raffestin on Territoriality." *Environment and Planning D: Society and Space* 30:1, pp. 159-172.

Parliament of Australia. 2008. *Within China's Orbit? China through the Eyes of the Australian Parliament*, 2008.

People's Daily. 2005. "Singapore Recreates Longyamen to Commemorate Zheng He's Epic Voyages." *People's Daily*, (7 September).

Putnam, Robert D. 1988. "Diplomacy and Domestic Politics: The Logic of Two-Level Games." *International Organization* 42:3, p. 434.

Raffestin, Claude. 1984. "Territoriality: A Reflection of the Discrepancies between the Organization of Space and Individual Liberty." *International Political Science Review* 5:2, pp.

139-146.

Ross, Robert S. 2009. "China's Naval Nationalism: Sources, Prospects, and the U.S. Response." *International Security* 34:2, pp. 46-81.

Sack, Robert D. 1981. "Human Territoriality: A Theory." *Annals of the Association of American Geographers* 73:1, pp. 55-74.

Samuels, Marwyn S. 1982. *Contest for the South China Sea*. New York: Methuen.

Standing Committee of the National People's Congress, People's Republic of China. 1992. *Law on the Territorial Sea and the Contiguous Zone of 25 February 1992*.

Suisheng, Zhao. 1998. "A State-Led Nationalism: The Patriotic Education Campaign in Post-Tiananmen China." *Communist and Post-Communist Studies* 31:3, pp. 287-302.

Swyngedouw, Erik. 2004. "Scaled Geographies: Nature, Place, and the Politics of Scale." in Robert McMaster and Eric Sheppard, eds., *Scale and Geography Inquiry: Nature, Society and Method*. Oxford: Blackwell, pp. 129-53.

The Straits Times. 2013. "Hong Kong Activists Head to Spratlys for 'Fishing' Trip." *Straits Times*, (13 November).

United Nations. 1952. "Treaty of Peace with Japan (with Two Declarations). Signed at San Francisco, on 8 September 1951." *United Nations Treaty Series*, vol. 136, p. 50.

Valencia, Mark J., Jon M. van Dyke, and Noel Ludwig. 1997. *Sharing the Resources of the South China Sea*. The Hague: Martinus Nijhoff.

World Bank. 2013. *Fish to 2030: Prospect for Fisheries and Aquaculture*. Agriculture and Environmental Services Discussion Paper 03, (December).

Zerilli, Linda M. G. 2000. *Feminism and the Abyss of Freedom*. Chicago, IL: University of Chicago Press.

Zhang, Ming. 1997. "The New Thinking of Sino-US Relations: An Interview Note." *Journal of Contemporary China*, 14:6, pp. 117-23.

제3장

중국의 남중국해 정책 전환과 영향

1. 서론

　중국은 자의적으로 획정한 9단선nine-dashed line을 통해 남중국해 대부분 지역에 대한 영유권을 주장하고 있기 때문에 베트남, 필리핀, 말레이시아, 인도네시아, 브루나이 그리고 대만과 해양 분쟁을 일으키고 있다. 신흥 강대국인 중국은 일부 주변 국가들이 분쟁 중인 남중국해의 다양한 육지 지형물들을 장악하기 위해 중국이 허약했던 시기를 이용했다고 비난하면서 전략적 모호성strategic ambiguity을 특징으로 하는 지연전략delaying strategy에서 긴장 악화의 위험에도 불구하고 전략적 명확성strategic clarity을 가지고 더욱 공세적 입장으로 전환하고 있다. 그러나 이러한 중국의 일방적이고 공세적인 남중국해 영유권 주장은 연안 국가들과 역외 다른 강대국들로부터 강력한 반발을 야기하고 있다.
　헤이그 국제 중재 재판소는 2016년 중국의 남중국해 영유권 주장에 대한 법적 근거가 없다고 판결했지만 중국은 그 판결을 정당성이 없다고 거부했다. 중국은 영토 분쟁을 해결하기 위해 중재 또는 다자 간 절차보다는 양자 협상을 주장하면서 중재 재판소 판결을 무시했을 뿐 아니라 분쟁 해역의 섬과 환초들reefs에 대한 매립 사업을 통해 인공섬을 건설하고 군사 기지를 구축했다. 중국의 이러한 행동은 신흥 강대국으로서 중국이 지역 질서에 어떤 종류의 규범을 가져올지에 대한 의문과 우려를 제기하고 있다. 아시아의 먼로주의Monroe Doctrine 버전version을 강요하는 중국의 성공적인 공세정책power play은 규칙 기반 질서의 어려움과 21세기 홉스주의적 투쟁Hobbesian struggle에서 무제한unbounded 권력정치power politics가 특징인 지역 무질서를 향해 나갈 위험성을 내포하고 있다.

2. 전략적 모호성에서 전략적 명확성으로

역사적으로 남중국해는 열린 해양이었다. 어느 나라도 남중국해 전체 또는 섬들을 지배한 국가는 없었다. 남중국해에 대한 통제는 제국주의 일본이 태평양을 향해 확장하기 시작하여 자신의 호수로 만들고 태평양 전쟁 동안 거대한 일본 제국의 핵심 수역으로 성공적으로 만들었을 때인 1930년대에 논쟁의 문제가 되었다. 일본은 태평양 전쟁 패전 이후 남중국해에 대한 모든 권리를 포기할 수밖에 없었다.

중국 국민당國民黨 정부는 무방비 해안이 중국을 외세 침략에 취약하게 만들었기 때문에 연안 해역 통제를 추구했다. 1946년 12월 12일, 하나의 상징적 행동으로 4척의 국민당 해군 함정이 남중국해에서 가장 큰 섬인 이투 아바Itu Aba에 상륙해 점유를 시작했다. 일반적인 대학교 캠퍼스 보다 작은 전략적으로 위치한 110에이커acres 또는 45헥타르hectares의 이투아바 섬은 태평양 전쟁 이후 그 섬을 방문한 중국 국민당 전함의 이름을 따서 타이핑다오太平島로 개명하고 석조 기념물이 세워졌다. 1947년, 중국 국민당 정부는 남중국해 전체를 일본의 호수로 표시한 태평양 전쟁 시기의 일본 지도에 격분해 U자 모양의 11단선을 남중국해의 경계를 정했던 지도를 발행했는데 이것은 근본적으로 중국이 남중국해 거의 80%를 차지한다고 주장했다. 이 지역의 최남단인 제임스 사구(James Shoal/중국명: 증모암사)는 말레이시아 사라와 주state of Sarawak에서 약 50마일, 중국 본토로부터 1,120마일 떨어져 있다.

1949년 중국People's Republic of China이 건국된 후 공산당 정부는 국민당 정부의 지도를 물려받았는데 냉전 체제가 세계를 양분하고 있는 방식이 작용하고 있었기 때문에 냉전 기간 동안에 국제적인 관심을 불러일으키지 못했다. 국민당 정부가 규정한 11단선은 중국과 동남아시아 국가들 사이에 어떤 법적인 합의가 없는 일방적인 것이었기 때문에 불분명하거나 규정되지 않은 경계를 언급하는 것으로 이해되었다. 중국의 한 학자는 '연속적인 선uninterrupted lines 대신에 중단선interrupted lines의 적용이 미래 조정이 가능하다'는 의견을 제시했다.[1] 1950년대에 중국은 베트남 사회주의 형제국을 달래기 위해 통킹만Tonkin Gulf 대부분을 베트남에 제공할 수 있는 2개의 선을 생략해 9단선으로 만들었지만 양국 사이의 어떤 합의도 존재하지 않았다.[2]

---

1   Mark J. Valencia, Jon M. Van Dyke, and Noel A. Ludwig, *Sharing the Resources of the South China Sea* (The Hague: M. Nijhoff, 1997), p. 25.
2   Mohan Malik, "History the Weak Link in Beijing's Maritime Claims," *The Diplomat*,

남중국해의 영토 분쟁은 석유와 다른 광물 자원 매장 보고서가 발표됨에 따라 1970년대부터 더 많은 관심을 끌기 시작했다. 1988년 3월, 스프래틀리 군도Spratly Islands의 무주공산 지역인 제임스 사우스 환초Johnson South Reef에서 베트남 해군과 중국 상륙 부대 사이의 교전으로 남중국해 분쟁 문제가 세계의 관심을 받았다. 1988년 말, 중국은 남중국해의 7개의 섬을 점령했다. 스프래틀리 군도에서 베트남은 29개 지역, 필리핀은 9개 지역 그리고 말레이시아는 5개 지역을 통제했다. 1994년에 중국은 필리핀이 영유권을 주장하는 배타적 경제수역(EEZ: Exclusive Economic Zone) 내부였던 미스치프 환초Mischief Reef를 점령했다. 이에 대해 필리핀은 중국에 강하게 항의했지만 직접 대결은 피했다.[3]

중국은 그 후 몇 년 동안 남중국해 분쟁이 고조되면서 지연 전략delaying strategy을 채택해 영유권 분쟁을 유예하고 분쟁 지역에 대한 공동 개발을 제안하면서 유연성을 보여주었다.[4] 중국의 지연 전략은 권리 주장의 범위, 의미, 속성 또는 법적 근거, 특히 U자형 선이 의미하는 것 또는 경계 내의 중국의 권리가 무엇인지를 공식적으로 주장하는 것을 피했기 때문에 전략적으로 모호했다. 이러한 모호성으로 인해 중국인들은 U자형 선이 중국의 해양 경계라고 믿게 되었다.

그러나 중국은 그 지역 내에서 경제적 권리를 요구했거나 해역보다는 섬, 환초 그리고 암석 통제를 원한다고 명시적으로 주장하지 않았다. 중

(August 30, 2013).

[3] Oshua Eisenman, "China's Vietnam War: A Domestic Politics Perspective," *Journal of Contemporary China* 28:119 (September 2019), pp. 729-45.

[4] M. Taylor Fravel, "China's Strategy in the South China Sea," *Contemporary Southeast Asia* 33:3, 2011, p. 297.

국의 모호한 남중국해 전략은 다른 국가들이 반론을 하지 못하도록 하고 설명과 협상 과정을 시작하면서 야심찬 주장을 위한 여지를 남겨주었다. 한 연구에 따르면, '중국 정책은 국제 해양 공동체의 황폐화에 대한 모호한 입장을 추구하고 연장하는 것이다'.[5] 2009년 중국은 명확한 영유권 주장에 대한 반복적인 요구에 대응해 U자형 선을 표시한 남중국해 지도를 유엔 대륙붕 한계 위원회(CLCSC: Commission on the Limit of the Continental Shelf)에 보냈지만, 그 선이 육지 지형에 대한 권리 주장인지 아니면 섬과 해역에 대한 권리 주장인지에 대해서 여전히 언급하지 않았다.

2010년대 초 중국은 입장을 공고히 하고 분쟁 해역에 대한 영유권을 행사할 수 있는 능력을 강화했다. 중국은 애매한 전략에서 명확한 전략으로 전환하고 어선단fishing fleets을 호송하기 위해 '전투 준비된combat-ready' 초계함patrol ships을 정기적으로 투입해 해양법 집행 능력을 확대했는데 이것은 때때로 베트남 석유 탐사선과 필리핀 해군 초계함과 충돌했다. 2012년 6월 중국 국무원은 남중국해의 새로운 도시인 산샤시三沙市 설립을 발표했다. 산샤시는 인구와 토지면에서 볼 때 중국에서 가장 작은 도시에 해당한다. 그러나 산샤시의 행정 책임은 남중국해와 수많은 산호초들atolls과 환초들reefs에 대한 중국의 광대한 권리 주장을 포괄하고 있다. 중국 관영 신화사 통신新華通信에 따르면 '산샤시는 파라셀 군도 (Paracels Islands/중국명: 시사 군도/베트남명: 호앙사 군도), 맥클스필드 뱅크 (Macclesfield Bank/중국명: 중사군도) 등의 200여 개의 작은 섬islets, 사구 sandbanks 그리고 환초 등 섬 면적이 13평방 킬로미터km²와 2백만 평방킬

---

[5] Theresa Fallon and Graham Ong-Webb, "China's Zero-Sum Game in the South China Sea Rattles its Neighbors," *ISN Security Watch*, (October 4, 2012).

로미터의 해역을 포괄하고 있는 스프래틀리 군도(중국명: 난사 군도)를 관리한다.[6] 산샤시는 1974년 베트남과 해군 충돌을 통해 중국이 점령한 우디섬(Woody Island/중국명: 용싱다오)을 기반으로 하고 있다. 산샤시 건설 발표 이후 한 달 뒤 중앙 군사 위원회는 이 시를 보호하고 현지 긴급 구조와 군사적 임무를 지원하기 위해 국가 방위 동원에 책임 있는 군사 기지 설치를 승인했다.[7]

중국 전문가의 설명에 따르면 '산샤시 건설 구상은 2007년 초에 등장했지만, 베트남의 반발로 보류되었다'고 한다.[8] 중국 관영 언론인 신화통신에 따르면 이제 중국은 '주변 국가들의 도발에 대응해 해양 주권을 보호하겠다는 중국 결의를 강하게 보여주는' 움직임이 있었다.[9] 중국은 내해internal waters, 영해, 접속 수역contiguous zones, 배타적 경제 수역(EEZ) 그리고 대륙붕과 함께 맥클스필드 뱅크, 프라타스 군도(Pratas Islands/중국명: 둥사 군도), 파라셀 군도, 스프래틀리 군도(필리핀명: 칼라얀 군도/말레이시아명: 스프래틀리 군도/베트남명: 쯔엉사 군도)에 대한 영유권을 주장하면서 사사 정책四沙을 지키기 위해 해안 경비대, 준군사부대paramilitary인 해양 민병대, 대규모 어선단 그리고 다른 해양법 집행기관을 동원했다. 이에 따라서 중국은 9단선에 대한 입장을 명확히 보여주었다. 베트남은 산샤시의

---

[6] "China Focus: China's Sansha Starts Forming Government," *Xinhua*, (July 17, 2012).

[7] "Central Military Commission Approved the Establishment of Shansa Military Garrison," *Xinhua*, (July 22, 2012).

[8] Editorial, "Sansha New Step in Managing S. China Sea," *Global Times*, (June 25, 2012).

[9] Zhao Shengnan and Zhang Yunbi, "Pledge to Protect Waters," *Xinhua*, (June 29, 2012).

지정이 불법이며 베트남 영토와 중복된다고 반발했다. 필리핀은 산샤시 설립은 분쟁 중인 스프래틀리 군도, 스카버러 사구Scarborough Shoal와 대륙붕 그리고 필리핀 서해안의 수역에 있는 몇 개의 섬, 환초 그리고 모래톱sandbars을 포함해 필리핀에 분명히 속하는 남중국해 영토에 대한 필리핀 영토를 침해했다고 항의했다.[10]

3. 중국의 공세전략 강화

중국의 전략적 공세 정책으로 전환함에 따른 중요한 정책 결과 중 하나는 영유권 주장 옹호에 강경한 입장을 보이고 있는 것이다. 이러한 입장은 필리핀이 '중국의 일련의 도발적인 움직임'이라고 불렀던 것에 의해 촉발된 분쟁 해역을 둘러싼 필리핀과 대치에서 확연히 보여주었다. 여기에는 필리핀 본토인 루손Luzon섬으로부터 서쪽으로 약 130해리 그리고 중국 본토로부터 500마일 떨어진 필리핀 명 파나타그(Panatag/중국명: 황예다오(黃巖島))로 알려진 스카버러 사구 점유가 포함된다.[11]

스카버러 사구에서 중국의 행동은 필리핀이 리드 뱅크Reed Bank 주위 지역에서 석유와 가스 탐사권 입찰을 위해 외국 기업을 불러들인 이후 시작되었다. 중국은 필리핀이 즉시 그 제안을 철회할 것을 요구하고, 스카버러 사구 해역에서 필리핀 어선과 탐사선의 활동을 방해하기 위해 해

---

[10] Alexis Romero, "China Speeds Up Construction of Projects in Sansha," *Philippine Star*, (October 1, 2012).

[11] Loida Nicolas Lewis, Rodel Rodis, and Walden Bello, "China's 'Cabbage Strategy' in West Ph Sea," *Philippine Daily Inquirer*, (July 27, 2013).

양법 집행선을 파견했다. 2012년 4월 8일, 두 척의 중국 해양 감시선은 필리핀 군함이 스카버러 사구로부터 대왕 조개giant clam, 살아있는 상어 그리고 산호초를 수확한 혐의로 기소된 중국 어민 집단을 체포하는 것을 막았다. 필리핀은 자국 영유권 보호 차원에서 함정을 추가 파견했다. 그러나 이러한 필리핀 해군력 증파는 규모가 훨씬 크고 첨단화된 중국 어업 순시선과 집행선과 비교할 때 아주 허약해 별 도움이 되질 못했다. 양국이 스카버러 사구 지역으로 선박을 파견했을 때 필리핀 시위대는 마닐라 중국 대사관 밖에서 시위를 벌이면서 분쟁 지역에서 중국 선박 철수를 요구해 긴장이 고조되면서 양국의 민족주의를 자극하는 외교적 분쟁으로 확대되었다.

중국은 필리핀에 대한 강압 외교를 통해 경제 제재를 부과했다. 중국 여행사는 필리핀 단체 여행을 취소했다. 중국은 필리핀에서 세 번째로 큰 관광객의 원천이기 때문에 이번 조치는 필리핀 정부에 막대한 경제적 압박을 가했다. 중국 검역 당국은 또한 필리핀산 바나나 수입에 제한을 가했다. 바나나는 필리핀에서 두 번째로 큰 농산물 수출이며, 중국은 바나나 수출의 1/4을 차지하고 있다. 중국의 수입 제한은 필리핀 바나나 재배업자들에게 큰 재앙이 되었다. 20만 명의 필리핀 바나나 농부들이 일자리 상실 위기에 처했다.[12] 중국은 이후 필리핀산 파파야papayas, 망고mangoes, 코코넛coconuts 그리고 파인애플pineapples의 통관 검사를 지연하기 시작했다. 필리핀은 중국과 충돌 과정에서 경제적으로 큰 타격을 받았다.

---

12 Andrew Higgins, "In Philippines, Banana Growers Feel Effect of South China Sea Dispute," *Washington Post*, (June 11, 2012).

중국의 강압 외교는 효과가 있었다. 당시 필리핀 대통령이었던 아키노 3세Benigno Aquino III는 공개적으로 중국의 침략을 비난하면서도 중국에게 스카버러 사구 인근 해역으로부터 동시 철수 합의를 조용히 협상했다. 그 합의에 따라 6월 15일, 태풍 부쵸이Typhoon Butchoy가 이 지역에 접근하자 아퀴노는 필리핀 선박의 철수 명령을 내렸다. 그러나 중국 선박은 그 지역을 결코 떠나지 않았다. 홍 레이洪磊 중국 외교부 대변인은 중국 정부 선박과 어선들은 스카버러 사구에서 관할권과 경계를 유지했다고 확인하고 그 지역의 긴장은 중국 선박에 도전할 필리핀 선박이 보이지 않아 긴장이 완화되었다고 주장했다.[13]

중국의 주장은 2012년 말 시진핑이 집권한 이후 더욱 강경해졌다. 시진핑은 중국 건국 이후 최초의 주변국 외교peripheral diplomacy에 관한 고위급 회의인 2013년 10월 말 주변국 외교 실무 회의에서 어떠한 상황에서도 중국은 주권과 영토 보전에 대한 핵심 국가 이익을 희생하지 않을 것이라고 말했다. 시진핑習近平은 다른 국가들이 넘을 수 없는 금지선red line을 그려서 핵심적 사고로 나가는 입장을 취하면서 주변국 정책은 고대 이후 중국에 속한 영토를 방어함으로써 중국의 핵심 이익을 지킬 수 있는 것이라고 덧붙였다. 다른 나라들도 똑같이 했을 때만 평화 발전의 실을 고수할 것이다.[14] 다시 말해, 중국의 평화 발전은 중국에 대한 다른 국가들의 평화정책에 따라 좌우된다는 것이다.[15] 중국의 남중국해 강경

---

[13] Jerry E. Esplanada, "China 'Relaxed' with no PH Ships in Scarborough Shoal," *Philippine Daily Inquirer*, (June 29, 2012).

[14] "Xi Vows Peaceful Development while Not Waiving Legitimate Rights," *Xinhua*, (January 29, 2013).

[15] Jianwei Wang, "Xi Jinping's Major Country Diplomacy: A Paradigm Shift?" *Journal of*

정책은 동남아시아 주변 국가들과 국제 사회에 심각한 우려를 불러일으켰지만, 중국 분석가들은 중국의 핵심bottom line을 보호하려는 의지가 명확해짐에 따라 중국 외교정책을 둘러싼 전략적 불확실성이 줄어들어 다른 국가들이 중국의 의도를 잘못 판단해 이익을 보호하기 위한 결의를 막을 수 있다고 믿었다.[16]

중국은 이익을 강화하기 위해 2013년 이후 전투함, 활주로, 항공기 격납고aircraft hangars 그리고 군사용 레이더를 수용할 수 있는 항구를 포함해 분쟁 섬 주변 지역에 대한 토지 매립 사업과 시설 건설을 확대해 왔다. 이러한 인공섬 건설은 그 지역의 지형물들에 대한 중국의 효과적 통제를 촉진하고 영유권 주장의 법적인 기반이 되었다. 남중국해 다른 영유권 주장 국가들 역시 매립 사업으로 인공섬을 건설했지만 중국과 비교하면 극히 미미한 수준이었다. 중국은 거대한 준설선들dredging ships을 동원해 분쟁 해역의 작은 섬을 군사 시설과 석유 시추 플랫폼을 갖춘 인공섬으로 바꾸어 다른 국가들보다 훨씬 더 큰 육지를 더 신속하게 건설해 남중국해에서 지배력을 확대하고 강화했다.

중국학자에 따르면 2014년에서 2017년 사이에 중국은 7개의 섬을 개조해 총 29헥타르(72에이커)의 새로운 토지를 추가했는데 이것은 비교할 때 베이징 자금성紫禁城 단지의 절반에도 못 미치는 규모이다. 피어리 크로스 환초Fiery Cross Reef, 수비 환초Subi Reef 그리고 미스치프 환초는 스프래틀리 군도에서 가장 큰 섬들이 되었으며, 새로운 지형물에는 10,000피

  Contemporary China 28:115, January 2019, pp. 25-26.
16 Jian Zhang, "China's New Foreign Policy under Xi Jinping: Towards 'Peaceful Rise 2.0'?" *Global Change, Peace & Security* 27:1, 2015.

트의 활주로, 전투기 격납고, 탄약 벙커, 막사 그리고 군함이 정박할 수 있는 선박의 심해 부두deep-water piers가 건설되었다.[17] 베이징은 우디섬(Woody Island/중국명: 융싱다오/베트남명 푸럼)에 견고한 세력 투사용 플랫폼 power projection platform을 구축하고, 활주로 설치를 대폭 강화해 섬 인프라를 확장했다. 이 섬에 건설한 2,700미터 길이의 활주로는 대부분의 중국 전투기를 수용할 수 있다. 레드 배너HQ-9 Red Banner 장거리 지대공 미사일surface-to-air missiles, J-10殲-10과 J-11殲-11 전투기, 대함 순항 미사일 플랫폼anti-ship cruise missile platforms과 다양한 군용 수송기와 초계기가 파라셀 군도의 북North, 트리Tree 그리고 트리톤Triton에 배치되었다. 레드 배너 미사일은 트럭에 탑재되어 발사되며, 항공기, 드론Drones 그리고 크루즈 미사일을 목표로 할 수 있다.

중국은 인공섬 건설이 해양 안전, 항해 지원, 수색과 구조, 어업 보호 그리고 다른 비군사적 기능과 함께 방어 목적을 위한 것이라고 주장했지만 베이징은 아주 중요한 무역로를 통제하고 분쟁 지역에서 다른 당사국들을 배제하기 위해 그 곳에서 군사적 자산을 신속하게 이동시켰다. 특히 중국이 인공섬에 설치한 전자 교류 장비electronic jamming equipment는 순전히 군사용이다.[18] 이러한 움직임은 광범위한 영토 주장을 하고 미군 작전을 방해하며 그리고 다른 남중국해 영유권 주장국들의 군사력을 압도할 수 있는 중국의 능력을 강화시켰다. 시진핑은 2017년 제19차 공산

---

17 Qi Huaigao, "The Impacts of Sino-US Competition in the West Pacific," *Wuhan University Journal*, no. 3, 2019.

18 Michael R. Gordon and Jeremy Page, "China Installed Military Jamming Equipment on Spratly Islands, U.S. Says," *Wall Street Journal*, (April 9, 2018).

당 대회에서 이러한 성과들을 자신의 첫 5년의 주요한 사건이라고 치켜세웠다.

남중국해 분쟁 영토에 대한 중국의 영유권 주장은 새로운 것이 아니다. 새로운 발전은 중국의 이러한 행동들이 주변 국가들을 우려하게 만드는 보다 단호하고 결정적인 민족주의적 경향을 보여주고 있는 현대적인 해양법 집행 능력에 의해 뒷받침되고 있다. 인공섬이 건설되면서 2009년 중국의 해군은 동중국해에서 남중국해까지 뻗어 있는 섬들을 연결하는 제1도련선first island chain을 통해 작전을 전개했다.[19] 그 이후 중국 해군의 남중국해를 중심으로 한 작전이 빈번하게 실행되었다. 중국 공군은 2015년 이후 정기 정찰 비행이 잇따라 남중국해 연안 국가들을 더욱 불안하게 만들었다. 이러한 전략적 변화는 중국의 경제력과 군사력의 성장과 함께 이루어졌다.[20] 해양 이익에 관한 중국의 전략은 육지에 기반을 둔 군사력과 거의 근해를 넘어갈 수 없는 해군력에 의해 오랫동안 제약을 받았다. 그러나 중국 군사력은 빠른 현대화와 해군력 증강에 중점을 두면서 작전 범위를 태평양과 인도양까지 확대했다. 중국 최초의 항공모함인 랴오닝遼寧호는 2012년에 취역했고 두 번째 항공모함인 산둥山東호는 2019년에 취역해 활동하고 있다.

---

[19] 미국의 목표는 중국 인민해방군 함대가 제1도련선(島鍊線)을 돌파하지 못하도록 동중국해와 남중국해의 모든 통로를 차단하고, 그 지역의 동맹국들과 협력하는 것이다. 도련선은 중국이 태평양 지역에 스스로 설정한 해상 방어선이다. 제1도련선은 오키나와~대만~필리핀~보르네오를 사슬처럼 이은 가상의 선이며, 제2도련선은 오가사와라 제도~괌~사이판~파푸아뉴기니로 연결되는 방어망이다(유용원 2021, 3/9).

[20] Zhimin Lin, "Xi Jinping's Major Country Diplomacy: The Impacts of China's Growing Capacity," *Journal of Contemporary China* 28: 115, January 2019, pp. 31-46.

중국은 아시아·태평양 지역을 담당할 수 있는 원격 감지 위성Remote-sensing satellites을 순차적으로 발사할 준비가 되어 있다. 중국 해군은 제1 도련선 안 해역에 대한 독점적 통제를 주장할 수 있는 능력을 구축했다. 부유식 원전floating nuclear plants, 심해 감시망 구축 그리고 2개의 새로운 초심해 해양 탐사 플랫폼인 블루웨일 I Bluewhale I과 II는 남중국해에서의 중국의 증강된 역량을 더욱 잘 보여주는 것이다. 2019년 4월, 중국 국영 조선 회사(CSSC: China State Shipbuilding Corp)가 개발한 6세대 초 심층 굴착 장치ultra-deep-water rig인 오션 오일 시추 플랫폼Offshore Oil 981 drilling platform은 중국이 지금까지 시추한 가장 깊은 4,660m 유정을 시추했다. 그 결과 중국의 해양 권리와 이익의 전략적 계산은 연안을 넘어 해안에서 태평양까지 아주 멀리 있는 자원과 해로까지 확대하고 있다.[21]

그동안 중국의 경제 성장은 천연자원, 특히 에너지 소비를 꾸준히 증가시켜 전례 없는 자원 취약성으로 이어졌다. 중국은 석유와 가스 매장량, 풍부한 광물과 어업 자원을 보유한 남중국해 연안 자원을 포함하여 새로운 에너지 자원을 탐사하고 있다. 미국 에너지 관리청US Energy Information Agency은 약 190조 입방 피트의 천연 가스와 110억 배럴의 석유를 입증되고 가능성 있는 매장량으로 추정한다. 남중국해는 세계 상업 해운과 상품 절반 이상이 통과하는 세계에서 가장 분수한 해로이다. 남중국해는 해양 무역의 64% 이상과 석유 수입의 80% 이상을 위해 사용하는 630마일의 말라카 해협Malacca Strait에서 입지를 확보하는 것이 중국에게

---

[21] Frances Yaping Wang and Brantly Womack, "Jawing through Crises: Chinese and Vietnamese Media Strategies in the South China Sea," *Journal of Contemporary China* 28:119, September 2019, pp. 712-28.

특히 중요하다. 따라서 중국은 21세기에도 계속적인 경제 발전을 위해 해양에 의존해 국경 분쟁이 지속되는 동안에도 남중국해의 해양 자원을 개발하고 있다.

중국의 공세 강화는 남중국해에서의 미국과 아세안의 무관심과 대비되었다. 2017년 12월 미국 국가 안보전략National Security Strategy 보고서는 중국을 경쟁자로 지목했고 2018년 1월 미 국방전략National Defense Strategy 보고서는 자유롭고 열린 인도 · 태평양(FOIP: Free and Open Indo-Pacific)에서 다른 국가들과 방위 협력의 중요성을 강조했다. 그러나 남중국해에서의 미국의 기동훈련은 중국의 인공 섬 근처에서 관습적인 항행의 자유 작전(FONOP: freedom of navigation operations)을 넘어가지 않았다. 비록 FONOP가 과도한 해양 주장에 도전하는 방법으로 보일 수 있지만, 지금까지 그들은 인공섬 건설을 막거나 이 지역 국가들의 신뢰를 높이지 않고 단지 미국의 존재만을 보여주었다. 실제 도널드 트럼프Donald Trump 대통령의 '미국 우선주의America-first' 외교정책은 미국이 군사 · 경제력을 한층 더 확보하면서 중국의 압박을 피하는 데 도움이 될 것이라는 신뢰성에 대한 아시아 내 우려를 낳고 있다. 항행의 자유(FONOP)는 과도한 해양 주장에 도전하는 방법으로 보일 수 있지만, 지금까지는 미국의 존재만을 보여주었다. 항행의 자유는 중국의 인공섬 건설을 막거나 지역 국가들의 신뢰를 높이지 못했다. 실제로 트럼프의 미국 우선주의 외교정책은 미국의 군사력과 경제력이 강화되면서 중국의 압력을 막는 데 도움이 되는 미국의 신뢰성에 대해서 아시아 국가들 사이에 우려를 제기했다.

중국은 겉은 부드러운 것 같지만 실은 혹독한iron fist in a velvet glove 것을 보여주면서 경제 원조의 제공과 심지어 무력 사용을 위협하면서 일대일로구상(BRI: Belt and Road Initiative)을 통한 인프라 개발의 유인책을 통해 많은 아세안 국가들을 달랠 수 있었다.[22] 2017년 12월, 싱가포르 외교부 장관(2018년 아세안의 차기 의장)인 발라크리쉬난Vivian Balakrishnan은 아세안 회원국의 최대 공유된 이익은 모든 국가가 무역에 의존하고 그래서 평화와 안정에 의존하고 있기 때문에 항행과 상공 비행의 자유에 대한 권리라고 주장하면서 중국 주장에 반박했다.

발라크리쉬난은 아세안 국가들은 규칙 기반 국제질서를 원하고 있다고 주장했다. 2018년 2월 5-6일 싱가포르에서 열린 아세안 외교장관 회의는 남중국해에서 중국의 토지 매립 활동에 대한 우려를 표명하고 남중국해 행동 강령(CoC: Code of Conduct)의 협상을 촉구하는 성명을 발표했다. 이러한 독립적인 행동 때문에 싱가포르는 중국으로부터 거센 압력에 직면했다. 중국과 싱가포르 양국 간의 긴장은 홍콩 항만 당국이 대만 훈련장에서 선박으로 귀국하는 싱가포르 9대의 장갑차를 압류했을 때인 2016년 11월에 시작되었다. 홍콩은 2017년 초 싱가포르와 중국에서 관계 악화에 대한 공개 토론이 거의 없는 가운데 이 장갑차를 석방했다. 중국 외교부 대변인은 싱가포르가 2018년에 아세안 의장국을 이용해 남중국해 문제를 국제화할 것을 우려하면서 중국이 싱가포르의 업무를 지원하고 싱가포르가 아세안과 중국과 협력하여 실질적인 협력의 증진과 고도화를 촉진하고 공동 운명인 보다 긴밀한 중국과 아세안 공동체를 구축할 것이라고 주장했다. 이 주장은 중국은 국가의 대부분이 중국인인 싱가포르가 중국에 좀 더 관심을 가져야 한다고 생각한다는 의미가 내포되었다.[23]

---

22 Chen Shaofeng, "Regional Responses to China's Maritime Silk Road Initiative in Southeast Asia," *Journal of Contemporary China* 27:111, May 2018, pp. 344-361.

4. 국제 중재 재판소 결정 거부

남중국해 다른 영유권 국가들은 중국 공세가 강화되면서 안보에 대한 우려가 높아졌다. 그러나 동남아시아 어떤 국가도 중국의 재원과 군사 능력에 필적할 수 없다.[24] 중국의 전 외교부장인 왕제츠楊潔篪는 아세안 국가들에게 '중국은 강대국이고 다른 나라들은 약소국이라는 것은 현실이다'라는 점을 강조했다.[25] 필리핀은 1950년대 상호방위조약(MDT: Mutual Defense Treaty)에 근거하여 미국 지원을 기대했다. 그러나 중국이 스카버러 사구에 대한 통제권을 주장했을 때인 2012년의 긴장된 대치 동안에 필리핀은 미국에 의존할 수 없다는 것을 알게 되었다. 미국이 상호 철수 합의를 중개한 이후 필리핀은 철수했지만 중국은 남아서 통제권을 유지하고 더 많은 수의 준군사 부대와 감시선을 투입해 입장을 강화하고 새로운 현상 유지를 효과적으로 확립했다.

2012년 4월 클린턴Hillary Clinton 미 국무장관, 파네타Leon Panetta 미 국방장관과 로사리오Albert del Rosario 필리핀 외교장관, 가즈민Voltaire Gazmin 필리핀 국방장관 사이의 회담 그리고 6월 아키노 대통령의 미국 방문에서 필리핀은 미군 개입을 유발할 수 있는 명확한 상호방위조약 조건을 모색했다. 그러나 이제 미국은 남중국해에서의 적대 행위 발생에 대한

---

[23] "China Leaning on Singapore to Keep ASEAN Calm over South China Sea: Sources," *Reuters*, (August 8, 2017).

[24] Suisheng Zhao, Xiong Qi, "Hedging and Geostrategic Balance of East Asian Countries toward China," *Journal of Contemporary China* 25:100, July 2016, pp. 485-99.

[25] "The Dragon's New Teeth: A Rare Look Inside the World's Biggest Military Expansion," *The Economist*, (April 7, 2012).

조약 함의에 대한 독자적인 전략적 모호성을 신중하게 유지했다. 이에 따라 중국은 미국을 견제하면서 미국의 동맹국을 압박할 수 있는 확장된 강압extended coercion의 전략을 모색하는 스카버러 모델Scarborough Model을 구축했다.[26]

필리핀은 미국을 신뢰할 수 없었기 때문에 아세안 국가들의 도움을 요청했다. 그러나 많은 아세안 국가들은 중국의 편을 들면서 법 집행 활동을 위해 해군 함정을 사용하여 위기를 유발했다고 오히려 필리핀을 비난했다. 아세안 국가들과 필리핀의 이러한 균열은 2012년 7월 아세안 외교 장관 회의에서 명백해졌다. 필리핀은 최종 공동성명에서 스카버러 사구에서의 대치 상황에 논의가 포함되기를 원했다. 그러나 아세안 회의 의장국인 캄보디아는 남중국해 분쟁은 양자 간이며, 남중국해에 대한 언급이 아세안 중립을 훼손할 것이라고 주장했다. 필리핀 외교장관은 이러한 분열은 중국의 압력, 이중성 그리고 협박 때문이라고 비난했다.[27] 캄보디아는 중국으로부터 영향을 받은 것이 아니라 필리핀이 중국과의 분쟁을 중국과 아세안 전체의 분쟁으로 전환하는 것을 막기 위해 행동했을 뿐이라고 주장했다.

2013년 1월 필리핀은 분쟁 지역의 어떤 지형들이 섬의 법적 정의와 이에 따라 어류와 광물 자원에 대한 200해리 배타적 경제 수역(EEZ)의 자격이 있는지를 판단하기 위해 국제 해양 재판소International Tribunal for the

---

[26] Ely Ratner, "Learning the Lessons of Scarborough Reef," *National Interest*, (November 21, 2013).

[27] Mark Valencia, "Is ASEAN Becoming a Big-Power Battleground? Yes: Two Giants Fighting for Hearts and Minds of Region," *Straits Times*, (July 24, 2012).

Law of the Sea에 통보 및 청구Notification and Statement of Claim 소송을 제기했다. 2016년 7월에 국제 중재 재판소는 '남중국해의 모든 지형물이 간출지low-tide elevations 또는 인간의 거주나 경제생활을 유지할 수 없는 암석이기 때문에 중국은 9단선 내 지역에서 역사적 권리를 주장할 수 있는 법적인 근거가 없다'라고 마침내 필리핀에 유리한 판결을 내렸다. 이에 따라서 9단선 내 어떤 지형도 200마일 배타적 경제 수역(EEZ)을 발생시킬 수 없으며 중국과 필리핀 사이에 중복되는 지역은 없다는 것이다. 중재 재판소는 또한 미스치프 환초가 필리핀의 배타적 경제 수역(EEZ) 내에 있는 간출지라고 판결했다. 따라서 중국이 미스치프 환초에 설치한 군사 시설과 구조물은 필리핀 관할권 하에 있게 되는 것이다.

과거 중국은 남중국해에서 분쟁 지역을 통제하기 위해 군사력과 양자 협상에 의존했다. 그것이 이제는 국제 중재라는 미지의 해역uncharted waters에 들어갔다. 중국은 중재 절차에 참여를 요청하기 위해 2013년 7월 재판소가 보낸 절차 규칙 초안에 따라, 2006년 유엔해양법협약(UNCLOS: United Nations Convention on the Law of the Sea)을 비준했을 때의 강제 조정 compulsory arbitration이 면제되었기 때문에 법적인 조치를 받아들이지 않았고 조정 절차에 참여하지 않을 것이라는 구상서note verbale에서 답변했다. 중국은 유엔해양법협약(UNCLOS) 주권이 개입된 이 사건에 대한 관할권이 없다고 주장했다. 2016년 중재 재판소 판결이 임박했을 때, 중국은 전 세계 국가들에게 중재 재판소가 불법이고 이 사건에 대한 관할권이 부족하다는 점을 납득시키기 위한 외교적 캠페인에 착수했다. 다이빙궈 戴秉国 전 외교 담당 국무위원은 미국 씽크 탱크think tank에서 행한 연설에서 곧 있을 중재 재판소 판결을 '단지 한 장의 휴지 조각merely a piece of waste paper'으로 묘사했다.²⁸

중국은 중재 재판소 최종 판결이 발표된 이후 백서를 발행해 불참, 중재 재판소 패널 재판권의 불인정, 불수용 그리고 최종 판결의 미집행 등 '4대 불가론four noes'을 선언했다.²⁹ 유엔해양법협약(UNCLOS) 서명국으로서는 세계 해양 사용의 관점에서 국가들 권리와 책임을 규정하고 해양천연자원의 사업, 환경 그리고 관리를 위한 지침을 제정한다. 그러나 왕이王毅 중국 외교부장은 중재 재판소 판결을 그 재판소는 재판권이 부족하고 편향적이고 그리고 법적 근거가 없다고 주장하기 위해 불법적인 중재 재판소 구성, 중재 재판소의 불법적인 구성 그리고 중재 재판소의 불법적 판결 등 세 가지 불법 행위라고 주장했다.³⁰

따라서 일부 전문가들은 최종 판결이 '게임 체인저game changer'로 간주되어 대양과 해양에 대한 규칙 기반 질서를 확립하는 데 있어 유엔해양법협약(UNCLOS)의 중요성을 모든 관계자들에게 일깨워 주었지만,³¹ 중국은 그 판결을 절대 인정하지 않았다. 많은 중국인들은 중국은 강대국이기 때문에 다른 국가의 관할권을 인정하지 않고 국제 압력에 대응하여 영토 권리를 포기하지 않은 것은 당연하다고 생각하고 있다. 앨리슨

---

28 Suisheng Zhao, "China and the South China Sea Arbitration: Geopolitics versus International Law," *Journal of Contemporary China* 27:109, January 2018, pp. 1-15.
29 "White Paper on South China Sea," *People's Daily*, (July 13, 2016).
30 Wang Yi, "The Political Maneuvers behind the Arbitration Must Be Opposed," *Xinhua*, (July 26, 2016).
31 Robert Beckman, "The South China Sea Ruling: Game Changer in the Maritime Disputes," *RSIS Commentary* no. 180, S. Rajaratnam School of International Studies, (July 18, 2016).

Graham Allison에 따르면, 중국의 불응은 정상적인 것이다. '유엔 안전보장이사회 상임이사국 5개국은 자신 생각에 최종 판결이 그들의 주권 국가 또는 주권 국가 안보 이익을 침해했을 때 어떤 국제재판소의 판결을 받아들인 적이 없었다. 중국이 이 사건에서 중재 재판소의 결정을 거부했을 때, 다른 강대국들이 수십 년 동안 반복적으로 해 왔던 것을 단지 그대로 하고 있을 뿐이다'.[32]

미국은 규칙 기반 국제 질서의 중요성을 강조해 왔지만, 미국 의회가 유엔해양법협약(UNCLOS)을 비준하지 않았기 때문에 이것은 위선적이다. 미국은 유엔해양법협약(UNCLOS)에 명시된 분쟁 해결 체제 적용을 원하지 않고 있다. 따라서 미국은 다른 국가들은 미국이 인정하지 않는 조약 규칙을 따라야 한다고 주장했다. 그리고 미국은 중국이 발견한 난처한 상황에 빠지지 않도록 유엔해양법협약(UNCLOS)을 받아들이지 않는다. 중국 실수는 중재 재판소의 결정을 무시한 것이 아니라 애초에 유엔해양법협약(UNCLOS)을 비준한 것이다. '판결을 인정하지 않는 것은 중국이 국제 질서를 거부한 것을 의미하는 것이 아니다. 그것은 단순히 중국은 미국이 오랫동안 실천해 왔던 것과 동일한 강대국 특권great power privilege을 주장하고 있음을 나타내고 있다'.[33]

그러므로 중재 재판소 최종 판결에 대한 강력한 거부는 부분적으로 중국의 합법성 방어의 필요성에 의해 결정되었다. 중국은 신흥 강대국으로

---

[32] Graham Allison, "Of Course China, Like All Great Powers, Will Ignore an International Legal Verdict," *The Diplomat*, (July 11, 2016).

[33] Jared McKinney and Nicholas Butts, "3 Myths about China and the South Sea Tribunal Verdict," *National Interest*, (July 14, 2016).

잃어버린 영토를 모두 회복할 수 있으며 다른 강대국에 의해 괴롭힘을 당할 수 없다는 것을 강조하고 있다. 중국이 이 결정을 철회하는 것은 남중국해의 자원들로부터 차단될 뿐만 아니라 중국 사람들의 눈에 합법성을 훼손하여 한 세기 전에 혁명을 일으킨 국가의 굴욕을 상기시킬 것이다. 이러한 관점에서 최종 판결을 무시하는 것은 중국의 부상을 의미하며 강력한 특권을 행사한 것이었다.

중국 권력 성장과 과시는 남중국해 분쟁을 해결하는 데 궁극적으로 도움이 될 것이라는 현실주의 생각을 가지고 중국은 남중국해에서 러시아와 함께 미리 계획된 군사 훈련을 수행하겠다는 의사를 발표하고 필리핀과 다른 영유권 주장국들이 어떤 다른 추가적인 행동을 취하지 못하도록 하는 의미인 무력 시위show of force로서 스카버러 사구 상공에 최신예 전략 폭격기를 띄웠다. 이례적으로 새로 구성된 중국군의 남부 연안 부대 PLA Southern Theater Command는 남중국해에서 해양과 공중전을 위한 일련의 신형 무기를 국영 TV에 공개해 중국해군이 어떤 군사 대결에도 잘 준비되었음을 과시했다. 중국 국영 TV는 오키나와沖繩의 미군 기지를 타격할 수 있는 DF-16 미사일과 항공모함 킬러로 불리는 대함 준중거리 탄도 미사일(MRBM) 둥펑東風-21(DF-21D)을 보유하고 있는 남부 연안 부대의 영상을 방영했다. 중국 국영 TV는 NewH-6K 폭격기가 스카버러 사구 정찰을 위해 남부 연안부대에 배치되어 있는 영상도 방영했다.

중국의 선전과 군사적 세력 과시는 최종 판결을 길들이고 국제 사회가 그 판결을 지지하는 것을 방지하기 위한 외교적 책략이 수반되었다. 국제 중재 재판소는 국제 압력 외에는 집행기관이 없다. 국제 사회가 최종 판결의 법적 구속력을 인정하고 중국이 준수하도록 압력을 가하는지 여부가 궁극적인 가치를 결정할 것이다. 아시아 해양 투명성 구상Asia Maritime Transparency Initiative은 판결 직전 공개적으로 이용할 수 있는 공식 성명을 철저히 조사해 중국의 입장에 대한 지지를 표명하는 31개국, 그러한 지원을 거부하는 4개국, 그리고 중국의 지지 주장에도 불구하고 침묵하거나 중국이 제시한 것보다 상당히 애매한 성명을 발표한 26개국을 확인했다. 중재 판결 당시, 40개국은 그 최종 판결이 법적 구속력을 가지며 중국과 필리핀 모두에게 이 판결을 존중할 것을 촉구했다. 그러나 한 달 후, 이 구상이 최종 판결이 존중되어야 한다고 공개적으로 요구한 것은 단지 7개국이고 일반적으로 긍정적인 성명을 발표했지만, 당사국들에게 그 판결을 따르라고 요구하지 않은 33개국, 그 판결을 언급하지 않고 과도하게 모호하거나 중립적인 논평을 한 9개국 그리고 공개적으로 그 판결을 거부한 것은 6개국이라고 구체적으로 발표했다.[34]

대부분 국가는 요점을 보지 못했기 때문에 중국에 판결을 준수하라고 요구하는 데 그쳤다. 그 국가들은 세계 제2위 경제 대국인 중국이 경제적으로 보복할 수 있었기 때문에 중국을 압박하기 위해 경제 제재를 사용할 수 없고, 군사적 압박도 선택 사항이 될 수 없다. 미국조차도 확대에 대한 두려움 때문에 군사 행동을 취할 준비가 되어 있지 않았다. 중재 판결 전에 미국이 중국에게 국제법을 존중하라고 촉구했지만, 오바마 행정부는 원래의 강력한 입장에서 한 발 물러섰다. 판결 직후인 2016년 7월 오바마 대통령의 국가 안보 보좌관인 라이스Susan Rice는 중국을 방문해 시진핑에 대한 모두 발언opening remarks에서 그 중재 판결에 대해 직접적

---

[34] Asia Maritime Transparency Initiative, "Shifting Sands: What Countries Are Taking Sides after the South China Sea Ruling?," (August 15, 2016).

인 언급을 하지 않았다. 대신 중국 언론은 시진핑은 라이스에게 '중국과 미국은 서로의 차이점을 효과적으로 관리하고 서로의 핵심 이익을 존중해야 한다'라고 경고했다고 보도했다. 판창룽范长龙 중앙군사위 부주석이 라이스에게 '중국은 소위 중재 판결을 받아들이거나 인정하지 않을 것이며, 중국 인민들은 어떠한 외부 압력에도 굴복하지 않을 것이며 그리고 중국군은 국가의 영토 주권과 안보를 확고히 보호할 것'이라고 말했다.[35]

또한 2016년 7월 케리John Kerry 미 국무장관은 라오스에서 열린 제6차 동아시아 정상 회담(EAS: East Asia Summit) 외교장관 회의에서 별도로 왕이 중국 외교부장을 만났다. 케리 장관은 중국이 '최종 판결 준수를 촉구하는 것보다 체면의 상실을 우려한 듯 대중적 관심에서 벗어나 국면을 전환하고 외교의 전면적 조치에 나서길 바란다'는 뜻을 내비쳤다. 케리는 왕이에게 '국제 사회는 인내심과 유연성이 필요하고 중국을 궁지에 몰아넣지 말고, 반면에 중국은 국제법에 따라 정책을 재구성해야 한다'고 말했다.[36] 왕이는 올바른 길로 상황을 돌려놓고 최종 판결에 페이지를 돌려야 할 때가 되었다는 데 동의했다.[37]

미국이 침묵을 지킴에 따라서 유럽 연합(EU: European Union)의 28개 회원국들은 그 판결을 법적 구속력이 있는 것으로 인정하지 않았으며, 판결 이후 후 3일 간의 긴 협상 이후 성명에서도 중국을 언급하는 것을 피

---

[35] Li Ruohan and Wu Gang, "China, US Should Respect Each Other's Core Interests: Xi," *Global Times*, (July 26, 2016).

[36] Hong Thao Nguyen, "How to Make China Comply with the Tribunal Award," *Maritime Awareness Project*,

[37] "Wang Yi Meets with Secretary of State John Kerry of the US," *Chinese Foreign Ministry*, (July 26, 2016).

했다. 특히 그리스, 헝가리 그리고 크로아티아는 어떤 강력한 언어에도 반대했다. 결과적으로 EU 성명서는 판결을 지지하지 않고 단지 인정했다. 중립적인 입장을 취한 EU는 모든 당사국들이 자신들의 주장을 명확히 하고 국제법에 따라 모든 것을 추구할 것을 촉구했다. 브뤼셀에 있는 러시아 유럽 아시아 연구 센터Centre for Russia Europe Asia Studies 소장인 팔론Theresa Fallon은 '중재 재판소 결정에 대한 EU의 반응은 국제법의 가장 강력한 지지자 중 하나라고 생각하는 기구에 대해 깊은 실망감을 느꼈다'라고 비판했다.[38]

남중국해 분쟁은 아세안 통합과 지역 문제에 운전자 자리의 추정 역할을 유지하기 위한 아세안의 능력을 위한 시험의 장litmus test이 되었다. 그러나 아세안의 이러한 시험은 실패했다. 아세안 국가들은 필리핀이 소송을 제기한 이후 침묵을 지켰다. 그리고 이번 판결은 향후 아세안 외교장관 회의에서 그 판결을 지지하거나 심지어 언급을 못하게 하기 위한 중국의 성공적인 외교 공작으로 아세안은 더욱 분열되었다. 베트남과 필리핀은 공동 선언문에서 이 판결 문제를 언급하기 위해 노력했지만, 라오스와 캄보디아는 이 문제를 무시하는 것에 찬성해 어떤 언급도 막았다. 아세안은 합의의 원칙에 따라 판결에 대해 아무런 언급을 하지 않은 공동 선언문을 발표했다.

중국이 아세안 국가를 성공적으로 분리한 것은 이번이 처음이 아니다. 중국의 압력에 따라, 2012년 7월, 프놈펜에서 개최된 아세안 장관회의는 아세안 역사상 처음으로 공동성명을 발표하지 못했다. 2015년 11월 제3

---

[38] Theresa Fallon, "The EU, the South China Sea, and China's Successful Wedge Strategy," *Asia Maritime Transparency Initiative*, (October 13, 2016).

차 아세안 확대 국방장관 회의ASEAN Defense Ministers Meeting-Plus도 공동 선언 없이 끝났다. 중국 쿤밍昆明에서 개최된 2016년 아세안·중국 외교장관 회의는 언론에 강력한 성명을 발표했지만 이후 철회되었다. 아세안 국가들이 이 문제들로 어리석게 분열되고 그 문제로 마비되었기 때문에 다자 간 접근법이 어떤 경우에 어떻게 작동할 수 있는가 가늠하기 어려웠다.

중국은 필리핀의 새 대통령 두테르테Rodrigo Duterte가 중국으로부터 절실히 필요한 원조를 확보하기 위해 판결 문제를 뒤로 미루는 놀라운 제스처gesture를 취한 이후 그 판결로부터 더욱 벗어날 수 있게 되었다. 2016년 10월 두테르테는 관계를 개선하고 무역 증진을 위해 중국을 방문했다. 시진핑은 두테르테의 방문을 이정표milestone라고 불렀다. 중국과 필리핀은 남중국해 분쟁을 적절하게 다룰 수 있는 형제들이었다. 두테르테는 중국과 관계가 새로운 봄날springtime에 접어들었고 양국은 중국이 주장해 왔던 바로 그 자세인 양자 대화를 통해서 남중국해 문제에 대한 해결을 추구해야 한다는 데 동의했다.[39] 중국은 두테르테의 놀라운 유턴stunning U-turn에 대응으로 저금리로 90억 달러의 차관을 제공했고 필리핀 어부들이 남중국해 특정 분쟁 수역에서 조업하는 것을 허용했다.[40]

두테르테는 중국 방문 이후 중재 재판소 판결을 수수하라고 중국 압박을 중단했을 뿐만 아니라 중국이 남중국해를 군사화하고 있다는 우려를

---

[39] "Duterte in China: Xi Lauds 'Milestone' Duterte Visit," *BBS News*, (October 26, 2016).

[40] Martin Petty and Neil Jerome Morales, "Philippines Duterte Days No Concern about China's Militarization, Manmade Isles," *Reuters*, (December 29, 2016).

불식시켰다. 두테르테는 중국의 준설과 군사용 인공섬 건설에 대해 심각하게 우려할 사항은 아니고 이것에 대한 대응은 필리핀이 아니라 미국의 역할이라고 말했다.[41] 두테르테는 2017년 5월 중국과 새로운 우정을 강조하면서 자신의 고향에 정박 중인 중국해군 함정을 시찰했는데 지난 몇 년 동안에 중국해군이 이런 종류로 필리핀을 처음 방문한 것이었다. 한편, 두테르테는 전임자가 2014년 체결한 양국 방위 협력 강화 협정에 따라 필리핀 지지에 무기를 배치하려는 미국의 노력을 차단했다. 이것 때문에 남중국해의 우발적 사태에 대한 미국의 준비가 방해를 받았다.

두테르테는 2017년 마닐라에서 열린 아세안 정상회의 의장을 맡아 아세안 정상들이 모이기 전부터 해양 활동에 대해 중국 압박은 무의미하다고 주장했다. 아세안 정상회의 초기 초안은 남중국해에서 상황을 더욱 복잡하게 할 수 있는 매립 사업과 군사 기지 구축과 같은 행동을 중지하는 것을 요구했지만, 그 이후 그 표현은 삭제되었다. 아세안 국가들이 공동성명 문서의 온건한 표현에 엇갈린 반응을 보였지만, 많은 국가들이 회원국들 사이의 화합을 위해서 긍정적인 어조에 찬성을 표명했다.

'아세안에서 남중국해 분쟁에 대한 중국 영향력의 대리인agent 역할을 하는 것은 더 이상 캄보디아뿐만 아니기 때문에 중국에 양보concessions, 수용accommodation 그리고 심지어 유화정책appeasement을 실시하고 아세안은 현재 불안한 입장에 처해 있다'라고 일본 언론이 보도했다.[42] 중국은 이전에 보여준 긴장 상태를 고려해, 현재 평온함이 일시적이라는 것

---

[41] ibid.
[42] "Asian Nations Increasingly Falling into China's Orbit," *Japan News*, (May 3, 2017).

을 인식하고 두테르테의 유화정책을 최대한 활용하기 위해 섬과 해역에 대한 물리적 통제를 강화했다. 그러나 아세안 방 속의 코끼리인 중국은 성공적인 외교 책략 덕분에 그 지역에서 조용하게 우위 구축에 성공했다.

중재 재판소 결정에 서방 국가들의 침묵에 가까운 당황스러운 반응과 이전에 가장 큰 목소리를 냈던 영유권 주장국 필리핀이 침묵을 지키는 것은 중국이 부상하는 힘을 강조하면서 국제법 제도와 재판소 평결을 무시할 수 있다는 것을 보여주었다. 많은 중국인의 눈에, 중국이 국제적 비난을 진압하고, 동남아 국가들을 침묵으로 위협하고 서방 국가에 의한 사실상의 침묵을 활용하는 것이 많은 중국인의 눈에는 중국이 국제적 비난을 무시하고 동남아시아 국가들을 침묵으로 위협하면서 서방 국가들의 침묵을 활용해 나가는 것이 시진핑이 주장하는 중화 민족 부흥과 중국몽을 이룩해 가는 중국의 위상으로 보였다.[43]

5. 결론

중국은 이러한 영토 분쟁에서 지역 안정성 유지와 자국의 이익과 권리를 강제적으로 추구할 필요성 사이의 딜레마에 직면해 왔다. 비록 시진핑이 중국 주변 국가들과 관계 개선을 요구하고 있지만 중국은 지역 안정과 규칙에 따른 질서를 위협하는 철저하고 단호한 영토 권리 주장을 하고 있다. 모든 국가는 국제법을 준수해야 하며 약소국은 국제법으로

---

[43] Weixing Hu, "Xi Jinping's 'Major Country Diplomacy': The Role of Leadership in Foreign Policy Transformation," *Journal of Contemporary China* 28:115, January 2019, pp. 1-14.

종종 피신한다. 그러나 중국은 국제 중재를 거부하고 매립 사업을 계속해 왔는데, 이것은 신흥 강대국 중국이 어떻게 행동할 것인지에 대한 길잡이가 되어 중국 세력이 국제법을 지배하는 지역 무질서를 촉발시켰다고 볼 수 있다.

이러한 해양 영토 분쟁에서 규칙에 대한 논쟁은 중국의 대외 관계에 광범위한 영향을 미친다.[44] 국제 사회는 중국의 급속한 부상과 함께 이 부활하는 강대국이 어떻게 지역 질서를 형성하는가를 걱정스럽게 지켜보고 있다. 중국은 강압 외교와 무력 위협을 이용하여 국제정치의 '힘이 정의might makes right' 학파에 가입한 것으로 비난받으면서 책임 있는 권력이라는 권리 주장을 훼손하고 중국 국제법적인 약속의 신뢰성에 의문을 제기하고 있다.[45]

만약 중국 접근 방식이 상대적으로 변하지 않는다면, 중국은 국제법 위반자였고 국제법 질서의 주요 구성 요소에 대한 접근에서 수정주의자였다는 비난을 이미 받고 있는 자세에 전념할 것이다. 법률 전문가 코헨Jerome Cohen이 주장했듯이 '국제적 중재, 판결 그리고 다른 3자 절차를 통한 영토 분쟁뿐만 아니라 해양의 평화로운 해결을 거부하고 있는 중국은 다른 아시아 국가들과 세계 나머지 국가들의 관행과 분명히 관계가 없다'.[46] 심지어 두테르테가 말했듯이, '나는 중국을 사랑한다. 그러나 한 나

---

44 Suisheng Zhao, "Engagement on the Defensive: From the Mismatched Grand Bargain to the Emerging US-China Rivalry," *Journal of Contemporary China* 28:118, July 2019, p. 501-18.

45 Suisheng Zhao, "A Revisionist Stakeholder: China and the Post-WWII World Order," *Journal of Contemporary China* 27:113, September 2018, pp. 643-58.

46 Jerome A. Cohen, "Mutual Respect for International Laws Can Keep the Peace between China and the US," *South China Morning Post*, (June 20, 2015).

라가 대양 전체에 대해 영유권을 주장하는 것이 옳은가?[47]

　미국도 다른 세계 강대국도 중국 주변 국가들은 남중국해를 중국 호수로 만들려는 중국 포부를 자발적으로 수용하지 않겠지만, 중국은 다른 국가들 의지와 반대로 강력하게 추진하고 있다. 친중 아세안 일부 국가들의 소극적인 태도, 미국과 EU의 침묵 그리고 중재 재판소의 판결에 따른 국제 사회의 수동성 모두 규칙에 근거한 질서를 구축하는 것이 어렵다는 점을 강조한다. 국제 규칙을 무시하고 남중국해에서 분쟁 중인 해양 지형물에 대한 매립 사업과 군사 기지화를 강화하고 있는 중국의 성공적인 강압전략은 확실히 동아시아 무질서의 원인이 되었다. 싱가포르의 학자 알리Mushahid Ali는 '중국은 국제법의 확립된 규칙에 동의하는 것을 거부하면서 지역 국가들의 반대에 관심을 집중하는 고전적인 헤게모니 세력의 행동을 보여주었다'고 주장했다.[48] 중국 지도자들은 종종 상호 존중, 상생 협력 그리고 국가 평등을 주장한다. 따라서 중국 지도자들은 그들이 말하는 것을 의미하지는 않지만 다른 나라들이 그들의 뜻을 따를 것을 기대하고 있다고 볼 수 있다.

---

[47] Cliff Venzon, "Duterte Presses Xi to Fast-Track South China Sea Code of Conduct," *Nikkei Asian Review*, (May 31, 2019).

[48] Mushahid Ali, "China's Hegemonic Trajectory: Intimidating ASEAN?" *RSIS Summaries*, No. 245, (October 4, 2016).

참고문헌

유용원. 2021. "미국의 대중 미사일 봉쇄망과 한국의 선택." 『조선일보』(3/9).

Ali, Mushahid. 2016. "China's Hegemonic Trajectory: Intimidating ASEAN?." *RSIS Summaries*, No. 245, (October 4).

Allison, Graham. 2016. "Of Course China, Like All Great Powers, Will Ignore an International Legal Verdict." *The Diplomat*, (July 11).

Asia Maritime Transparency Initiative. 2016. "Shifting Sands: What Countries Are Taking Sides after the South China Sea Ruling?." (August 15).

BBS News. 2016. "Duterte in China: Xi Lauds 'Milestone' Duterte Visit." (26 October).

Beckman, Robert. 2016. "The South China Sea Ruling: Game Changer in the Maritime Disputes." *RSIS Commentary* no. 180, S. Rajaratnam School of International Studies, (July 18).

Cohen, Jerome A. 2015. "Mutual Respect for International Laws Can Keep the Peace between China and the US." *South China Morning Post*, (June 20).

Eisenman, Joshua. 2019. "China's Vietnam War: A Domestic Politics Perspective." *Journal of Contemporary China* 28:119 (September), pp. 729-45.

Esplanada, Jerry E. 2012. "China 'Relaxed' with no PH Ships in Scarborough Shoal." *Philippine Daily Inquirer*, (June 29).

Fallon, Theresa. 2016. "The EU, the South China Sea, and China's Successful Wedge Strategy." *Asia Maritime Transparency Initiative*, (October 13).

Fallon, Theresa and Graham Ong-Webb. 2012. "China's Zero-Sum Game in the South China Sea Rattles its Neighbors." *ISN Security Watch*, (October 4).

Fravel, M. Taylor. 2011. "China's Strategy in the South China Sea." *Contemporary Southeast Asia* 33:3, p. 297.

Global Times. 2012. "Sansha New Step in Managing S. China Sea." *Global Times*, (25 June).

Gordon, Michael R. and Jeremy Page. 2018. "China Installed Military Jamming Equipment on Spratly Islands, U.S. Says." *Wall Street Journal*, (April 9).

Higgins, Andrew. 2012. "In Philippines, Banana Growers Feel Effect of South China Sea Dispute." *Washington Post*, (June 11).

Hu, Weixing. 2019. "Xi Jinping's 'Major Country Diplomacy': The Role of Leadership in Foreign Policy Transformation." *Journal of Contemporary China* 28:115, (January), pp. 1-14.

Huaigao, Qi. 2019. "The Impacts of Sino-US Competition in the West Pacific." *Wuhan University Journal*, no. 3.

Japan News. 2017. "Asian Nations Increasingly Falling into China's Orbit." *Japan News*, (.3 May).

Lewis, Loida Nicolas, Rodel Rodis, and Walden Bello. 2013. "China's 'Cabbage Strategy' in West Ph Sea." *Philippine Daily Inquirer*, (July 27).

Lin, Zhimin. 2019. "Xi Jinping's Major Country Diplomacy: The Impacts of China's Growing Capacity." *Journal of Contemporary China* 28: 115 (January), pp. 31-46.

Malik, Mohan. 2013. "History the Weak Link in Beijing's Maritime Claims." *The Diplomat*, (August 30).

McKinney, Jared and Nicholas Butts. 2016. "3 Myths about China and the South Sea Tribunal Verdict." *National Interest*, (July 14).

Nguyen, Hong Thao. 2016. "How to Make China Comply with the Tribunal Award," *Maritime Awareness Project*, (10 August).

People's Daily. 2016. "White Paper on South China Sea." *People's Daily*, (13 July).

Petty, Martin and Neil Jerome Morales. 2016. "Philippines Duterte Days No Concern about China's Militarization, Manmade Isles." *Reuters*, (December 29).

Ratner, Ely. 2013. "Learning the Lessons of Scarborough Reef." *National Interest*, (November 21).

Reuters. 2017. "China Leaning on Singapore to Keep ASEAN Calm over South China Sea: Sources." *Reuters*, (8 August). 8, 2017).

Romero, Alexis. 2012. "China Speeds Up Construction of Projects in Sansha." *Philippine Star*, (October 1).

Ruohan, Li and Wu Gang. 2016. "China, US Should Respect Each Other's Core Interests: Xi." *Global Times*, (July 26).

Shaofeng, Chen. 2018. "Regional Responses to China's Maritime Silk Road Initiative in Southeast Asia." *Journal of Contemporary China* 27:111, (May), pp. 344-361.

Shengnan, Zhao and Zhang Yunbi. 2012. "Pledge to Protect Waters." *Xinhua*, (June 29).

The Chinese Foreign Ministry. 2016. "Wang Yi Meets with Secretary of State John Kerry of the US." (26 July).

The Economist. 2012. "The Dragon's New Teeth: A Rare Look Inside the World's Biggest Military Expansion." (7 April).

Valencia, Mark J., Jon M. Van Dyke, and Noel A. Ludwig. 1997. *Sharing the Resources of the South China Sea*. The Hague: M. Nijhoff.

Valencia, Mark. 2012. "Is ASEAN Becoming a Big-Power Battleground? Yes: Two Giants Fighting for Hearts and Minds of Region." *Straits Times*, (July 24).

Venzon, Cliff. 2019. "Duterte Presses Xi to Fast-Track South China Sea Code of Conduct." *Nikkei Asian Review*, (May 31).

Wang, Frances Yaping and Brantly Womack. 2019. "Jawing through Crises: Chinese and Vietnamese Media Strategies in the South China Sea." *Journal of Contemporary China* 28:119, (September), pp. 712-28.

Wang, Jianwei. 2019. "Xi Jinping's Major Country Diplomacy: A Paradigm Shift?" *Journal of Contemporary China* 28:115, (January), pp. 25-26.

Wang Yi. 2016. "The Political Maneuvers behind the Arbitration Must Be Opposed." *Xinhua*, (July 26).

Xinhua. 2012. "Central Military Commission Approved the Establishment of Shansa Military Garrison." *Xinhua*, (July 22).

Xinhua. 2012. "China Focus: China's Sansha Starts Forming Government." *Xinhua*, (July 17).

Xinhua. 2013. "Xi Vows Peaceful Development while Not Waiving Legitimate Rights." *Xinhua*, (29 January).

Zhang, Jian. 2015. "China's New Foreign Policy under Xi Jinping: Towards 'Peaceful Rise 2.0'?." *Global Change, Peace & Security* 27:1, pp. 5-19.

Zhao, Suisheng, Xiong Qi. 2016. "Hedging and Geostrategic Balance of East Asian Countries toward China." *Journal of Contemporary China* 25:100, (July), pp. 485-99.

Zhao, Suisheng. 2018. "China and the South China Sea Arbitration: Geopolitics versus International Law." *Journal of Contemporary China* 27:109, (January), pp. 1-15.

Zhao, Suisheng. 2018. "A Revisionist Stakeholder: China and the Post-WWII World Order." *Journal of Contemporary China* 27:113, (September), pp. 643-58.

Zhao, Suisheng. 2019. "Engagement on the Defensive: From the Mismatched Grand Bargain to the Emerging US-China Rivalry." *Journal of Contemporary China* 28:118, (July), pp. 501-18.

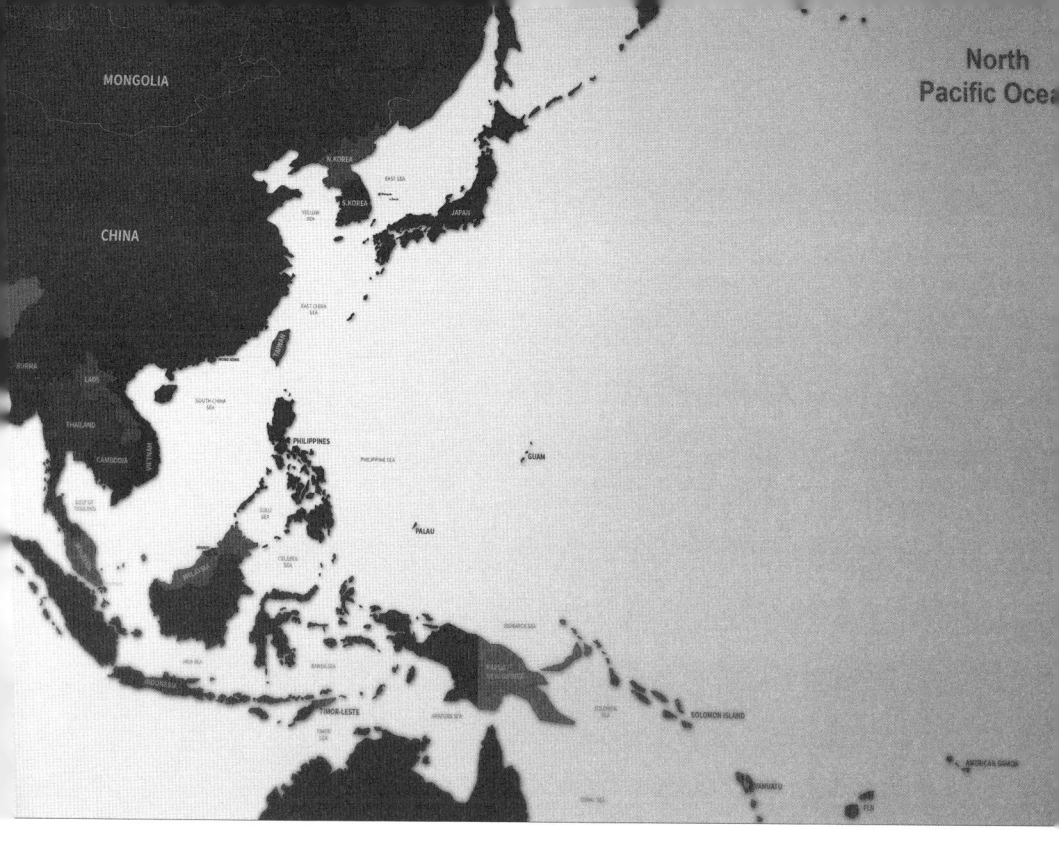

제2부

미국과 중국의 전략 경쟁

제4장

미국과 중국의 경쟁과 권력정치

1. 서론

중국이 미국 주도의 서구 지배에 대한 잠재적 도전자로 부상한 것은 국제 질서에서의 강대국 경쟁이 다시 시작되었다는 신호이다. 중국은 현재 세계 2위의 경제 대국으로 부상하면서 2030년까지 미국을 제치고 세계 1위의 경제 대국이 될 수 있는 궤도에 올라섰다.[1] 현재 중국은 또한 세계에서 가장 큰 에너지 소비국이자 두 번째로 큰 방위비 지출국이 되었다. 중국은 또한 양자 과학quantum science, 5G 통신5G communications, 인공지능(AI: artificial intelligence), 로봇 공학robotics 그리고 우주와 같은 첨단 기

---

[1] 2020년 현재, 미국은 GDP가 20조 8천억 달러로 세계 최대의 경제 대국이고, 중국은 14조 8천억 달러의 GDP를 가진 두 번째로 큰 경제 대국이다. 전문가들은 2030년까지 31조 7천억 달러의 GDP를 가진 중국 경제는 22조 9천억 달러의 GDP를 가진 미국 경제를 훨씬 앞설 것이라고 분석하고 있다. Marshal M Matheswaran, "US-China Strategic Competition in the Asia-Pacific," *TRENSD*, 4 Aug 2021.

술에서 지배적인 위치로 도약하고 있다. 경제, 기술 그리고 군사적 측면에서 중국의 세계 강국으로서의 성장은 미국과 동맹국들을 불안하게 만들었다. 남중국해와 동중국해에서 중국의 공세적 행동, 자신의 경제력을 유라시아Eurasia의 많은 국가들의 경제와 통합을 추구하고 있는 중국의 일대일로구상(BRI: Belt and Road Initiative) 전략은 미국과 중국 경쟁으로 특징지어지는 강대국 경쟁이 심화되고 있는 것을 보여주는 것이다.

지난 20년 동안 중국의 기술, 혁신, 첨단 기술 제조업 성장은 괄목할만하다. '시간과 상황'이 중국에 유리하다는 시진핑習近平의 주장은 덩샤오핑鄧小平의 전략인 도광양회(韜光養晦: 자신의 재능을 숨기고 인내하며 때를 기다린다)에서 중국의 정당한 위치를 주장하는 더 단호한 전략으로의 변화를 분명히 보여주는 대국굴기大國崛起로 전환이다. 중국몽中國夢 실현을 위한 시진핑의 명확한 일정 표현은 의미심장하다. 중국은 2049년까지 세계 최고 수준의 군대로 세계 최강국 지위를 획득하는 것을 목표로 하고 있다. 미·중의 전략 경쟁은 주로 세 가지 차원 즉 권력과 영향력을 위한 지리경제학geo-economic과 지리정치적geo-political 경쟁, 기술적 우위 경쟁 그리고 군사력 지배 등 범위에서 발생하고 있다.[2]

---

2 중국의 더 큰 목표는 건국 100주년이 되는 2049년의 이정표 목표에서 알 수 있듯이 전 세계적으로 미국에 도전하는 것이지만, 중국은 아시아·태평양에서 먼저 이 경쟁을 해결하려고 할 것이다. '미·중 경쟁을 해결하다'라는 것은 최소한 군사력에서 동등한 전력과 아시아·태평양 지역 지배권 획득을 의미한다.

2. 헤게모니 경쟁과 세력전이

21세기 세계체제는 미·중 헤게모니hegemony 경쟁이라는 세력전이 power transition의 전환점에 서있다. 1958년 올간스키Organski가 제시한 세력전이이론power transition theory은 지배적인 권력인 가장 강력한 국가가 주도하는 위계질서 구조로서 국제 질서를 규정하고 있는 데 이 구조는 새로운 질서를 만들고 그 권력을 이용하여 자국의 이익을 극대화시키는 특권을 영속시키기 위한 규칙을 수립한다는 것이다.[3] 미국은 지배적인 강대국 또는 헤게모니 국가hegemon로서 1945년 이후 현재의 세계 질서를 만들었다.

헤게모니[4]는 강제력과 조작된 동의의 조합을 통해 확립된다.[5] 세력전이이론power transition theory에 의하면 갈등은 신흥 강대국이 지배적인 세력을 추월하고 특히 새로운 국제 질서를 구축하려는 열망이 있을 때 발생할 가능성이 있다고 가정한다. 테먼Ronald L. Tammen 등은 지역 수준에

---

[3] A. F. K. Organski, *World Politics* (New York: Alfred A. Knoff, 1958) pp. 433-450.
[4] 신그람시주의(Neo Gramscian)는 헤게모니는 지배하기 위해 강압적인 권력을 사용하지만 더 중요한 것은 피지배 국가의 동의를 확보함으로써 지도력을 확립한다. 지도력이나 동의는 헤게모니에 아주 중요하다 Beverly J. Silver and Corey R. Payne, "Crises of World Hegemony and the Speeding up of Social History," in Piotr Dutkiewicz, Tom Casier, and Jan Aart Scholte, eds., *Hegemony and World Order: Reimagining Power in Global Politics* (New York: Routledge, 2021), pp. 17-31.
[5] 헤게모니 개념에서 문화적 맥락 역시 매우 중요하다. 서구 문화에서 헤게모니는 동의가 있는 지배와 영향력을 확립하기 위해 동의와 강제력을 가진 지도력과 관련되어 있다. 중국 문화에서 헤게모니 국가는 무자비하고 부도덕적인 폭군과 동일시된다. 따라서 중국이 자신은 결코 헤게모니 국가가 되지 않을 것이라고 주장할 때 지배와 영향력을 추구하지 않을 것이다 Asim Dogan, *Hegemony with Chinese Characteristics: From the Tributary System to the Belt and Road Initiative* (New York: Routledge, 2021), pp. 1-8.

서 권력의 위계질서 기능을 규명해 세력전이를 더욱 발전시켰다.[6] 지역 차원에서의 갈등은 강대국 참여로 특징지어질 것이다. 따라서 남중국해에서의 중국 공세는 약소국들과 갈등을 발생시키고 비대칭 전략asymmetric strategies을 통해 미국의 권력과 영향력을 약화시키려는 목적이다. 반면, 미국은 인도・태평양Indo-Pacific에서 중국 영향력 증가를 약화시키기 위한 4자 안보 대화/쿼드(QUAD: Quadrilateral Security Dialogue) 전략을 수립하기 위해 인도, 일본 그리고 호주와 연합하기 위한 동맹 전략alliance strategies을 부활시켰다.

권력에 대한 수학적 분석mathematical analysis은 신흥 강대국이 기존 세계질서에 미치는 영향을 합리적으로 잘 이해할 수 있게 해준다. 술렉Sulek 교수의 파워 메트릭스 접근법power metrics approach은 권력 분배를 추정할 때 세 가지 유형의 권력인 경제력, 군사력(경제력의 일부) 그리고 지정학적 권력(경제와 군사력의 결과)을 고려하고 있다. 세력전이는 수십 년에 걸쳐 일어난다. 따라서 권력 배분에서 가장 신뢰할 수 있는 비교는 경제력을 이용하여 더 오랜 기간에 걸쳐 나타날 것이다. 그러나 단기적으로는 군사력과 그 결과 지정학적 권력이 중심이 되는 경향이 있다.

파워메트릭 리서치 네트워크Powermetric Research Network의 2020년 보고서는 초강대국super power, 세계 강대국world power, 강대국great power, 지역 강대국regional power 그리고 지역 강대국의 범주로 국가의 순위를 결정하고 있다. 이 보고서에 따르면 중국은 미국을 제치고 세계 1위의 경제대국이 된 반면 군사 및 지정학적 우위에서는 세계 강국 지위를 얻었다. 현재

---

[6] Ronald L. Tammen et al., *Power Transitions: Strategies for the 21st Century* (New York: Chatham House Publishers, 2000), pp. 6-8, 182-193.

미국은 군사력에서 초강대국이고 지정학적 강대국이지만 경제력 순위에서는 2위를 차지하고 있다. 다양한 연구들은 중국을 2050년까지 세계 최고 강대국으로 성장하여[7] 모든 권력의 범주에서 미국을 능가하게 된다고 주장한다.[8]

세력전이 이론가들은 미국 지배에 대한 도전은 21세기에 주로 아시아에서 나타날 것이라고 예측해 왔다.[9] 마찬가지로, 미국 국방부(DoD: US Department of Defense)의 2018년 국방 전략 National Defense Strategy 문서는 강대국들 사이의 장기 전략 경쟁의 재출현을 인정하고 있다. 이 이론가들은 같은 위치의 강대국으로서 중국 부상은 미국의 지배적인 위치에 경제, 정치 그리고 군사적 위협을 가한다는 것을 시사하고 있다.[10] 미국은 최근 중국을 위협 대상으로 명시한 최근 법안인 2021년 전략 경쟁 법안 Strategic Competition Act of 2021 통과로 지적되는 자신의 권력과 영향력의 약화를 심각하게 우려하고 있다. 이 법안은 중국이 자유롭고 개방된 세계 질서에 중대한 위협을 가하고 있으며 미국이 이 전략적 경쟁에 참여해야

---

[7] 이 연구는 2050년을 위한 3개 버전(version)과 2030년을 위한 1개 버전에서 서로 다른 데이터 세트(dateset)를 사용하여 권력 분포를 예측할 때 중국과 인도의 상당한 강화와 미국과 일본의 상당한 감소를 나타낸다. 모든 버전에서 중국이 분명한 우위를 점하고 있는 반면, 세계 체제는 2050년경 중국, 미국 및 인도를 포함하는 3극 체제로 향하는 경향이 있다. 2030년 시기에는 양극 체제로 될 가능성이 높다.

[8] Ł. Kiczma, M. Sułek, *National Power Rankings of Countries 2020* (Oficyna Wydawnicza ASPRA-JR, Warszawa 2020).

[9] Jacek Kugler, Ronald L. Tammen, and Siddharth Swaminathan, "Power Transitions and Alliances in the 21st Century," *Asian Perspective*, Vol. 25, No. 3, 2001, pp. 5-29.

[10] U. S. National Defense of Department, "Summary of the 2018 National Defense Strategy of the United States of America: Sharpening the American Military's Competitive Edge," (National Defense of Department, 2018).

한다는 미국의 견해를 재확인하고 있다.[11]

그렇다면 미·중의 전략 경쟁을 형성하는 핵심 요소는 무엇일까? 미·중의 전략 경쟁을 논리적으로 '설명'하는 것은 국제체제에서 세력전이를 의미하는 것이다. 랜드RAND 연구에서 정의한 바와 같이 '국제 영역에서의 경쟁은 권력, 안보, 부, 영향력 그리고 지위와 같은 경쟁 상품의 이기적인 추구를 통해 종종 도전이나 위협을 제기하는 것으로 여겨지는 다른 국가들에 비해 이익을 얻으려는 시도가 포함된다.'[12] 위협이나 도전의 요인은 전략적 경쟁을 '상대방에 의해 위협받는 자신의 근본적인 이익을 인식하는 국가들 간의 적극적인 경쟁'으로 정의한다.[13] 따라서, 미·중의 전략 경쟁은 중국의 지배에 대한 미국의 인식된 위협에서 비롯되며, 승리는 이 전략적 경쟁의 최종 상태를 규정한다.[14]

본질적으로 '전략 경쟁'은 평화와 전쟁 사이의 공간에서 기능한다. 간단히 말해서 전략 경쟁은 '권력과 영향력'에 초점을 맞추고 있는데, 현재의 헤게모니 국가인 미국은 자신의 지도력을 유지하기 위해 전략 수단을 사용하고 있는 반면 신흥 강대국인 중국은 처음에는 아시아·태평양에서, 그 다음에는 세계 수준에서 권력과 영향력 강화를 추구하고 있다. 미

11　Marshal M Matheswaran, op. cit., p. 17.
12　Mazarr, Michael J. et al. *Understanding the Emerging Era of International Competition: Theoretical and Historical Perspectives*, (RAND Corporation, 2018).
13　Scott D Mcdonald, "Strategic Competition?," in Scott D McDonald and Michael C. Burgoyne, eds., *China's Global Influence: Perspectives and Recommendations* (Honolulu: Daniel K. Inouye Asia-Pacific Center for Security Studies, September 2019) p. 26.
14　Jason Begley, "Winning Strategic Competition in the Indo-Pacific, National Security Fellows Program," *Belfer Center for Science and International Affairs*, Harvard Kennedy School, September 2020, p. 12.

국은 중국을 현재 자유주의 국제 질서를 뒤집는 것을 목표로 하는 전략 경쟁자로 인식하고 있다.

중국은 아시아·태평양에서 권력과 영향력을 높이기 위해 경제적이라는 도구를 활용하고 있다. 중국의 경제 기반, 증가하는 정보 도구 상자 그리고 지정학적 이점들은 영향력 경쟁을 주로 비군사적으로 만들고 있다.[15] 코로나19Covid-19와 관련된 지정학에 대한 그것의 서투른 대처에 대한 반발에도 불구하고, 아시아에서 중국의 영향력은 미국을 추월해 증가하고 있다. 이것은 중국이 2020년 11월 '지역 포괄적 경제 동반자 협정(RCEP: Regional Comprehensive Economic Partnership)'을 성공적으로 체결한 것이 한 예다.[16]

미·중의 세력전이가 갈등으로 이어질까?[17] 세력전이이론에서 갈등의 근본적인 원인 중의 하나는 후발 주자가 국제체제가 부여하는 유무형의

---

[15] Mazarr, Michael J., Bryan Frederick, John J. Drennan, Emily Ellinger, Kelly Elizabeth Eusebi, Bryan Rooney, *Andrew Stravers, and Emily Yoder, Understanding Influence in the Strategic Competition with Chi,* (Santa Monica CA: RAND Corporation, 2021).

[16] Eleanor Albert, "China leans into RCEP Conclusion as Win," *The Diplomat,* (November 19, 2020).

[17] 앨리슨(Graham Allison)은 1500년 이래로 부상하는 세력이 기존 지배 세력에 도전한 16건 중 12건이 분쟁과 전쟁으로 이어졌다는 것을 발견했다. 나머지 4개 사례는 평화롭게 권력 전환이 발생했는데 이것은 부상하는 세력이 현재의 지배 세력을 추월할 때 전쟁이 일어날 가능성이 더 많다는 것을 의미한다. 그러나 전쟁을 일으킨 사례가 핵 이전 시대라는 점에 주목하는 것이 중요하며, 이는 핵보유국인 강대국이 전쟁 위험이 적다는 명제를 확인시켜주는 것이다. 미국과 영국의 권력 전환은 평화적이었지만 거의 85년에 걸쳐 일어났다. 마찬가지로 냉전은 거의 반세기 후에 평화롭게 종식되었다. 이러한 예를 보면 미·중의 전략 경쟁이 갈등이나 전쟁으로 이어질 가능성은 낮다고 볼 수 있다. Graham Allison, Destined for War: Can America and China Escape Thucydides's Trap? (New York: Houghton Mifflin Harcourt, 2017) pp. 527-616; 그레이엄 앨리슨 저, 정혜운 옮김, 『예정된 전쟁: 미국과 중국의 패권 경쟁, 그리고 한반도의 운명』 (서울: 세종 서적, 2018)을 참조.

편익을 자신의 몫으로 하는 것에 대한 불만이다. 챈Steve Chan은 이것이 위험을 회피하는risk-averse 후발 주자인 중국에는 적용되지 않는다고 믿는다.[18] 중국은 현존 국제 질서에 대체로 만족하고 있으며, 이를 이용해 세계에서 가장 강력한 경제 대국으로 급성장했다. 중국은 다른 요소들에 대한 자신의 권력이 커짐에 따라 국제 질서의 규칙을 불안정하게 하기보다는 이익을 증진시키기 위해 신중하게 전환을 모색하고 있다.

미국이 주도하는 서구 세계는 자유 민주주의와 자유 시장경제라는 서구 사상을 세계 규범으로 널리 확산시키고 있다. 공산당 단일 정당 체제를 가진 중국의 부상은 이러한 개념에 대한 도전으로 보인다. 시진핑의 중국은 중국식 특성을 가진 사회주의라는 중국 모델의 강점과 이점을 제시하고 중국이 문제를 해결하기 위해 중국인의 지혜와 중국식 접근 방법을 활용해 다른 국가를 위한 발전 모델이 될 수 있다는 것을 제안하고 있다.[19] 마찬가지로 중국이 다자 제도에 대한 투자를 증가시키고 아시아 인프라 투자은행(AIIB: Asian Infrastructure Development Bank)과 같은 세계 금융 기관을 설립한 것은 세계 지배 구조를 재편하기 위한 중국의 열망을 보여주는 것이다.[20]

---

[18] 챈(Steve Chan)의 연구는 거의 15년이 되었지만, 미·중 갈등 가능성을 경시하는 분석은 유효하다. 챈은 체제 전쟁은 신흥 강대국과 쇠퇴하는 헤게모니 국가 사이의 대립 결과가 아니라고 주장한다. 반면에 체제 전쟁은 결국 강대국들을 집어삼키는 국지적 분쟁에서 비롯되는 경향이 있다. 이에 따라 미국은 군사력에서 우위를 점할 것이기 때문에 예방 전쟁을 일으킬 가능성이 낮은 반면, 중국은 자신의 상대적인 권력의 성장을 해칠 수 있는 어떤 불안정한 충돌도 일으킬 가능성이 낮다. Steve Chan. China, the US and the Power Transition Theory: A Critique (New York: Routledge, 2008) pp. 121-122.

[19] Liu Mingfu, The China Dream: Great Power Thinking & Strategic Posture in the Post-American Era (New York: CN Times Books, inc., 2015) pp. 68-69.

세계 권력의 무게 중심이 아시아·태평양 지역으로 이동함에 따라 미·중의 경쟁은 대만, 티베트, 남중국해, 다자와 국제기구, 아시아에서 잠재적인 위협, 전략적 동맹, 무기 확산, 인권 그리고 환경 문제 등 많은 영역에서 양국 사이의 불화가 나타나고 있다. 더욱이 중국의 부상은 유럽 중심Euro-centric의 가치와 대조되는 아시아적 가치Asian values를 가진 아시아의 부상을 반영하고 있다. 결과적으로 아시아·태평양의 국가들은 헤징 전략hedging strategy을 채택해 미·중 사이에서 양자택일을 피하고 있다.

3. 지리경제와 지리정치적 차원

미·중 전략 경쟁의 지리경제geo-economic와 지리정치geopolitical의 특징은 과거 냉전 시기의 미국과 소련의 이데올로기적 경쟁과 아주 차이가 있다. 미·중 경제의 상호의존적 성격, 세계화된 현 세계체제의 성격, 그리고 이념적 경쟁의 부재는 이러한 미·중 경쟁의 특징이다.[21] 부상하는 중국은 국제 경제와 안보 체제를 재편하기 위해 아시아·태평양 지역에서 세 가지 전략을 추구하고 있다. 중국은 남중국해와 동중국해에서 군사적 지배와 인도양 지역(IOR: Indian Ocean Region)에서 장기간 해군 주둔을 추구하고 있다. 또한 중국은 해외 항만/기지ports/bases 및 대체 해양교통로(SLOC: Sea Lines of Communication)를 개발하고 유라시아와 아프리카를 중

---

20 Matheswaran, op. cit.
21 Hung Tran, "Is the US-China strategic competition a cold war?," *New Atlanticist*, (Apr 21, 2021).

화 중심의 경제 체제로 끌어들이기 위한 지리경제와 지리정치의 전략으로 일대일로구상(BRI)을 활용하는 것을 목표로 하고 있다.

일대일로구상(BRI)은 경제 전략으로 중화 중심 세계 질서를 확립하기 위한 청사진이자 시험대의 역할을 하고 있다.[22] 일대일로구상(BRI)은 동남아시아에서 남아시아와 중앙아시아를 거쳐 유럽, 중동 그리고 아프리카로 확장되는 거대한 경제 개발 프로그램이다. '일대Belt'가 유라시아 전역의 육로 프로젝트인 반면, '일로Road'는 인도 · 태평양과 지중해의 항구와 인프라를 확장하고 강화해 세계 해양 교통로에 대한 접근을 쉽게 하기 위한 야심찬 연결망이다.

명목상 중국의 2020년 국내총생산(GDP: Gross Domestic Product)은 14조 8천억 달러로 20조 9,000억 달러인 미국에 이어 두 번째로 큰 경제 대국이다. 중국은 구매력평가(PPP: Purchasing Power Parity) 기준으로 이미 26조 7,000억 달러의 GDP를 가진 세계 최대 경제대국이 되었다. 중국의 명목 GDP는 2028년까지 미국을 추월할 가능성이 높다.[23] 일대일로구상(BRI)은 역사상 가장 큰 인프라 프로젝트로서 미국에 가장 큰 지역 경제 및 지역 전략 과제를 제기하고 있다. 일대일로구상(BRI) 회원국 139개국과 유라시아, 중동, 아프리카 100개국이 경제 · 산업 및 지정학적 협력관계에 완전히 참여하고 있는 가운데 중국은 세계에서 지배적인 상업적 행위자와 영향력 있는 세력으로 미국을 대체하고 있는 중이다.

---

[22] 2020 Annual Report to Congress, "US-China Economic and Security Review Commission," p. 80.

[23] Larry Elliott. "China to overtake US as world's biggest economy by 2028, report predicts," *The Guardian*, (Saturday 26, 2020).

중국이 주도해 1조 3,000억 달러가 투입된 일대일로구상(BRI)은 인프라 망web of infrastructure을 포함하는 수십 년의 기간이 필요한 구상이다. 이 구상은 경제의 상호 연결성을 강화하고 유라시아와 아프리카 전역의 개발을 촉진하면서 풍력, 태양력 그리고 항구를 포함해 철도, 통신, 에너지 파이프라인pipeline이 포함되어 있다.[24] 일대일로구상(BRI)은 100개 이상의 국가에서 2,600개 이상의 프로젝트를 진행하고 있으며 총 가치는 3조 7,000억 달러이다.[25] 일대일로구상(BRI)은 복잡한 조정과 집행을 필요로 하는 많은 국가들이 참여하는 매우 복잡한 프로그램으로, 중국에 중대한 도전을 제기할 수 있다.[26] 그러나 중국의 대규모 자금 투입, 자급자족적인 수익을 창출할 수 있는 프로젝트의 능력 그리고 실행 과정의 수정과 업그레이드를 위한 내재적인 유연성을 감안할 때, 일대일로구상(BRI)의 성공은 확실해 보인다. 사실상, 일대일로구상(BRI)은 20-30년 후에 서구 세계에 제로섬zero-sum 게임이 될 수도 있다.

미국은 일대일로구상(BRI)이 제기하는 경제 위험, 특히 약소국들이 직면할 가능성이 높은 부채의 덫debt-trap 문제를 계속해서 강조해 왔다. 바이든 행정부는 G-7 체제를 통해 일대일로구상(BRI)의 대안으로 인프라

---

[24] Sarwar A. Kashmeri, *China's Grand Strategy: Weaving a New Silk Road to Global Primacy* (Santa Barbara; Praeger, 2019).

[25] 첫 3년(2013-2016년) 동안 BRI 관련 국가의 총 무역액은 3조 달러를 초과했다. 수입은 11억 달러였으며 관련 국가에서 18만 개의 일자리가 창출되었다.

[26] BRI는 대부분 개발도상국을 포함한 많은 나라들을 포함시켜야 하기 때문에 종종 모호하고 상충되는 법적 및 규제적 차이를 통과하는 데 상당한 어려움이 있을 것이다. 주로 중국 주도의 은행, 기관 및 세계 투자자들을 통해 BRI의 확장 규모에 걸맞게 자금을 조달하는 문제가 중요한 요인이 될 것이다. 게다가 BRI는 노동관계, 사회 및 환경 문제, 그리고 이들 국가 중 일부의 정치적 불안정을 다루어야 할 것이다. BRI의 성공은 중국의 대전략(grand strategy)의 관점에서 매우 중요하다.

전략인 '더 나은 세계 재건(B3W: Build Back Better World)'을 통해서 경쟁하겠다는 의도를 발표했다.[27] 더 나은 세계 재건(B3W) 전략은 2013년 이후 지속되고 있는 수조 억 달러 규모의 일대일로구상(BRI)에 필적하는 것은 어려운 일이 될 것이다. 결과적으로, 더 나은 세계 재건(B3W)은 중국에 대항하고 탈동조화decouple하기 위한 미국 전략의 또 다른 요소로 간주될 가능성이 높다.

그렇다면 바이든 행정부의 '더 나은 세계 재건(B3W)' 전략은 중앙아시아, 유럽 그리고 아프리카를 연결하는 일대일로구상(BRI)에 대항하기 위해 미국 중심의 서구 진영의 이 지역에 대한 대외 원조 프로그램을 본격화하고 있다. 바이든 행정부의 더 나은 세계 재건(B3W) 전략은 2021년 6월 미국이 개도국 인프라 투자계획으로 확대해 주요 7개국(G7)에 제안한 것이다. 2035년까지 미국을 주축으로 한 G7 국가들은 개발도상국 기반시설에 400억 달러를 투자하게 된다. 유라시아 국가들을 비롯해 그동안 중국이 영향력을 확대하기 위해 애썼던 중남미 지역도 더 나은 세계 재건(B3W) 투자 대상국이다.[28]

미국은 트럼프Donald Trump 행정부 시절인 2019년 일대일로구상(BRI)에 대항하기 위해 아시아·태평양 지역을 겨냥한 '블루 닷 네트워크Blue Dot Network' 계획을 세우고, 해외 민간 투자 공사 투자금도 600억 달러를 확충해 놓았기 때문에 더 나은 세계 재건(B3W) 추진에 큰 문제가 없을 것이

---

27 Hasnain Malik, "G-7's 'Build Back Better World' is not an answer to China's Belt and Road," *Tellimer*, June 13, 2021.
28 이윤정, "시진핑의 '일대일로'가 바이든의 '더 나은 세계 재건'을 만났을 때," 『경향신문』 2021/10/6.

라고 보고 있다.[29] 이와 함께 G7인 프랑스, 독일, 이탈리아 등이 더 나은 세계 재건(B3W)에 참여하는 것과 별개로 유럽 연합(EU: European Union)도 일대일로구상(BRI)에 대항하기 위한 인프라 투자 사업 '글로벌 게이트웨이Global Gateway' 계획을 내놨다.[30] 라이엔Ursula von der Leyen EU 집행위원장은 2021년 9월 연례 국정 연설에서 '세계 각국과 글로벌 게이트웨이 파트너십을 구축할 것'이라면서 EU가 세계의 인프라, 사람, 서비스 연결에 투자할 것이라고 밝혔다. EU의 '글로벌 게이트웨이'는 일대일로구상(BRI)과 경쟁하기 위한 구상이라고 볼 수 있다.

라이엔은 '전 세계 각국과 글로벌 게이트웨이 파트너십을 구축해 세계 곳곳의 고품질 인프라 및 상품, 사람, 서비스 연결에 투자하고 싶다'고 설명했다. 라이엔은 '우리는 가치에 기반한 접근법을 취해 파트너들에게 투명성과 우수한 관리 체계를 제공할 것이며 의존이 아닌 연결을 조성하고 싶다'고 강조했다. 라이엔은 '인도·태평양 지역이 EU의 번영과 안보에 갈수록 중요해지고 있기 때문에 권위주의 정권이 영향력 확대를 위해 이런 사실을 이용하려 한다'고 지적했다.[31]

이어 라이엔은 '유럽은 인도·태평양 지역에서 존재감을 더 키우고 보다 활동적일 필요가 있어 유럽이 중국 소유 광산과 중국 소유 항구 사이에 완벽한 길을 놓는다는 건 이치에 맞지 않는다. 따라서 이런 투자에 대

---

29 최예지, "美, '미국판 일대일로'로 中 견제: 美 '블루 닷 네트워크' 계획 발표…日·호주 주축 미국이 최근 중국이 추진하는 신실크로드 경제권 건설,"『아주경제』 2019/11/6.

30 이종섭, "EU, 중국 일대일로 맞서 '글로벌 게이트웨이' 추진…강제노동 상품 금지도 제안,"『경향신문』 2021/9/16.

31 권오은, "EU, 중국 '일대일로' 대응해 '글로벌 게이트웨이' 추진,"『ChosunBiz』 2021/9/15.

해 더 현명해져야 한다'고 부연 설명했다. 라이엔은 '전 세계적인 사업 활동과 교역은 바람직하고 필요한 일이지만 사람들의 존엄과 자유를 희생시키면서 할 수는 없다'고 주장했다. 라이엔은 'EU에서 강제 노동으로 만들어진 상품 금지를 제안하겠다'며 신장·위구르족, 홍콩 등에서 중국의 인권과 민주주의 탄압을 우회적으로 비판했다. 이 주장은 라이엔이 언급하지는 않았지만 중국의 일대일로구상(BRI)을 겨냥한 발언이다.[32]

미국의 'B3W전략'과 EU의 '글로벌 게이트웨이' 구상 등 중국의 BRI에 대항해 개도국 원조를 본격화하는 서구의 움직임은 투자가 필요하지만 중국에 영혼을 팔기를 꺼리는 나라들에 잠재적인 대안을 제시하고 있다고 볼 수 있다. 다만 미국과 서구의 환경·윤리 기준은 너무 높아 일부 개도국들이 충족하기 어려운 측면은 존재하고 있다. 이러한 이유 때문에 중국의 '낮은 문턱'인 일대일로구상(BRI)을 선호하는 개도국들이 여전히 많은 것은 사실이다. 또 최근 미국이 일본, 호주와 외교 안보 동맹인 오커스AUKUS를 체결한 이후 유럽 특히 프랑스와 균열이 생기면서 중국은 이것을 역이용할 수 있는 기회로 활용할 수 있다. 결국 현재 상황으로 보면 미국이 독자적으로 일대일로구상(BRI)에 대항하는 것은 쉽지 않을 것이기 때문에, 미국과 EU의 해외 원조 구상이 두 동맹이 얼마나 협력해 투자 전략을 세우느냐에 달려있다고 볼 수 있다.

중국은 경제력과 군사력이 증가함에 따라 개도국의 견해를 대변하기 위해 다자간 제도 개혁에 점점 더 적극적인 입장을 취하게 되었다. 중국은 아시아 인프라 투자은행(AIIB), 브릭스(BRICS)의 신개발은행(NDB: New

---

[32] 박종원, "유럽, 中 '일대일로' 맞서 새 글로벌 인프라 사업 예고,"『파이낸셜 뉴스』 2021/9/15.

Development Bank) 등 대안 개발 금융기관 조성을 주도하고 있다. 중국의 이러한 시도는 미국이 주도하는 IMF와 세계은행의 영향력을 줄이려는 노력으로 보인다. 중국은 또한 다극 세계 질서가 절대적으로 필요하며 세계 지배 체제에서 미국의 권력과 영향력을 줄이는 데 중점을 두고 있음을 강조하고 있다. 시진핑은 중국이 '공정하고 정의로운 세계 지배 체제 개혁'을 주도해야 한다고 주장했다.

중국은 경제력과 군사력이 증가함에 따라서 개도국의 견해를 대변하기 위해 다자간 제도 개혁에 점점 더 적극적인 입장을 취하고 있다. 또한 중국은 아시아 인프라 투자은행(AIIB)과 브릭스(BRICS: Brazil, Russia, India, China)의 신개발은행(NDB)과 같은 대체 개발 금융 기관을 만드는 데 주도적인 역할을 했다. 이러한 것들은 중국이 미국이 지배하는 국제 통화 기금(IMF: International Monetary Fund)과 세계은행World Bank의 영향력을 줄이기 위한 노력으로 볼 수 있다. 또한 중국은 다극 세계 질서multi-polar world order가 절대적 필요조건이며 세계 지배 구조에 있어 미국의 권력과 영향력을 줄이는 데 중점을 두고 있다고 강조했다. 시진핑은 중국이 '공정성과 정의로 세계 지배 체제의 개혁'을 이끌 필요가 있다고 선언했다.[33]

4. 기술과 군사력 우위 경쟁

미국은 2017년 대규모 무역 불균형과 불투명한 절차, 기술 도용, IP(internet protocol) 침해 그리고 중국 시장에 대한 공정한 접근 부족 등을

---

[33] Timothy R. Heath, "China Prepares for an International Order After US Leadership," *Lawfare*, (August 1, 2018).

이유로 중국을 상대로 무역전쟁을 시작했다. 하지만 이 충돌의 근본적인 동인은 중국이 인공지능과 5G와 같은 최첨단 기술로 도약하면서 세계 기술 우위를 차지하기 위한 경쟁이라고 할 수 있다.[34] 중국은 2020년 7,334억 달러 규모의 세계 최대 첨단 제품 수출국이지만 주로 미국과 서구 진영의 반도체 칩을 포함한 대부분 재료와 부품의 수입에 크게 의존하고 있다. 세계 반도체 수요에서 중국 점유율은 35%이다. 집적 회로 제품을 설계, 제조 및 판매할 수 있는 세계 집적 장치 제조업체의 중국 점유율은 1% 미만이다. 이에 따라 미국이 국가 안보를 명분으로 기술 및 수출 통제 조치를 취하면 ZTE와 화웨이Huawei와 같은 중국 업체들은 심각한 타격을 받게 될 것이다.

중국이 2015년에 착수한 10개년 계획인 '메이드 인 차이나 2025(MIC 2025: Made in China 2025)' 정책은 로봇, 인공지능, 에너지 효율적인 자동차의 자급자족self-sufficiency 및 기술 혁신 역량을 창출하는 데 중점을 두었다. 이 정책은 기존의 전략 공학 산업(SEI: self-sufficiency) 정책을 확대하여 7대 핵심 첨단 산업을 우선시하고 있다. MIC 2025는 수입에 대비해 고유의 특허를 활용할 것을 요구하며 국내 설계 부품의 생산량을 2020년까지 40%, 2025년까지 70%로 늘리는 것을 목표로 하고 있다.[35] 중국 국내 산업에 대한 독점적 지원으로 'MIC 2025 산업 고도화 전략'은 첨단 기술 분야에서 미국과 서구의 경쟁력을 심각하게 위협하고 있다고 볼 수 있다.

---

[34] Marianne Schneider-Petsinger, Jue Wang, Yu Jie and James Crabtree, *US-China Strategic Competition: The Quest for Global Technological Leadership* (Chatham House, Royal Institute of International Affairs, November 2019).

[35] Cong Cao, "Progress and Challenges for Science and Technology in China," *East Asia Forum*, (December 27, 2019).

중국은 미국 주도의 무역 및 기술 제재에 대응하기 위해 고속 성장보다는 품질을 강조하며 연구개발(R&D), 특히 기초 연구에 막대한 자금을 투입하고 있다.[36] 중국은 2025년까지 미국을 능가하는 세계 최대의 연구개발이 될 것이다. R&D에 대한 중국의 국내 총지출은 2020년에 5,159억 달러였고 미국은 5,700억 달러였다. 중국의 14차 경제 개발 제5개년 계획(2021-2025)은 단기 및 중기 개발을 위한 전략적 혁신 주도 청사진이다. 그 계획은 주요한 정책 변화를 반영한다. 새로운 국내 '이중순환dual circulation' 발전개발 모델은 수출 주도의 경제 전략의 종언과 외부 수요가 보충되는 내수 주도의 '이중순환' 성장 형태로의 전환을 의미한다. 기술 혁신은 국가 발전의 전략적 축으로서 기술 독립과 함께 이 전략의 핵심이다. 중국은 2035년까지 세계 최고의 혁신 국가가 되는 것을 목표로 하고 있다.[37]

우주, 국방, AI, 양자 과학, 통신 그리고 4차 산업혁명의 파괴적 기술에서 중국의 성장은 빠르고 비범했으며 이미 미국의 군사적 우위를 잠식하고 있다. 중국의 군사·민간 융합military-civil fusion과 '지능화intelligentization' 전략은 군집, 의사결정 지원, 정보 운용과 같은 군사 작전 개념에 AI 기술을 적용하는 데 있어 상당한 역량을 이끌어 내고 있다. AI 혁명의 융합과 강대국 경쟁의 재출현은 심각한 문제를 제기한다. 이것은 중국이 세계의 혁신 엔진으로서 미국의 역할과 군사적 우위를 위협하게 되는 것이다.

36　Yutao Sun, "China's plan to become a world-leading technology force," *East Asia Forum*, (May 8, 2021).

37　Ibid.

중국은 또한 세계 기술 표준의 역할을 놓고 미국과 경쟁하고 있다. 국제 첨단 기술 분야는 '워싱턴 컨센서스Washington Consensus'를 통해 미국과 서방의 표준 설정에 의해 지배되고 있다. 미국 주도의 기술 표준 제정 체제는 세계 지배를 보장한다. 이것은 자국 이익을 더 잘 만족시키는 국가 기술 표준을 제정하고 이를 대체 국제 표준으로 홍보하고 있는 중국과 같은 후속 개발자들에게 불리하다.[38] 기술 표준 설정은 경제 및 기술 우위 확보 경쟁에서 더욱 중추적인 역할을 한다. 이러한 도전에 대응하기 위한 미국 전략은 중국의 세계 가치 사슬을 파괴함으로써 중국으로부터 선택적인 탈동조화이다.

미국 전략은 화웨이의 5G 출시를 반대하는 세계 차원의 활동과 협력 차단, 중요한 신기술에 대한 접근 차단과 같은 조치에서 분명하게 두드러졌다. 중국의 주요 기술기업인 화웨이, 푸젠 진화 반도체(JHICC, Fujian Jinhua Integrated Circuit) 그리고 AI 8개 기업과 같은 기업에 대해서도 수출 허가를 부인하거나 기소했다. 미국은 미국 기관과 대학의 연구개발에 대한 중국의 접근을 줄였다. 하지만, 중국이 세계를 지배하는 몇몇 중요한 영역이 있다. 예를 들어 희토류 금속rare earth metals은 첨단 전기 자동차, 풍력 터빈 그리고 드론 제조에 필수적이다. 또한 희토류는 스마트폰, 컴퓨터 화면 그리고 망원렌즈와 같은 소비재에도 사용된다. 미국은 2019년 희토류 금속 필요량의 80%를 중국으로부터 수입했고 EU는 98%를 수입했다.[39]

---

[38] Marianne Schneider-Petsinger et al., op. cit., pp. 28-33.

[39] Agence France-Presse, Washington. "Rare Earth metals at the heart of China-US rivalry," *The Hindu*, (June 14, 2021).

안보에 대한 중국의 접근은 목표 달성을 위해 정치, 경제 그리고 군사력을 통합적으로 사용하는 데 초점이 맞춰져 있다. 미국에 따르면, 중국은 아시아·태평양 지역의 지배권을 확립하기 위해 군사 현대화, 영향력 행사 그리고 약탈적predatory 경제를 활용하고 있다.[40] 중국의 전략적 우선순위는 중국의 군사력 구조, 훈련 및 배치를 규정한다. 중국의 군사력 최고 우선순위는 동중국해와 남중국해 그리고 서태평양을 포함하는 동쪽에 집중되어 있다. 중국군의 현대화 과정에는 사이버 전쟁cyber warfare, 우주, 모든 영역의 합동 작전, 정밀 타격precision strike, AI 사용 그리고 제3국과 비국가 행위자non-state actors에 대한 주요 구조 조장과 세력의 최적화와 역량 개발이 포함되었다. 중국군은 정보화와 '지능화된intelligentized' 조건에서 전쟁을 치르고 승리하는 임무를 맡고 있다.[41]

이것은 첨단 네트워킹 기술advanced networking technologies의 사용과 로봇 공학, AI 그리고 드론drones의 광범위한 사용을 의미한다. 중국군의 작전 원칙은 인도양과 서태평양에서 전력을 투사하고 해양 통제를 지원하면서 황해(Yellow Sea/한국 서해), 동중국해, 남중국해 그리고 남중국해 부속도서와 함께 일본에서 대만과 필리핀까지 연결되는 '제1도련선first island chain'까지 남중국해와 동중국해의 완전한 통제에 중점을 두고 있다.[42]

---

[40] National Defense of Department, op. cit., p. 2; Matthew P. Goodman, "Predatory Economics and the China Challenge," *CSIS Newsletter*, Volume VI, Issue 11, (November 2017).

[41] Elsa B. Kania, *Chinese Military Innovation in Artificial Intelligence, Testimony before the US-China Economic and Security Review Commission Hearing on Trade, Technology, and Military-Civil Fusion* (Center for New American security, 7 June, 2019).

[42] 군사 전략 과학(Science of Military Strategy)은 중국 공군의 전략적 목표를 절대적 통제 영역으로서 중국의 영공, 제한된 통제와 안보 협력 영역으로서 제1도련선(first

중국은 서태평양에서 미국과 미국 동맹국 군함에 중대한 위협을 제기하기 위해 광범위한 감시와 레이더, 위성, 초지평선(OTH: over-the-horizon) 추적 레이더의 표적 네트워크의 지원을 받아 공중 발사 및 지상 발사 대함 탄도anti-ship ballistic 및 순항 미사일cruise missiles을 이용한 반접근·지역거부(A2·AD: Anti-Access·Area Denial) 비대칭 전략을 채택하고 있다.

중국군의 전략적 지도 원칙과 군사 전략은 '능동적 방어active-defense'와 핵 및 재래식 억지력에 초점을 맞추고 있다. 중국은 항공, 우주 그리고 해양력 구축과 능력의 급속한 현대화로, 남중국해와 동중국해에서 공세적인 통제를 확립하고 남중국해의 인공섬에 군사 기지를 통해서 서태평양으로 전략 투사를 강화했다. 중국 공군과 중국해군의 현대화는 인도양에서 중국의 존재와 세력 투사를 가능하게 해 준다. 인도양 지역의 연안 국가와 아프리카 동부 해안에서 일대일로구상(BRI)의 일부로 개발되고 있는 일련의 이중용도 항구는 물류와 중국에 대한 군사적 접근을 가능하게 할 것이다.

중국의 대규모 선박 건조 계획은 2035년까지 잠수함 100척과 항공모함 6척을 포함한 500척에 가까운 함정을 보유한 가장 크고 강력한 해군이 될 목표를 세우고 있다. 중국의 인상적인 우주 능력은 뛰어난 우주 기반 명령, 제어, 통신, 컴퓨터, 정보, 감시 및 정찰(C4ISR: Command, Control, Communications, Computers, Intelligence, Surveillance and Reconnaissance) 능력을 창출했다. 중국공군은 광범위한 공격과 원정 능력을 가진 현대화 과정을

---

island chains), 인도양과 서태평양 속으로 세력 투사를 포함하는 장기적 감시와 유연한 대응으로 제2도련선(second island chains)으로 명시하고 있다. 따라서 중국의 모든 영토와 해역 위의 영공을 포함하는 것은 전략적 이익과 상관 관계가 있다.

주도하고 있다. 중국군의 혁신과 민군 융합전략military-civil fusion strategies
은 전쟁에서 전투와 억제라는 혁신적 개념을 주도하고 있다.

'체제의 체제system of system'를 만들기 위해 다양한 기술의 시너지 효과를 내는 것이 중국 전쟁 교리의 핵심이다. 관찰·파악·결정·실행 고리(OODA: Observe-Orient-Decide-Act cycle)를 활용하는 중국군의 명령, 제어, 통신, 컴퓨터, 정보, 감시 및 정찰(C4ISR)능력은 전투 운영에 매우 중요하다.[43] 중국군의 성공 열쇠는 신속한 올바른 의사결정이다. 심리psychological, 여론public opinion 그리고 법률전legal warfare이라는 3전 개념Three warfare's concept을 바탕으로 한 영향력 작전은 작전 전략의 핵심이다.

중국의 군사력은 현대화되고 '지능화된intelligentize' 조건 하에서 전쟁을 치르고 승리하기 위해 개발된다. 중국 공군, 중국 해군, 중국 로케트부대(PLARF: Chinese People's Liberation Army Rocket Force) 그리고 우주는 중국군 전투 교리에 대한 이러한 체제 접근 방식의 핵심을 형성한다. 러시아와 중국의 우주 안보 협력은 광범위하다. 2008년 이래로, 중국은 세계 공공재를 제공하기 위한 공약을 계획하기 위해 인도적 지원과 재난 구호(HA/DR: Humanitarian Assistance and Disaster Relief), 유엔 평화 유지(UN PKO: Peace Keeping Operation) 그리고 해적 퇴치와 같은 비군사적 작전에 적극적으로 참여했다.

미국은 1945년 이후 세계 질서를 구축에 도움이 된 세계 구조를 유지하기 위해 전진 배치forward-deployment 전략을 따랐다. 미국은 전 세계에 거의 800개의 해외 기지를 가지고 있고 있기 때문에 아시아·태평양과

---

[43] Charlie Lyons Jones and Malcolm Davis. "China Military watch," *The Strategist*, ASPI, (6 November, 2020).

유라시아의 심장부를 지배하고 있다.[44] 미국은 중동과 걸프만에 중요한 기지들이 있고 인도양에 디에고 가르시아 기지를 가지고 있어서 인도양을 지배하여 아프리카의 절반, 아시아 남쪽, 유라시아 남쪽을 효과적으로 지배하고 있다. 잘 알려지지 않은 사실은 미국이 매우 공격적이고 봉쇄적인 전략으로 중국을 포위하고 있는 대략 400개의 해외 기지를 운용하고 있다는 것이다. 2019년부터 미국, 인도, 일본 그리고 호주 사이의 쿼드 부활은 분명히 중국 봉쇄에 초점을 맞추고 있다.

5. 결론

중국이 사회주의 시장경제의 역설적 공존과 함께 일당 통치하에서 세계 경제, 기술, 군사대국으로 급속한 성장을 이루면서 1945년 이후 미국이 주도하고 있는 서구 자유주의 세계 질서에 도전하는 대안 세력으로 부상할 수 있었다. 중국 부상과 미국 헤게모니에 대한 위협은 2001년 정치학자이자 '공세적인offensive' 현실주의자 미어샤이머John Mearsheimer에 의해 예견되었는데, 그는 현실 세계가 여전히 현실주의 세계라고 주장한다.[45]

미·중의 전략 경쟁은 중국이 기술 선도국으로서의 미국의 탁월한 위치를 빼앗겠다고 위협하는 본질적인 사실에서 비롯된다. 이것은 다음 단

---

[44] David Vine, *Base Nation: How US Military Bases abroad harm America and the World* (New York: Metropolitan Books, 2015), pp. 15-16.

[45] John J Mearsheime, *The Tragedy of Great Power Politics* (New York: W.W. Norton & Company, 2001), p. 400.

계로 세계 지배 구조, 금융 제도와 통화체제 그리고 다자 제도 규칙에 영향을 미치고 있다. 중국의 부상은 본질적으로 기술 지도력과 경제력 측면에서 현존의 세력 균형을 위협하고 있다. 중국의 경제 체제는 거대한 시장과 구매력 때문에 동남아시아, 중앙아시아 그리고 남아시아의 경제를 빨아들이고 있다.

2020년 11월 미국의 동맹국인 일본과 호주가 포함되는 무역 동맹인 지역 포괄적 경제 동반자 협정(RCEP: Regional Comprehensive Economic Partnership)이 성공적으로 타결된 것은 중국 경제의 영향력을 보여주는 증거다. 이러한 전략 경쟁의 본질은 미국이 중요한 기술과 시장에 쉽게 접근할 수 없도록 중국으로부터 탈동조화하기 위한 미국의 시도에 초점이 맞춰져 있다. 반면, 중국은 일대일로구상(BRI)을 통해 중화 중심의 세계 경제 질서를 구축하기 위해 유라시아와 아시아·태평양을 지배하기 위해 노력하고 있다.

참고문헌

그레이엄 앨리슨 저, 정혜운 옮김. 2018. 『예정된 전쟁: 미국과 중국의 패권 경쟁, 그리고 한반도의 운명』. 서울: 세종 서적.

권오은. 2021. "EU, 중국 '일대일로' 대응해 '글로벌 게이트웨이' 추진." 『ChosunBiz』(9/15).

박종원. 2021. "유럽, 中 '일대일로' 맞서 새 글로벌 인프라 사업 예고." 『파이낸셜 뉴스』(9/15).

이윤정. 2021. "시진핑의 '일대일로'가 바이든의 '더 나은 세계 재건'을 만났을 때." 『경향신문』(10/6).

이종섭. 2021. "EU, 중국 일대일로 맞서 '글로벌 게이트웨이' 추진…강제노동 상품 금지도 제안." 『경향신문』(9/16).

최예지. 2019. "美, '미국판 일대일로'로 中 견제: 美 '블루 닷 네트워크' 계획 발표…日·호주 주축, 미국이 최근 중국이 추진하는 신 실크로드 경제권 건설." 『아주경제』(11/6).

Agence France-Presse, Washington. 2021. "Rare Earth metals at the heart of China-US rivalry." *The Hindu*, (14 June).

Albert, Eleanor. 2020. "China leans into RCEP Conclusion as Win." *The Diplomat*, (19 November).

Allison, Graham. 2017. *Destined for War: Can America and China Escape Thucydides's Trap?*. New York: Houghton Mifflin Harcourt, pp. 527-616.

Annual Report to Congress. 2020. *US-China Economic and Security Review Commission*, p. 80.

Begley, Jason. 2020. *Winning Strategic Competition in the Indo-Pacific, National Security Fellows Program*. Belfer Center for Science and International Affairs, Harvard Kennedy School, (September), p. 12.

Cao, Cong. 2019. "Progress and Challenges for Science and Technology in China." *East Asia Forum*, (27 December).

Chan, Steve. 2008. *China, the US and the Power Transition Theory: A Critique*. New York: Routledge.

Dogan, Asim 2021. *Hegemony with Chinese Characteristics: From the Tributary System to the Belt and Road Initiative*. New York: Routledge.

Elliott. Larry. 2020. "China to overtake US as world's biggest economy by 2028, report predicts." *The Guardian*, (26 Saturday).

Goodman, Matthew P. 2017. "Predatory Economics and the China Challenge." in *CSIS Newsletter*, Volume VI, Issue 11, (November).

Heath, Timothy R. 2018. "China Prepares for an International Order After US Leadership." *Lawfare*, (1 August).

Jones, Charlie Lyons and Malcolm Davis. 2020. "China Military watch in The Strategist." *ASPI*, (6 November).

Kania, Elsa B. 2019. "Chinese Military Innovation in Artificial Intelligence." *Testimony before the US-China Economic and Security Review Commission Hearing on Trade, Technology, and Military-Civil Fusion*. Center for New American security, (7 June).

Kashmeri, Sarwar A. 2019. *China's Grand Strategy: Weaving a New Silk Road to Global Primacy*. Santa Barbara; Praeger.

Kugler, Jacek, Ronald L. Tammen, and Siddharth Swaminathan. 2001. "Power Transitions and Alliances in the 21st Century." *Asian Perspective*, Vol. 25, No. 3, 2001, pp. 5-29.

Mazarr, Michael J. (et al). 2018. *Understanding the Emerging Era of International Competition: Theoretical and Historical Perspectives*. RAND Corporation.

Malik, Hasnain. 2021. "G-7's 'Build Back Better World' is not an answer to China's Belt and Road." *Tellimer*, (13 June).

Matheswaran, Marshal M. 2021. "US-China Strategic Competition in the Asia-Pacific." *TRENSD*, (4 Aug).

Mazarr, Michael J., Bryan Frederick, John J. Drennan, Emily Ellinger, Kelly Elizabeth Eusebi, Bryan Rooney, Andrew Stravers, and Emily Yoder. 2021. Understanding Influence in the Strategic Competition with China. Santa Monica. CA: RAND Corporation.

Mcdonald, Scott D. 2019. "Strategic Competition?" in Scott D McDonald and Michael C. Burgoyne, eds., *China's Global Influence: Perspectives and Recommendations*. Honolulu: Daniel K. Inouye Asia-Pacific Center for Security Studies, September, p. 26.

Mearsheimer John J. 2001. *The Tragedy of Great Power Politics*. New York: W.W. Norton & Company, p. 400.

Mingfu, Liu. 2015. *The China Dream: Great Power Thinking & Strategic Posture in the Post-American Era*. New York: CN Times Books, inc., pp. 68-69.

Organski. A.F.K. 1958. *World Politics*. New York: Alfred A. Knoff.

Schneider-Petsinger, Marianne, Jue Wang, Yu Jie and James Crabtree. 2019. *US-China Strategic*

　　　　Competition: The Quest for Global Technological Leadership. Chatham House, Royal Institute of International Affairs, (November).

Silver, Beverly J. and Corey R. Payne. 2021. "Crises of World Hegemony and the Speeding up of Social History' in Piotr Dutkiewicz." Tom Casier, and Jan Aart Scholte, (eds.), *Hegemony and World Order: Reimagining Power in Global Politics*. New York: Routledge, pp. 17-31.

Su ł ek, Ł. Kiczma, M. 2020. *National Power Rankings of Countries 2020*, Oficyna Wydawnicza ASPRA-JR, Warszawa.

Sun, Yutao. 2021. "China's plan to become a world-leading technology force." *East Asia Forum*, (8 May).

Tammen, Ronald L(et al). 2000. *Power Transitions: Strategies for the 21st Century*. New York: Chatham House Publishers.

Tran, Hung. 2021. "Is the US-China strategic competition a cold war?." *New Atlanticist*, (21 Apr 21).

United States Department of State. 2018. "2018 National Defense Strategy of the United States of America: Sharpening the American Military's Competitive Edge."

Vine, David. 2015. *Base Nation: How US Military Bases abroad harm America and the World*. New York: Metropolitan Books, pp. 15-16.

제5장

미국과 중국의 전략 경쟁의 최전선 동남아시아

1. 서론

　권력은 본질적으로 경쟁을 통해 출현하고 성장한다. 권력은 영향력, 풍요로움, 그리고 독보적인 위상을 위해 동료들과 경쟁하고 있는 모든 강력한 실체들의 디엔에이DNA에 있다. 권력 경쟁은 국제관계에서 반복되는 삶의 사실이지만, 이 주제에는 강대국들이 어떻게 경쟁하는가, 무엇을 위해 경쟁하는가, 어떤 국가와 경쟁하는가? 그리고 어떤 플랫폼platform에서 경쟁하는가?에 따라서 변수가 달라질 수 있다. 이러한 것을 경쟁의 체스판(chessboard: 서양 장기판)이라 할 수 있다. 체스판의 수와 형태는 권력 경쟁이 어떻게 진행되는지, 어떻게 국가들의 협력이 형성되고, 유지되거나 또는 변화하는지를 결정하기 때문에 중요하다. 권력의 체스판은 지리전략적인geostrategic 공급supply과 수요demand가 어디에서 충족되고 강대국과 약소국 간의 협상이 어디에서 전개되는지 그리고 국가 간

거래의 방향이 진화하는 시장marketplace이라 할 수 있다.[1]

가장 최근의 강대국 경쟁은 미국과 중국의 지속적인 경쟁이다. 미·중 관계는 중화인민공화국/중국People's Republic of China 수립 이후 20년 동안 (1949-1969)의 상호 적대 관계에서 시작하여 여러 차례 전환 과정을 겪었다. 미·중은 1970년부터 1989년까지 냉전이 한창일 때 소련에 맞서기 위해 협력하면서 대타협grand bargain을 했다.[2] 그 후 미·중 관계는 냉전 이후 첫 20년 동안(1989-2009) 복잡한 국면으로 접어들었다. 미·중은 대만과 다른 문제들에 대해 주기적인 긴장이 있었지만, 건설적인 관여 constructive engagement의 단계에 있었다.[3] 그러나 2010년 이후 미·중 두 강대국 사이의 관계는 악화되기 시작했다.[4] 미국의 대중 관여정책이 계속되는 한 남중국해와 동중국해, 무역, 금융 그리고 지적 재산권과 같은

---

[1] 지리전략적(geostrategic)이란 주어진 지리적 지역(이 경우 아시아와 더 넓은 인도·태평양 지역)에서 주권적 행위자들에 대한 정치적 주도적인 계산, 동원 그리고 군사적이고 비군사적 수단 전환을 의미한다.

[2] Harry Harding, *A Fragile Relationship: The United States and China Since 1972* (Washington, DC: Brookings Institution Press, 1992); David M. Lampton, Same Bed, *Different Dreams: Managing US-China Relations, 1989-2000* (Berkeley, CA: University of California Press, 2001); David Shambaugh, *Beautiful Imperialist: China Perceives America, 1972-1990* (Princeton, NJ: Princeton University Press, 2001).

[3] David M. Lampton, Same Bed, *Different Dreams: Managing US-China Relations, 1989-2000* (Berkeley, CA: University of California Press, 2001); Alan D. Romberg, *Rein in at the Brink of the Precipice: American Policy Toward Taiwan and U.S-PRC Relations* (Washington, DC: Henry L. Stimson Center, 2003); Xinbo Wu, *China and the United States: Core Interests, Common Interests, and Partnership* (Washington, DC: United States Institute of Peace, 2011).

[4] Thomas J. Christensen, *The China Challenge: Shaping the Choices of a Rising Power* (London: WW Norton & Company, 2015); J. Lyle Goldstein, *Meeting China Halfway: How to Defuse the Emerging US-China Rivalry* (Washington, DC: Georgetown University Press, 2015).

문제에서 양국 사이에 분쟁은 존재해 왔다.[5] 중국 국경 주변의 미국 주도 동맹과 협력국partnerships뿐만 아니라 강화된 감시 활동은 중국이 오바마 Barack Obama 행정부의 아시아 회귀/재균형정책Pivot to Asia/Rebalancing Asia Policy[6]을 중국의 부상을 억제하기 위한 봉쇄정책으로 인식하게 만들었다.[7] 다른 행위자인 중국의 장기적인 전략에 대한 상호 불신은 미·중 관계의 중심이 되었다.

이런 경향은 트럼프Donald Trump 행정부 들어 더욱 심해졌다. 2017년 이후, 미·중 관계는 남중국해, 무역, 5세대(5G: Generation) 디지털 기술 등과 같은 쟁점에 대한 경쟁에 의해 지배되어 왔다. 양국 관계의 주된 추진력은 수십 년 동안 지속되어 온 관여는 반목Estrangement이 대체했다.[8] 시진핑習近平 주석 체제에서 중국의 남중국해와 동남아시아 지역의 공세 증가에 대응하기 위해 트럼프 행정부는 '자유롭고 개방적인 인도·태평

---

[5] Jeffrey A Bader, *Obama and China's Rise: An Insider's Account of America's Asia Strategy* (Washington, DC: Brookings Institution Press, 2012; Kenneth Lieberthal and Wang Jisi, "US-China Relations and Strategic Distrust," *The Brookings Briefing Series*, no. 4, 2012, pp. 1-51; Kai He, *China's Crisis Behavior* (Cambridge: Cambridge University Press, 2016).

[6] Kurt Campbell, *The Pivot: The Future of American Statecraft in Asia* (New York: Hachette Book Group, 2016); Michael J. Green, *By More Than Providence: Grand Strategy and American Power in the Asia Pacific since 1783* (New York: Columbia University Press, 2017).

[7] Dong Wang, "Addressing the US-China Security Dilemma?" Carnegie Endowment for International Peace, (17 January, 2013).

[8] David M. Lampton, "Balancing US-China Interests in the Trump-Xi Era," *East Asia Forum*, (10 Decembe, 2017); Zhimin Chen and Xueying Zhang, "Chinese Conception of the World Order in a Turbulent Trump Era," *Pacific Review*, vol. 33, no. 3-4, 2020, pp. 438-468; David Shambaugh, "US-China Rivalry in Southeast Asia: Power Shift or Competitive Coexistence?" *International Security*, vol. 42, no. 4, 2018, pp. 85-127.

양(FOIP: Free and Open Indo-Pacific)' 전략에 착수했다. 현재, 미·중 양 강대국은 서로에 대한 재보장 신호를 보내는 대신에 자신의 이익을 방어하겠다는 결의를 표명하고 있다.

일부 전문가는 현존 강대국 미국이 능력 증대와 현존 세력을 대체할 의도를 보여주는 부상하는 강대국인 중국에 의해 위협을 느낄 때 전쟁의 가능성이 높은 결과가 높은 투키디데스 함정Thucydides Trap에 빠지고 있다고 경고한다.[9] 현실주의 학자들과 미국 내 강경파들은 중국과 남중국해에서 군사적 충돌이 불가피할지에 대해 논쟁하고 있지만,[10] 2021년 바이든Joe Biden 행정부가 출범한 이후 트럼프 행정부 때와 마찬가지로 양국의 전략 경쟁에 따른 긴장은 계속되고 있다.[11] 2019년 11월 키신저Henry Kissinger는 미·중이 '냉전의 초입 단계foothills of a Cold War'에 있다고 주장했다.[12] 2020년 6월, 중국 내 미국 연구 분야의 선도적인 학자인 왕 지시

---

[9] Graham Allison, *Destined for War: Can America and China Escape Thucydides's Trap?* (New York: Houghton Mifflin Harcourt, 2017). 이 책의 한국어판은 그레이엄 앨리슨 저, 정혜윤 옮김, 『예정된 전쟁: 미국과 중국의 패권 경쟁, 그리고 한반도의 운명』(서울: 세종서적. 2018).

[10] Joseph S. Nye Jr, "The Kindleberger Trap," *Project Syndicate*, (January 9, 2017); Kevin Rudd, *The Avoidable War: Reflections on US-China Relations and the End of Strategic Engagement* (New York: The Asia Society Policy Institute, January 29, 2019); Kishore Mahbubani, *Has China Won? The Chinese Challenge to American Primacy* (New York: Hachette Book Group, 2020).

[11] Orville Schell and Susan L. Shirk, "Course Correction: Toward an Effective and Sustainable China Policy," *Task Force Report* (New York: Asia Society Center. 2019); Michael D. Swaine, "A Relationship under Extreme Duress: US-China Relations at a Crossroads," (The Carter Center, 16 January 2020); 김상욱, "강대국 정치 비극, 피할 수 없는 미중 경쟁," 『뉴스타운』(2021, 10/30).

[12] Bloomberg, "Kissinger Says US and China in 'Foothills of a Cold War'," (21 November, 2019).

王緝思는 미·중 양측이 '완전한 자유 낙하를 피하기 위해 긴급한 조치를 취해야 한다'는 글을 기고했다.[13]

많은 분석가들은 미·중 관계의 하강 곡선은 구조적인 요인들과 국내적인 요인들 때문이라고 주장하고 있다.[14] 구조적으로 체계적인 권력 이동power shift은 상호 간의 두려움을 야기하고 있다. 미국은 중국을 세계에서 자신의 우위를 위협한 세력으로 보고 있는 반면 중국은 미국의 '자유롭고 개방적인 인도·태평양(FOIP) 전략'을 세계 강대국으로서 정당한 위치를 차지하지 못하게 하는 시도로 인식하고 있다. 그러한 구조적 요인은 양국의 수많은 국내 요인들에 의해 촉진되었다고 볼 수 있다. 결국 트럼프와 시진핑은 미·중이 다시 위대해지기를 바라고 있다. 미·중 양국 관계 악화 요인에는 동반되는 엘리트 정당화elite legitimization와 내부 변환internal transformations 외에도[15] 아시아에서 미국 동맹과 협력국들이 포함되는 영토 문제뿐만 아니라 이념적, 문화적 차이, 민족주의적 정서, 자원 추구 그리고 불균형한 경제 관계 등의 요소가 존재하고 있다.[16]

---

13 Jisi Wang, "Light at the End of a Bumpy Tunnel?" *China-US Focus*, (18 June, 2020).

14 James Steinberg and Michael E. O. Hanlon, *Strategic Reassurance and Resolve: US-China Relations in the Twenty-First Century* (Princeton, NJ: Princeton University Press, 2014); Thomas J. Christensen, *The China Challenge: Shaping the Choices of a Rising Power* (London: WW Norton & Company, 2015); Evan S. Medeiros, "The Changing Fundamentals of US-China Relations," *Washington Quarterly*, vol. 42, no. 3, (2019), pp. 93-119.

15 William C. Kirby, ed., *The People's Republic of China at 60: An International Assessment* (Cambridge: Harvard University, Asia Center, 2011); Bruce Dickson, *The Dictator's Dilemma: The Chinese Communist Party's Strategy for Survival* (New York: Oxford University Press, 2016); John W. Garver, *China's Quest: The History of the Foreign Relations of the People's Republic of China* (Oxford: Oxford University Press, 2016).

코로나19 대유행COVID-19 pandemic 기간 동안 미·중 간의 상호 비난과 의심이 더 커졌다. 미·중은 양자 및 다자간 수준에서 협력하는 대신, 코로나19에 서로의 초기 대응을 비난하면서 정치적으로 주도된 비난 게임 blame games만 전개했다. 양국은 남중국해, 5G 네트워크, 대만, 홍콩, 신장 등 오래되고 새로운 쟁점들이 발생하면서 경쟁이 더욱이 심화되고 있는 조짐이 나타나고 있다. 양국은 기술, 경제, 금융 그리고 사람과 사람 사이의 연계가 단절되면서 경쟁 관계가 더욱 확대되고 있다.[17]

2020년 중반까지, 미국의 대중국 정책이 몇 가지 추진력으로 특징지어지는 것이 분명해졌다.[18] 이러한 요인에는 특히 남중국해에서 억지력 강화, 기술뿐만 아니라 경제 생산 스펙트럼에서 전략적 탈동조화strategic decoupling 그리고 동맹국들과 '가치 동맹국들'이 참여하는 양자, 3자, 4자 그리고 다자 수준multi-level 구조를 포함하는 다층적multi-layered 연합 구축 coalition-building이 존재한다. 이 중 가장 중요한 것은 미국은 같은 목적의 국가들과 함께 다른 전략적 목적을 추구하면서 중국 의존도를 낮추기 위해 세계 공급망global supply chain 재구축을 목적으로 하는 경제 번영 네트워크(EPN: Economic Prosperity Network)를 추진하는 것이다.[19]

---

16 Fei-Ling Wang, *The China Order: Centralia, World Empire, and the Nature of Chinese Power* (New York: SUNY Press, 2017); Michael D. Swaine, "A Relationship under Extreme Duress: US-China Relations at a Crossroads," (The Carter Center, 16 January 2019).

17 Ezra F. Vogel, "Current State and Future of China Relations and Role of Younger Generation," *US-China Perception Monitor*, (28 June, 2020).

18 Michèle A. Flournoy, "How to Prevent a War in Asia: The Erosion of American Deterrence Raises the Risk of Chinese Miscalculation," *Foreign Affairs*, (June 18, 2020).

19 Charles W. Boustany and Aaron L. Friedberg, "Answering China's Economic

이 상황은 아직 완전한 봉쇄와 같은 고전적인 균형 상태 중 하나가 아닙니다. 미국의 새로운 정책 추진은 중국에 도전하고 구속하는 것을 목표로 하고 있지만, 중국과의 소통과 협력을 유지하기 위해 제한된 대화와 '결과 지향적 관여'와 함께 추진되고 있다.[20] 이러한 혼합적 접근법의 예는 2020년 6월 17일 폼페오Mike Pompeo 미 국무장관과 양제츠楊潔篪 중국 공산당 외교 담당 정치국원의 호놀룰루Honolulu 회동이다. 그러나 2020년 7월 말 중국의 휴스턴 영사관을 폐쇄하라는 미국의 갑작스러운 명령과 청두 주재 미국 영사관을 폐쇄하라는 중국의 명령은 양국 관계의 미래에 길고 어두운 그림자를 드리우며 갈등을 증폭시키고 있다.

따라서 미·중은 군사와 해양 안보라는 전통적인 상위정치high politics 체스판에서 뿐만 아니라 인프라 연결성 구축, 기술, 무역 그리고 기타 비군사 영역의 하위정치low politics에서 경쟁하고 있다. 2021년 1월 바이든 행정부가 출범했지만 이러한 전략 경쟁은 부분적으로 미·중의 다면적인 상호 의존성과[21] 부분적으로 국제 수준의 지리적 수요와 수요의 변화 때문에 계속되고 있다.

미국의 대중국 정책에서의 강한 부정적인 변화는 중국과 첨예한 경쟁을 전개하는 두 가지 주요 정책 분야 중의 하나인 현재 인도·태평양 Indo-Pacific 지역에서 미국의 정책을 지배하고 있다. 다른 하나는 국가가

Challenge: Preserving Power, Enhancing Prosperity," National Bureau of Asian Research, *NBR Special Report* no. 76 (February, 2019), pp. 27-30.

20 White House, "United States Strategic Approach to the People's Republic of China," (May, 2020).

21 Joseph S. Nye Jr, "Power and Interdependence with China," *Washington Quarterly*, vol. 43, no 1, 2020, pp. 7-21.

세계 경제와 군사 강대국이 될 수 있는 첨단기술 산업의 지배력 경쟁이다. 중요한 두 정책 분야 모두에서 미국은 중국의 도전에 대응하고 미국 안보와 복지에 미치는 부정적인 영향을 방지하는 것을 추구하고 있다.[22]

2. 미·중 경쟁의 체스판 출현

미·중의 전략 경쟁에서 쌍둥이 체스판의 출현은 세 가지 초기 단계이지만 심각한 과정을 거치면서 코로나19 이후 아시아에서 강대국의 경쟁과 약소국의 재편성 구조에 장기적으로 영향을 미치고 있다.[23] 첫째, 쌍둥이 체스판은 냉전 2.0Cold War 2.0의 형태와 전망을 형성하고 있다. 군사 체스판은 미·중이 지배권을 놓고 경쟁하는 유일한 플랫폼platform이라면 평화와 번영의 가능성은 낮아진다.

대신 이 상위정치 체스판은 군비 경쟁, 무력 충돌 그리고 지역 양극화가 더 심해질 가능성이 높다. 상위정치와 하위정치 두 체스판에서 동시

---

[22] Robert Sutter, *The United States and Asia: Regional Dynamics and Twenty-First Century Relations second edition* (Lanham MD: Rowman & Littlefield, 2020), pp. 1-2; Mark Warner, *The China Challenge and Critical Next Steps for the United States* (Washington DC: Brookings Institution, 15 May 2019); Timothy Heath, Derek Grossman and Asha Clark, *China's Quest for Global Dominance* (Washington DC: RAND Corporation, 2021); Evan Medeiros, *Major Power Rivalry in East Asia* (Washington DC: Council on Foreign Relations, April 2021).

[23] 약소국들은 군사적으로 약하고 물리적으로 제약을 받는 비강대국(non-big powers)을 의미한다: (a) 국가의 이익을 추구할 때 주요 강대국보다 정책 옵션이 훨씬 적다. (b) 권력 비대칭성, 경제적 변동성, 그리고 초국경적(transboundary) 도전에 체계적인 대응에 효과적이지 못하고, (c) 그리고 자신의 내부 노력을 강화하기 위해 외부의 지지를 받고 의지해야 한다. Cheng-Chwee Kuik, "Smaller States' Alignment Choices: A Comparative Study of Malaysia and Singapore's Hedging Behavior in the Face of a Rising China," *PhD Dissertation* (Johns Hopkins University, 2010).

에 진행되는 경쟁은 더 많은 쟁점 연계를 가져오기 때문에 상대적으로 분열의 가능성이 낮다. 이 상황에서는 더 많은 행위자들과 일괄 거래package deals와 교차 협력cross partnerships 가능성이 더 높다. 이러한 관행이 아무리 어렵다 해도 국가 전체에 걸쳐 동시 협력concurrent collaboration, 용인concessions 그리고 지속적인 협상continuous negotiations의 여지가 있기 때문에 양극화는 흩어질 수 있다.[24]

둘째로, 쌍둥이 체스판은 두 경쟁 강대국들뿐만 아니라 2류second-tier 강대국들과 약소국들에게 더 많은 책략 공간/운신의 폭을 제공한다. 이것은 사실상 두 체스판이 다양한 형태의 지리전략적인 공급과 수요가 교차하는 두 개의 시장을 형성하기 때문이다. 더 많은 강대국들과 행위자가 공공재public goods와 사유재private goods(가장 두드러지게는 안보, 번영 및 자율)를 제공할 때, 이것은 소비자들(지역의 약소국들)에게 매개적 수단agency을 제공하게 된다. 강대국 행위자들의 요구는 지리전략적 공급이 어느 정도까지 지속, 증가 또는 감소할지에 영향을 미친다.

강대국 경쟁이 양극화된 진영으로 악화되지 않는 한, 약소국들의 매개적 수단은 하나가 아니라 두 개의 시장이 있을 때 증가할 가능성이 높다. 그런 다음 약소국들은 어느 한 강대국의 편을 드는 것이 아니라 다양한 형태의 협력alignments과 선택지options를 발전시킬 수 있다. 물론, 이것은 다른 영역(해양 안보, 인프라 개발, 경제 성장 및 공중 보건)에 대한 관심이 어떻게 수렴되는가에 달려 있다. 약소국의 매개적 수단은 양자 외교, 아세안 기반의 다자주의, 쟁점별 소다자주의issue-specific minilateralism의 결합을 통해

---

24 Bilahari Kausikan, "For China and the US, a New Cold War or a Not New Cold War?" *South China Morning Post*, (1 July, 2020).

추구된다.²⁵

셋째, 위 과정의 순 효과net effects는 인도, 일본과 같은 국가들을 포함한 아시아의 대부분 행위자들을 위한 헤징 선택지hedging options를 확대하고 잠재적으로 심화시키고 있다. 미·중의 경쟁 구도가 커질수록 약소국의 존재는 불필요하고, 시기상조이며, 자기 충족적인 양극화self-fulfilling polarization에 갇히지 않도록 하는 경향이 강해진다. 따라서 약소국들은 미·중 어느 한 쪽을 양자택일 하지 않는 전략을 고수하며, 서로 다른 위험을 상쇄하기 위해 반대되는 조치를 추구하며 대체할 수 있는fallback 낙후된 위치를 유지하기 위해 동반자 관계를 다양화할 필요가 더욱 강해진다.²⁶

동남아시아와 다른 지역에서 미·중 경쟁관계가 아직 전면적인 무력충돌로 확대되지 않았기 때문에 약소국의 헤징은 여전히 가능하다. 미·중 사이의 냉전 2.0이 이미 진행 중일 수도 있지만, 이것은 다른 종류의 냉전일 수도 있다. 이번에는 강대국 경쟁 구도가 지역과 세계 수준에서 상대 진영 간의 분명한 양극화로 발전하지 않을 수도 있다. 이것은 첫째, 미·중뿐만 아니라 거의 모든 미국 동맹국들과 협력국 사이의 경제적 상호 의존성, 둘째, 다자간 플랫폼(특히 주요 강대국들과 핵심 행위자들이 강대국 간 경쟁이 심화되는 상황에서도 아시아 전체의 지역 협력에 참여할 수 있도록 해주는 다양한

---

25   Thitinan Pongsudhirak, "Thailand's Strategic Drift: Local Politics and Superpower Competition," *The Strategist*, (19 June, 2020).

26   Jürgen Haacke, "The Concept of Hedging and Its Application to Southeast Asia: A Critique and a Proposal for a Modified Conceptual and Methodological Framework," *International Relations of the Asia-Pacific*, vol. 19, no. 3, 2019, pp. 375–417.

아세안 플러스 지역 포럼(ASEAN-Plus regional forum)) 그리고 셋째, 적어도 더 광범위한 동아시아에서 명확한 이념 기반 분열이 없는 상황 즉 이데올로기가 주된 단층이라면, 공산주의 베트남은 쿼드 플러스Quad Plus는 말할 것도 없이 민주적 4자 간 안보 대화/쿼드(Quad: Quadrilateral Security Dialogue)의 지지를 받지 못하는 상황과 같은 요인 때문이다.[27]

상위정치의 영역은 항상 아시아 지정학의 주요 체스판이었다. 남중국해는 2008년 이후 중국의 해양 공세와 2010년 이후 오바마 행정부의 아시아 회귀/재균형정책에 따라 미·중 지정학 경쟁의 주요 무대가 되었다. 상위정치의 경쟁은 한편으로 중국이 남중국해에서 새로운 현실 조성을 목적으로 점차 공세적인 행동(해양 순찰 강화, 다른 영유권 국가들의 지질 조사와 탐사 활동 방해, 인공 섬 건설 그리고 점령지 육지 지형에 군사적 자산 배치), 다른 한편으로 남중국해에서 미국의 직접적이고 적극적인 관여(일련의 자유롭고 개방적인 항행의 작전과 아시아에서 미국 동맹국들과 파트너의 활성화)에 의해 두드러지고 가속화되고 있다.[28] 미국의 2017년 국가 안보전략National Security Strategy과 2018년 국방전략National Defense Strategy은 중국을 '전략적 경쟁자strategic competitor'와 '수정주의 세력revisionist power'이라고 설명하고 있다.

2017년 11월 미국, 호주, 일본 그리고 인도를 포함한 쿼드 부활과 쿼드 국가들의 독자적인 '인도·태평양Indo-Pacific' 전략 발표로 인해 강대국 행위자들의 수가 증가하면서 군사력, 동맹 그리고 방위안보의 전통적인 체

---

[27] QSD 또는 QUAD는 미국, 호주, 일본 그리고 인도 간의 전략적 협력을 위한 플랫폼이며, 모두 중국에 대한 안보 우려를 공유하는 민주주의 국가들이다. Rajeswari Pillai Rajagopalan, "Towards a Quad-Plus Arrangement," *ORF Commentary*, (7 May, 2020).

[28] Ian, Storey and Lin Cheng-Yi, eds., *The South China Sea Disputes: Navigating Diplomatic and Strategic Tensions* (Singapore: ISEAS, 2016).

스판에서 권력 경쟁을 심화시켰다.[29] 이러한 발전은 무역과 지역 생산뿐만 아니라 인프라 연결성 구축을 포괄하는 하위정치의 영역이 지정학적 경쟁의 확장된 체스판으로서 중요성을 얻음에 따라 발생했다. 이 현상은 2013년 이후 연결성에 근거를 둔 일대일로구상(BRI) 계획, 아시아 인프라 투자은행(AIIB: Asian Infrastructure Investment Bank) 그리고 다른 중국이 지원한 다자 개발은행multilateral development banks을 통한 중국의 경제 책략economic statecraft에 의해 촉진되었다. 처음에 중국의 경제 활동은 일본으로부터 경쟁과 반발을 촉발했다. 아베 신조安倍晋三 정권 하에서, 일본은 주로 품질 인프라 동반자 관계(PQI: Partnership for Quality Infrastructure)와 다른 쿼드 국가들과 양자, 삼자 그리고 사자 기준과 병행해 이 과정을 추구하고 있다. 그것들은 안보 문제에 관한 협력 관계와 함께 품질과 관련된 개발 협력으로 확인되고 있다.[30]

2018년이 되면서 미국과 다른 행위자들은 중국의 경제적 영향력을 억제하고 경쟁하기 위한 전략을 추구하기 시작했다. 2018년 9월, 유럽 위원회European Commission는 '유럽·아시아 연결성 전략EU-Asia Connectivity Strategy'으로 널리 알려진 EU 전략을 위한 구성 요소Building Blocks for an EU Strategy인 '유럽과 아시아 연결Connecting Europe and Asia'이라는 제목의 공동 성명을 발표했다. 이 문서는 지속 가능하고, 포괄적이며 그리고 국제적인 연결성의 원칙을 강조하고 있다. 일부 분석가들은 이 새로운 전략

---

[29] Rory Medcalf, *Contest for the Indo-Pacific: Why China Won't Map the Future* Carlton (VIC: La Trobe University Press, 2020).

[30] David M. Lampton, Selina Ho, and Cheng-Chwee Kuik, *Rivers of Iron: Railroads and Chinese Power in Southeast Asia* Oakland, (CA: University of California Press, 2020), ch. 7.

을 중국의 일대일로구상(BRI)에 대한 유럽의 해답이라고 설명했다.[31] 다른 전문가들은 인프라 프로젝트를 촉진하기 위한 중국의 접근에 대한 의심이 증가함에 따라서 이 전략을 EU의 대안 계획으로 보고 있다. 2018년 베이징 주재 EU 대사 28명 중 27명이 투명하지 않은 경쟁 분야는 중국 기업이 유리하고 EU 회원국을 분열시키기 위한 것이라고 불평하면서 EU와 관련된 것으로 중국의 BRI 프로젝트를 비판했다.[32]

2018년 10월, 미국 상원과 하원은 '개발을 선도하는 투자 활용률 개선Better Utilization of Investment Leading to Development' 또는 '구축법BUILD Act'을 통과시켰다. 초당파적인 법안은 미국의 새로운 개발 기관인 국제 개발 금융공사(USIDFC :US International Development Finance Corporation)를 설립했는데, 이것은 민간 투자에 대한 유인책incentives을 제공함으로써 개발도상국에서 미국의 영향력을 증진시키는 것을 목표로 한다. 이러한 국가 주도 투자 모델의 대안은 '미국의 외교정책 목표를 진전시키고 미국의 국가안보 이익을 증진시키면서' 약소국들이 번영하는 데 도움이 될 것으로 알려져 있다.[33] 이러한 발전들은 2019년 11월 태국에서 열린 인도·태평양 비즈니스 포럼에서 미국, 일본 그리고 호주 등의 블루닷 네트워크(BDN: Blue Dot Network) 발표로 이어졌다. 다중 이해 관계자 구상multi-stakeholder initiative인 BDN은 높은 수준의 투명성, 지속 가능성 그리고 개발 영향을

---

[31] Fraser Cameron, "Europe's Answer to China's Belt and Road," *The Diplomat*, (September 19, 2018).

[32] Dana Heide, Till Hoppe, Stephan Scheuer, and Klaus Stratmann, "EU Ambassadors Band Together against Silk Road," *Handelsblatt*, (April 17, 2018).

[33] Daniel F. Runde, and Romina Bandura, "The Build Act Has Passed: What's Next," *CSIS*, (October 12, 2018).

충족하는 전 세계 인프라 프로젝트를 촉진하는 것이다.[34] 2020년 2월 트럼프와 모디Narendra Modi 총리는 인도의 BDN 참여 가능성을 논의했다.

코로나19가 시작된 2020년 초부터 미·중의 전략 경쟁은 심화되었고 탈동조화에 대한 논의는 보편화되었다.[35] 미국은 전략 상품에 대한 중국 의존을 줄이고 필수 상품에 협력하기 위해 가치동맹국들을 장려하고 중국에서 이탈한 세계 산업 공급망을 재구축하기 위해 '신뢰할 수 있는 협력국trusted partners' 사이에 '경제 번영 네트워크(EPN: Economic Prosperity Network)'를 설립하기 위한 노력을 강화했다.

경제 번영 네트워크(EPN)는 무역과 상업에서 에너지와 디지털 사업, 연구, 교육 그리고 연결성 구축에 이르는 광범위한 개발 활동에 대해 동일한 일련의 표준에 따라 운영되는 기업과 시민 사회 그룹을 포함할 것이다. 2020년 3월 말 쿼드 국가들은 새로운 문제인 코로나 19 퇴치를 위한 협력에 대해 논의하기 위해 뉴질랜드, 한국 그리고 베트남이라는 세 개의 새로운 협력국을 합류시켰다. 일부 전문가들은 이러한 7개국들 쿼드 플러스로 표현했다.[36] 이러한 최근의 발전은 지정학적 경쟁의 두 번째 체스판으로서 하위정치 협력의 출현에 더욱 박차를 가할 수 있게 되었다.

---

[34] US Department of State, "Special Briefing with Keith Krach, Under Secretary of State for Economic Growth, Energy, and the Environment; Cordell Hull, Acting Under Secretary of Commerce for Industry and Security; Dr. Christopher Ford, Assistant Secretary of State for International Security and Nonproliferation; and Ian Steff, Assistant Secretary of Commerce for Global Markets," (20 May, 2020).

[35] Ali Wyne, "How to Think about Potentially Decoupling from China," *Washington Quarterly*, vol. 43, no. 1, 2020, pp. 41-64.

[36] Jeff M. Smith, "How America Is Leading the 'Quad Plus' Group of Seven Countries in ighting the Coronavirus," *The National Interest*, (March 30, 2020).

가치동맹국들은 코로나19 퇴치를 위한 공중 보건에 협력하기 위한 필요성이 증가함에 따라서 이러한 추세가 심화될 가능성이 높아졌다.

'부상하는emerging' 체스판으로서 하위정치 영역의 개념은 개발과 다른 비군사적인 문제들이 현시대 이전의 지정학적 경쟁으로부터 자유롭다는 것을 암시하지 않는다. 예를 들어 냉전 시대는 미국과 소련이 세력권 다툼을 벌이면서 경제 수단을 사용했다. 그러나 미·소가 경제 책략을 사용하는 규모와 범위는 훨씬 낮았다. 또한 아시아에서의 경제적 상호 의존성과 지역적 다자주의(아세안 제외)도 없었다. 이러한 측면들은 현재 하위정치 영역에 대한 오늘날의 권력 경쟁을 상당한 지정학적 체스판으로 만들기 위해 결합되어 있으며, 상위 정치 과정의 경쟁과 교차하는 효과를 가지고 있다.

3. 지정학적 공급과 수요 변화

부상하는 쌍둥이 체스판이 코로나19 이후 남중국해 국제 질서에 어떤 영향을 미칠 수 있을까? 두 개의 체스판을 가로지는 미·중 경쟁은 국제 수준의 지리전략적 공급과 수요를 변화시키고 있지만 강대국들이 경쟁하고 약소국들이 협력과 재편성하는 방법이 느리지만 실질적으로 바뀌고 있다고 볼 수 있다. 이러한 과정들이 냉전 2.0이 어떻게 전개되는지를 형성하고 있다. 지역 또는 세계 차원으로 전 지구적으로 통합된 지리전략적 과정의 산물이고 강력한 행위자들이 이익의 삼위일체에 대한 약소국의 요구를 예측하여 권유 또는 강압을 통해서 안보, 번영 그리고 자율성을 공급하기 위해 경쟁하고 있다.[37] 주권적 실체들 사이에 공급 또는 수요의 주요 패턴의 변화가 있을 때 국제 질서의 변화가 있다. 현재, 권력의 시장들은 여전히 균형을 찾고 있으며, 체제의 모든 것을 광범위한 위험에 노출시키지만 또한 두 체스판을 포괄하는 적극적인 정치 책략 statecraft을 위한 여지를 남겨두고 있다.

이러한 개념은 진화하는 국제 질서에 대한 부상하는 쌍둥이 체스판의 전반적인 영향을 평가하기 위한 기초를 제공하면서 함축적인 의미는 다양하다. 첫째, 수요 측면에서는, 안보가 여전히 주요 전략 상품이지만, 번영과 자율성과 같은 비안보 상품이 훨씬 더 많이 찾는 상품sought-after commodities이 되고 있다. 이것은 약소국들이 주로 개발 요구와 지도자들의 정치적 정당성(중국의 확대된 BRI 프로젝트에 충족되고 자극 받은 수요 증가)[38]에 따라 국경과 경계를 넘어 인프라 기반 연결성 구축을 더 많이 원하고 있기 때문이다.[39] 이러한 요구는 일본, 미국, 호주 그리고 인도와 같은 쿼드 국가와 EU가 제공하는 대체 또는 잠재적 인프라 자금 후원으로 더욱 가속화되고 있다. 이러한 강대국들은 최근 몇 년 동안 중국의 빠르게 확장되는 일대일로구상(BRI) 영향력을 제한하고 밀어내기 위한 경쟁에 동참해 왔다. 이 경쟁 중인 강대국들이 이제 중국 일대일로구상(BRI)의 대안인 연결성 구축은 더 이상 순수한 경제적 또는 발전의 문제가 아니라 지

---

[37] 이 개념화는 Danny Quah, "A Thucydides Fallacy: The New Model of Power Relations for Southeast Asia, the US, and China," *The Diplomat*, (July 27, 2019); Danny Quah, "Great Power Competition in the Marketplace for World Order," *Lee Kuan Yew School of Public Policy Working Paper* (November, 2019)에서 채택했다.

[38] Lampton, Ho, and Kuik, op. cit., ch, 4.

[39] Michael G. Plummer, Peter J. Morgan, and Ganeshan Wignaraja, eds., *Connecting Asia: Infrastructure for Integrating South and Southeast Asia.* (Cheltenham, UK: Edward Elgar Publishing, 2016).

리전략적인 상품에 더 가깝다는 분명한 지표이기 때문에 자신의 연결성 계획을 투자라고 제안하기로 결정했다.

더 많은 강대국들과 행위자들이 상품 공급을 위해 경쟁함에 따라, 약소국들의 수요는 각국의 내부 요구와 외부 선택지에 의존 정도에 따라 증가하게 될 것이다. 의미심장하게도 약소국들의 많고 다양한 인프라 개발 협력에 대한 요구 증가는 번영뿐만 아니라 자율성에 의해서도 동기를 부여받는다. 약소국들이 개발 이득을 최대화하기 때문에 단일 강대국에 의존하는 것을 피하는 것을 선호한다. 동남아시아와 다른 지역에서 BRI 관련 프로젝트는 인프라 구축을 통해 물리적 및 개발 격차를 해소하는 데 있어 좋은 진전을 이뤘지만, 인식된 의존성, 투명성 결여, 사회적 결속 cohesion과 환경에 부정적 영향의 결합으로 협소한 정치적 및 인식 격차에서 문제에 직면하고 있다.[40] 이러한 반복되는 문제는 많은 주최국host countries이 가능할 때마다 연결 동반자 관계를 다양화하게 만들고 있다. 결과적으로, 연결성 협력은 권력 경쟁에서 점점 더 중요한 문제가 되고 있다. 코로나19 이후 공중 보건 협력도 마찬가지다. 강대국들이 군사적 충돌 없이 경쟁하기로 결정하는 시점에서 두 번째 체스판은 첫 번째 체스판보다 더 중요한 것은 아니지만 동등하게 중요한 플랫폼이 되고 있다.

둘째, 공급 측면에서는 미·중이 지역 공공과 사적 재화의 핵심 공급자로 남아 있거나 계속 유지될 것이지만, 양국은 두 번째 체스판에 있는 유일한 공급자는 아니다. 실제로, 다른 강대국들이 아직 대안은 아니지

---

[40] Cheng-Chwee Kuik, "Connectivity and Gaps: The Bridging Links and Missed Links of China's BRI in Southeast Asia," In Maria Adele Carrai, Jean-Christophe DeFraigne, and Jan Wouters, eds., *The Belt and Road Initiative and Global Governance* (Northampton, Cheltenham: Edward Elgar Publishing Ltd, 2020), pp. 76-95.

만 번영과 자율성과 같은 수요 높은 상품을 위한 공급자의 추가적인 층을 구성한다는 것을 보여주는 충분한 증거가 있다. 일본은 동남아시아 지역의 인프라 연결성 구축의 원조와 지원 핵심 공급국이었다.[41] 유럽 국가들은 아시아와 다른 지역에서 약소국들에게 성장, 개발 그리고 역량 강화의 기회를 제공하는 데 있어서 일본과 유사하게 중요한 역할을 해왔다. 동남아시아 국가들은 아세안과 아세안 주도 제도를 통해 지역 차원의 포괄적 협의, 합의 구축 그리고 협력을 통해 국가 자율성과 지역의 회복력resilience을 보호할 수 있는 플랫폼을 제공해 왔다.[42]

미·중의 경쟁이 심화되고 다자주의에 대한 미국 공약 실행이 약해지면서 중국의 강력한 공세에 대한 우려가 증가함에 따라 2차 강대국들의 역할이 계속되거나 확대될 가능성이 높다.[43] 이러한 구조적 불확실성과 관련된 위험이 클수록, 2차 강대국과 약소국들이 행동주의를 강화할 가능성이 더 높아져 두 개의 체스판에서 가치동맹국들과 새로운 차원의 협력을 모색하면서 현존의 동반자 관계를 강화할 것이다. 약소국들은 전통

---

[41] Kei Koga "Japan's 'Indo-Pacific' Question: Countering China or Shaping a New Regional Order?" *International Affairs*, vol. 96, no. 1, 2020, pp. 49-73.

[42] 아세안 주도 메커니즘은 1994년에 설립된 아세안 지역포럼(ARF: ASEAN Regional Forum), 1997년에 설립한 아세안 플러스 3(APT: ASEAN Plus Three), 2005년에 설립한 동아시아 정상회의(EAS: East Asia Summit), 2010년에 설립한 아세안 확대 국방장관회의(ADMM-Plus: ASEAN Defence Ministers' Meeting Plus)이 있다. Evelyn Goh, *The Struggle for Order: Hegemony, Hierarchy, and Transition in Post-Cold War East Asia* (Oxford: Oxford University Press, 2013); Daljit Singh and Malcolm Cook, eds., *Turning Points and Transitions: Selections from Southeast Asian Affairs 1974-2018* (Singapore: ISEAS-Yusof Ishak Institute, 2018).

[43] Siew Mun Tang, Hoang Thi Ha, Anuthida Saelaow Qian, Glenn Ong, and Pham Thi Phuong Thao, *The State of Southeast Asia: 2020* (Singapore: ISEAS-Yusof Ishak Institute, 2020).

적인 세계와 지역 다자주의에 대한 관여를 심화시켜가면서 양자, 소다자 주의와 함께 새로운 경로를 통해서 서로에게 더 접근할 가능성이 높아진다. 이러한 협력 방식은 일반적으로 수렴되는 이해관계의 지속적으로 진화하는 수준과 범위에 적응하는 쟁점별issue-specific, 제도화 및 포괄적인 것이 될 것이다. 쿡Malcom Cook과 하Hoang Thi Ha는 그러한 합의의 가능한 형태는 미·중을 포함하지 않는 소다자주의적이고 비공식적인 연합일 것이라고 생각한다.[44]

이들이 인용하는 예로는 한국, 인도네시아, 싱가포르, 영국, 캐나다, 호주, 독일, 이탈리아, 모로코, 남아프리카 및 페루를 포함하는 코로나19에 관한 장관급 국제 협력 그룹Ministerial Coordination Group on COVID-19이다. 쟁점별 다자주의에 대한 다른 예는 해양 강도와 해적을 방지하기 위해 2004년과 2016년에 말라카 해협 순찰(MSP: Malacca Straits Patrol)과 말레이시아, 인도네시아 그리고 필리핀의 3국 협력 협정(필리핀, 인도네시아, 말레이시아 3국의 삼각협력(TCA: Trilateral Cooperative Arrangement))이 포함된다.[45] 비슷한 배열은 두 번째 체스판의 다른 영역에서도 생각할 수 있다. 예를 들어, 다층적 구조는 공급망과 물류 네트워크뿐만 아니라 보건, 환경 및 자원 관리에 대한 협력을 포함할 것으로 예상된다.[46] 이 모든 새롭고 오래된

---

[44] Malcom Cook and Hoang Thi Ha, "Beyond China, the USA and ASEAN: Informal Minilateral Options," *ISEAS Perspectives*, no. 63, 2020, pp. 1–9.

[45] Malaysian Ministry of Defence, *Defence White Paper: A Secure, Sovereign and Prosperous Malaysia* (Kuala Lumpur: Percetakan Nasional Malaysia Berhad, 2020).

[46] Bhubhindar Singh and Sarah Teo, eds., *Minilateralism in the Indo-Pacific: The Quadrilateral Security Dialogue, Lancang-Mekong Cooperation, and ASEAN* (London: Routledge, 2020).

합의는 미국 주도의 동맹과 아세안 주도의 구조와 같은 현존 플랫폼을 대체하지 않고 보완할 것으로 기대된다.

이것은 다층적 협력 구조를 구축하려는 약소국들의 행동주의는 강대국 정치로부터 자유로울 수 있다는 것은 아니다. 미·중 경쟁이 심화됨에 따라서 두 체스판에서 자신들의 헤게모니적hegemonic 야망에 맞춰야 한다는 압박감도 커질 것이다. 이러한 구조적 압력 증가에도 불구하고 이러한 다른 국가들은 어떤 것은 중복되고 보완적이고 다른 것은 경쟁적이고 심지어 배타적인 추가적인 협력 구조의 층을 개발하도록 더욱 강요받고 있다. 복잡하고 다층적인 협력 체제는 모호하고 심지어 중복적으로 보일 수도 있지만, 그것들은 불확실성이 큰 상황에서 다양한 국익의 균형을 맞추기 위한 필수적인 시도의 일부이다.

셋째, 협력적 합의의 계층들 속에서 보다 최적의 균형을 이루기 위해, 합리적인 국가들은 쌍둥이 체스판 사이와 그 너머에서 자신들의 헤징 선택지hedging options를 확대할 가능성이 높다. 강대국 관계가 점점 불확실해지고 있기 때문에 약소국들은 어느 한 쪽을 들지 않고 여러 위험을 상쇄하고 지리전략적 연계를 다양화함으로써 더 많은 헤징을 할 필요가 있다.[47] 쌍둥이 체스판은 각각의 약소국들이 하나의 체스판에서 또 다른 체스판에 대한 위험을 상쇄하기 위해 잠재적 이득을 사용할 때 이러한 선택지를 위한 공간과 가능성을 증가시킨다. 향후 연구는 서로 다른 국가들이 어떻게 쌍둥이 체스판을 넘어서 헤징하려고 시도하는지 그 형태들이 그 국가들 각자의 지배 엘리트의 정치적인 요구, 외부 공급의 가용성

---

[47] Cheng-Chwee Kuik, "Hedging in the Post-Pandemic Asia: What, How, and Why?" *The Asan Forum*, (June 6, 2020).

그리고 다양한 정도의 약소국 매개체들의 기능을 검토해야 한다.

4. 동남아시아 전략적 가치 재인식

미국 국내 정치는 중국에 대해 급격하게 부정적인 방향으로 돌아갔다. 중국은 미국이 지원하는 기존의 국제 질서와의 상호작용으로 얻은 많은 이익을 계속 이용하는 한편, 종종 강압적이고 위협적이며 은밀한 안보, 경제, 외교 관행을 통해 광범위한 미국의 이익에 도전하고 있다. 이러한 관행은 결국 2017년 12월 트럼프Donald Trump 행정부의 국가 안보 전략과 함께 대중의 시각에 나타난 워싱턴의 지도자들 사이에서 중국 정책의 전환을 촉발시켰다.[48]

그러한 미국 내 변화는 불규칙하게 나타났다. 트럼프 행정부 내 대중 경제 대응책을 놓고 심각한 분열이 한동안 팽배했다. 트럼프 대통령은 중국의 관행에 대한 비판과 중국 지도자와 우정을 공언하는 것 사이에서 예측 불허의 태도를 보였다. 의회 내 초당적 다수당들은 중국의 도전에 대응하기 위한 미국의 '전체 정부'를 수립하는 데 훨씬 더 안정적이라는 것을 증명했다. 트럼프 행정부의 징벌적 관세와 대중국 첨단 기술 판매 제한은 2018년 12월 휴전 때까지 이른바 무역전쟁으로 이어져 2020년 1월에 첫 단계 합의를 이끌어냈다.[49]

중국에 대한 미국의 부정적인 움직임은 2019년 대중 강경정책을 지지

---

[48] Robert Sutter, *Chinese Foreign Relations: Power and Policy of an Emerging Global Force* (Lanham MD: Rowman & Littlefield, 2021), pp. 142-144.

[49] ibid, pp. 144-148.

하지 않은 미국 내 여론과 충돌했다. 그리고 미국의 주요 언론은 트럼프의 별난 행동에 초점을 맞추었고 자주 새로운 정책을 비판하고 무시했다. 바이든이 미국에 비해 중국의 역량을 폄하하는 경향이 있었지만 대체로 민주당 대선 후보들은 중국 문제를 자주 거론하지 않았다. 설리번 Jake Sullivan 미국 국가 안보 보좌관은 민주당이 위협 세력으로 중국에 대한 관심이 부족한 것은 미국 여론과 정확히 일치한다고 판단했다.[50]

그러나 2020년 미국 대통령 선거 캠페인campaign이 진행되고 있는 가운데 코로나19가 미국을 강타했을 때 중국 정책에 대해서 미국인들이 강하게 반대하게 된 전환점이 왔다.[51] 바이든Joe Biden 대통령은 새 행정부의 온건주의를 억제하기 위해 고안된 트럼프 행정부의 반중국anti-China 행동이 최고조에 달한 가운데 취임했다. 그러나 미국 의회는 116차 회기 말에 중국을 목표로 하고 있는 것을 겨냥한 300개 입법안 중 다수를 지지하고 있어 반중국에 대한 확고한 입장을 유지하고 있었다.[52] 바이든 대통령은 중국이 도전하는 주요 위험을 강력하게 경고했지만 중국은 미국 이익에 도전하고 타협을 제공하지 않는 관행을 계속 발전시켰다.[53] 체계적

---

50 Robert Sutter & Satu Limaye, *A Hardening US-China Competition: Asia Policy in America's 2020 Elections and Asian Responses* (Honolulu, HI: East-West Center 2020), pp. 10-13.

51 Robert Sutter, "Congress and America's Negative Turn Against China: Strategic Ballast," *FULCRUM: Analysis on Southeast Asia*, (27 July 2021).

52 Global Times, "Bizarre bills against China stack up in US Congress," *Global Times*, (18 June 2020); Andrew Desiderio, "Senate advances a rare bi-partisan deal on countering China," *Politico*, (17 May 2021); Tony Romm, "Senate Approves $250 Billion to Trim China's Ambitions," *The Washington Post*, (9 June 2021).

53 Ryan Hass, *How China is Responding to Escalation Strategic Competition with the United States* (Washington DC: Brookings Institution, 1 March 2021).

이고 잘 조정된 국가 정책은 중국과 무역, 인권, 그리고 다른 분쟁과 관련된 지속적이고 때로는 발전된 비판을 초래했다. 미국의 대중전략의 실질적 변화는 집권 1년이 지난 후에도 불완전하거나 예고되지 않은 상태로 유지하고 있는 정책 검토를 기다리고 있다.[54]

바이든 대통령은 국내 의제에서 코로나19 대유행의 대응, 침체된 경제 회복, 민주적 절차를 훼손하는 정부 내 당파적 교착상태gridlock와 대규모 시위 축소, 소수자 권리 보호에 중점을 두고 있다. 바이든의 민주당은 의회에서 근소한razorthin 과반수를 차지해 다자간 무역 협정을 강력하게 반대하고 인권을 남용하고 대중 민주주의를 억압하고 있는 권위주의authoritarian 체제를 비난하는 사람들을 포함해 모든 민주당원들로부터 행정부의 매우 야심찬 국내 의제에 대한 전폭적인 지지를 얻을 수 있는 이점을 누릴 수 있게 되었다.

두 번째로 미국의 외교정책은 공중 보건, 기후 변화 및 핵확산 방지와 아시아에서 미국의 이익에 대한 다자간 해결책을 모색하면서 동맹국 및 협력국들과 긴밀한 협력이 포함된다.[55] 중국 지도자들과의 고위급 교류는 주요 동맹국 및 협력국들과 고위급 협의를 마친 후에 이루어졌다. 해외에서 중국과 백신 외교를 경쟁하고 있는 미국은 2021년 3월 미국, 호주, 인도 및 일본으로 구성된 쿼드 정상들과 첫 번째 정상 회담에서 2022년 말까지 최대 10억 도스의 코로나19 백신을 아세안과 다른 개도국들에

---

[54] Bonnie Glaser and Hannah Price, "Continuity Prevails in Biden's First 100 Days," *Comparative Connections* 23, (1 May 2021), pp. 29-37; Bonnie Glaser and Hannah Price, "The Decent Continues," *Comparative Connections* 23, (2 September 2021), pp. 25-32.

[55] CNN, "Biden's first 100 days: What he's gotten done," *CNN*,(28 April 2021).

게 제공하기로 합의했다고 발표했다. 동년 5월과 6월에 열린 G7 회의의 미국 중심의 선진국들은 중국과의 차이점을 우선시했다.

6월 G7 정상 회담에는 호주, 인도 및 한국 정상들이 게스트guest로 참여했다. 미국 지도자들이 '강력한 위치position of strength'에서 중국의 도전을 다루겠다는 의지를 반복해서 강조했기 때문에 중국은 북대서양조약기구/나토(NATO: North Atlantic Treaty Organisation), 유럽연합(EU: European Union), 일본, 한국 및 호주와 미국 등의 고위급 논의를 깊은 관심을 가지고 주목했다.[56]

바이든은 동년 4월 일본 총리, 5월 한국 대통령과 정상 회담을 통해 개최국 지원과 관련한 심각한 분쟁을 해결하고 북한 문제를 협력적으로 다루면서 중국을 겨냥해 남중국해와 대만, 법치, 항행의 자유를 언급했다. 중국의 야망에 암묵적으로 맞서 미국 중심의 가치 동맹국들은 탄력적인 공급망을 구축하기 위한 신기술과 실용적이고 필요한 기술에 대한 협력을 증진시키기로 합의했다.[57] 블링컨Antony Blinken 미 국무장관과 설리번Jake Sullivan 국가 안보 보좌관은 필리핀이 수년 만에 중국의 압박 전술을 가장 두드러지게 비난하는 것을 보았다. 그리고 바이든은 대만 총통에 대한 개인적인 지지를 보여주기 위해 그의 가까운 친구이자 분신alter ego인 도드Christopher Dodd 전 상원의원을 대만에 특사로 파견했다.[58]

---

[56] Ralph Cossa and Brad Glosserman, "Change in Style, Continuity in Asia Policy," *Comparative Connections* 23, (1 May 2021), pp. 1-7.

[57] Sheila Smith, "Japan, the Quad and the Indo-Pacific," *The Asan Forum*, (23 June 2021); Brad Glosserman, "What Was Unsaid Hovers Over the Biden-Moon Summit," *Japan Times*, (25 May 2021).

[58] Robert Sutter & Chin Hao Huang, "China-Southeast Asia Relations," *Comparative Connections* 22, (1 May 2021), pp. 70-72; Nick Aspinwall, "Biden delegation

바이든은 미국이 직면한 주요 변곡점은 중국이 미국의 민주적 의사결정 과정이 덜 효율적이며 따라서 권위주의 체제가 미국을 추월할 것이라고 확신하고 있는 4차 산업혁명fourth industrial revolution이라고 강하게 경고했다. 바이든은 '우리는 중국이 미국을 추월하게 만들 수 없다'라고 주장했다.[59] 슈머Chuck Schumer 상원 원내 대표는 의회에서 미국의 첨단 산업 기술을 개선하고 중국에 대응하기 위한 다른 조치를 추진할 수 있는 다면적인 초당적 입법을 주도했다. 슈머는 '우리는 중국 공산당이 도로의 규칙을 결정하는 세계를 가지거나 아니면 미국이 먼저 그 곳에 도착하도록 할 수 있다'고 조언했다.[60] 한편, 미국의 주류 언론과 여론은 대중 강경정책을 적극적으로 지지했고 흩어진 반대는 약했다.

예상치 못한 아프간 정부의 저항이 급속히 붕괴되고 탈레반이 아프가니스탄 전국을 장악하자 2021년 8월 미국과 동맹국의 철수를 둘러싼 논란은 세계 지도자로서의 미국의 입지를 훼손하고 바이든 대통령의 정치적 입지가 손상되었다.[61] 그러나 중국의 도전에 맞선 바이든 정부의 결의는 9월 15일 미국이 엄격하게 보유하고 있는 핵잠수함 기술 판매와 중국과 긴밀한 협력을 포함하는 새롭고 보다 엄격한 미국 안보 관계를 호주 및 영국과 체결한 것을 전격적으로 발표함으로써 강조되었다.

---

pledges US support for Taiwan selfdefense," *The Diplomat*, (17 April 2021).

[59] US-China Policy Foundation Newsletter, "US View of China Competition," (21 May 2021).

[60] David Sanger, Catie Edmondson, David McCabe and Thomas Kaplan, "In Rare Show of Unity, Senate Poised to Pass A Bill to Counter China," *The New York Times*, (7 June 2021).

[61] The New York Times, "Full Transcript of Biden's Remarks on Afghanistan," *The New York Times*, (31 August 2021).

2020년 10월 타이Katherine Tai 미 무역대표부USTR 대표는 트럼프 행정부의 징벌적 관세가 지속될 것이라고 밝히며 기존 무역정책에 거의 변화가 없다고 발표했다. 대만 해협Taiwan Strait의 긴장은 중국 전투기들이 대만 방공식별구역(AIDZ: Air Defence Identification Zone)에 침입하여 전례 없는 무력시위를 과시했으며, 스위스에서 설리번과 양제츠楊潔篪 중국 공산당 중앙 정치국 상무위원과 회담이 진행되고 있어 양국 정상 간의 화상 정상회담virtual summit meeting을 준비 중이라고 발표했다.[62]

바이든 정부가 호주, 인도, 일본, 한국, 대만은 물론 유럽과 나토 동맹국들 및 협력국들로부터 중국과 전략 경쟁에서 지지를 얻고 있음에도 불구하고 미·중 경쟁이 동남아시아에서는 환영받지 못하거나 신중하게 받아들여지고 있다. 이것은 최근 동남아시아에서 중국과 대비해 미국의 하락세가 두드러지고 있다는 점을 설명하는 근거도 추가되고 있다. 중국은 동남아시아 주변 국가들과 광범위한 국경을 접하고 이웃 국가들에게 가장 중요한 주요 강들을 통제하는 뚜렷한 이점을 가지고 있다. 중국은 동남아시아에서 가장 큰 무역 대상국이자 인프라 자금 조달의 두 번째 큰 원천이다. 동남아시아 국가들은 중국에 깊이 투자하고 있는 반면, 이 지역에 대한 중국의 투자는 지난 10년 동안 대폭적으로 성장했다. 중국은 남중국해에 대한 막대한 영유권 주장을 능숙하게 통제하고 있다고 주장하며 동남아시아 국가들의 훨씬 더 약한 수용력에 대항하여 우월하게 맞서고 있다.[63]

---

[62] The White House, "Joint Leaders Statement on AUKUS," (15 September, 2021); David Lynch, "White House calls for 'new course' on China trade ties," *The Washington Post*, (5 October, 2021); David Sanger, "Biden and Xi agree to hold virtual talks," *The New York Times*, (7 October 2021).

중국은 동남아시아 지역의 경제 성장의 원동력으로 널리 인식되어 있다. 중국이 추진하고 있는 일대일로구상(BRI: Belt and Road Initiative)은 매우 필요한 자금 조달 및 건설 역량을 이 지역에 제공하고 있다. 중국 공산당과 국가의 공공연하고 은밀한 정보기관들은 동남아시아의 중요한 중국의 디아스포라diaspora인 화교에 대한 영향력을 증대시키고 이 영향력을 BRI 목적을 촉진하는 데 사용했다. 베이징은 중국의 교통, 통신 및 기타 기반시설에 점점 더 의존하는 아세안 정부에 강력한 영향력을 행사하고 있다.

이전의 필리핀과 최근 말레이시아에 발생한 스캔들scandals 그리고 미얀마, 캄보디아 그리고 다른 국가들에 관한 아시아 소사이어티Asia Society와 다른 조사 보고서에서 볼 수 있듯이, 베이징은 BRI를 수용하는 국가의 전반적인 국익을 희생시키면서 그 국가들의 지도자들과 중국 이익에 도움이 되는 BRI 규정 하에 경제 합의에서 해당 지역 지도자들에 의한 부패한 관행을 일상적으로 수용하고 있다. 중국은 또한 침투된 지역 언론과 수많은 공자 학당Confucius Institutes과 학생 교류를 통해 자신의 지도력을 확립하기 위해 노력하고 있다. 중국 관광객이 동남아시아의 관광 산업을 지배하고 있다.[64]

---

[63] David Shambaugh, *Where Great Powers Meet: America and China in Southeast Asia* (New York: Oxford University Press, 2021), pp. 179-246; Murray Hiebert, *Under Beijing's Shadow* (Washington DC: CSIS, 2020); Sebastian Strangio, *In the Dragon's Shadow* (New Haven CT: Yale University Press, 2020).

[64] Daniel Russel and Blake Berger, *Navigating the Belt and Road Initiative* (Washington, DC: Asia Society Policy Institute, June 2019); David Shullman, ed., *Chinese Malign Influence and the Corrosion of Democracy* (Washington, DC: International Republican Institute, 2019).

중국과 경쟁할 때 동남아시아에서 미국의 경제 위상은 몇 가지 강점이 있다. 이 지역과 미국의 양 방향 무역은 2020년에 3,080억 달러에 달했고, 2015년부터 2020년 사이에 이 지역에 대한 미국의 투자는 1,110억 달러로 세계 다른 지역보다 많았다. 미국의 우방인 일본은 아세안의 최대 교역국 중 하나로 2015-2020년 일본이 아세안 지역에 중국보다 더 많은 1,020억 달러를 투자했다. 전략적으로 미국은 필리핀, 태국과 동맹관계를 유지하고 있으며(때로는 문제가 있기는 하지만), 싱가포르와 중요한 군사 주둔과 협력 안보 관계, 베트남, 말레이시아 및 인도네시아와의 활발한 군사와 다른 안보 교류를 유지하고 있다.

동남아시아에 대한 두 가지 전략적 무게 중심과 관련해서 미군은 말라카 해협에 접근하는 인도양의 급격한 변화를 경계하고, 남중국해에서의 중국의 불법적인 팽창주의에 대응하고 있다. 미국의 동맹국인 일본과 호주 그리고 쿼드에서 긴밀한 협력국인 인도는 중국이 도전하는 자국의 해양 권리와 이익을 방어하기 위해 동남아시아 국가와 전략적 역량을 구축하기 위한 상호보완적 노력을 추구하고 있다.[65] 그럼에도 불구하고, 미국의 성과는 중국을 부상하는 세력으로 미국을 쇠퇴하는 세력으로 보고 있는 이 지역의 지배적인 언론 담론을 바꾸지 못했다. 과거에는 미국이 동남아시아 지역의 가장 중요한 전략 강대국이자 경제 주도국으로 인식되었지만 현재는 중국을 압도적으로 가장 영향력 있는 국가로 간주하고 있다.[66]

---

[65] Robert Sutter, "Why US Rivalry with China Will Endure: Implications for Southeast Asia," *Perspective* (Singapore: Yusof Ishak Institute, 26 October 2021), p. 6.

[66] ISEAS-Yusof Ishak Institute, *State of Southeast Asia 2019 Survey Report* (Singapore

지역의 비대칭성은 미국 행동에 대한 광범위한 비판에서 드러나고 있지만 중국에 민감한 사안에 대해서는 침묵을 지키고 있다. 중국 의존국 client states인 캄보디아와 라오스는 아세안이 남중국해에서 중국의 9단선 nine-dash line 주장에 대해 아세안 영유권 주장국들이 해양 지역 관할권을 방어하기 위한 노력을 차단하고 있다. 중국의 9단선 주장은 2016년 7월 국제 중재 재판소 판결을 통해 국제법으로 불법이라고 간주되었지만 베이징은 그 결정에 대한 논의를 피하도록 지역 정부와 아세안에 압력을 가하고 있다. 10년 전, 미국 전문가들은 남중국해 행동 강령(CoC: Code of Condict)에 관한 중국과 아세안 간 협의가 동남아시아 영유권 주장국들과 미국의 이익에 맞춰 상황을 안정시킬 것이라고 판단했다. 오늘날, 중국이 이 논의를 너무 지배하여 행동 강령(CoC)은 미국의 군사 활동을 금지하도록 중국이 지원하는 조항이 포함될 것이라는 것이 공통적인 견해이다.[67]

한편 미국은 동시대의 동남아시아 지역 담론에서 관련성을 찾기 위해 고군분투하고 있다. 아세안 국가들은 미국의 정책 입안이 그 지역 문제에 일시적인 관심만을 보여주는 것으로 인식하고 있다. 미국의 심각한 내부 문제들은 해외 문제에 관여하기에는 불충분한 위치에 있는 국가로

2020); ISEAS-Yusof Ishak Institute, *State of Southeast Asia 2020 Survey Report* (Singapore 2021).

[67] John West, "Book Review: Where Great Powers Meet," *Australian Outlook*, Australian Institute of International Affairs, (15 February, 2021); Viet Hoang, 'The Code of Conduct for the South China Sea: A Long and Bumpy Road," *The Diplomat*, (28 September 2020); Raissa Robles, "South China Sea: Beijing rushing code of conduct to undermine 2016 Hague ruling," *South China Morning Post*, (24 August 2021).

보여지고 있다. 미국은 국내 문제에 집중하고 있기 때문에 아세안 지역 전담 대사와 관련 부처 고위 관료를 지명하지 않아 의회가 승인하지 못하고 있는 것이 중국과 경쟁에 미국의 치명적인 약점이 되고 있다. 미국은 중국의 BRI와 경쟁할 자본이 없다.

민주당은 다자간 무역 협정에 반대하지만 바이든 대통령의 국내 입법 우선순위에 대해서는 이들의 지지가 필수적이다. 미국 민주당이 다자간 무역 협정에 반대하고 있지만 바이든은 국내 입법에 우선순위를 두고 있기 때문에 의회에서 민주당의 지지는 필수적이다. 그래서 미국이 다자간 무역 협정에 가입하는 것이 중국과 경쟁에서 매력적인 프로그램을 제공할 수 있지만, 미국은 중국이 가입을 추구하고 있는 포괄적·점진적 환태평양 경제 동반자 협정(CPTTP: Cpmprehensive and Progressive Agreement for Trans-Pacific Partnership)에 가입할 가능성은 낮다고 할 수 있다.[68] 마찬가지로 진보성향의 민주당 의원들과 의회 내 다른 공화당 의원들은 대부분의 동남아시아 지역 국가들이 받아들이기 어려운 민주주의와 인권에 대한 미국 외교정책 강조를 요구하는 데 특히 미얀마의 군사 정권을 다루는 데 있어서 미국의 유연성을 제한하고 있다.[69]

이러한 배경에서 최근 미국이 중국의 도전에 대응하기 위해 동남아시아에 대한 관심을 높이려는 노력은 중국의 기만전술과 중국의 응징 도발을 경계하는 이 지역 국가들에게 여전히 매력적이지 않다. 대부분의 역

---

[68] Zack Cooper and Adam Liff, "America Still Needs to Rebalance to Asia," *Foreign Affairs*, (11 August, 2021).

[69] Robert Sutter, "The United States and the Myanmar Crisis: Broad Interests, Constricted Responses," *FULCRUM: Analysis on Southeast Asia*, (14 June 2021).

내 국가들과 논평들은 그동안 제공해 왔던 광범위한 투자와 외국 원조를 포함하여 미국이 동남아시아에 제공하는 혜택을 무시하고 있다.[70] 동남아시아에서 미국 행동에 대한 바이든 행정부의 초기 기록은 이렇게 인식된 미국 세력의 하락세를 뒤집지 못했다. 동남아시아에서 미국의 고위 관리들은 남중국해에서 중국의 치안 세력(해안 경비대와 해양 민병대)에 도전하는 필리핀의 지원에 관심을 가졌지만 동남아시아 국가들과 아세안에 대한 미국 고위 관리들의 관심은 여전히 낮았다. 바이든 행정부 출범 이후 2021년 상반기 동안에 한국, 일본, 인도, 호주, 유럽 정상들 그리고 심지어 대만과의 광범위한 고위급 협의는 해리스 Kamala Harris 부통령이 싱가포르와 베트남을 방문하는 것으로 마무리했던 2021년 8월에 아세안 담당자들과 혼란스러운 장관급 회담이 있을 때까지 아세안 전체 및 개별 아세안 국가의 관계와 아주 극명한 대조를 이루었다.

그러나 아세안에게 이 중대한 시점은 미국이 아프가니스탄에서 철수하는 동시에 나타난 공황 상태 panic와 고통에 대한 세계적인 논란으로 가려졌다.[71] 아시아에서 중국에 대응하려는 바이든의 계속된 결심은 특히 수십억 달러 규모의 핵잠수함 판매 등 중국을 겨냥한 민감한 안보 문제에 대해 2021년 9월 호주 및 영국과 긴밀한 협력 합의를 기습적으로 발

---

[70] Zach Cooper, "Mind the Gap: Biden's Opportunity to Re-engage with Southeast Asia," *FULCRUM: Analysis on Southeast Asia*, (25 November 2020); Sebastian Strangio, "ASEAN and China Minister Talk COVID-19, Myanmar Crisis," *The Diplomat*, (8 June 2021).

[71] Huang Le Thu, "Biden Must Change the Narrative of Neglect for Southeast Asia," *Foreign Policy*, (9 July, 2021); Catharin Dalpino, "ASEAN Confronts Dual Crisis," *Comparative Connections* 22, (1 May 2021), pp. 57-65; Robert Sutter & Chin Hao Huang, op. cit., pp. 64-65.

표하면서 더욱 강화되었다. 다만 동남아시아 국가들은 신중하게 반응했는데 필리핀만 공개적으로 지지하고 말레이시아와 인도네시아는 공개적으로 비판했고 베트남과 싱가포르는 애매한 태도를 보여주었다.[72]

2021년 2월에 미얀마에서 일어난 쿠데타로 광범위한 내란과 균형에 대한 상당한 무장 저항은 중국과 경쟁에서 미국에게 불리하게 작용했다. 바이든 정부는 의회의 선호도에 따라서 미얀마의 포악한 군부 지도자들에 대한 제재를 강조했다. 아세안은 미얀마 위기를 다루는 데 있어 아세안의 중심성centrality 강화를 위해 미·중을 모두 관여시키는 방안을 모색했다. 중국은 미얀마 군사정부와 좋은 관계를 유지하면서 아세안과의 협력에 관심을 기울였다. 동년 5월 말 블링컨 미 국무장관과 예정된 아세안 외교장관들과의 화상 회담이 막판 기술적 문제로 취소되었다. 이와는 대조적으로 왕이王毅 중국 외교부장은 6월 초에 아세안 국가들과 직접 대면 회담을 개최했는데, 이것은 2021년에 왕이 외교부장이 아세안 국가들과 가졌던 많은 회담들 중 하나이다. 블링컨은 7월 미얀마 문제에 대해서 아세안 외교장관들과 화상 회담 일정을 조정하면서 이 문제를 다루는 데 있어 직접적인 미국의 지도력과 역할을 강조했다.[73]

동년 7월 오스틴Lloyd Austin 미국 국방장관의 필리핀 방문은 미국의 상당한 군사와 백신vaccine 지원 이후 이루어진 것이고 이것은 변덕스러운 두테르테Rodrigo Duterte 필리핀 대통령이 종료하겠다고 위협했던 방문군

---

[72] Ristian Atriandi Suprianto, "Why Southeast Asia Should Welcome AUKUS," *The Diplomat*, (28 September 2021).

[73] Sebastian Strangio, "US Focuses on Myanmar, South China Sea at Special ASEAN Meeting," *The Diplomat*, (15 July 2021).

협정(VFA: Visiting Forces Agreement) 복원을 결정하게 만들었다. 오스틴 국방장관과 해리스 부통령이 싱가포르와 베트남을 방문한 것은 코로나19 백신 제공, 경제 회복, 기후 변화 그리고 해양안보에 대한 보다 긴밀한 미국의 관여에 대한 중요한 구상을 강조하기 위한 것이었다.

그럼에도 불구하고, 중국의 도전에 대응하는 미국의 최우선 과제를 지원하는 미국의 행동주의의 효과는 제한적인데, 특히 중국의 기분을 상하게 하는데 대한 동남아시아의 거부감이 두드러졌다. 중국이 동남아시아를 지배할 경우 가장 큰 손해를 보는 베트남마저도 하노이는 중국 대사가 백신 기부를 위해 베트남 총리를 공개적으로 만날 수 있도록 허용했지만 몇 시간 뒤 백신 제공을 위해 방문한 해리스 미 부통령을 냉대했던 것도 중국의 불쾌감을 피하기 위한 것이 분명했다.[74]

5. 결론

쌍둥이 체스판의 복잡성은 21세기가 미·중이 주도하는 질서가 아님을 시사한다. 결국 각 경쟁 세력은 서로 다른 체스판에서 비교적인 권력을 누리게 될 것이다. 미국은 여전히 군사력 우위, 아시아 안팎에서 오랜 동맹국들과 협력국들의 네트워크, 그리고 지역 국가들의 중국에 대한 불신 심화로 인한 무기, 동맹, 해양 안보와 같은 상위정치에 우위를 점하고 있다. 반면에 중국이 무역과 지역 다자주의에서부터 인프라 연결성 구축과 다른 기능적인 협력에 이르기까지 하위정치 영역에서 더 많은 진전을

---

[74] Shibani Mahtani, "Harris in Vietnam Gets a dose of China's challenge to the US," *The Washington Post*, (25 August 2021).

보이고 있다는 징후가 있다. 중국이 장기적으로 유리한 고지를 점한 것은 지리, 중국과 동남아시아 간 더 깊은 상호의존성(2020년 아세안 전체가 중국의 최대 무역상대국으로 EU를 대체한 것), 수십 년 동안 아시아의 다자간 제도에 중국의 적극적 참여 그리고 동남아시아 지도자들의 성과 기반 정당성 performance-based legitimation(발전은 경제와 정치의 문제이다)이 원인이다. 물론 중국 우위 추세가 지속될 것인지는 시차를 두고 분석할 문제이다.

전반적으로 볼 때, 새롭게 부상하고 있는 쌍둥이 체스판은 아시아 질서의 3대 구조인 미국 주도의 동맹과 협력, 아세안 기반 다자주의 그리고 중국 중심의 발전주의를 강화할 가능성이 높다.[75] 동남아시아 국가들에게는 3대 구조 각각의 고유한 강점과 단점이 있다. 1950년대 이후 아시아 안보에서 중추적인 역할을 해 온 첫 번째 핵심축은 지역 안정과 기타 지역 공공재를 위해 필수적이지만 동맹국들과 협력국에게 함정이 될 가능성이 있다. 1990년대 이후 부상하고 확대된 두 번째 핵심축은 아세안 기반 지역 다자 포럼이 동남아시아 국가들뿐만 아니라 인도·태평양 지역의 모든 강대국들과 핵심 행위자들에게 협력을 위한 중요한 플랫폼을 제공한 이후 필수 불가결하지만 약소국 주도 지역 지구로서 아세안의 약점 때문에 불완전하다. 개혁·개방 시대 이후 발전해 왔지만 시진핑의 BRI 프로젝트 추진으로 도약하고 있는 세 번째 구조는 개발 이익과 경제적 기회 측면에서 매력적이지만 과도한 의존, 내부 소외 그리고 외부적 개입의 위험성 때문에 우려스럽다.

이러한 상대적 이점과 단점 때문에 동남아시아 지도자들은 3개의 구

---

[75] Michael J. Green, *By More Than Providence: Grand Strategy and American Power in the Asia Pacific since 1783* (New York: Columbia University Press, 2017).

조를 쿼드, 쿼드 플러스, 중국이 지원하는 하위 지역과 지역 구상, 아세안 플러스 구조와 같이 각자가 연관되거나 확대된 플랫폼과 함께 모두 중요하지만 불확실하고 심지어 위험성이 있는 것을 인식하고 있다.[76] 아세안 지도자들은 하나의 구조를 선택하고 다른 구조를 거부하는 것이 아니라, 불가능한 전략적 삼위일체를 최적화하려는 그들 자신의 요구에 가장 적합한 방법으로 그들 각 구조와 함께 살고 활용하는 것이다.

모든 국가들은 안보, 번영, 그리고 자율성을 원하지만, 그 국가들은 어떤 정책 선택을 우선 시 하든지 상관없이 모든 것을 동시에 가질 수는 없다. 첫째 구조는 약소국들의 안보 극대화 역량을 강화하지만, 미국 우산에 대한 완전한 의존은 자율권을 약화시키고 중국으로부터 얻을 수 있는 번영을 포기할 위험성이 있다. 두 번째 구조는 자율성을 최대화하지만 아세안의 고유한 한계는 회원국들이 항상 체제 전체의 안보와 번영 문제에 노출된다는 것을 의미한다. 세 번째 구조는 번영을 극대화하지만 모든 계란을 중국의 바구니에 넣는 것은 자신의 자율성과 안보를 희생하는 대가를 수반한다. 두 체스판 사이에 걸쳐 있는 국가들이 3개 구조 사이에 정책 상충 관계를 어떻게 평가하고 결정하는지를 검토하기 위해 많은 연구가 필요하다.

현재 바이든 행정부는 중국을 심각하게 자극하지 않기로 결정한 동남아시아 국가들과 관계를 계속 발전시키기로 결정한 것으로 볼 수 있다. 일부 전문가들은 동남아시아가 세계에서 가장 중요한 국제 무역 통로이고, 이 지역이 세계 4위의 경제 대국으로 도약하는 궤도에 올라서고 있기

---

[76] Dewi Fortuna Anwar, "Indonesia and the ASEAN Outlook on the Indo-Pacific," *International Affairs*, vol. 96, no. 1, 2020, pp. 111-129.

때문에 미국이 적극적으로 관여할 수밖에 없다고 주장한다. 이러한 견해는 동남아시아 국가들과 경제 관계를 확장하고 심화시킬 능력이 있는 외부 국가들이 규칙을 작성하고 향후 개발, 무역, 투자에 대한 기준을 정할 것이라고 주장한다.[77]

이러한 접근법이 어떻게 미국이 중국의 도전에 대응하는 데 동의하는 높은 우선순위를 뒷받침하는지는 입증하기 어렵다. 시간이 흐르면서, 그러한 접근법은 이 지역의 중국의 압도적인 국익에 대한 증가하는 의존과 존중, 그리고 점점 더 중국 지배적인 영향권에 대해 개별적으로 예민한 우려를 나타내는 것으로 알려진 동남아시아 정부들을 설득시킬 수 있을 것이다.[78] 사실, 중국은 지역 문제에 대한 통제를 강화하기 위해 기만과 강압을 결합하여 사용하기로 결정한 것으로 볼 수 있다.[79]

그리고 미국은 동남아시아 국가들의 요구를 충족시키는 동시에 중국의 도전에 대응하는 전략을 내놓을 수도 있다. 다만 미국이 매우 중요한 국내 현안에 집착하고 아프가니스탄 철군 후폭풍이 거세지는 이 시기에 바이든 행정부는 중국의 도전에 대응하기 위해 기꺼이 협력하는 협력국들, 특히 쿼드 강대국들과 협력하는 데 주력할 가능성이 높다. 한편, 동남아시아와 아세안이 중국의 지배에 따른 위험에 보다 직접적으로 직면하도록 허용하면, 일부 중요한 역내 국가들이 미국이 자신들의 자율권과 국가 권리를 보존하기 위해 그 국가들과 강력한 관계를 유지하도록 장려

---

[77] Robert Sutter (2021c), pp. 7-8.
[78] Sebastian Strangio, "Report Shows Rising Southeast Asian Trust in US, Falling Trust in China," *The Diplomat*, (12 February 2021).
[79] Sutter & Huang (May 2021), pp. 70-72.

할 조치를 취할 동기를 부여할 수 있다.

이런 맥락에서 미국은 2021년 9월 새롭게 강화된 호주, 영국 및 미국 3국 안보 동반자 관계(AUKUS)의 발표와 쿼드 지도자들이 처음으로 직접 대면 정상회담을 개최한 것을 통해 미국이 인도·태평양Indo-Pacific 지역의 동맹국 및 협력국들과 함께 선제적으로 관여하기 시작했다.[80] 이것은 바이든Joe Biden 미국 대통령이 취임 후 국무부에서 행한 첫 외교정책연설에서 도입한 '우리의 본보기로 세계를 이끌어라'는 만트라(Mantram: 진언 眞言/참된 말, 진실한 말, 진리의 말)를 설명하기 위해 마련된 주목할 만한 일련의 행사다. 그러나 어쩌면 더 중요한 것은, 바이든의 76차 유엔 총회 발언에서 강조되었듯이 중국과 '책임있는 경쟁responsible competition'을 촉진하기 위한 바이든 행정부의 포괄적인 접근의 시작 단계를 나타내는 것이다.

이 '책임 있는 경쟁responsible competition' 접근법은 정책적 관점에서 블링컨Antony Blinken 국무장관이 이전에 분명히 밝힌 새로운 접근 방식의 후속 조치이다. 블링컨은 '중국과 우리의 관계는 경쟁해야 할 때 경쟁적이고, 협력해야 할 때는 협력적이고 적대적일 때는 적대적일 수밖에 없다. 공통분모는 중국을 강점position of strength으로부터 관여시킬 필요가 있는 것이다'라고 주장했다.[81]

바이든 행정부는 동맹국과 협력국의 네트워크가 미국 강점의 핵심 요

---

[80] 황준범, 김소연, "군사는 '오커스', 경제는 '쿼드'…인도·태평양으로 돌아온 미, 중국 압박 본격화: 백악관에서 첫 쿼드 대면 정상회의, 자유롭고 개방된 인도·태평양 강조, 위성데이터·반도체 공급망으로 협력 넓혀, 호주 총리 "쿼드-오커스는 상호 강화," 『한겨레』 2021/9/26.

[81] Hoang Vu and Thuc D Pham, "The Shift in China-US Competition: The change from all out to responsible competition presents an opportunity for the Indo-Pacific," The Diplomat, (13 October 2021).

소 중 하나임을 인식하고 이 관계를 심화시키고 있다. 미국은 중국에 대한 장기적 경쟁력을 강화하고 중국이 인도·태평양에서 미국 주도의 규칙 기반 국제 질서에 따라 행동하도록 강하게 압박하면서 냉전 식의 '제로섬zero-sum' 사고방식에서 갈등 위협을 최소화하고 직접적인 대립을 피하는 것을 목표로 하고 있다. 미국도 외교를 앞세워 '통합 억제력integrated deterrence'을 도모하고 있다.

미국의 이러한 접근 방식은 군사 및 비군사적 도구를 모두 활용하여 전방 주둔과 전력 투사를 촉진하고 동맹국 및 협력국과의 강력한 방위 협력과 강화된 조정을 구축하도록 계획되었다. 이 억지 네트워크에서 오커스는 동맹 기반 방위 협력 관계의 본보기로서 이 지역에서 미국의 현재 군사 및 안보 협정을 보완하는 역할을 하는 반면 쿼드는 안보 협력의 무한한 집착과 중국과 경쟁 대신에 이 지역의 실질적인 요구를 충족시키는 데 초점을 맞춘 미국의 새로운 지역 관여의 새로운 틀로서 역할을 하고 있다.

동시에 바이든 행정부는 탈동조화decoupling 과정을 계속 강화하고 특히 최첨단high-tech 영역에서 중국에 대한 상호의존도를 낮추고 있다. 미국은 중국의 미국 기술기업 인수를 감시하고 미국의 투자와 군사나 국내 감시 분야와 연계된 중국 기업으로 첨단 기술 이전을 제한하고 화웨이Huawei와 ZTE과 같은 중국 정보기술(IT) 대기업의 미국 진출을 금지하면서 동맹국들과 협력국들에게 중국의 5G 기술을 그들의 체제로 통합하지 않도록 요구하고 있다. 미국은 또한 미국의 경쟁력을 강화하기 위해 동맹과 유대를 강화하면서 디지털 경제digital economy와 전자 상거래e-commerce를 포함해 시장 다각화에 주력하고 있다.

워싱턴은 쿼드를 통해 개방성, 포용성, 투명성, 법치주의 원칙에 입각한 인도·태평양 지역의 좋은 지배와 발전 모델을 추진하겠다는 것이다. 쿼드는 코로나19COVID-19 백신 및 보건, 높은 표준 인프라, 교육, 중요 및 신흥 기술, 사이버 안보cybersecurity 및 우주 데이터 공유 등 지역 내 국가에 공공재를 제공하는 것을 목표로 한다. 이러한 것들은 중국의 일대일로구상(BRI: Belt and Road Initiative)보다 더 우월한 개발 모델을 보여주기 위한 미국 주도의 집단적 노력을 반영하고 있어 지역의 수요가 높은 분야이다.

동시에 미국은 중국과 협력하겠다는 의지를 유지하고 있다. 바이든 행정부는 중국 등 강대국과의 실질적인 협력 없이 기후 변화, 코로나19 대유행, 포괄적 세계 경제 회복 등 시급한 세계 문제에 대처하는 어려움을 충분히 이해하고 있다. 또한 중국은 2020년에도 미국의 최대 무역 대상국이고 최대 수입원이자 세 번째로 큰 수출 시장이었다. 미국에서 중국으로의 수출은 2019년 미국에서 120만 개의 일자리를 지원했다. 미·중 무역 마찰에도 불구하고 대다수 미국 기업(87%)이 생산 시설을 중국 밖으로 옮기지 않는 방식을 택했다. 중국 관리들은 공식 성명에서 여전히 미국의 접근 방식을 회의적이고 의심스럽게 보고 있다. 중국은 미국과 동맹국들에게 구시대적인 냉전 제로섬 사고방식과 편협한 지정학적 인식을 버리라고 거듭 요구해 왔다.

다만 최근 미·중 양국 정상이 상호 관심 분야를 논의하고 경쟁이 갈등으로 번지지 않도록 심도 있는 소통 채널을 추진하기로 합의한 양국 간 고위급 대화에서 보여주듯이 중국은 바이든 행정부의 강대국 경쟁에 대한 새로운 접근 방식이 이러한 변화가 중국의 이익에 도움이 된다고 인식하고 있다. 양국은 고위급 소통 재개 외에도 최근 멍완저우Meng Wanzhou 화웨이 CFO의 석방 등 다른 완화의 조짐을 보이고 있다.

그러나 미·중의 전략 경쟁은 장단기적으로 불가피하고 어쩌면 돌이킬 수 없는 추세로 남아 있다는 점에 주목해야 한다. 비록 미·중 지도자들이 갈등이 바람직하지 않다는 것을 분명히 했지만, 계산 착오의 위험은 여전히 높다. 하지만 전면적인 지정학 중심의 경쟁에서 벗어나 발전 모델 경쟁으로 옮겨가는 것이 여전히 미·중 경쟁의 지배적인 형태로 남아 있다면 이 지역은 이익을 볼 수 있을 것이다. 강대국들은 지역의 이익을 위해 평화와 안정, 번영을 도모하는 것을 목표로 지역에 제공되는 공공재 측면에서 경쟁해야 한다. 긴장이 고조된다면, 미국과 중국은 이 지역의 다른 이해 관계자들 특히 아세안과 건설적으로 관여하는 것을 볼 수 있다.

아세안은 역내 관여를 촉진하는 중심적인 역할로 지역의 최고 이익을 위해 미·중의 '책임 있는 경쟁'을 조정하면서 촉진자 역할을 할 수 있다. 아세안은 아세안 전체와 쌍방향 또는 다자간 또는 아세안 회원국과의 양자 간 긴밀한 협의와 조정을 통해 공공재 유통을 보다 효과적으로 도울 수 있다. 이러한 방식으로 아세안과 인도·태평양 전체가 강대국 경쟁에서 주도적으로 자신들의 목소리를 유지하고 관련된 모든 사람의 이익을 위해 협력을 촉진하고 갈등을 완화하는 역할을 할 수 있다.

참고문헌

그레이엄 앨리슨 저, 정혜윤 옮김. 2018. 『예정된 전쟁: 미국과 중국의 패권 경쟁, 그리고 한반도의 운명』. 서울: 세종서적.

김상욱. 2021. "강대국 정치 비극, 피할 수 없는 미중 경쟁." 『뉴스타운』(10/30).

황준범, 김소연. 2021. "군사는 '오커스', 경제는 '쿼드'…인도·태평양으로 돌아온 미, 중국 압박 본격화: 백악관에서 첫 쿼드 대면 정상회의, 자유롭고 개방된 인도·태평양 강조, 위성 데이터·반도체 공급망으로 협력 넓혀, 호주 총리 "쿼드-오커스는 상호 강화." 『한겨레』 (9/26).

Allison, Graham. 2017. *Destined for War: Can America and China Escape Thucydides's Trap?*. New York: Houghton Mifflin Harcourt.

Anwar, Dewi Fortuna. 2020. "Indonesia and the ASEAN Outlook on the Indo-Pacific." *International Affairs*, vol. 96, no. 1, pp. 111-129.

Aspinwall, Nick. 2021. "Biden delegation pledges US support for Taiwan selfdefense." The Diplomat, (17 April). CNN. 2021. "Biden's first 100 days: What he's gotten done." *CNN*, (28 April).

Bader, Jeffrey A. 2012. *Obama and China's Rise: An Insider's Account of America's Asia Strategy*. Washington, DC: Brookings Institution Press.

Bloomberg. 2019. "Kissinger Says US and China in 'Foothills of a Cold War'." (21 November).

Boustany, Charles W. and Aaron L. Friedberg. 2019. "Answering China's Economic Challenge: Preserving Power, Enhancing Prosperity." National Bureau of Asian Research, *NBR Special Report* no. 76 (February), pp. 27-30.

Cameron, Fraser. 2018. "Europe's Answer to China's Belt and Road." *The Diplomat*, (19 September).

Campbell, Kurt. 2016. *The Pivot: The Future of American Statecraft in Asia*. New York: Hachette Book Group.

Chen, Zhimin and Xueying Zhang. 2020. "Chinese Conception of the World Order in a Turbulent Trump Era." *Pacific Review*, vol. 33, no. 3-4, pp. 438-468.

Christensen, Thomas J. 2015. *The China Challenge: Shaping the Choices of a Rising Power*. London: WW Norton & Company.

Cook, Malcom and Hoang Thi Ha. 2020. "Beyond China, the USA and ASEAN: Informal Minilateral Options." *ISEAS Perspectives*, no. 63, pp. 1-9.

Cooper, Zach. 2020. "Mind the Gap: Biden's Opportunity to Re-engage with Southeast Asia." *FULCRUM: Analysis on Southeast Asia*, (25 November).

Cooper, Zack and Adam Liff. 2021. "America Still Needs to Rebalance to Asia." *Foreign Affairs*, (11 August).

Cossa, Ralph and Brad Glosserman. 2021. "Change in Style, Continuity in Asia Policy." *Comparative Connections* 23, (1 May), pp. 1-7.

Dalpino, Catharin. 2021. "ASEAN Confronts Dual Crisis." *Comparative Connections* 22, (1 May), pp. 57-65.

Desiderio, Andrew. 2021. "Senate advances a rare bi-partisan deal on countering China." *Politico*, (17 May).

Dickson, Bruce. 2016. *The Dictator's Dilemma: The Chinese Communist Party's Strategy for Survival*. New York: Oxford University Press.

Flournoy, Michèle A. 2020. "How to Prevent a War in Asia: The Erosion of American Deterrence Raises the Risk of Chinese Miscalculation." *Foreign Affairs*, (18 June).

Garver, John W. 2016. *China's Quest: The History of the Foreign Relations of the People's Republic of China*. Oxford: Oxford University Press.

Glaser, Bonnie and Hannah Price. 2021. "Continuity Prevails in Biden's First 100 Days." *Comparative Connections* 23, (1 May), pp. 29-37.

Glaser, Bonnie and Hannah Price. 2021. "The Decent Continues." *Comparative Connections* 23, (2 September), pp. 25-32.

Global Times. 2020. "Bizarre bills against China stack up in US Congress." *Global Times*, (18 June).

Glosserman, Brad. 2021. "What Was Unsaid Hovers Over the Biden-Moon Summit." *Japan Times*, (25 May).

Goh, Evelyn. 2013. The Struggle for Order: Hegemony, Hierarchy, and Transition in Post-Cold War East Asia. Oxford: Oxford University Press.

Goldstein, J. Lyle. 2015. *Meeting China Halfway: How to Defuse the Emerging US-China Rivalry*. Washington, DC: Georgetown University Press.

Green, Michael J. 2017. *By More Than Providence: Grand Strategy and American Power in the*

Asia Pacific since 1783. New York: Columbia University Press.

Haacke, Jürgen. 2019. "The Concept of Hedging and Its Application to Southeast Asia: A Critique and a Proposal for a Modified Conceptual and Methodological Framework." *International Relations of the Asia-Pacific*, vol. 19, no. 3, pp. 375-417.

Harding, Harry. 1992. *A Fragile Relationship: The United States and China Since 1972*. Washington, DC: Brookings Institution Press.

Hass, Ryan. 2021. *How China is Responding to Escalation Strategic Competition with the United States*. Washington DC: Brookings Institution, (1 March).

Heath, Timothy. 2021. Derek Grossman and Asha Clark, *China's Quest for Global Dominance*. Washington DC: RAND Corporation.

He, Kai. 2016. *China's Crisis Behavior*. Cambridge: Cambridge University Press.

Heide, Dana, Till Hoppe, Stephan Scheuer, and Klaus Stratmann. 2018. "EU Ambassadors Band Together against Silk Road." *Handelsblatt*, (17 April).

Hiebert, Murray. 2020. *Under Beijing's Shadow*. Washington DC: CSIS.

Hoang, Viet. 2020. 'The Code of Conduct for the South China Sea: A Long and Bumpy Road." *The Diplomat*, (28 September).

ISEAS-Yusof Ishak Institute. 2020. *State of Southeast Asia 2019 Survey Report*. Singapore.

ISEAS-Yusof Ishak Institute. 2021. *State of Southeast Asia 2020 Survey Report*. Singapore.

Kausikan, Bilahari. 2020. "For China and the US, a New Cold War or a Not New Cold War?" *South China Morning Post*, (1 July).

Kirby, William C. ed. 2011. *The People's Republic of China at 60: An International Assessment*. Cambridge: Harvard University, Asia Center.

Koga, Kei. 2020. "Japan's 'Indo-Pacific' Question: Countering China or Shaping a New Regional Order?" *International Affairs*, vol. 96, no. 1, pp. 49-73.

Kuik, Cheng-Chwee. 2010. "Smaller States' Alignment Choices: A Comparative Study of Malaysia and Singapore's Hedging Behavior in the Face of a Rising China." PhD Dissertation. Johns Hopkins University.

Kuik, Cheng-Chwee. 2020. "Connectivity and Gaps: The Bridging Links and Missed Links of China's BRI in Southeast Asia." In Maria Adele Carrai, Jean-Christophe DeFraigne, and Jan Wouters, eds., *The Belt and Road Initiative and Global Governance*. Northampton, Cheltenham: Edward Elgar Publishing Ltd.

Kuik, Cheng-Chwee. 2020. "Hedging in the Post-Pandemic Asia: What, How, and Why?" *The Asan Forum*, (6 June).

Lampton, David M. 2017. "Balancing US-China Interests in the Trump-Xi Era." *East Asia Forum*, (10 December).

Lampton, David M., Same Bed. 2001. *Different Dreams: Managing US-China Relations, 1989-2000*. Berkeley, CA: University of California Press.

Lampton, David M., Selina Ho, and Cheng-Chwee Kuik. 2020. *Rivers of Iron: Railroads and Chinese Power in Southeast Asia Oakland*. CA: University of California Press.

Lieberthal, Kenneth and Wang Jisi. 2012. "US-China Relations and Strategic Distrust." *The Brookings Briefing Series*, no. 4, pp. 1-51.

Lynch, David. 2021. "White House calls for 'new course' on China trade ties." *The Washington Post*, (5 October).

Mahbubani, Kishore. 2020. *Has China Won? The Chinese Challenge to American Primacy*. New York: Hachette Book Group.

Mahtani, Shibani. 2021. "Harris in Vietnam Gets a dose of China's challenge to the US." *The Washington Post*, (25 August).

Malaysian Ministry of Defence. 2020. *Defence White Paper: A Secure, Sovereign and Prosperous Malaysia*. Kuala Lumpur: Percetakan Nasional Malaysia Berhad.

Medcalf, Rory. 2020. *Contest for the Indo-Pacific: Why China Won't Map the Future Carlton*. VIC: La Trobe University Press.

Medeiros, Evan S 2019. "The Changing Fundamentals of US-China Relations." *Washington Quarterly*, vol. 42, no. 3, pp. 93-119.

Medeiros, Evan. 2021. Major Power Rivalry in East Asia. Washington DC: Council on Foreign Relations, (April).

Nye Jr, Joseph S. 2017. "The Kindleberger Trap," *Project Syndicate*, (9 January).

Nye Jr, Joseph S. 2020. "Power and Interdependence with China." *Washington Quarterly*, vol. 43, no. 1, pp. 7-21.

Plummer, Michael G., Peter J. Morgan, and Ganeshan Wignaraja, eds. 2016. *Connecting Asia: Infrastructure for Integrating South and Southeast Asia Cheltenham*, UK: Edward Elgar Publishing.

Pongsudhirak, Thitinan. 2020. "Thailand's Strategic Drift: Local Politics and Superpower Competition." *The Strategist*, (19 June).

Quah, Danny. 2019. "A Thucydides Fallacy: The New Model of Power Relations for Southeast Asia, the US, and China." *The Diplomat*, (27 July).

Quah, Danny. 2019. "Great Power Competition in the Marketplace for World Order." *Lee Kuan Yew School of Public Policy Working Paper* (November).

Rajagopalan, Rajeswari Pillai. 2020. "Towards a Quad-Plus Arrangement." *ORF Commentary*, (7 May).

Robles, Raissa. 2021. "South China Sea: Beijing rushing code of conduct to undermine 2016 Hague ruling." *South China Morning Post*, (24 August).

Romberg, Alan D. 2003. *Rein in at the Brink of the Precipice: American Policy Toward Taiwan and U.S-PRC Relations*. Washington, DC: Henry L. Stimson Center.

Romm, Tony. 2021. "Senate Approves $250 Billion to Trim China's Ambitions." *The Washington Post*, (9 June).

Rudd, Kevin. 2019. *The Avoidable War: Reflections on US-China Relations and the End of Strategic Engagement*. New York: The Asia Society Policy Institute, (29 January).

Runde, Daniel F. and Romina Bandura. 2018. "The Build Act Has Passed: What's Next." *CSIS*, (12 October).

Russel, Daniel and Blake Berger. 2019. *Navigating the Belt and Road Initiative*. Washington, DC: Asia Society Policy Institute, (June).

Shambaugh, David. 2021. *Where Great Powers Meet: America and China in Southeast Asia*. New York: Oxford University Press.

Sanger, David. 2021. "Biden and Xi agree to hold virtual talks." *The New York Times*, (7 October).

Sanger, David, Catie Edmondson, David McCabe and Thomas Kaplan. 2021. "In Rare Show of Unity, Senate Poised to Pass A Bill to Counter China." *The New York Times*, (7 June).

Schell, Orville and Susan L. Shirk. 2019. "Course Correction: Toward an Effective and Sustainable China Policy." *Task Force Report*. New York: Asia Society Center.

Shambaugh, David. 2001. *Beautiful Imperialist: China Perceives America, 1972-1990*. Princeton, NJ: Princeton University Press.

Shambaugh, David. 2018. "US-China Rivalry in Southeast Asia: Power Shift or Competitive

Coexistence?" *International Security*, vol. 42, no. 4, pp. 85-127.

Shullman, David(ed). 2019. *Chinese Malign Influence and the Corrosion of Democracy*. Washington, DC: International Republican Institute.

Singh, Bhubhindar and Sarah Teo, eds. 2020. *Minilateralism in the Indo-Pacific: The Quadrilateral Security Dialogue, Lancang-Mekong Cooperation, and ASEAN*. London: Routledge.

Singh, Daljit, and Malcolm Cook, eds. 2018. *Turning Points and Transitions: Selections from Southeast Asian Affairs 1974-2018*. Singapore: ISEAS-Yusof Ishak Institute.

Smith, Jeff M. 2020. "How America Is Leading the 'Quad Plus' Group of Seven Countries in Fighting the Coronavirus." *The National Interest*, (30 March).

Smith, Sheila. 2021. "Japan, the Quad and the Indo-Pacific." *The Asan Forum*, (23 June).

Steinberg, James and Michael E. O. Hanlon. 2014. *Strategic Reassurance and Resolve: US-China Relations in the Twenty-First Century*. Princeton, NJ: Princeton University Press.

Strangio, Sebastian. 2020. *In the Dragon's Shadow*. New Haven CT: Yale University Press.

Strangio, Sebastian. 2021. "Report Shows Rising Southeast Asian Trust in US, Falling Trust in China." *The Diplomat*, (12 February).

Strangio, Sebastian. 2021. "US Focuses on Myanmar, South China Sea at Special ASEAN Meeting." The Diplomat, (15 July).

Strangio, Sebastian. 2021. "ASEAN and China Minister Talk COVID-19, Myanmar Crisis." *The Diplomat*, (8 June).

Swaine, Michael D. 2019. "A Relationship under Extreme Duress: US-China Relations at a Crossroads." The Carter Center, (16 January).

Swaine, Michael D. 2020. "A Relationship under Extreme Duress: US-China Relations at a Crossroads." The Carter Center, (16 January).

Storey Ian and Lin Cheng-Yi, eds. 2016. *The South China Sea Disputes: Navigating Diplomatic and Strategic Tensions*. Singapore: ISEAS.

Suprianto, Ristian Atriandi. 2021. "Why Southeast Asia Should Welcome AUKUS." *The Diplomat*, (28 September).

Sutter, Robert. 2020. *The United States and Asia: Regional Dynamics and Twenty-First Century Relations*. Lanham MD: Rowman & Littlefield.

Sutter, Robert. 2021. *Chinese Foreign Relations: Power and Policy of an Emerging Global*

Force. Lanham MD: Rowman & Littlefield. 142-144.

Sutter, Robert. 2021a. "Congress and America's Negative Turn Against China: Strategic Ballast." *FULCRUM: Analysis on Southeast Asia*, (27 July).

Sutter, Robert. 2021b. "The United States and the Myanmar Crisis: Broad Interests, Constricted Responses." *FULCRUM: Analysis on Southeast Asia*, (14 June).

Sutter, Robert. 2021c. "Why US Rivalry with China Will Endure: Implications for Southeast Asia." *Perspective*. Singapore: Yusof Ishak Institute, (26 October), p. 6.

Sutter, Robert & Satu Limaye. 2020. *A Hardening US-China Competition: Asia Policy in America's 2020 Elections and Asian Responses*. Honolulu, HI: East-West Center, pp. 10-13.

Sutter, Robert & Chin Hao Huang. 2021. "China-Southeast Asia Relations." *Comparative Connections* 22, (1 May), pp. 70-72.

The New York Times. 2021. "Full Transcript of Biden's Remarks on Afghanistan." *The New York Times*, (31 August).

The White House. 2021. "Joint Leaders Statement on AUKUS." (15 September).

Thu, Huang Le. 2021. "Biden Must Change the Narrative of Neglect for Southeast Asia." *Foreign Policy*, (9 July).

US-China Policy Foundation Newsletter. 2021. "US View of China Competition." (21 May).

US Department of State. 2020. "Special Briefing with Keith Krach, Under Secretary of State for Economic Growth, Energy, and the Environment; Cordell Hull, Acting Under Secretary of Commerce for Industry and Security; Dr. Christopher Ford, Assistant Secretary of State for International Security and Nonproliferation; and Ian Steff, Assistant Secretary of Commerce for Global Markets." (20 May).

Tang, Siew Mun, Hoang Thi Ha, Anuthida Saelaow Qian, Glenn Ong, and Pham Thi Phuong Thao. 2020. *The State of Southeast Asia: 2020*. Singapore: ISEAS-Yusof Ishak Institute.

Vogel, Ezra F. 2020. "Current State and Future of China Relations and Role of Younger Generation." *US-China Perception Monitor*, (28 June).

Vu, Hoang and Thuc D Pham. 2021. "The Shift in China-US Competition: The change from all out to responsible competition presents an opportunity for the Indo-Pacific." *The Diplomat*, (13 October).

Warner, Mark. 2019. *The China Challenge and Critical Next Steps for the United States*. Washington

DC: Brookings Institution, (15 May).
Wang, Dong. 2013. "Addressing the US-China Security Dilemma?" Carnegie Endowment for International Peace, (17 January, 2013).
Wang, Fei-Ling. 2017. *The China Order: Centralia, World Empire, and the Nature of Chinese Power.* New York: SUNY Press.
West, John. 2021. "Book Review: Where Great Powers Meet." *Australian Outlook, Australian Institute of International Affairs*, (15 February).
Wang, Jisi. 2020. "Light at the End of a Bumpy Tunnel?" *China-US Focus*, (18 June).
White House. "United States Strategic Approach to the People's Republic of China." (May).
Wyne, Ali. 2020. "How to Think about Potentially Decoupling from China." *Washington Quarterly*, vol. 43, no. 1, pp. 41-64.
Wu, Xinbo. 2011. *China and the United States: Core Interests, Common Interests, and Partnership.* Washington, DC: United States Institute of Peace.

제6장

미국과 중국의 남중국해 지배권 경쟁

1. 서론

남중국해는 해양 자원이 풍부하고 지정학적geopolitical 영향력이 강력하기 때문에 세계적으로 중요한 지역 갈등과 협력이 동시에 발생하고 있다.[1] 남중국해 연안 7개국이 해양 자원에 대한 주권 권리를 확보하기 위해 지형물에 대한 소유권을 두고 경쟁하고 있다. 남중국해는 중국이 설정한 제1도련선First Island Chain의 아주 중요한 지역이기 때문에 중국의 국가 해양 안보 전략에서 가장 중요한 군사 지형이다. 중국은 일본과 오키나와·대만·필리핀·말레이시아를 잇는 선을 제1도련선으로 삼고 그 안에 있는 동중국해와 남중국해를 자신의 영해처럼 만들려고 한다.[2] 중

---

[1] Cristopher J Jenner & Truong Thuy Tran, eds., *The South China Sea: A Crucible of Regional Cooperation or Conflict-making Sovereignty Claims?* (Cambridge University Press, 2018), p. 2.

국은 다음과 같이 주장하고 있다.

> 남중국해 섬들과 동중국해 센카쿠 열도(일본명: 尖閣 列島)/댜오위다오(중국명: 釣魚島)는 양도할 수 없는 중국 영토 일부이다. 중국은 남중국해 섬들과 환초(reefs)에 기반시설(infrastructure)을 구축하고 필요한 방어 능력을 배치하고 동중국해의 센카쿠 열도/댜오위다오 해역에서 순찰을 실시하면서 사실상 국가 주권을 행사하고 있다.³

시진핑習近平은 '자랑스러운 중국 부흥을 실현하기 위해서는 남중국해 사령부가 필수 전제조건이다'라고 주장했다. 남중국해의 영유권 주장국들 사이의 통제, 전략적 경쟁, 그리고 신뢰 구축은 미·중 치열한 경쟁 과정에서 중요한 주제가 되고 있다. 이런 맥락에서 이 장의 연구는 남중국해 분쟁에서 미·중 경쟁의 지정학적geopolitical 기원, 이 지역에 관련된 상호 간의 이해관계 그리고 경쟁 과정을 규명하기 위해 중국이 미국 주도의 자유주의 규칙 기반 국제 질서를 변화시키고 현존 미국 헤게모니hegemony에 도전하는 것이 동남아시아 국가연합/아세안(ASEAN: Association of Southeast Asian Nations), 미국 그리고 미국의 동맹과 파트너들에게 미치는 영향을 통제Command, 전략적 경쟁Strategic Contest 그리고 신뢰구축 등 세 가지 차원에서 분석하고 있다.

---

2 최수문, "中 '아킬레스건' 건드리는 美⋯대만 등에서 우발적 군사 충돌 가능성도," 『서울경제』, 2021, 1/19.
3 The State Council Information Office of the PRC, "China's National Defence in the New Era," (Beijing, 2019), p. 7.

2. 해양 지배권의 전략적 중요성

해양력은 정책 집행관과 군 지휘관의 행동과 국제관계의 과정에 영향을 미치기 위해 해양 안팎에서 해양 능력을 적용할 수 있는 능력이다. 해양외교는 해양력을 이용하여 지원, 설득, 저지 또는 강요하는 것이다.[4] 동양과 서양 간 해양 무역은 세계적인 부를 창출한다. 한 국가의 해양력은 그 나라의 경제력과 영향력을 반영한다. 결과적으로 지배적인 세력은 일반적으로 남중국해와 말라카Malacca, 순다Sunda, 롬복Lombok 그리고 마카사르 해협Makassar straits에 합류하는 동서양 국가 통제를 추구한다. 중국의 송 왕조(960-1279) 원 왕조(1279-1368) 그리고 명 왕조(1368-1644), 이베리아(1511-1640), 네덜란드(1640-1780), 영국(1780-1942), 미국(1945-) 그리고 현재 중국이 남중국해 통제를 추구하는 것은 지배자가 인도·태평양Indo-Pacific의 역사 과정의 흐름을 주도할 수 있기 때문이다.[5] 남중국해의 통제권을 장악하는 것은 지배자가 인도·태평양Indo-Pacific의 역사 과정의 흐름을 주도할 수 있다.

영국 해양정책British Maritime Doctrine은 통제를 언제든지 자신의 목적을 위해 완전히 해양을 사용하고 적에게 해양의 사용을 거부하기 위한 인식

---

[4] Ministry of Defence, *UK Maritime Power*, Joint Doctrine Publication 0-10, (Swindon, 2017), p. 69; Royal Navy, *British Maritime Doctrine*, BR 1806 (Norwich, 2004), p. 277.

[5] Lo Jung-pang, "China as a Sea Power, 1127-1368: A Preliminary Survey of the Maritime Expansion and Naval Exploits of the Chinese People During the Southern Sung and Yuan Periods," Bruce A. Elleman. eds., *China as a Sea Power, 1127-1368* (Singapore, 2012), pp. 342-43; Alfred Thayer Mahan, *The Influence of Sea Power Upon History, 1660-1783* (Louisiana, [1890] 2003).

되거나 실제적인 능력으로 정의하고 있다.⁶ 실제로 '해전의 목표는 항상 직간접적으로 해양의 통제를 확보하거나 적이 통제를 확보하는 것을 방지해야 한다.' 남중국해와 관련하여 영국의 역사학자이자 전략가인 코벳 Julian Corbett의 설득력 있는 명제 중 두 번째 부분은 해군 추측에서 가장 흔한 오류 원인 중 하나인 사고 습관을 배제하기 위해 각별히 주의해야 한다는 것이다. 그 오류는 하나의 교전국이 해양 통제권을 상실하면 즉시 다른 교전국에게 통제가 넘어간다는 것이 일반적인 가정이다.⁷

중국 해군은 75년 된 미 해군의 지배를 개정하는 것을 목표로 하고 있지만, 그것이 반드시 중국이 남중국해를 장악한다는 것을 의미하지는 않는다. 중국이 지역 내 통제권을 되찾기 위해 전쟁에 의존한다면 미국은 미국을 동맹국 및 파트너들과 통합함으로써 중국과 협력하는 주변 약소국들의 진화하는 '독새우poison shrimp'전략들이 중국에게 심각한 복통 stomach-ache을 일으키는 것을 목표로 하고 있다. 지리적으로 획득한 중국의 '소의 혀cow tonggue'가 남중국해를 무력으로 잠식할 경우 중국이 억누르고 소화하기에 군사적으로 정치적으로 너무 독이 될 가능성이 높다.

말레이시아 퀵Cheng-Chwee Kuik의 동남아시아 국가들의 다양한 헤징 전략hedging strategy에 통찰력 있는 연구는 정책 결정자들이 남중국해에서 양면 외교를 어떻게, 왜 실천하는지를 보여준다. 평화 시의 대부분 국가들처럼 아세안 국가들은 중국, 워싱턴 또는 기타 영향력 있는 해양 강대국과의 제로섬zero-sum 선택을 배제하기 위해 양면 외교를 활용하고 있다. 퀵은 헤징은 '지역 양극화의 악순환을 피하면서 실용적인 동반자 관

---

6   Royal Navy, op. cit., p. 246.
7   Julian Corbett, *Some Principles of Maritime Strategy* (London, 1911), p. 87.

계partnership에 필요한 공간, 채널channels, 플랫폼platform을 제공할 수 있다는 것이다. 약소국들 사이에서 헤징 전략이 심화되는 것은 강대국들이 선호하는 시나리오가 아니지만. 모두에게 우호적인 차선책이다'라고 규정하고 있다.[8] 그럼에도 불구하고 1960년 이후 역사는 남중국해의 권력, 정치, 무역, 영토의 인식 공백을 메우기 위해 평화 시대에도 강대국들의 전략적 대결이라는 끊임없는 형태를 기록하고 있다. 전시에 둔감한 권력은 전쟁의 모든 차원에 걸친 통제권 전투에서 양면 외교를 분쇄하는 경향이 있다.

중국은 전쟁을 제외한 모든 시나리오에서 남중국해를 통제하는 최적 수단이 '삼전전략(Three Warfares: 여론전, 법률전, 심리전)과 회색지대grey zone 전략을 이용하는 것이라는 것을 발견했다.[9] 중국은 2013년부터 불법 해양 주권 주장을 추구하기 위해 남중국해에 3,000에이커acres 이상의 인공섬을 건설하기 위해 대규모 토지 매립 사업을 전개하는 과정에서 주변 어장과 산호초를 파괴했다. 중국은 이 인공섬을 위해 센서 어레이(sensor arrays: 주어진 설비 기기 또는 감시할 압력 경계 부위에 대해 음향 발생원을 검출하고, 위치를 제공하기 위하여 설계된 기하학적 구성으로 배열된 다중 음향방출), 벙커, 공항, 항구, 대함 및 방공 미사일을 포함해서 이러한 건축물과 국제적으로 분생 중인 시형물에 최단 군사 시실을 구축했다.

베이징이 남중국해 인공섬에 군사 시설을 건설한 것은 해양 민병대,

---

[8] 중국의 9단선 주장은 남중국해 지도에서 커다란 암소의 혀와 유사하다. Cheng-Chwee Kuik, "Hedging in Post-Pandemic Asia: What, How, and Why?," *The Asan Forum*, (6 June, 2020).

[9] 권태영, 김푸름, "중국의 3전과 한국의 대응 방향,"『전략연구』제26권 제1호 (통권 제77호), 2019, pp. 261-317.

중국 해양 경비대와 해양법 집행 기관과 중국 해군의 합동 작전 근거지로서 동남아시아 국가들이 근해 자원에 접근하는 것을 차단하는 역할을 하고 있다. 중국의 남중국해를 통제하기 위한 강압과 공세 강화는 지역 안보, 번영 그리고 평화를 저해하고 위협하고 있다. 중국은 남중국해 상황을 악화시킴으로써 연안 국가들의 잠재적으로 2천 5백억 달러의 석유와 천연가스 그리고 세계에서 가장 풍부한 어장에 대한 주권 주장을 위한 국제법 기반 해결을 막고 있다.[10]

남중국해의 통제는 세계 해양 강대국 역사에서 주요 지형전략 목표다. 중국 해군 전략가들은 미 해군이 제1도련선 내에서 작전을 수행하고 있는 것을 전략적 위협으로 인식하고 있다. 중국 해군 출신이자 교수인 펑리앙Feng Liang은 중국의 해양 세계관에서 통제의 우월성을 다음과 같이 설명했다.

> 중국의 해양 지형에 대한 통제는 세계 해양 강대국으로서 지위를 결정한다. 덩샤오핑이 추진한 개혁·개방 이후 30년 이상 동안 중국의 급속한 발전과 포괄적 군사력 증가로 인해 다른 세계 해양 강대국들의 중국에 대한 적대감과 봉쇄는 더욱 심화되고 강화되었다. 더욱이 중국 경제의 급속한 성장과 대외 무역 증가로 해양 전략 접근 안보에 대한 중국의 의존도는 갈수록 커지고 있다.

---

10 British Broadcasting Corporation Monitoring(BBCM), "Chinese Media Downplay Regional Concerns Over Beijing's Military Moves," 6 April, 2021; Easwaran Rutnam, "Sri Lanka should engage with China in ways that protect its sovereignty—[Ambassador] Alaina B. Teplitz," *Daily Mirror*, 5 October, 2020; John McBeth, "China plays divide and rule in South China Sea," *Asia Times*, 3 May, 2020.

해양 통제는 강대국들이 각자의 국익을 실현하기 위한 경쟁의 초점이 되었을 뿐만 아니라 아시아·태평양 지역에서 중국의 균형을 유지하고 제지하기 위한 중요한 협상 수단이 되었다. 따라서 해양 통제는 중국의 안보와 발전에 영향을 미치는 중요한 요소가 되었다.[11] 명 왕조(1368-1644)는 세계 최고 해양 세력이 되었지만 결국 자멸적 국가 고립전략으로 해양에서 막강한 전투 함대battle fleets를 철수시켰다. 명 왕조는 중국이 일시적 고립주의로 전환하기 전인 1405년에서 1433년 사이에 7차례 대양 횡단 항해에 착수했다. 명 영락제永樂帝는 정화鄭和 제독을 세계에서 가장 강력한 해군 사령관으로 임명했다. 정화 제독의 첫 원정 함대는 317척의 함대와 27,870명의 병력으로 구성되었다.[12]

명 왕조는 인도·태평양 전역에 걸쳐 중국 제국의 이익을 실현하기 위해 최고 대양 함대를 배치했다.[13] 정화 제독은 '외국에 도착했을 때 변화하는 명 제국의 해양력을 방해하고 무례하게 군 야만인 왕들 몇 명을 생포했다. 우리는 폭력과 약탈에 빠져있는 도적들을 근절했다. 결과적으로 남중국해를 통과하는 항로가 정화되고 평온해졌다'라고 기록했다.[14] 따라서 정화 제독은 중국의 해양 통제권을 명확하게 재확인했다. 명 왕조 해양 제국주의는 유럽의 해양 열강의 식민지 지배력에 상응했다. 1511년 포르투갈의 말라카 점령을 시작으로 스페인과 네덜란드, 영국, 프랑스

---

[11] Liu Feng, *On Maritime Strategic Access* (Beijing, 2011), p. 10.
[12] Edward L. Dreyer, *Zheng He: China and the Oceans in the Early Ming Dynasty, 1405-1433* (New York: Pearson Longman Publishing, 2006).
[13] Geoff Wade, "The Zheng He Voyages: A Reassessment," *ARI WP Series* no. 31, Oct. 2004, p. 19.
[14] Xiang Da, ed., *History of the Western Regions* (Beijing, 1961), pp. 55.

모두 동아시아와 동남아시아 식민지 영토를 통해 남중국해를 부분적으로 장악해 나갔다.

일본이 청일전쟁(184-95)에서 승리하면서 해양 강국으로 재건하기 위한 청 왕조의 시도는 좌절되었다. 일본은 시모노세키下關 조약을 통해 대만과 팽호도(澎湖島: Pescadore)를 점령하고 청 왕조에게 한반도를 포기하도록 강요했다. 1895년 4월 17일에 체결된 이 조약은 전쟁을 종식시켰지만 중국인들의 마음속에 원한과 반성의 씨앗을 뿌렸다. 이 조약 체결 과정에서 리칭팡李經方 대사는 일본 담당자들에게 '중국 영토의 중요한 지역을 빼앗아 가는 것보다 중국인들을 분노케 하고 적대감과 증오의 정신을 조성하는 것은 없을 것'이라고 지적했다.[15]

리칭팡 대사의 예측은 오늘날, 특히 남중국해 거의 모든 해역에 대한 중국의 불법적인 영유권 주장에 대해 이의를 제기하는 국가들 사이에서 제1도련선 전역에 걸쳐 강력한 권한을 행사하고 있다. 시모노세키 조약은 중국 제국과 식민지 해양 강대국 간의 다른 국제법에 근거한 조약과 마찬가지로 대부분의 중국인들에게 식민지주의, 착취, 민족적 굴욕의 표출로 인식되고 있다. 남중국해에서 중국의 오만한 주권 주장은 다른 영유권 주장국들에게 유사하게 인식되고 있다. 시진핑은 중국군 지휘관들과의 만남에서 '중국이 너무 약하고 궁핍해서 외세로부터 괴롭힘을 당했던 중국의 현대사를 생각하지 않을 수 없다. 외국 침략자들이 중국의 육

---

[15] M. Kajima, "'Memorandum of the Ambassador Plenipotentiary His Imperial Majesty the Emperor of China in reply to the Draft of Treaty proposed by the Plenipotentiaries of His Imperial Majesty the Emperor of Japan,' Shimonoseki, 5 April 1895," *The Diplomacy of Japan 1894-1922*, vol. I, *The Sino-Japanese War and Triple Intervention* (Tokyo, 1976), p. 224.

상과 해상 방어를 수백 번이나 허물어 중화 민족을 재앙의 나락으로 몰아넣었다'라고 자주 강조했다.[16]

3. 미·중의 남중국해 전략 경쟁의 목적

오늘날의 국제적 흐름과 전략적 경쟁은 탈냉전 이후 중국에 비해 미국 해양력의 상대적인 쇠퇴에서 비롯된 측면이 크다. 공공 영역에서 가장 잘 알려진 1차 정보원 기반 보고서에 따르면 '중국은 130여 척 이상의 주요 수상 전투함을 포함하여 약 350척의 함정과 잠수함으로 구성된 세계에서 가장 큰 해군력을 보유하고 있다. 이에 비해 미 해군의 전투력은 2020년 기준으로 대략 293척의 함정만을 보유하고 있다.[17] 아세안 회원국들의 다양하고 분열적인 헤징 전략hedging strategy으로 확대된 획기적인 미·중 갈등의 직접 또는 대리 분쟁으로의 전환 가능성은 남중국해에서 가장 크다. 그러나 관련된 호전적인 역동성은 러시아와 이란의 각각 해양 영향권에서 뚜렷하게 드러난다. 좋든 나쁘든, 전쟁이나 평화에서 강대국들은 자연스럽게 권력, 정치, 무역 그리고 지리학에서 인지된 전략적 공백을 채울 수 있다. 1975년 말리크Adam Malik 인도네시아 외교부 장관은 다음과 같은 사실을 냉철하게 수복했다.

동남아시아는 대부분의 주요 강대국들의 존재와 관심이 물리적으로뿐

16　The Times of India, "Build strong border defences, Xi Jinping tells Chinese military," *The Times of India*, (28 June, 2014).

17　U.S. Department of Defense, *Military and Security Developments Involving the People's Republic of China 2020* (Washington, D.C., 2020), pp. ii, vii, 44-49.

만 아니라 정치적으로도 수렴되는 지역이다. 이 지역 국가들에 대한 강대국의 지배적인 영향력뿐만 아니라 강대들 사이의 정책 상호작용의 빈도와 강도는 정치적 현실과 직접적인 영향을 미칠 수밖에 없다. 이러한 상황에서, 동남아시아 지역 약소국들이 집단적으로 행동하지 않는 한 그리고 그 약소국들끼리 내부의 응집력, 안정성 그리고 공동 목적의 영역을 스스로 형성할 수 있는 능력을 개발하기 전까지 강대국들의 지배적인 영향력 형태에 어떤 영향을 미칠 수 있는 희망은 없다.[18]

해양에서의 지정학적 전략 경쟁은 지리적 통제를 가진 정치와 해양 외교의 관행을 융합시킨다. 그 과정은 세계 해양에서 가장 경쟁이 치열한 영토인 남중국해의 국제 분쟁에서 나타나고 있다. 정치는 전술적인 전쟁 수준에서는 거의 영향력을 행사하지 않지만, 전쟁을 계획하고 배치하는 전략적 차원에서는 영향력을 행사하는 주체이다. 평화 시에 대부분의 정부는 효과적인 억제력을 구축하기 위해 노력하면서 헤징 정책을 수행한다. 각국 정부는 가장 가능성이 높은 충돌 시나리오에서 승리할 기회를 극대화하기 위해 전략적인 지형에 전쟁과 군대를 미리 배치하는 계획을 세우고 있다.

효과적인 억제는 '강제나 무력 충돌의 결과가 잠재적 이득보다 클 수 있다고 잠재적 침략자를 확신시킨다. 이것은 행동하겠다는 확실한 정치적 의지와 함께 신뢰할 수 있는 군사력과 전략의 유지가 필요하다.'[19] 시진핑 체제 하에서 남중국해에서 행동하려는 중국의 정치적 의지와 군사

---

18 Adam Malik, "Regional Cooperation in International Politics," *Regionalism in South East Asia* (Jakarta, 1975), pp. 162-163.

19 Royal Navy, op. cit., p. 253.

력은 미국, 아세안, 동맹국 및 파트너들 그리고 헤징 전략을 채택하는 모든 영유권 국가들을 능가하고 있다.

제2차 인도차이나 전쟁Second Indochina War이 끝나자 덩샤오핑과 중국의 전체적인 국토 해양 안보 전략의 창시자인 류화칭劉華淸은 남중국해에서 미 해군 철수로 생긴 전략적 기회를 신속하게 포착했다.[20] 1974년 1월, 국방부장이며 중앙 군사위원회 부위원장 예젠잉葉劍英과 덩샤오핑이 중국 해군의 파라셀 군도 점령을 공동 지휘했고 이 작전의 성공은 정치적 부활 동안에 덩샤오핑에게 힘을 실어주었다.[21] 베이징의 관점에서 볼 때, 남중국해의 다른 영유권 주장국들에 의해 침해된 중국 영토의 범위는 다음과 같다. 베트남은 1,170,000 평방 킬로미터(km^2), 필리핀은 62만 평방 킬로미터, 말레이시아는 17만 평방 킬로미터, 브루나이는 50,000 평방 킬로미터, 인도네시아는 35,000 평방 킬로미터이다.[22]

1982년 유엔해양법협약(UNCLOS)이 비준됐을 때 중국의 남중국해 통제권을 약화시키는 듯했다. 유엔해양법협약(UNCLOS)에 따르면 남중국해 중앙의 대륙붕에 대한 합법적 주장의 유일한 근거는 스프래틀리 군도 중 하나의 합법적 소유였다. 영유권 주장국 6개국 중에서 브루나이와 중국만이 스프래틀리 군도에 어떠한 지형도 점유하지 않았다. 중국해군과 탐사선은 1987년에 스프래틀리 군도에 대한 조사를 시작했다. 1986년 7월 28일 블라디보스토크에서 미하일 고르바초프Mikhail Gorbachev 당시 소련

---

20 Jenner, op. cit., pp. 308-316.
21 Ye Fan, *Ye Jianying in 1976* (Beijing, 1990), p. 48.
22 Ni J., ed., China Ocean (Beijing, 1997), p. 368; H. Liu, *Selected Military Writings of Liu Huaqing* (Beijing, 2008), p. 528; Chen Shijian, ed., *Collection of Names and Materials on the South China Sea Islands* (Guangzhou, 1987), p. 381.

서기장의 연설 이후 중국의 측량 활동이 증가했다.

고르바초프는 그 연설에서 소련의 동남아시아로부터의 전략적 철수를 발표했다. 이에 따라 소련의 군사와 경제적 지원이 감소하면서 하노이가 아세안-미국-중국이 지원하는 크메르 루즈Khmer Rouge를 상대로 전쟁을 계속할 수 없었다.[23] 베트남은 지원 철회된 이후 베이징, 워싱턴, 아세안 3국 간의 암묵적 동맹에 직면해 고립되었다. 1988년 3월 소련이 남중국해에서 철수하면서 중국 해군은 스프래틀리 군도의 여러 지형물을 점령할 수 있었다. 중국이 점령한 지형물 중의 하나는 베트남 해군이 점령하고 있는 섬에 가까웠다. 그 뒤 이어진 해전에서 중국 해군 프리깃함 3척이 베트남 해군 수송함 3척을 침몰시키면서 74명의 베트남 선원과 군인이 사망했다.

1992년 2월 25일 중국은 국내 영해법을 비준하면서 남중국해에 대한 영유권 주장을 재확인했으며, 중국군의 중국 모든 해양 영토의 강력한 방어를 의무화했다. 중국 국내법 법률 제2조는 파라셀 군도와 스프래틀리 군도를 모두 중국의 영토로 명시하고 있다.[24] 유엔해양법협약(UNCLOS)과 중국의 영해법 사이의 불협화음은 광범위한 국제적 경각심을 불러일으키지만 상대적으로 시정 조치는 거의 없었다. 1995년 2월 8일 중국 해군이 스프래틀리 군도의 미스치프 환초Mischief Reef 기지로부터 필리핀 해

---

[23] The White House, "President's meeting with Ambassador Morton Abramowitz, Memorandum of Conversation (MemCon)," Declassified Document Reference System (DDRS), (1 Feb, 1979); The White House, "Memcon, Top Secret, Vice President Walter Mondale's meeting with PRC Vice Premier Deng Xiaoping, DDRS," (28 Aug, 1979).

[24] People's Daily, "Law of the People's Republic of China on the Territorial Sea and Contiguous Zone," *People's Daily*, (26 Feb, 1992), p. 4.

병대를 축출했을 때 중국의 불법적인 유엔해양법협약(UNCLOS) 위반에 대한 우려가 커졌다. 중국의 공세 강화는 1951년 미국과 필리핀 간의 상호방위조약과 직접적인 관련이 있다.

냉전 붕괴로 생긴 기회를 놓친 베이징, 모스크바 그리고 테헤란 등은 제3차 세계대전의 발발을 막아온 미국 주도의 국제 질서를 깨고 자유민주주의의 전략적 경쟁자가 되었다. 2019년, 미국 정보 집단의 세계 위협 평가Worldwide Threat Assessment는 '중국과 러시아는 1950년대 중반 이후 그 어느 시점보다 더 일치하고 있으며, 그 관계는 내년에 더욱 강화될 것 같다. 중국과 러시아는 자신들의 세계적인 영향력을 확대하려고 노력하면서, 양국은 현존의 잘 확립된 안보 규범을 침식하면서 지역 분쟁의 위험을 높이고 있다'라고 주장했다.[25]

1999년에 중국과 러시아 최초 해군 공동훈련이 동중국해에서 실시되었고 남중국해에서 양국 공동훈련은 2016년에 실시되었다.[26] 2019년 중국과 러시아는 대만 영공과 주변에서 공동 항공 훈련을 시작했다.[27] 이란 해군은 2015년 중국과 러시아 해군과 함께 지중해, 2017년 발트해, 2019년 페르시아만과 인도양 3국 해군 훈련에 참가했다. 인도·태평양의 75년 된 규칙 기반 국제체제의 '지리적 중추geographic backbone'인 남중국해 안보는 중국 해군에 비해 미 해군 해양력의 상대적 쇠퇴로 인해 확실히

---

[25] Office of the Director of National Intelligence, *Worldwide Threat Assessment of the U.S. Intelligence Community*, (29 Jan, 2019), p. 4.

[26] BBCM, "First Sino-Russian Naval Exercises," *Segodnya newspaper in Russian*, (7 Oct. 1997).

[27] J. Van Oudenaren, "Why Are Russian Military Planes Flying Around Taiwan?" *The Diplomat*, (16 Jan, 2020).

약화되었다.[28] 데이비슨Philip Davidson 인도·태평양 주둔 미군 사령관에 따르면 '중국은 이제 미국과의 전쟁을 제외한 모든 시나리오에서 남중국해를 통제할 수 있게 되었다.[29] 인도·태평양 사령부는 2020년 7월 미국에 가장 큰 위험은 기존 억지력의 침식이다. 유효하고 설득력 있는 기존 억지력이 없다면 중국과 러시아는 대담하게 이 지역에서 미국의 이익을 대체하는 조치를 취할 수 있을 것이다'라고 주장했다.[30]

중국, 러시아 그리고 이란의 지도자들은 영향권 내에서 각자의 해양 및 육지 경계를 확보하고 독재와 무제한 권위주의를 통해 정치적 권한에 대한 인지된 국내 위협을 분쇄하는 것을 열망하고 있다.[31] 시진핑이 추진하는 일대일로구상(BRI)은 송, 원 그리고 명 왕조의 지역 해양 제국주의를 회복하는 데 있어 중국의 세력권을 위한 전략적 물류 기반을 마련하고 있다. 중국은 말라카 해협을 통해 남중국해에서 인도양으로 영향력을 확대하는 것을 목표로 하고 있다.[32]

---

[28] Department of State, *Foreign Relations of the United States, 1955-1957*, China, vol. II (Washington, D.C., 1986), document 34.

[29] Senate Armed Services Committee, "Advance Policy Questions for Admiral Philip Davidson, USN Expected Nominee for Commander, U.S. Pacific Command," *Unclassified*, (17 April, 2018), p. 18.

[30] U.S. Indo-Pacific Command, "Investment Plan for Implementing the National Defense Strategy, Fiscal Years 2022-2026," *National Defense Authorization Act 202 Section 1253 Assessment* (Unclassified version), (Hawaii, 2020), p. 8.

[31] BBCM, "Iran 'formulates important' military document with China, says commander," *Islamic Republic News Agency website in Persian*, (3 December, 2019); BBCM, "Senior Islamic Revolutionary Guard Corps Commander Interviewed on Iran, China, Russia Cooperation," *Mashregh News website in Persian*, (21 September, 2019).

[32] M. Duchâtel, "Overseas Military Operations in Belt and Road Countries: The Normative Constraints and Legal Framework," N. Rolland, ed., *Securing the Belt*

BRI의 거대한 지리경제적 야망은 거의 전례가 없는 것이다. 남중국해의 통제는 지역 우위를 통해 세계적 위상과 영향력을 얻으려는 중국의 통치 목표를 실현하기 위해 필수 불가결한 전제 조건이다.[33] BRI의 대규모 해외 투자는 참여 경제와 지리적 경제 회랑에 대한 상관 관계를 통해 베이징 권력을 극대화시켜 준다. 미국의 '아시아 안심 법안(ARIA: Asia Reassurance Initiative Act)'(2018년 12월 4일), 국방부 관련 '인도・태평양 전략(Indo-Pacific Strategy)'(2019년 6월 1일), '태평양 억제 구상(PDI: Pacific Deterrence Initiative)'(H.R.6613-인도・태평양 억제 구상, 2020년 4월 23일)은 BRI에 대한 미국의 대응을 뒤늦게 표현한 것이다.

시진핑의 지역 정책은 2013년 9월과 10월 카자흐스탄Kazakhstan의 누르술탄Nur-Sultan과 인도네시아 자카르타에서 각각 열린 쌍둥이 연설에서 지역 구애 활동을 선언한 이후 미국보다 최소 6년 앞선다. 중국은 시진핑의 1조 3천억 달러 규모의 다년간의 전략적 구애는 아세안 10개 회원국 모두를 포함한 60개국 이상이 참여했다고 주장하고 있다. 이에 비해 폼페오Mike Pompeo 당시 국무장관이 미국이 인도・태평양에 대한 자체 투자를 늘릴 것이라고 발표했을 때 미국은 비교적 적은 액수인 1억 1,300만 달러를 제시했다.[34] 전임자인 트럼프 대통령과 달리 바이든Joe Biden 대통령의 '중간 국가안 선략 시침Interim National Security Strategic Guidance은 인

---

and Road Initiative: China's Evolving Military Engagement Along the Silk Roads (Washington, D.C., 2019), pp. 7-17.

33   D. Shambaugh, "U.S.-China Rivalry in Southeast Asia: Power Shift or Competitive Coexistence?," *International Security*, vol. 42, no. 4 (Spring 2018), p. 96.

34   Reuters, "Pompeo announces $113 million in new US initiatives in 'Indo-Pacific,'" *Reuters*, (30 July, 2018).

도・태평양, 유럽 그리고 서반구Western Hemisphere 순으로 미국의 국익과 가장 깊은 전략적 관여를 우선시하고 있다.[35] 스리랑카의 함반토타Hambantota와 콜롬보Colombo항에 대한 징계 경험 이후 BRI의 이후 '부채의 덫 외교debt-trap diplomacy'가 폭로되자 광범위한 반발이 뒤따랐다.[36] 그러나 훙 르 투Huong Le Thu 호주 전략 정책 연구소 수석 분석가의 연구에 따르면, 지역적인 헤징 전략은 동남아시아 국가들이 '중국의 투자에 대해 다소 조심스럽기는 하지만 개방적인 태도를 유지하게 만들었다.'[37]

세계적인 성장 능력을 발생하는 중국의 비상한 능력을 고려할 때, 평화 시에 어느 국가도 중국에 대한 모든 경제 헤징 전략을 포기할 수 없다. 존슨Boris Johnson 영국 총리는 2021년 3월 16일 하원에서 '중국이 우리와 같은 개방 사회에 큰 도전이 될 것이라는 것은 의심의 여지가 없지만, 우리는 또한 보다 강력하고 긍정적인 경제 관계를 구축하고 기후 변화 해결을 포함해서 우리의 가치와 이익과 일치하는 분야에서 중국과 함께 협력할 것이다'라고 설명했다.[38]

냉전과 그에 수반되는 지역 대리 충돌 이후 짧은 기간 동안 지리경제학geoeconomics은 남중국해의 전략적 경쟁의 지배적 차원에서 지정학

---

[35] The White House, *Interim National Security Strategic Guidance*, (3 March, 2021), p. 10.

[36] Reuters, "Database reveals secrets of China's loans to developing nations, says study," *Reuters*, (31 March, 2021); K. Lo, "Sri Lanka wants its 'debt trap' Hambantota port back. But will China listen?," *South China Morning Post*, (7 Dec, 2019).

[37] T. H. Le, "Southeast Asian narratives about US-China competition (part 1): choice and necessity," *The Strategist*, (13 November, 2019).

[38] L. McGee, "Boris Johnson Desperately Needs a More Coherent China Strategy," *CNN*, (8 April, 2021).

geopolitics을 대체했다. 그러나 9.11 테러 이후 3개월 만에 중국은 2001년 12월 11일 세계무역기구(WTO: World Trade Organization)에 가입했다. 이러한 움직임은 중국 경제가 점차 개방화되면서 자유주의적 국제 질서와 통합하기 위해 점진적으로 운영한다는 대중적 비전vision에서 절정을 이루었다. 1992년 알라타스Ali Alatas 인도네시아 외교장관은 남중국해에서 미국의 해양력이 쇠퇴할 경우 뒤따르는 '안보 불균형security disequilibrium'에 대해 아세안 국가들의 우려를 선견지명으로 표명했다.[39] 싱가포르는 이후 남중국해에서 미 해군의 지속적인 통제를 촉진하기 위한 공공 및 민간 전략 정책 노력을 주도했다. 리콴유李光耀 전 싱가포르 총리는 '만일 미국이 철수를 한다면 중국과 일본, 한국과 일본, 한국과 중국 그리고 중국과 일본에 대한 아세안의 모든 의심과 적대감은 우리가 획득한 긍정적인 것에서 제로섬 게임zero-sum인 방어와 안보로 초점이 옮겨갈 것'이라고 주장했다.[40] 선견지명이 있는 동남아시아 정치가들이 예측한 바와 같이 광범위한 미·중 전략 경쟁은 남중국해의 통제권과 주권 권리를 위한 지역 경쟁에 영향을 미치는 가장 위험한 동인이 되었다.

4. 자신감과 신뢰 구축

현대의 신뢰구축조치confidence-building measures는 냉전이 제3차 세계대전으로 전환되는 것을 방지하기 위한 국제이고 초국가적 노력에 뿌리를

---

[39] Business Times, "ASEAN member states agree on U.S. presence in region—Alatas," *Business Times*, (29 October, 1992).
[40] Reuters, "U.S. holds key to Asian security—Lee," *Reuters*, (16 May, 1993).

두고 있다. 1982년 유엔의 포괄적인 연구에 따르면, '신뢰 구축 조치의 목표는 다양한 지역 더 나아가 세계적인 규모로 국제적인 무기 증강이 계속될 수 있는 중요한 요인인 불신, 공포, 긴장 그리고 적대감의 원인을 줄이거나 심지어 제거하는 데 기여하는 것이다.'[41]

미·중 전략 경쟁의 틀을 통해서 중국, 대만, 베트남, 필리핀, 말레이시아, 인도네시아 그리고 브루나이가 남중국해에서 영토와 주권 경쟁을 전개하면서 이에 따른 군비 경쟁에 박차를 가하고 있다. 하노이는 '국제법상에 규정된 베트남의 주권·주권 권리 그리고 관할권 침해'를 상쇄하기 위해 캔버라, 런던, 뉴델리, 파리, 도쿄 그리고 워싱턴 등을 포함해 신구 우방국과 인상적인 전략적 협력 관계를 체결하고 있다.[42]

그럼에도 불구하고 하위 전쟁sub-war 교전이 군사적 충돌을 촉발시킬 가능성이 커지고 있다. 모든 경쟁국들의 대중적 수사는 갈등을 피하고 전쟁을 예방한다는 공통의 목표를 지지한다. 그러나 30년 동안 지역 간 외교적 헤징과 신뢰 구축은 미국의 항행의 자유(FNOP: Freedom of Navigation Operations)와 다른 강대국의 유사한 행동과 함께 남중국해에서 관련 활동뿐만 아니라 중국의 점령과 군사화로 촉발된 갈등 조성 역학 관계를 바로잡지 못했다.[43]

중국은 2012년 11월 시진핑이 총서기로 취임한 뒤 남중국해에 군사 기

---

[41] UN Centre for Disarmament, Report of the Secretary General, *Comprehensive Study on Confidence-building Measures* (New York, 1982), p. 6.

[42] Vietnam, Ministry of National Defence, *2019 Viet Nam National Defence* (Hanoi, 2019), p. 7.

[43] Malaysia, Ministry of Defence, Defence White Paper (Kuala Lumpur, 2020), p. 21; Sinar Harian, "Maritime Power is a Tool to Showcase Strength," *Sinar Harian*, (14 January, 2020).

지를 건설하기 시작했다. 중국은 2015년까지 각종 암초를 인공섬으로 바꿔 막대한 해양과 환경 오염을 초래했다. 이후 중국의 육해군은 인공섬에 격납고, 병영, 지하 연료 및 저수시설, 벙커 등 공격 및 방어무기 체계를 갖춘 더 많은 군사 시설을 건설했다. 이러한 행동은 시진핑이 2015년 9월 25일 백악관에서 남중국해에서 '군사화를 추진하지 않겠다'고 밝힌 것과 상반되는 행동이다.[44] 더욱이 중국은 역사적 해양 주권 권리에 대한 지배 개념을 무효화한 2016년 7월 12일 국제 상설 중재 재판소의 판결에도 불구하고 남중국해를 통제하기 위한 활동을 계속했다.[45]

동서양 식민주의의 갈등적 유산인 남중국해에서의 중국의 불법 영유권 주장은 제1도련선에서 통제, 영토, 항행의 자유를 둘러싼 갈등의 주요 동인이다. 2010년 하노이에서 열린 눈에 띄게 첨예했던 아세안 지역 포럼(ARF: ASEAN Regional Forum)에서 12국 외교장관들은 중국 외교부장에게 남중국해에 대한 중국의 불법 주장을 정당화해줄 것을 요청했다. 양제츠楊潔篪 외교부장은 테이블 건너편의 상대방을 노려보며 '중국은 큰 나라이고 다른 나라는 작은 나라인데 그건 사실일 뿐'이라고 직설적으로 맞섰다. 또한 양제츠는 중국 주변국들에게 '외부 강대국이 조직한 도당'에 참여하지 말라고 경고했다.[46]

당시 힐러리Hillary Clinton 국무장관은 오바마 행정무가 인도·태평양

---

[44] The White House, "Remarks by President Obama and President Xi of the People's Republic of China in Joint Press Conference," (25 September, 2015).

[45] "In the Matter of the South China Sea Arbitration," PCA Case No. 2013-19, Award (12 July, 2016), para. 1158.

[46] Jeffrey A. Bader, *Obama and China's Rise: An Insider's Account of America's Asia Strategy* (Washington, D.C., 2012), p. 105; John Pomfret, "U.S. takes a tougher tone with China," *Washington Post*, (30 July, 2010).

지역에서 호평을 받은 해양력 재균형 정책rebalancing policy을 재검토하면서 항행의 자유는 미국의 중요한 국익이라고 모든 동맹국과 파트너 국가들에게 강조했다. 미국은 주권 분쟁 해결을 위한 무력 사용에 반대하며 '남중국해 당사국 행동 선언Declaration on the Conduct of Parties in the South China Sea' 이행을 위한 대화를 촉진할 태세를 갖추었다. 2002년 아세안과 중국은 주권 분쟁을 관리하기 위해 이 합의서를 작성했지만 2021년 현재 19년 동안 이행하지 못했다. 이 선언서는 1990년에 시작된 일련의 정책 워크숍workshops에서 개발된 실질적인 신뢰 구축 방안을 담고 있다.[47] 이 건설적인 작업의 산출물과 미래의 신뢰 구축 포럼forum은 남중국해가 미·중 권력 경쟁의 주요 해양 무대로 전환되면서 훼손되었다.

2010년 리콴유는 증오에 찬rancorous 포럼이 남중국해와 인도·태평양 지역에서의 우위를 차지하기 위해 미·중 사이에 '수십 년 동안' 계속된 투쟁의 시작을 알렸다고 논평했다.[48] 유감스럽게도, 그 이후의 10년은 리콴유의 선견지명이 옳았다는 것을 증명했다. 하버드대 정치학자 앨리슨 Graham Allison은 '단극 구조는 끝났고 미국 주도의 국제 질서에서 다른 국가들이 단순히 할당된 자리를 차지할 것이라는 환상이 있었다. 미국과 남중국해의 동맹국 및 파트너에게는 오늘날 전 세계에 영향력 있는 영역이 존재하고 있으며 이들 모두가 미국의 영역은 아니라는 현실을 받아들여야 할 것이다'라고 주장했다.[49] 중국은 2009년 키팅Thomas Keating 당시

---

47 Tomotaka Shoji, "Vietnam, ASEAN, and the South China Sea: Unity or Diverseness?," *NIDS Journal of Defense and Security*, vol. 13 (Dec. 2012), p. 5.
48 Lee Kuan Yew, "Battle for Pre-eminence," *Forbes*, (23 September, 2010).
49 Graham Allison, "The New Spheres of Influence: Sharing the Globe with Other Great Powers," *Foreign Affairs*, (10 February, 2020).

인도·태평양 주둔 미군 사령관을 통해 이 새로운 국제 질서를 발표하면서 이 지역의 해양 강대국 중국과 미국이 중국 해군의 항공모함 항모 타격 전단Carrier Strike Groups의 첫 배치 이후 인도·태평양을 영향권으로 나누어야 한다고 통보했다.[50]

세계에서 가장 경쟁이 치열한 해양에서 확산되는 평화 위협을 억제하기 충분한 역내 신뢰와 신뢰 구축이 긴급하고 전 세계적으로 중요한 목표이다. 그러나 중국이 지역 우위로 부상하는 동안 충돌을 피하려면 신뢰 구축, 억제 그리고 해양 외교에 효과적인 정책을 실행해야 한다. 좋은 의도는 있지만, 심각하게 위반된 지난 30년간의 광범위한 지역 신뢰 구축 노력의 결과물에 대한 설문 조사에서 어려운 의문이 제기된다.

베이징과 워싱턴, 그리고 각각의 동맹국들과 파트너들은 유엔해양법협약(UNCLOS)에서 항행의 자유, 주권 권리 그리고 다른 기본 조항들에 대한 서로 다른 이해를 놓고 치열한 경쟁을 벌이고 있다. 미국을 중심으로 서구 해양 세력은 많은 아시아 국가들이 배타적 경제 수역(EEZ: Exclusive Economic Zone) 내에서의 자유에 대한 제한을 모색하고 있으며 다양한 인공 지형물에 관한 군사 시설 건설을 시행하고 있는 반면 항행의 자유를 보존하고자 노력하고 있다.[51]

---

[50] James Kraska, *Maritime Power and the Law of the Sea: Expeditionary Operations in World Politics* (Oxford University Press, 2011), pp. 325-326.

[51] Aftab Alam, "Need to Develop International Guidelines to Regulate Military Activities in EEZs," *South Asia Monitor*, (21 April, 2021); Maritime Institute of Malaysia, "Seminar on Foreign Military Activities in Malaysia's EEZ: Issues and Challenges," (14 October, 2008); Keyuan Zou, *China's Marine Legal System and the Law of the Sea* (London, 2005), pp. 23-98, 92-95; U.S. Department of State, "Straight Baselines: Vietnam, Limits in the Seas," *Bureau of Research & Intelligence*, vol. 99, no. 9, (12 December, 1982).

이러한 상황은 다음과 같은 다양한 질문과 관찰을 유발한다: 남중국해의 갈등 잠재력은 인화점flashpoint 사고의 위험을 완화하기 위한 실질적인 조치에 대한 공통된 합의 없이 줄일 수 있을까?[52]

그래서 남중국해 분쟁이 악화되는 것을 피하기 위해 유엔해양법협약(UNCLOS)(1982년), 아세안 남중국해 당사국 행동 선언(2002년), 해양에 우발적 충돌 방지 기준(CUES: Code for Unplanned Encounters at Sea)(2014년), 미·중 양자 군사 해양 협의체Sino-American bilateral Military Maritime Consultative Agreement(1998년), 항공과 해양 조우 행동 규칙Rules of Behavior for Safety of Air and Maritime Encounters(2013년), 군사 활동 통보Notification of Major Military Activities(2014) 등 중요한 해양 신뢰 구축 조치들이 존재하고 있다.

그러나 유엔해양법협약(UNCLOS)을 비준하고 위의 협정을 준수하기로 합의했는데, 중국은 왜 스프래틀리, 파라셀, 나투나 군도Natuna Island에서 계속해서 유엔해양법협약(UNCLOS)의 협정문과 정신을 반복적으로 위반하고 있는 것일까? 인도네시아, 말레이시아, 필리핀 그리고 베트남은 2019년 12월부터 각자의 헤징 전략을 계속 추진하면서 각국은 중국의 남중국해에 대한 9단선과 그에 따른 '역사적 권리' 주장을 거부하는 내용의 구상서(notes verbale: 외교 문서)를 유엔에 제출했다.[53] 선박과 항공기의 운

---

[52] Sam Bateman, *Freedoms of Navigation in the Asia-Pacific Region: Strategic, Political, and Legal Factors* (London, 2019), p. 78.

[53] Ian Storey, "As U.S.-China Tensions Rise, what is the Outlook on the South China Sea Dispute in 2020-21?" *South China Morning Post*, 5 September, 2020; Jakarta Post, "Indonesia joins neighbours in protesting Beijing's claims in South China Sea," *Jakarta Post*, 1 June, 2020; Kyodo News, "Indonesia steps up sea patrols over border intrusion by China," *Kyodo News Service*, (4 January, 2020); P. Pedrozo, "The U.S.-China Incidents at Sea Agreement: A Recipe for Disaster," *Journal of National Security and Law Policy*, vol. 6, no. 207 (2012), pp. 221-223.

항에 관한 미·중 협정은 의무적인 것이라기보다는 희망적인 것이다.

다른 합의뿐만 아니라 해양에서의 우발적 충돌 방지 기구에서 비해군 자산이 간과되는 이유는 무엇일까? 동남아시아 정부의 다양한 헤징 전략이 남중국해에서의 행동 강령 채택이나 탄력적인 지역 내부 자신감과 신뢰 구축에 더 많은 도움이 되거나 방해가 되고 있는가? 중국 어선들은 중국의 남중국해 통제 활동을 지원하기 위해 중국해군의 소통 네트워크와 지휘 계통 하에 있는 중국 무장 해양 경비대와 해양 민병대와 협력하여 다양한 강압적인 하위 전쟁 영향력 작전을 수행하고 있다.[54]

2020년 6월 22일 중국은 남중국해에서 해양 경비대와 해양 민병대의 해양법 집행을 포함한 군에 대한 공산당 중앙 위원회와 중앙 군사 위원회 지휘권을 중앙 집권화하는 개정법을 채택했다.[55] 베이징은 중국 인민 무력 해양 경비대의 권한을 강화하기 위해 2021년 1월 22일 중국이 주장하는 주권을 침해하는 것으로 간주되는 외국 선박에 대해 해양 경비대에게 발포할 수는 있는 권한을 명시적으로 허가하는 법안을 통과시켰다.[56]

---

[54] Kroodsma, David A, Juan Mayorga, Timothy Hochberg, Nathan A. Miller, Kristina Boerder, Francesco Ferretti, Alex Wilson, Bjorn Bergman, Timothy D. White, Barbara A. Block, Paul Woods, Brian Sullivan, Christopher Costello, Boris Worm, "Tracking the global footprint of fisheries" *Science*, vol. 359, no. 6378, (23 Feb), 2018, pp. 904-908; S. Yang and Y. Geng, "Strategic Thinking on Strengthening Lowintensity Maritime Rights Defence and National Defence Mobilization," *National Defence University*, *National Defence*, vol. 1 (2017); Reuters, "Satellites and Seafood: China keeps fishing fleet connected in disputed waters," *Reuters*, (27 July, 2014).

[55] BBCM, "China adopts revised law calling for party' unified leadership over military," *China Global Television Network*, (21 June, 2020).

[56] Ralph Jennings, "China's Coast Guard Can Fire on Foreign Vessels, Complicating Security in South Sea," *VOA News*, (18 April, 2021).

미국은 스스로를 규칙 기반 국제 질서의 세계 주도적인 옹호자로 내세우고 있다. 그렇다면 왜 미국은 해양의 자유를 보존하기 위한 주요 법적 수단인 유엔해양법협약(UNCLOS)을 비준하지 않았는가? 미·중이 지역의 안보, 번영, 평화를 실현하려고 한다면, 왜 유엔해양법협약(UNCLOS)을 비준하고 지지하지 않으며, 남중국해의 다양한 배타적 경제 수역(EEZ)에서 활동하고 있는 다른 국가의 선박과 항공기를 위험에 빠뜨리는 행위를 자제하는 것일까? 중국은 지난 30년 동안 세계에서 가장 중요한 전략적 해로 중 하나에 대한 통제권을 행사해 왔다. 아세안, 미국, 동맹국 및 파트너들은 남중국해에서의 중국의 통제 활동에 합법적으로 대응하고 중국의 추가적인 지리전략적 점유를 저지하기 위해 통일된 해양 전략을 구상하고 실행할 능력이 있는가?[57] 실질적이고 효과적인 신뢰 구축 조치와 억지 작전이 되기 위해서는 특정 상황에서 지배적인 위협에 직접 관여해 상황의 주요 안보 문제를 축소해야 한다.[58]

---

[57] Kunal Gaurav, "Chinese 'militia' swarm has spread in disputed waters: Philippines," *Hindustan Times*, (31 March, 2021); U.S. Pacific Fleet Public Affairs, "People's Liberation Army Navy lased a U.S. Navy P-8A in unsafe, unprofessional manner," (27 February 2020); Global Times, "PLA Navy drill in Pacific Ocean challenges US hegemony," *Global Times*, 26 February, 2020; South China Morning Post, "Malaysia, China, and Vietnam in 'dangerous, ongoing game of chicken' in South China Sea," *South China Morning Post*, (22 February, 2020); J. Kim and D. Druckman, "Shelved sovereignty or invalid sovereignty? The South China Sea negotiations, 1992-2016," *The Pacific Review*, vol. 33, no. 1 (2020).

[58] Department of Political and Security Council Affairs, UN Centre for Disarmament, *Report of the Secretary General, Comprehensive Study on Confidence-building Measures* (New York, 1982), p. 25.

5. 결론

　미국, 남중국해 연안 국가들 그리고 다른 나라들은 현재 중국의 상대적 해양력 증가와 점점 강압적인 지역 태세에 경각심을 갖고 있다. 프랑스, 독일, 영국은 2020년 9월 16일 유엔에 제출한 공동 구상서에서 남중국해 해역에 대한 중국의 '역사적 권리' 주장이 국제법과 유엔해양법협약(UNCLOS) 조항을 준수하지 않는다고 명시했으며, 필리핀과 중국 사이의 분쟁에 대해 2016년 7월 12일에 국제 중재 재판소가 내린 판결이 이 점을 분명히 확인시켜 주었다는 점을 상기시키고 있다.[59]

　2019년 퓨 리서치 센터 Pew Research Center 조사에서 응답자의 79%가 중국의 해양력 증가가 자신의 이익과 안보에 해롭다고 답변했다. 제1도련선 내에서 조사된 각국에서 더 많은 사람들이 일본과 필리핀의 약 3분의 2를 포함하여 개방형 질문에서 미국을 가장 신뢰할 수 있는 동맹국으로 지목했다. 트럼프 전 대통령의 애매한 지역 유산에도 불구하고 남중국해 전역에서 미국에 대한 견해는 여전히 긍정적이다. 일반적으로 시진핑이나 트럼프에 대한 신뢰의 부족은 상대방에 대한 불신으로 이어졌다. 세력이 약한 동료 국가들에 비해 미·중 양국 지도자들은 모두 국제적인 신뢰를 얻지 못했다.[60] 중국에 대한 긍정적인 평가가 인도·태평양 지역에서 급격하게 하락하고 있다.[61]

59　UK Mission to the UN, *Note Verbale, UK NV no. 162/20* (16 Sept, 2020).

60　Pew Research Center, *Spring 2019 Global Attitude Survey* (Washington, D.C., 2019). Pew Research Center, "Around the world, more see the U.S. positively than China, but little confidence in Trump or Xi," 10 January, 2020.

61　Pew Research Center, Spring 2019 Global Attitude Survey, Q8b. The survey

그러나 냉전이 끝난 이후 중국보다 세계 경제 성장에 더 기여한 국가는 없다. 리콴유는 1993년에 중국의 전략을 선견지명을 가지고 주목하고 있었다. 중국은 이제까지 존재했던 어떤 세력보다 인류 역사상 가장 큰 행위자가 되었다'.[62] 중국 해양 안보 전략의 창시자들은 국익을 지배하는 것으로 제1도련선의 통제를 최우선했다.[63] 시진핑이 자랑하는 BRI 활동과 중국몽을 연결한 국가의 실현은 남중국해를 통제하는 것을 조건으로 하고 있다. 베이징의 관점은 다음과 같다.

근해 방위는 국가 해양 안보의 근본적인 보장이다. 1970년대 덩샤오핑은 해양 전략 방어 범위가 그때까지 연안이었기 때문에 연안에서의 전투 준비 전략을 공포했다. 이것은 중국 해군에 대한 실질적인 전략적 지침을 지정하기 위한 목적으로 이루어졌으며 중국 영해와 섬 전체에 걸친 주권 범위를 포함한다. 중국이 국제 해양법에 따라 관할하는 모든 해양 지역도 포함된다. 이러한 해양 방어 기반에서 내세우는 해양 전략의 두드러진 특징은 해양 권리와 이익의 보호에 중요한 위치를 제공하는 국가 통일의 실현이다. 이 전략은 해군이 해양에서 지역 전쟁에 대응할 수 있어야 하고 적의 침입을 무력화할 수 있어야 한다고 강조한다. 국익의 요건과 해양 전투 작전 능력 개발에 따라 해군 전략방어의 범위가 점차 확대돼야 한다.[64]

---

[62] questioned 38,429 people via telephone interviews in 34 countries across the Indo-Pacific region. Pew Research Center (Washington, D.C., 2019).
[62] Nicholas D. Kristof, "The Rise of China," *Foreign Affairs*, (Nov./Dec. 1993).
[63] Xu Qi, "Maritime Geostrategy and the Development of the Chinese Navy in the Early Twenty-first Century," *China Military Science*, vol. 17, no. 4 (2004), pp. 76-77.
[64] ibid.

확산되는 해군력과 국제적 위상 불안은 베이징, 모스크바, 테헤란 그리고 평양의 독재 정권의 권위주의적 세계관을 각자의 해양 영향권을 공동으로 추구하는 방향으로 조정하고 있다. 코로나19 발생과 그에 따른 세계적 유행병의 초기 관리 부실, 홍콩에서의 엄격한 보안법 부과(영국과 합의에 기초한 덩샤오핑의 '일국양제' 정책을 고의로 어기는 것) 등은 해양 영역에서 불안정한 권력 경쟁의 역학 관계를 확대시켰다. 모리슨Scott Morrison 호주 총리의 입장에서 볼 때 인도·태평양 지역은 '2차 세계대전 이후 가장 중대한 전략적 재편 중'에 있다.[65]

남중국해에 대한 학제 간 조사Interdisciplinary examination는 해양 강대국의 지역 질서에 따라 진행 중인 이러한 재편성으로 인한 다양한 경제, 환경, 정치, 사회 그리고 전략적 결과를 보여주고 있다. 중국은 이제 주변 약소국들 사이에서 분열적인 헤징 전략을 계속 발전시키고 각 아세안 회원국들과 개별적인 결정적인 대화를 나누는 것이 이 국가들을 워싱턴 쪽으로 더 가까이 이동시킬 수 있을지 신중히 생각해야 한다. BRI 활동의 지역적인 지리경제학의 목적은 아세안 국가들의 경제와 중국 경제를 통합하는 것이다. 그러나 남중국해에서 중국의 제국주의적 입장을 지속하는 것은 제1도련선 안에서 중국의 위협을 받는 주변 국가들이 자신들의 헤징 전략을 포기하고 미국과 노골적으로 협력하기로 결정한다면 다 잡은 고기를 놓칠 수 있을 것이다(snatch defeat from the jaws of victory). 남중국해 영유권 분쟁에 대한 미국의 분명한 입장은 모든 합법적 주권 주장에 대해 확고히 지지하는 것 중의 하나이다.

---

[65] Australian Government, Department of Defence, *2020 Defence Strategic Update*, (2 July 2020), p. 3.

참고문헌

권태영, 김푸름. 2019. "중국의 3전과 한국의 대응 방향." 『전략연구』 제26권 제1호 (통권 제77호), pp. 261- 317.
최수문. 2019. "中 '아킬레스건' 건드리는 美…대만 등에서 우발적 군사 충돌 가능성도." 『서울 경제』(1/19).
Alam, Aftab. 2021. "Need to Develop International Guidelines to Regulate Military Activities in EEZs." *South Asia Monitor*, (21 April).
Allison, Graham. 2020. "The New Spheres of Influence: Sharing the Globe with Other Great Powers." *Foreign Affairs*, (10 February).
Australian Government, Department of Defence. 2020. *2020 Defence Strategic Update*, (2 July), p. 3.
Bader, Jeffrey A. 2012. *Obama and China's Rise: An Insider's Account of America's Asia Strategy*. Washington, D.C.
Bateman, Sam. 2019. *Freedoms of Navigation in the Asia-Pacific Region: Strategic, Political, and Legal Factors*. London, p. 78.
BBCM. 1997. "First Sino-Russian Naval Exercises." *Segodnya newspaper in Russian*, (7 Oct).
BBCM. 2019. "Iran 'formulates important' military document with China, says commander." *Islamic Republic News Agency website in Persian*, (3 December).
BBCM. 2019. "Senior Islamic Revolutionary Guard Corps Commander Interviewed on Iran, China, Russia Cooperation." *Mashregh News website in Persian*, (21 September).
BBCM. 2020. "China adopts revised law calling for party' unified leadership over military." *China Global Television Network*, (21 June).
British Broadcasting Corporation Monitoring(BBCM). 2021. "Chinese Media Downplay Regional Concerns Over Beijing's Military Moves." (6 April).
Business Times. 1992. "ASEAN member states agree on U.S. presence in region—Alatas." *Business Times*, (29 October).
Corbett, Julian. 1911. *Some Principles of Maritime Strategy*. London, p. 87.
Da, Xiang ed. 1961. *History of the Western Regions*. Beijing.
Department of Political and Security Council Affairs, UN Centre for Disarmament. 1982. *Report*

of the Secretary General, Comprehensive Study on Confidence-building Measures. New York.

Duchâtel, M. 2019. "Overseas Military Operations in Belt and Road Countries: The Normative Constraints and Legal Framework." N. Rolland, ed., *Securing the Belt and Road Initiative: China's Evolving Military Engagement Along the Silk Roads.* Washington, D.C., pp. 7-17.

Dreyer, Edward L. 2006. *Zheng He: China and the Oceans in the Early Ming Dynasty, 1405-1433.* New York: Pearson Longman Publishing.

Fan, Ye. 1990. *Ye Jianying in 1976.* Beijing.

Feng, Liu. 2011. *On Maritime Strategic Access* (Beijing), p. 10.

Gaurav, Kunal. 2021. "Chinese 'militia' swarm has spread in disputed waters: Philippines." *Hindustan Times,* (31 March).

Global Times. 2020. "PLA Navy drill in Pacific Ocean challenges US hegemony." *Global Times,* (26 February).

Harian, Sinar. 2020. "Maritime Power is a Tool to Showcase Strength." *Sinar Harian,* (14 January).

"In the Matter of the South China Sea Arbitration." 2016. PCA Case No. 2013-19, Award (12 July), para. 1158.

Jakarta Post. 2020. "Indonesia joins neighbours in protesting Beijing's claims in South China Sea," *Jakarta Post,* (1 June).

Jenner, Cristopher J & Truong Thuy Tran, eds.. 2018. *The South China Sea: A Crucible of Regional Cooperation or Conflict-making Sovereignty Claims?* Cambridge University Press.

Jennings, Ralph. 2021. "China's Coast Guard Can Fire on Foreign Vessels, Complicating Security in South Sea." *VOA News,* (18 April).

Jung-pang, Lo. 2012. "China as a Sea Power, 1127-1368: A Preliminary Survey of the Maritime Expansion and Naval Exploits of the Chinese People During the Southern Sung and Yuan Periods." Bruce A. Elleman. eds., *China as a Sea Power, 1127-1368.* Singapore, pp. 342-43.

Kajima, M. 1976. "'Memorandum of the Ambassador Plenipotentiary His Imperial Majesty the Emperor of China in reply to the Draft of Treaty proposed by the Plenipotentiaries of

His Imperial Majesty the Emperor of Japan,' Shimonoseki, 5 April 1895." *The Diplomacy of Japan 1894-1922*, vol. I, *The Sino-Japanese War and Triple Intervention* (Tokyo), p. 224.

Keyuan Zou. 2005. *China's Marine Legal System and the Law of the Sea*. London.

Kim, J and D. Druckman. 2020. "Shelved sovereignty or invalid sovereignty? The South China Sea negotiations, 1992–2016." *The Pacific Review*, vol. 33, no. 1.

Kraska, James. 2011. *Maritime Power and the Law of the Sea: Expeditionary Operations in World Politics*. Oxford University Press.

Kristof, Nicholas D. 1993. "The Rise of China." *Foreign Affairs*, (Nov./Dec).

Kroodsma, David A, Juan Mayorga, Timothy Hochberg, Nathan A. Miller, Kristina Boerder, Francesco Ferretti, Alex Wilson, Bjorn Bergman, Timothy D. White, Barbara A. Block, Paul Woods, Brian Sullivan, Christopher Costello, Boris Worm. 2018. "Tracking the global footprint of fisheries" *Science*, vol. 359, no. 6378, (23 Feb), pp. 904-908.

Kuik, Cheng-Chwee. 2020. "Hedging in Post-Pandemic Asia: What, How, and Why?." *The Asan Forum*, (6 June).

Kyodo News. 2020. "Indonesia steps up sea patrols over border intrusion by China." *Kyodo News Service*, (4 January).

Lee Kuan Yew. 2010. "Battle for Pre-eminence." *Forbes*, (23 September).

Lee Hsien Loong. 2020. "The Endangered Asian Century: America, China, and the Perils of Confrontation." *Foreign Affairs*, (July/August).

Le, T. H. 2019. "Southeast Asian narratives about US-China competition (part 1): choice and necessity." *The Strategist*, (13 November).

Liu, H. 2008. *Selected Military Writings of Liu Huaqing*. Beijing.

Lo, K. 2019. "Sri Lanka wants its 'debt trap' Hambantota port back. But will China listen?." *South China Morning Post*, (7 Dec).

Mahan, Alfred Thayer. 1890/2003. *The Influence of Sea Power Upon History, 1660-1783*. Louisiana.

Malaysia, Ministry of Defence. 2020. *Defence White Paper*. Kuala Lumpur, p. 21.

Malik, Adam. 1975. "Regional Cooperation in International Politics." *Regionalism in South East Asia* (Jakarta), pp. 162-163.

Maritime Institute of Malaysia. 2008. "Seminar on Foreign Military Activities in Malaysia's EEZ: Issues and Challenges." (14 October).

McBeth, John. 2020. "China plays divide and rule in South China Sea." *Asia Times*, (3 May).

McGee, L. 2021. "Boris Johnson Desperately Needs a More Coherent China Strategy." *CNN*, (8 April).

Ni, J., ed. 1997. *China Ocean*. Beijing.

Ministry of Defence. 2004. *UK Maritime Power*, Joint Doctrine Publication 0-10, (Swindon), p. 69.

Office of the Director of National Intelligence. 2019. *Worldwide Threat Assessment of the U.S. Intelligence Community*, (29 Jan), p. 4.

Oudenaren, J. Van. 2020. "Why Are Russian Military Planes Flying Around Taiwan?" *The Diplomat*, (16 Jan).

Pedrozo, P. 2012. "The U.S.-China Incidents at Sea Agreement: A Recipe for Disaster." *Journal of National Security and Law Policy*, vol. 6, no. 207, pp. 221-223. 54.

People's Daily. 1992. "Law of the People's Republic of China on the Territorial Sea and Contiguous Zone." *People's Daily*, (26 Feb), p. 4.

Pew Research Center. 2019. *Spring 2019 Global Attitude Survey*. Washington, D.C.

Pew Research Center. 2019. *Spring 2019 Global Attitude Survey, Q8b. The survey questioned 38,429 people via telephone interviews in 34 countries across the Indo-Pacific region*. Washington, D.C.

Pew Research Center. 2020. "Around the world, more see the U.S. positively than China, but little confidence in Trump or Xi." (10 January).

Pomfret, John. 2010. "U.S. takes a tougher tone with China." *Washington Post*, (30 July).

Qi, Xu. 2004. "Maritime Geostrategy and the Development of the Chinese Navy in the Early Twenty-first Century." *China Military Science*, vol. 17, no. 4, pp. 76-77.

Reuters. 1993. "U.S. holds key to Asian security Lee." *Reuters*, (16 May).

Reuters. 2014. "Satellites and Seafood: China keeps fishing fleet connected in disputed waters." *Reuters*, (27 July).

Reuters. 2018. "Pompeo announces $113 million in new US initiatives in 'Indo-Pacific.'" *Reuters*, (30 July).

Reuters. 2021. "Database reveals secrets of China's loans to developing nations, says study." *Reuters*, (31 March).

Royal Navy. 2004. *British Maritime Doctrine*, BR 1806. Norwich, p. 277.

Rutnam, Easwaran. 2020. "Sri Lanka should engage with China in ways that protect its sovereignty —[Ambassador] Alaina B. Teplitz." *Daily Mirror*, (5 October).

Senate Armed Services Committee. 2018. "Advance Policy Questions for Admiral Philip Davidson, USN Expected Nominee for Commander, U.S. Pacific Command." *Unclassified*, (17 April), p. 18.

Shambaugh, D. 2018. "U.S.-China Rivalry in Southeast Asia: Power Shift or Competitive Coexistence?." *International Security*, vol. 42, no. 4 (Spring), p. 96.

Shijian, Chen, ed. 1987. *Collection of Names and Materials on the South China Sea Islands*. Guangzhou.

Shoji, Tomotaka. 2012. "Vietnam, ASEAN, and the South China Sea: Unity or Diverseness?." *NIDS Journal of Defense and Security*, vol. 13 (Dec), p. 5.

South China Morning Post. 2020. "Malaysia, China, and Vietnam in 'dangerous, ongoing game of chicken' in South China Sea." *South China Morning Post*, (22 February).

Storey, Ian. 2020. "As U.S.-China Tensions Rise, what is the Outlook on the South China Sea Dispute in 2020-21?" *South China Morning Post*, (5 September).

The State Council Information Office of the PRC. 2019. "China's National Defence in the New Era." (Beijing), p. 7.

The White House. 1979. "Memcon, Top Secret, Vice President Walter Mondale's meeting with PRC Vice Premier Deng Xiaoping, DDRS." (28 Aug).

The White House. 1979. "President's meeting with Ambassador Morton Abramowitz, Memorandum of Conversation (MemCon)." Declassified Document Reference System (DDRS), (1 Feb).

The White House. 2015. "Remarks by President Obama and President Xi of the People's Republic of China in Joint Press Conference." (25 September).

The White House. 2021. *Interim National Security Strategic Guidance*, (3 March), p. 10.

The Times of India. 2014. "Build strong border defences, Xi Jinping tells Chinese military." *The Times of India*, (28 June).

UK Mission to the UN. 2020. *Note Verbale, UK NV no. 162/20* (16 Sept).

UN Centre for Disarmament, Report of the Secretary General. 1982. *Comprehensive Study on Confidence-building Measures*. New York.

U.S. Department of Defense. 2020. *Military and Security Developments Involving the People's*

　　　　Republic of China 2020. Washington, D.C.

U.S. Department of State. 1982. "Straight Baselines: Vietnam, Limits in the Seas." *Bureau of Research & Intelligence*, vol. 99, no. 9, (12 December).

U.S. Department of State. 1986. *Foreign Relations of the United States, 1955-1957, China*, vol. II. Washington, D. C.

U.S. Indo-Pacific Command. 2020. "Investment Plan for Implementing the National Defense Strategy, Fiscal Years 2022-2026." *National Defense Authorization Act 202 Section 1253 Assessment* (Unclassified version), (Hawaii), p. 8.

U.S. Pacific Fleet Public Affairs. 2020. "People's Liberation Army Navy lased a U.S. Navy P-8A in unsafe, unprofessional manner." (27 February).

Vietnam, Ministry of National Defence. 2019. *2019 Viet Nam National Defence*. Hanoi.

Wade, Geoff. 2004. "The Zheng He Voyages: A Reassessment." *ARI WP Series* no. 31, Oct, p. 19.

Yang, S. and Y. Geng. 2017. "Strategic Thinking on Strengthening Lowintensity Maritime Rights Defence and National Defence Mobilization." *National Defence University*, *National Defence*, vol. 1.

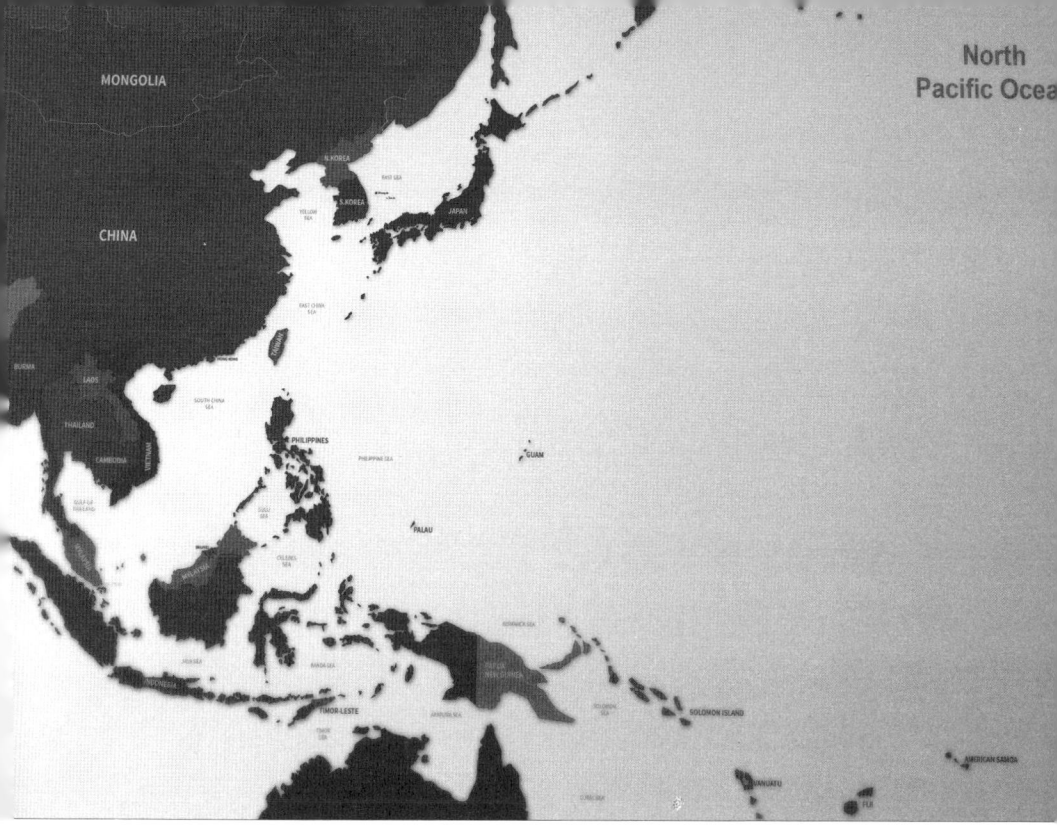

제3부

아세안의 헤징 전략과 남중국해 분쟁 해결

제7장

남중국해 분쟁과 아세안의 헤징 전략

1. 서론

헤징(hedging: 위험회피/이하 헤징)은 아시아·태평양의 국제정치 분석에서 핵심 개념이 되었다.[1] 현재 두드러진 헤징의 핵심 개념은 탈냉전 이후 post-Cold War 아시아의 주어진 지역 체제에서 권력 분배를 결정하는데 제

---

[1] Cheng-Chwee Kuik, "The essence of hedging: Malaysia and Singapore's response to a rising China," *Contemporary Southeast Asia*, 30(2), 2008, pp.159-185: Brock F. Tessman, "System structure and state strategy: adding hedging to the menu," *Security Studies*, 21(2), 2012, pp. 192-231; Øystein Tunsjø, *Security and Profit in China's Energy Policy: Hedging Against Risk* (New York: Columbia University Press, 2013); Darren J. Lim & Zack Cooper, "Reassessing Hedging: The Logic of Alignment in East Asia," *Security Studies*, 24(4), 2015, pp. 696-727; Ann Marie Murphy, "Great power rivalries, domestic politics and Southeast Asian foreign policy: Exploring the linkages," *Asian Security*, 13(3), 2017, pp. 165-182; John D. Ciorciari, "The variable effectiveness of hedging strategies," *International Relations of the Asia-Pacific*, 19(3), 2019, pp. 523-555.

한된 영향력을 가진 중견국middle powers 또는 약소국lesser states의 국제적인 행동에서 학술적 관심을 반영하고 있다.[2] 이러한 국가들은 신현실주의neorealist 이론이 예측하는 것처럼 체제 내의 강대국들과 균형을 맞추거나balancing, 편승하거나bandwagoning 또는 책임회피buck pass를 할 수 없는 것 같다.[3] 역내 약소국들의 비정상적인 혼합 연합 전략과 그들의 애매한 외교정책 행동을 설명하기 위해, 헤징은 완전한 반대와 조정 사이의 행동 차이를 메울 수 있는 유용한 범주라고 볼 수 있다.

헤징은 지배적인 이해에 따르면 아시아·태평양 지역에서 주로 중국의 권력 상승과 미국에서 이로 인한 두려움이 설정한[4] '투키디데스 함정Thucydides Trap'의 함의에 직면한 약소국들을 위한[5] 보험정책insurance policy을 제공하고 있다.[6] 그러나 이러한 이해는 두 가지 중요한 한계로 인해 어려움을 겪고 있다. 문헌의 진보에도 불구하고, 헤징은 균형과 편승 다음인 나머지 범주residual category로 남아 있다.

또한 헤징의 신현실주의와 경험주의자empiricist 구성들은 정치 오크숏

---

[2] Kenneth N. Waltz, Theory of International Politics (Massachusetts: Addison-Wesley Publishing Co., 1979), p. 76; Martin Wight, *Power Politics* (New York: Penguin Books, 1986); Dong-min Shin, *A Critical Review of the Concept of Middle Power* (E-International Relations, 2015).

[3] Waltz(1979), p. 76.

[4] Thucydides, Rex Warner, Trans, *The Peloponnesian War* (New York: Penguin, 1972).

[5] Graham Allison, *Destined for War: Can America and China Escape Thucydides's Trap?* (Boston: Houghton Mifflin Harcourt, 2017). 그레이엄 앨리슨 저, 정혜윤 옮김, 『예정된 전쟁 미국과 중국의 패권 경쟁, 그리고 한반도의 운명』(서울: 세종서적, 2018).

[6] Evan S. Medeiros, "Strategic hedging and the future of Asia-pacific stability," *The Washington Quarterly*, 29(1), 2005, pp. 145-16.

Michael Oakeshott이 정치에서 합리주의rationalism로 식별한 성향으로 인해 어려움을 겪고 있으며, 이것은 국가 관행을 구조적 또는 체계적 계획의 무리한 획일화procrustean bed를 강제하고 있다.[7] 이러한 사회과학적 접근 방식은(우발적 역사적 이해 방식과 반대되는) 약소국 또는 중견국 외교정책에서 행동의 의도와 가능성을 모두 과대평가하는 위험성이 있다.

이 장에서 전개하는 주장은 개별적으로나 집단적으로 동남아시아 국가연합/아세안(ASEAN: Association of Southeast Asian Nations)을 구성하는 약소국, 중견국 그리고 상대적 약소국weaker states의 예를 기반으로 하고 있다. 흥미롭게도 엘리슨Allison뿐만 아니라 특히 마부바니Kishore Mahbuban, 영Ong Keng Yong, 카우시칸Bilahari Kausikan 그리고 캉Kang과 마Ma가 아시아 맥락에서 투키디데스를 소환한 것은 강대국 경쟁에 직면한 약소국들의 현재 딜레마dilemmas를 우발성contingency, 역사적 사례 그리고 국가 책략statecraft의 관행에서 권고를 강조하는 국제정치 초기의 신중하거나 실용적인 이해와 연관시켜 준다.

고전적 현실주의적 사고와 외교사의 통찰력을 결합한 이러한 접근 방식은 동남아시아 국가 행동과 중견국 또는 약소국들이 이용할 수 있는 전략적 자원에 대한 더 나은 이해를 제공할 수 있다. 따라서 동남아시아 국가들이 강대국에 대한 충성도를 전략적으로 배분하는 것으로 잘못 묘사되는 것은 독특하지만 세계의 다른 지역에서의 약소국 외교와 아직 비교할 수 없는 외교 관행으로 해석되는 것이 더 나을 수 있다.

---

7   Michael Oakeshott, *Rationalism in Politics and Other Essays* (Massachusetts: Methuen, 1981), pp. 5-6.

2. 헤징의 정의

헤징hedging은 21세기의 국제관계 문헌과 아시아·태평양의 약소국과 중견국의 종종 애매한 위치의 맥락에서 더욱 중요해지고 있다.[8] 이 용어에 대한 현재의 이해는 17세기 후반의 영어, 은유적, '상대방에 베팅함으로써 손실의 위험으로부터 자신을 안전하게 하기 위한' 용어로 거슬러 올라갈 수 있다. 19세기 후반까지, 그것은 금융의 언어로 들어갔다. 여기서 헤징이라는 이 단어는 '서로 균형을 맞추는 계약을 체결함으로써 손실 위험에 대한 보험'을 의미하게 된다.[9] 세계화된 시장, 파생상품 거래derivative trading, 통화 투기currency speculation의 탈냉전 이후 세계는 헤징을 이러한 형태의 계약상 위험을 투기하는 펀드fund에 적용되는 것으로 보았다.

이것은 이 용어가 국제정치의 어휘로 이어지는 어원적 번역에 대해 짧고 문제가 없는 것은 아니지만, 이러한 '헤징hedging'에 대한 이해이다. 아트Robert J. Art는 21세기 세력균형balancer of power에 관한 연구에서 유럽의

---

[8] 왈츠(Waltz)는 체제에서 체제 리더(leaders) 또는 강대국들이 아닌 국가들을 약소국(lesser states)이라는 용어를 사용한다. Waltz(1979), p. 73). 만약 그러한 국가들이 일본, 프랑스, 독일 또는 영국과 같은 국가들의 능력을 가지고 있다면 때로는 '이류(second tier)' 또는 한국, 호주 그리고 캐나다와 같은 국가들 경우에 중견국으로 묘사되고 있다. Walter Russell Eead and Nichokas M. Gallagerher, *Power Rankings: The Second Tier* (The American Interest, 2015). 아세안을 구성하는 동남아시아 10개국은 약소국과 말레이시아, 태국, 필리핀, 인도네시아 그리고 베트남은 중견국으로 다양하게 묘사되고 있다. 동남아시아 국가들이 하는 것들은 2016년 이후 현상유지 세력인 미국과 신흥 지역 헤게모니 국가인 중국 사이에서 긴장이 높아지면서 개별 국가와 아세안을 통한 다자 행위 둘 다 행동에 제약을 받고 있다.

[9] Henry Watson Fowler, Jessie Senior Coulson and George Washington Salisbury Friedrichsen, *The Shorter Oxford English Dictionary on Historical Principles* (Oxford: Clarendon Press 1973).

'안보 방책에 대한 위험 회피hedging its security bets'를 묘사했을 때 이 용어를 원래의 재정적인 의미에서 적용했다.[10] 간단히 말해서 헤징은 성공할 경우 위험을 최소화하는 동시에 혜택을 극대화하는 보험정책을 설명하는 것이다.[11]

아시아・태평양의 맥락에서 고Evelyn Goh는 아세안 국가들의 안보정책에 헤징 용어를 엄격하게 적용하면서 국가들이 '균형, 편승 또는 중립neutrality'과 같이 더 직접적인 현실적인 대안을 결정할 수 없는 상황을 피하거나 또는 만일의 사태에 대해 계획하는 것을 목표로 하는 일련의 전략을 포함하는 것이다.[12] 대신 국가들은 한 쪽을 당연히 희생시켜서 한 쪽 또는 하나의 직접적인 정책적 입장을 선택해야 하는 것을 미리 막거나 회피하는 중간 입장을 배양한다.[13] 고는 아시아・태평양 안보 구조security architecture의 변화와 관련해 '헤징은 간접 균형 정책과 동시에 추구했을 때 그 전략을 묘사하기 위한 가장 정확한 용어'라고 주장했다.[14]

다시 말해 고는 헤징을 '여러 강대국들이 서로 경쟁하고 있는 불안정한 다극 지역 체제로의 잠재적 전환'을 미래의 제안에 대한 합리적 대응으로 간주하고 있다.[15] 이러한 가능성을 막기 위해 동남아시아 국가들은 '특정

---

10   Robert J. Art, "Europe Hedges Its Security Bets," in T. V. Paul, J. J. Wirtz, and M. Fortmann (eds), *Balance of Power: Theory and Practice in the 21st Century* (California: Stanford University Press, 2004).
11   Medeiros, op. cit.; Tunsjø, op. cit.
12   Evelyn Goh, *Meeting the China Challenge: The U.S. in Southeast Asian Regional Security Strategies* (Washington, DC: East-West Center Washington, 2005), p. 2.
13   ibid, pp. 2-3.
14   Evelyn Goh, "Understanding 'hedging' in Asia-Pacific security," *PacNet43* (2006), p. 1.
15   Evelyn Goh, "Great powers and hierarchical order in Southeast Asia: Analyzing

강대국을 배제하거나 편을 드는 것이 아니라 이 지역의 전략적 문제에 모든 주요 강대국을 포함시키려 한다'고 선택했다.[16] 따라서 헤징은 국가들이 부상하는 중국을 다루기 위한 헤징으로서 간접적인 균형을 갖는 공식적인 정책으로 관여를 채택하는 '보다 광범위하고 전방위 연계omni-enmeshment' 전략의 부분을 형성한다.[17] 고는 이러한 '헤징의 엄격한 정의'를 채택함으로써 '헤징은 상대적으로 약한 자들의 사치라는 결론으로 이어질 수 있다'고 주장한다.[18]

고는 이 행동의 두 가지 독특한 특징에 주목했다. 첫째, 헤징은 균형도 없고 편중도 아니지만 양다리sits in between전략으로 정의된다.[19] 사실 이 전략은 의도적으로 모호하다.[20] 둘째, 헤징은 장기적이고 전략적인 목표의 존재를 반영하는 일관된 계획의 일부를 행동으로 연결하고 자원을 동원한다는 점에서 전략적이다.[21] 예를 들어 메데이로스Evan Medeiros는 아

regional security strategies," *International Security*, 32(3), 2007, p. 121.
[16] ibid, p. 121.
[17] ibid.
[18] Goh(2006), p. 2.
[19] Goh(2005), p. 3.
[20] Cheng-Chwee Kuik and Gilbert Rozman, *Light or Heavy Hedging: Positioning Between China and the United States* (Washington, DC: Korea Economic Institute of America, 2015).
[21] 머레이(Williamson Murray)에게 있어 거대전략(grand strategy)은 '강대국을 위한 강대국만'의 문제이다. 거대전략을 구별하는 것은 현재의 요구를 뛰어넘는 행동에 초점을 맞춘다는 점이다. 즉, '강대국들은 단순히 그날의 사건에 반응하는 것보다 더 오랜 시각을 가지고 있다'는 것이다. 또한 강대국들은 문제의 한 측면에만 집중하지 않고 갈등이 형성되는 '정치, 경제, 외교의 틀'을 인식하고 있다. Williamson Murray, "Thoughts on grand strategy," in W. Murray, R. H. Sinnreich, and J. Lacey(eds), *The Shaping of Grand Strategy: Policy, Diplomacy, and War* (Cambridge, England: Cambridge University Press, 2011), pp. 1-33. 머레이의 경고에도 불구하고 심지어 중견국과 약소국들은 사건에 반응할 뿐만 아니라 미래를 고려하고 제한

시아・태평양에서의 영향력을 위해 중국과 미국의 '새도우 복싱(shadow boxing: 상대를 가상하여 공격・방어・풋 워크 등을 연습함)'에 헤징의 '저발전된 underdeveloped' 개념을 적용했다.[22]

거대하고 부상하는 권력에 대한 헤징을 메데이로스가 다루는 것은 상대적인 약소국의 사치품이라는 고의 견해와 분명히 차이가 있다. 그럼에도 불구하고 메데이로스는 또한 헤징을 균형과 편승의 보다 명확하게 정의된 전략 외에 외교정책 행동의 하나의 혼합 범주로 취급한다. 헤징은 간접적인 균형 또는 제한된 편승과 같은 관련된 용어뿐만 아니라 모호하지 않게 정의된 근본적 개념의 수식어구가 된다.[23] 어떤 경우에는 고와 같은 메이데이로스에게 이러한 전략의 혼합은 본질적으로 전략적인 행동 과정을 구성하고 있다. 많은 학자들은 '균형/편승 플러스 유형balancing/bandwagoning plus-type' 형태로 헤징의 설명할 수 없는 지위를 보강할 시도에서 발생 시기에 대한 설명에 복잡성을 추가하여 헤징을 보다 정확하게 규정하는 것을 추구했다. 예를 들어, 테스맨Tessman은 체제 극성system polarity의 맥락에서 전략적 헤징을 찾아내어 헤징은 '일극unipolar 체제와 권력 분산power deconcentration 과정에서 가장 널리 퍼져 있다'고 제안했다.[24] 이와는 달리 잭슨Van Jackson은 복잡한 네트워크의 논리에 기반을 둔 대안적인 틀을 제안했다. 정치와 경제의 상호 연결된 네트워크 안에

된 수단으로 자신들의 정치적 목적으로 조정하는 지역 질서 안정을 시도하고 유지하기 위한 자원을 사용하기 위해 전략적 자산, 군사와 외교와 경제를 채택하고 있다. Basil Henry Liddell Hart, *Strategy: The Indirect Approach* (London: Faber, 1967).

22 Medeiros, op. cit., p. 145.
23 Kuik(2008), op. cit.
24 Tessman, op. cit., p. 193.

서, 여러 종류의 불확실성으로 가득 찬 복잡한 구조에서 비롯된 충동에 대한 반응은 헤저(hedger: 양다리 걸친 사람)의 합리적인 반응을 설명한다.[25]

한편, 림Lim과 쿠퍼Cooper는 '중견국secondary states은 균형-편승 이분법을 넘어서 부상하는 권력에 어떻게 대응해야 하는 지에 관한 확고한 예측'을 제시했다.[26] 이러한 관행을 명확히 하기 위해 림과 쿠퍼는 잭슨과 달리 '정치와 경제적 관여'를 배제하는 보다 간결한 정의를 제안했다. 안보 조정에만 집중하면서 림과 쿠퍼의 모델은 모호성을 발생시키는 신호를 보내고 어떤 강대국과 명백한 조정을 사실상 피함으로써 헤징한다는 것을 발견한다.[27] 그들의 정의는 동남아시아의 헤징 국가의 수를 싱가포르, 인도네시아, 버마, 브루나이로 림과 쿠퍼의 정의는 동시에 안보 이익과 미래 조정 선택에 관한 모호한 신호를 보내면서 양 강대국과 적극적인 비 안보non-security 관계를 효과적으로 육성하는 국가로 동남아시아에서 싱가포르, 인도네시아, 버마 그리고 브루나이로 헤징 국가의 수를 획기적으로 줄였다.[28]

이와는 대조적으로 퀵Kuik과 로즈먼Rozman은 헤징을 아시아·태평양 국가 책략의 현재 행위에서 널리 퍼져 있는 것으로 인식한다.[29] 퀵과 로

---

[25] Van Jackson, "Power, trust, and network complexity: Three logics of hedging in Asian security," *International Relations of the Asia-Pacific*, 14(3), 2014, pp. 331-356.

[26] Darren J. Lim & Zack Cooper, "Reassessing Hedging: The Logic of Alignment in East Asia," *Security Studies*, 24(4), 2015, p. 701.

[27] ibid, p. 709.

[28] ibid, p. 712.

[29] Cheng-Chwee Kuik and Gilbert Rozman, *Light or Heavy Hedging: Positioning Between China and the United States* (Washington, DC: Korea Economic Institute of America, 2015).

즈먼은 헤징의 지배적인 이해를 전략적 보험정책으로서 강화하면서 '순수 균형pure-balancing'도 아니고 '순수 편승pure-bandwagoning'도 아닌 '두 갈래 접근법'은 경쟁중인 강대국 사이에서 편을 들지 않고, 반대와 대응조치를 채택하고 이익을 보존하고 대체 위치를 육성하기 위한 상호 상쇄의 행위를 사용하는 등 세 가지 요소를 수반한다고 주장한다.[30] 궁극적으로 퀵이 주장했듯이, 약소국 헤징은 하나의 강대국의 편을 드는 분명한 선택을 하는 것을 피하고 대신 단호한 약속 없이 실용적이고, 중첩되고, 유연한 조정을 포함한다.[31] 퀵과 로즈먼은 적응적 행동에서 행위자들이 위험-우발 조치risk-contingency measures에 대해 다른 정도의 강조를 통해 헤징을 추구하기 때문에 중량 헤저heavy hedgers와 경량 헤저light hedgers 사이를 더욱 구분한다.[32]

10년 전 메데이로스와 마찬가지로 코롤레프Korolev는 2016년 현장의 상태를 평가하면서 헤징 연구 프로그램은 저개발 상태라는 것을 발견했다.[33] 더 나아가 코롤레프는 국제관계 용어의 기존 어휘에 형용사 추가

---

[30] ibid, p. 2.

[31] Cheng-Chwee Kuik, "Hedging in Post-Pandemic Asia: What, How, and Why?," *The Asian Forum*, 2020, p. 5.

[32] Kuik(2020), p. 5.

[33] Kuik(2008); Jae Ho Chung, "East Asia Responds to the Rise of China: Patterns and Variations," *Pacific Affairs*, 82(4), 2009, pp. 657-675; Vidya Nadkarni, *Strategic Partnerships in Asia: Balancing without Alliances* (England, UK: Routledge, 2010); Harsh V Pant and Yogesh Joshi, "The American 'Pivot' and the Indian Navy: Its Hedging All the Way," *Naval War College Review*, 68(1), Article 5, 2015, pp. 1-24; Brock Tessman and Wojtek Wolfe, "Great powers and strategic hedging: The case of Chinese energy security strategy: Great powers and strategic hedging," *International Studies Review*, 13(2), 2011, p. 214; Wojtek M. Wolfe, "China's strategic hedging," *Orbis*, 57(2), 2011, pp. 300-313; Alexander Korolev, "Shrinking room for hedging: System-unit dynamics and behavior of smaller powers," *International*

논리를 단지 따르고 있는 간접적indirect 또는 전략적strategic, 경량light 또는 중량heavy 헤징의 개념을 주장했다.[34] 단지 통칭epithets을 헤징과 다른 형태의 국가 행동 사이의 의미 있는 경계를 흐리게 해, 현재 사용법은 라카토스Lakatos가 '개념 확장concept stretching'이라고 부르는 것의 예를 사용하게 만드는 것이다.[35]

헤징 개념을 종합하면 루이스 캐롤의 앨리스Lewis Carroll's Alice는 한 단어로 비열하게mean 만드는 것은 대단한 일이다라고 말했을지도 모른다.[36] 국제관계 이론의 거울 세계looking glass world에서 헤징은 '내가 선택한 의미에 불과하며 그 이상도 이하도 아니다'라는 의미의 용어인 것 같다. 헤징은 헤징이 추구되고 분석 수준이 적용되는 우발상황, 선택된 사례, 특정한 맥락에 따라 다양한 적용조건을 가지고 있다. 2019년 문헌 상태를 평가한 이후 헤징은 혼합 전략, 보험정책, 조정 형태 그리고 국내 압력과 경제적 불안의 대응으로 다양하게 기능하고 있음을 발견했다.[37]

하케Haacke, 키오르키아리Ciorciari 그리고 다른 학자들은 헤징을 더 엄격하게 식별하고 그 용어의 단일 정의를 제안하거나 논쟁을 미리 제외하지 않고 동시에 보다 분명한 개념적이고 경험적인 경계를 설정함으로써 이러한 어려움을 보완하는 것을 추구했다.[38] 그러나 이러한 다소 모순되

    Relations of the Asia-Pacific, 19(3), 2019, p. 376.

[34] ibid, p. 376.

[35] Imre Lakatos, Proofs and Refutations (I), *The British Journal for the Philosophy of Science*, 14(53), 1963, pp. 1-25.

[36] Lewis Carroll, *Alice in Wonderland and Through the Looking Glass ... Illustrations by M.L. Clements* (London: Glasgow: Collins, 1934), p. 205.

[37] John D. Ciorciari and Jürgen Haacke, "Hedging in international relations: An introduction," *International Relations of the Asia-Pacific*, 19(3), 2019, pp. 367-374.

는 의제agenda를 추구하기 위해 하케와 키오르키아리는 헤징이 합리적인 '위험 관리 전략risk management strategy'으로 경험적으로 기능한다는 개념을 강화했다.[38] 헤징이 본질적으로 합리적 '위험관리전략'으로 기능한다는 개념을 강화한다. 따라서 헤징은 안보 위험을 관리하기 위한 활동이고 균형과 편승은 안보 위협으로 제기하는 것으로 보이는 행위자에게 대응하기 위한 안보 전략을 의미한다.

이와 유사하게 키오르키아리는 헤징 전략의 효과는 적절한 위험평가, 위험을 완화하기 위한 의지 그리고 보호 선택지의 이용 가능성에 의존한다고 주장한다.[40] 키오르키아리가 남중국해의 안보 위험을 관리하기 위한 아세안의 다자간 노력에 대한 사례 연구를 통해 보여주고 있지만,[41] 잠재적 위협을 완화하는 안전한 방법은 아니다. 약소국들은 주요 안보 위험을 헤징할 수 있는 실질적인 능력이 부족하다. 비슷한 맥락이지만 구조적인 관점에서 볼 때 코롤레프는 지난 10년 동안 아시아 태평양에서 그랬던 것처럼 체제가 단극unipolarity에서 양극bipolarity으로 이동하는 지역에서 약한 세력이 헤징할 수 있는 공간과 사치는 줄어든다고 주장한다.[42]

---

38 ibid, p. 370.

39 Jürgen Haacke, "The concept of hedging and its application to Southeast Asia: A critique and a proposal for a modified conceptual and methodological framework," *International Relations of the Asia-Pacific*, 19(3), 2019, p. 392.

40 Ciorciari and Haacke, op. cit., p. 372.

41 John D. Ciorciari, "The variable effectiveness of hedging strategies," *International Relations of the Asia-Pacific*, 19(3), 2019, pp. 523-555.

42 Alexander Korolev, "'Shrinking room for hedging: System-unit dynamics and behavior of smaller powers," *International Relations of the Asia-Pacific*, 19(3), 2019, pp. 419-452.

헤징을 '신중한 행동 형태prudent form of behav- iour'로 간주하는 하케이, 키오르키아리 그리고 코롤레프의 최근 연구에서 발표된 것에 따라서,[43] 헤징이 신중성의 실천, 국가 목적raison d'e'tat 그리고 심의deliberation와 표현presentation의 기술에 의한 계획counsel이 특히 중견국의 외교와 국가 책략statecraft에 지배적인 고전적으로 현실주의 행동의 역사적 맥락에 훨씬 더 타당하고 볼 수 있다.

3. 아세안의 전략 부재와 헤징 전략

헤징이 일반적으로 전략적인 것으로 이해되며, 체제나 지역적 관점에서 나타나는 것을 합리적인 것으로 조정하면 현상 유지를 위해 불규칙하고 연결되지 않은 일련의 조치가 나타난다고 할 수 있다. 다만 동남아시아의 국제정치에서 국가전략이나 지역 전략을 추구하겠다는 분명한 의도가 있다는 전제는 자명하지 않다. 동남아시아 국가들이 채택하는 외교 정책 입장은 때때로 변덕스럽고 때로는 신중해 보인다. 더 구체적으로 집권 세력의 국내 계산이나 최근 국가 원수의 변덕은 종종 안보 위험의 전략적 관리보다 의사결정에 더 중요한 영향을 미치는 것으로 나타났다.

게다가 동남아시아의 학자 출신 관료들과 정치 지도자들은 그들의 정치적 발언에서 합리적인 전략적 계산이나 최근의 학자들이 가정하고 인식적으로 국가 행동에 부과하는 위험 관리 전략과는 다소 다른 헤징 관점을 암시하는 외교 방식을 선호하는 것으로 보인다. 따라서 문제는 개

---

43   Ciorciari and Haacke, op. cit., p. 372.

념 명세가 아니라 인식론이라는 것이다. 다시 말해서, 현재의 학문은 동남아시아의 헤징 행동을 지역의 약소국 외교의 역사적으로 우발적인 성격을 잘못 인식하는 구조적 기능주의자structural functionalist나 위험 관리 패러다임risk management paradigm 내에서 다소 문제가 있는 상황으로 위치를 정하고 있다.

동남아시아 국가들의 최근 외교 관행은 구체적이고 별개의 문제에 대한 대응으로서 '전략적'이라고만 할 수 있을 뿐, 그렇지 않으면 어떤 국가 또는 지역 전략도 요구할 수 있는 중요한 전략적 설계가 결여된 모순된 행동에 대한 일련의 사례 연구를 제공한다.[44] 최근 한 가지 분명한 사례는 2016년 취임과 동시에 중국의 남중국해 영유권 확대 주장이 법적 근거가 없다는 헤이그 중재 재판소의 결정(전임 대통령이 요청한)을 '제외'시킨 두테르테Rodrigo Duterte 필리핀 대통령의 '모호한' 결정이었다.

두테르테는 이 같은 외교정책 기조에 만족하지 않고 미국과의 '분리'를 위협하기도 했다. 그러나 6개월 뒤 두테르테는 미국의 새로운 대통령 트럼프Trump에 대한 지지와 미 동맹에 대한 의지를 재확인했다. 2018년 5월까지 필리핀의 외교장관은 중국이 남중국해의 자원을 일방적으로 개발한다면 필리핀이 '전쟁에 나설 것'이라는 주장까지 할 수 있다.[45] 마닐라의 입장은 2020년 2월 두테르테가 미군의 필리핀 영구 수눈을 보장하는 양국 방문군 협정(VFA: Visiting Forces Agreement)을 종료하겠다고 미국에 통보하면서 다시 바뀌었다.[46] 그러나 6월에 필리핀 외교장관은 6개월 동

---

[44] Waltz(1979), pp. 73-77.

[45] By Ben Westcott, "Duterte will 'go to war' over South China Sea resources, minister says," *CNN*, (May 29, 2018).

안 연장될 가능성과 함께 VFA가 6개월 동안 유예되었다고 발표했다. 두테르테의 예측 불허는 워싱턴과 베이징을 모두 소외시켰다. 다른 어떤 것이든, 그것은 전략적으로 두 강대국 중 하나에 대한 자신의 공약을 전략적으로 헤징하는 약소국의 예로 인정받지 못하고 있다.

이와 비슷하게 일시적인 맥락에서 말레이시아와 태국은 중국의 경제적 영향력과 지역 야망을 축소하기 위해 계속해서 시도하기 전에 처음에는 중국과 보다 긴밀한 관계를 확립함으로써 2016년 이후 자신들 정부의 국내 정치적 행위에 대한 서구의 비판에 대응했다. 말레이시아 사례는 특히 헤징 행동이 국내 특정 상황의 곤경에서 어떻게 나타날 수 있는지를 보여주는 데 도움이 된다.

라작Najib Razak의 행정부(2009-18년) 동안 말레이시아 개발 국영 투자 회사(1MDB: 1Malaysia Development Berhad)는 국부 펀드Sovereign Wealth Fund를 라작이 처리하는 것에 대한 국제적 비판을 말레이시아가 중국과 제휴하고, 중국이 동남아시아 전역에 걸쳐 인프라를 개발하는 야심찬 일대일로 구상(BRI: Belt and Road Initiative)을 적극적으로 지지하는 것으로 보았다. 미국, 싱가포르 그리고 스위스 당국이 라작 수상과 그의 측근들의 명백히 부패한 국제 금융 거래에 대한 조사에 독자적으로 착수하는 동안, 말레이시아는 BRI와 벵골만Bay of Bengal에서 말라카 해협Straits of Malacca을 거쳐 홍콩과 그 너머까지 뻗어 있는 중국이 구축한 항구들의 '진주 목걸이string of pearls' 전략의 중요한 연결고리가 되었다.[47] 2018년까지 중국은 말

---

[46] Ankit Panda, "In Sudden Step, Philippines Reverses Course on Ending US Visiting Forces Agreement—For Now," *The Diplomat*, (June 04, 2020).

[47] 중국의 진주 목걸이 전략 설명과 그림은 이길성, "진주 목걸이 바닷길 넓힌다… 지부티

레이시아의 주요 외국인 직접투자(FDI: Foreign Direct Investment) 공급원이자 최대 교역국이었다.[48]

말라카 해협이 세계 해운의 주요 관문choke point이라는 점을 고려할 때 중국 투자의 상징적이고 전략적인 영향은 싱가포르에 경종을 울렸다. 당시 싱가포르는 중국의 남중국해 섬 매립 활동reclamation activity을 규탄하는 헤이그 재판소Hague tribunal의 2016년 판결에 대한 지지를 놓고 이미 중국과 갈등을 빚고 있었다. 이에 반해 말레이시아는 중국 투자에 대한 대가로 그 판결을 무시했다.

적어도 2018년 5월 마하티르Mahathir Mohamad 전 총리가 이끄는 야권 연합이 라작 정권의 부패에 대한 폭로와 기소에 집중했기 때문에 라작의 국민전선(BN: Barisan Nasional) 정부는 정권을 마하티르에게 넘겨주었다.[49] 마하티르는 1981년과 2003년 사이에 총리로 재직할 때 일본과의 긴밀한 관계를 전제로 동방정책Look East Policy을 추진했다. 마하티르는 재집권하면서 '중국은 불평등한 조약을 다루는 데 오랜 경험을 가지고 있다. 그래서 우리는 연구할 필요가 있고 만약 필요하다면 그 조건을 재협상해야 한다고 생각한다'라고 예리하게 지적하면서 말레이시아에 대한 중국 투자 계획을 재검토하겠다고 약속했다.[50] 그 검토는 어떤 의식적인 전략적

에 첫 해외 군사기지: 바다로 땅으로 세력 키우는 중국: 남중국해~인도양~아프리카 잇는 '진주 목걸이' 전략 탄력 받아," 『조선일보』 2017/7/13.

[48] David Martin Jones, "Between declarations and dreams China, US Foreign Policy and Southeast Asia," *Policy*, 34(1), 2018, p. 43.

[49] Bridget Welsh and Greg Lopez, *Rethinking Regime Resilience in Malaysia and Singapore* (Malaysia: Petaling Jaya Strategic Research and Development Centre, 2018), pp. 1-17.

[50] Bhavan Jaipragas, "Malaysia's Chinese projects: Mahathir to respect all agreements,"

재조정strategic re-alignment보다는 국내 정치적 지지를 강화하기 위한 포석으로 이해할 수 있다. 그러나 마하티르의 제안된 검토는 이행되지 않았다. 마하티르는 느슨한 파카탄하라판/희망연대Pakatan Harapan 내부 분열로 2020년 2월 사임했고 훨씬 더 보수성향이 강하고 역기능적인 dysfunctional 무히딘Muhyiddin Yasin이 8대 총리로 취임했다. 2021년 8월 무히딘 총리는 코로나19 방역 실패로 사임하고 이스마일 사브리 야콥Ismail Sabri Yaakob 부총리가 새로운 총리로 취임했다.

말레이시아 사례와 마찬가지로 최근 몇 년간 태국의 외교정책 역시 국내 정치 불안정을 반영하고 있다. 미국과 중국 사이에서 전략적으로 행동하기 위한 태국의 시도는 도구적으로 합리적인 위험 관리로 설명할 수 있다. 방콕과 중국 관계는 미국과의 관계에서 높아진 긴장 완화를 위한 열망에서 비롯되었다. 대부분의 전문가들은 2014년 군사 쿠데타military coup 이후 태국이 중국에 더 밀착하고 미국과 조약 동맹에서 멀어질 것이라고 예측했다. 그러나 쿠를란츠익Joshua Kurlantzick이 주장했듯이 현실은 항상 더 미묘한 차이가 있다. 대신 중국과의 화해에도 역시 비용이 들지 않는 것은 아니기 때문에, 방콕의 새 정권은 가능한 한 국제적인 공약의 원치 않는 영향을 피하려고 노력하는 과정에 착수했다.[51]

미국과 다른 서방 국가들은 2014년 쿠데타를 비난하고 태국 군사 정권에게 새로운 민주 선거를 촉구했지만, 중국 인민일보People's Daily는 대신 서구식 민주주의를 추구하는 것이 태국의 정치적 혼란을 야기했다고 주

South China Morning Post, (17 May, 2018).

51　Joshua Kurlantzick, "Thailand: Shifting Ground Between the U.S. and a Rising China," *A Review. Council on Foreign Relations 100*, (February 27, 2018).

장했다.⁵² 중국은 전략적 계산에 근거한 적극적인 외교정책의 결과가 아니라 미국이 쿠데타를 자극했기 때문에 '태국 쿠데타의 가장 큰 승자'가 되었다.⁵³ 미국 정부는 비록 제재에는 기권했지만, 태국과의 군사 관계를 격하하고 일부 군사 원조를 취소했다. 미국은 또 태국군과 함께 매년 열리는 최대 규모의 훈련 중 하나인 미국 주도 코브라 골드 훈련Cobra Gold exercise이 실시될 지 여부에 의문을 제기했다.

이와는 대조적으로 중국은 방콕에 잠수함, 탱크, 그리고 다른 군사 장비들을 포함한 무기 거래를 제안했다. 2016년 양국은 양국 역사상 가장 포괄적인 훈련인 블루 스트라이크Blue Strike 훈련을 실시했다.⁵⁴ 2018년까지 중국은 태국의 외국인 직접투자(FDI: Foreign Investment)의 주요 원천이었다. 태국은 중국이 구축한 최초 동남아시아 제도인 란창-메콩 협의체 Lancang-Mekong Cooperation의 5개 아세안 메콩 국가 중 하나가 되었으며, 중국이 우대 대출preferential loan을 하면서 투자 프로젝트에 보조금을 제공했다.

그러나 태국은 중국의 야심찬 투자 구상에 중국에 대한 의존 증가를 완화하기 위해 노력했다. 태국 군부는 미국과의 동맹으로 전통적으로 제공되던 혜택을 잊지 않고 포기하지도 않았다. 2017년 이후 트럼프 행정부가 인권에 부여한 우선순위가 낮아지면서 방콕과의 관계도 개선됐다.

---

52 Prachatai, "Roundup: International responses towards Thai situation," *PrachataiEnglish*, (25 Jun 2014).

53 Patrick Jory, "China is a big winner from Thailand's coup," *East Asia Forum*, (18 June 2014).

54 Pongphisoot Busbarat, "Thai-US Relations in the Post-Cold War Era: Untying the Special Relationship," *Asian Security*, 13(3), 2017, pp. 256-274.

트럼프 대통령 집권 1년 만에 쁘라윳 짠오차Prayuth Chanocha 군사 위원장이 워싱턴을 방문해 '미국과 태국 관계 보존 결단determination to preserve the relations between the US and Thailand'을 선언했다.⁵⁵ 따라서 중국과의 관계 심화는 무엇보다 전략적인 계산이나 위험과 보상보다는 단기적인 정치적 목표가 제공한 선택이었고 군부가 권좌에서 물러날 경우, 그리고 언제 이런 추세가 바뀔지 여부는 여전히 남아 있다.⁵⁶ 필리핀, 말레이시아, 태국의 사례는 동남아시아의 헤징 관행이 지배적인 논리를 추구하는 합리적으로 계산된 정책을 가정하는 지배적 모델과 다르다는 것을 시사한다.

싱가포르 전 외교차관이며 대표적 학자인 카우시칸Bilahari Kausikan은 헤징에 대한 학문적 이해와 대조적으로 외교에 대한 흥미로운 통찰력을 제공한다. 카우시칸은 '가능한 한 자율성을 보존하는 것'과 우리 자신의 이익을 진전시키기 위해 강대국 경쟁을 사용하는 전략으로 헤징을 고려한다.⁵⁷ 카우시칸은 '전방위적 균형omnidirectional balancing'을 아세안 국가 관행이라고 표현하고 있다. 그러나 카우시칸의 성명서를 자세히 읽어 보고 그의 견해에 따르면, 약소국들은 체계적이거나 구조적으로 예측 가능한 방식으로 행동하지 않는다는 것을 알 수 있다. 대신 약소국들은 전술적인 방식으로 외교정책을 특정적이고 우발적인 상황에 조정한다. 카우시칸은 균형, 헤징 그리고 편승은 상호적으로 배타적 대안은 아니다. 사실 카우시칸은 다음과 같이 주장한다.

---

55 Bangkok Post Reporters, "White House trip seen as win for PM," *Bangkok Post*, (5 Oct, 2017).
56 Murphy(2017), p. 13.
57 Bilahari Kausikan, "Dodging and Hedging in Southeast Asia," *The American Interest*, 12(5), 2017, p.68.

우리가 이 세 가지를 동시에 추구하는 것은 모순은 아니지만, 이것이 항상 쉽지만은 않다. 동남아시아 국가들은 균형, 헤징 그리고 편승의 혼합이 있다하더라도 거의 영향력이 미치지 않는 예측 불가능한 외부 사건에 적응함에 지속적으로 변화한다.[58]

똑같은 생각이 인도네시아의 전통적인 자유롭고 적극적인 외교정책의 밑바탕에 깔려 있다. 나탈레가와Marty Natalegawa 인도네시아 전 외무장관이 설명했듯이 자유롭고 적극적인 외교정책은 우리가 자신의 장점에 따라 각자의 상황을 판단하고 사실 주위에 동질적인 연합을 구축할 수 있도록 하기 위해 독립적인 정책 결정 능력에 바탕을 둔 정책이다.[59]

마찬가지로, 말레이시아의 전 총리 마하티르는 약소국들이 강대국들을 상대하기 위한 전략을 수립하지 말 것을 충고하면서 다음과 같이 주장했다.

역사적으로 크고 강력한 국가의 주변부에 있는 약소국들은 항상 경계해야 할 이유가 있었다. 이와 관련하여 우리는 중국이 결코 헤게모니를 추구하지 않을 것이며 우리를 해치지 않을 것이라는 많은 보장을 환영한다. 이러한 보장에도 불구하고, 우리의 과거 경험에 비추어 볼 때 신뢰는 쉽게 찾아오시 않기 때문에 몇 가지 우려가 남아 있다면, 우리를 이해해 주시기를 부탁드린다.[60]

---

58 ibid, p. 68.
59 Marty Natalegawa, "A conversation with Marty Natalegawa," *Council on Foreign Relations 100*, (September 27, 2011).
60 Ian Storey, *Southeast Asia and the Rise of China: The Search for Security* (England, UK: Routledge, 2013), p. 218.

실제로 특정 행동 라인line 또는 국제 파트너에 대한 공약의 최소화는 아세안의 제도적 계획과 모두 구속력이 없는 아세안 확대 국방장관 회의 (ADMM-Plus: ASEAN Defense Ministers' Meeting-Plus)와 아세안 지역 포럼(ARF: ASEAN Regional Forum)과 다양한 확장에 반영되고 있다. 아세안은 지역의 긴장을 완화하고 현상을 유지하기 위해 기획되었기 때문에 다자 간 지역 구상에서 공유된 약소국의 관점을 취합하고 촉진한다.

이것은 일반적으로 아세안 국가들과 불신과 주권과 내부 회복력resilience 에 대한 최우선 관심이 원인이 되지만, 만약 이 지역과 그 이상의 지역에서 보다 강력한 상대국들을 방문하기 위해 아세안의 집단적 역량을 강화할 동기가 있었다면 이러한 요소들은 상쇄될 수 있었을 것이다. 그러나 거대 전략은 말할 것도 없이 중대한 국가적인 외교정책도 제대로 갖추지 못한 채 아세안은 필요에 따라 변화하는 상황에 대응해 변화무쌍한 태도를 유지하고 있다. 이것은 점점 더 사실이 되고 있다. 동남아시아 국가들이 각각의 강대국들의 이익을 개별적으로 예상하기에는 충분하지 않지만, 약소국 제도인 아세안이기 때문에 아세안 국가들은 매매한 약소국 전략을 지역 배경에 투영함으로써 점점 더 갈등하는 강대국 관계의 진화하는 역학 관계에 반응해야 한다.

경험적으로 볼 때 헤징의 전략적 요소는 정책의 가장 비생산적이거나 특이한idiosyncratic 변화도 설명할 수 있는 어떤 요소가 항상 있기 때문에 입증하기 어렵다. 그러나 여기서 문제는 개념적으로 불완전한 설명서 under-specification는 아니다. 그 개념이 발전되지 않은underdeveloped 상태로 유지되는 이유는 강대국에 대한 약소국 관행의 이전의 설명서specification 를 사용하기 위해 헤징 또는 형세 관망trimming 관행이 두 정치 사이에 경로를 협상하기 때문이다.

그 목적은 두 극단/강대국Extreams 사이의 중간에 머무르면서 균형을 이루는 것이었다.[61] 국가라는 선박의 항해를 준비하고 난 후에 헤징하는 것은 비교적 최근에 합리주의 틀rationalist framework로 강요된 전통적인 외교 책략diplomatic statecraft의 전통적인 관행을 반영하는 것이다. 그러한 접근 방식의 문제는 그것이 더 미묘한 역사적 이해 방식보다는 구조적, 경험적 또는 위험 관리 관점을 가정한다는 것이다.

영국의 정치 철학자 오크숏Michael Oakeshott이 설명했듯이,[62] 합리주의는 계몽주의 이후 사회과학과 정부의 행동에 영향을 미치는 독특한 지적 스타일로 발전했다. 합리주의는 특정 지식의 가능성을 가정한다. 정치의 영역에 적용되는 이론적이고 과학적인 방법은 '확실성으로 끝날 뿐만 아니라 확실성으로 시작하고 전체적으로 확실하다'는 기술을 제공한다.[63] 이런 관점에서 볼 때 투키디데스 또는 마키아벨리Machiavelli에서 모겐소Morgenthau에 이르는 그 이후 정치 책략의 전문가connoisseurs 또는 그 문제에 있어서 마하티르와 리콴유李光耀와 같은 아시아 정치가들, 이들 이전의 공자와 한비자韓非子가 이해했듯이 전통적 또는 실용적인 지식은 전혀 지식이 아니라 단지 관습과 편견이었다.[64]

최근 많은 헤징의 논의에서 명백하게 나타나는 합리주의 기법은 얽힘

---

61 George Savile Halifax and Walter Alexander Raleigh, *The Complete Works of George Savile, First Marquess of Halifax* (Oxford: The Clarendon Press, 1912).

62 Michael Oakeshott, *Rationalism in Politics and Other Essays* (Massachusetts: Methuen, 1981), pp. 5-7.

63 ibid, p. 12.

64 Lucian W. Pye, *Asian Power and Politics the Cultural Dimensions of Authority* (Massachusetts: Belknap Press of Harvard University Press, 1985).

과 다양한 경험을 일련의 원칙으로 줄이며 이것은 합리주의자가 단지 합리적 또는 경험적 근거를 공격하고 방어할 것이다.[65] 결과적으로 정치적 활동은 사회과학자 모델social scientist's model의 심판 전에 사회적, 정치적, 법적, 그리고 제도적 상속을 가져오는 것으로 구성되어 있다. 왈츠는 국가들은 권력의 명령들imperatives of power을 무시할 자유가 있다고 인정했을 때 비합리적 행동irrational' behavior을 위한 여지를 남겨두었다.[66] 그러나 왈츠는 국제체제의 합리주의적 구조를 벗어나 실제 국가 관행에 대한 자신의 생각을 더 발전시키는 데 관심이 없었고, 그의 많은 추종자들 중 많은 수가 단순히 비전략적nonstrategic 또는 비관리적nonmanagerial 행동의 가능성을 무시하는 기법에 의존했다. 그러나 이러한 합리적이고 경험적 과잉 결정over-determination은 헤징은 합리적이지만 때로는 상충되는 격언 maxims에 기반한 관행으로 처리되는 것이 더 나을 수 있다고 역사적으로 이해되는 현실주의와 구별할 필요가 있다.

4. 현실주의와 아세안의 헤징 전략

  호주 내셔널 인트레스트The National Interest의 명예 편집자인 해리스 Owen Harries는 현실주의는 과학이나 이데올로기가 아니라 성향disposition이라고 주장했다.[67] 현실주의는 인간의 본성을 불신하고 절대적인 것이 아

---

[65] Oakeshott, op. cit., p. 6.
[66] Kenneth N. Waltz, "Structural realism after the Cold War," in G. J. Ikenberry (ed.), *America Unrivaled: The Future of the Balance of Power* (New York: Cornell University Press, 2002), pp. 29-67.
[67] Owen Harries, "Does realism have a future," in K. Minogue (ed.), *Conservative*

니라 조건적인 국제 규칙이라고 생각한다. 현실주의는 국제문제에서 군사력을 독점하는 국가를 가장 중요한 행위자로 보는 반면, 이러한 국가들이 공존하는 세계 사회는 언제나 그랬던 것처럼 무정부 상태anarchic로 남아 있다.68 이러한 이해는 남중국해에서 중국의 야망을 억제하려는 시도가 '짚 없는 벽돌 만들기(making bricks without straw: 적절한 지식이나 도구 없이 그들이 일을 진행하려는 것)'와 같은 불완전한 외교 수단imperfect diplomatic instrument으로 여겨졌던 아세안 외교에 대한 라이퍼의Michael Leifer 생각에 특히 영향을 미쳤다.69 영원한 친구나 적이 없는 세상에서 필요에 의해 탄생한 유연성과 실용주의의 원칙에 입각해 '바람에 휘감기는 대나무bamboo bending with the wind'로서 태국의 외교정책에 전통적으로 스며든 것도 이러한 이해다.70 태국이 1939년까지 불렸던 샴Siam의 왕들은 '새로운 국제 정세에 적응하는데' 능숙한 외교로 서구 식민통치를 피한 것으로 널리 알려져 있다.71 태국의 전 총리이자 태국 정치 담론의 중심인물인 아난 빤야라춘Anand Panyarachun이 '태국인은 독단적이지 않고 실용적이며 즉흥적이다'라고 말한 것에서도 잘 알 수 있다.72

    Realism New Essays in Conservatism (New York: Harper Collins, 1996), p. 139.

68   Hedley Bull, *The Anarchical Society: A Study of Order in World Politics* (New York: Columbia University Press, 2002).

69   Michael Leifer, "ASEAN as a model of a security community?" in K. W. Chin and L. Suryadinata (eds), *Selected Works on Southeast Asia* (Singapore: Institute of Southeast Asian Studies, 2005).

70   Arne Kislenko, "Bending with the wind: the continuity and flexibility of Thai Foreign policy," *International Journal: Canada's Journal of Global Policy Analysis*, 57(4), 2002, pp. 537-561.

71   Russell H. Fifeld, *The Diplomacy of Southeast Asia: 1945-1958* (New York: Harper, 1958), p. 75.

이와 같은 접근 방식은 싱가포르의 지역 정책과 특히 지정학에 대한 실용적 비전을 통해 전략적 통찰력strategic acumen의 현재의 대 거장grand master으로 계속 숭배했던 키신저Henry Kissinger와 엘리슨Graham Allison의 존경을 받았던 국부 리콴유의 생각을 특징으로 하고 있다.[73] 리콴유는 1967년 아시아·태평양 지역의 약소국들의 관행을 되돌아보면서 '동남아시아의 문제 중 하나는 상대적으로 새롭고 취약한 독립 국가로 구성되어 있다는 점'이라고 지적했다. 리콴유는 동남아시아 국가들의 약점 때문에 외부 세력에 스스로 적응해야 한다고 주장했다. 리콴유는 '중국 속담에 있듯이 대나무처럼 바람에 몸을 구부리고, 동풍이 서풍보다 강하게 부는 것처럼 보이면 사람들은 바람이 오기 전부터 그렇게 굽히기 시작한다'라고 주장했다.[74]

리콴유는 동남아시아에서 외교에 대해 조금이나마 이해한 사실을 공개했다. 권력의 이동을 예상하고 정책 입장을 조정하는 것은 현재나 과거나 훨씬 더 큰 외부 행위자들 사이에 끼어 있는 지정학적 지역의 약소국들의 현실이었다. 이러한 현실주의적 관점에서 보면, 전략은 마키아벨리가 〈왕자The Prince〉에서 설명한 것처럼, 세계는 모든 인용구적인 복잡성에 있는 것으로 간주하고 추상적인 합리주의자가 생각하는 것처럼, 이론적으로 행동해야 하는 것이 아니라 조언을 통해 관련이 되는 것이다.

---

[72] Thomas Parks and Benjamin Zawacki, *The future of Thai-US relations*. (The Asia Foundation, 29 August, 2018), p. 14.

[73] Graham Allison, Robert Blackwill and Ali Wyne, *Lee Kuan Yew: The Grand Master's Insights on China, the United States, and the World* (United States: Belfer Center, 2012).

[74] Lee Kuan Yew, *Meet the Press* (Singapore: National Archive of Singapore, 1967).

이러한 관점에서 볼 때, 신중함 또는 아시아의 고전적 이해를 따르는 리콴유가 실용주의 또는 실용주의 추론(실천)이라고 부르는 것은 국가 행동을 지도하는 중심적인 미덕이며 보편적인 규칙을 따르지 않는다. 이러한 고전적 현실주의적 사고방식에 따르면 헤징은 어떤 특성을 갖는가? 실용적 또는 신중한 현실주의의 싱가포르 학파의 주요 지지자들 사이의 최근 논쟁은 이론적인 개념보다는 헤징은 약소국들의 방침이고 전략적 행동보다는 전술적 책략tactical maneuvering과 유사한 비정형적이고 상황별 관행context-specific practice임을 시사한다.

이와 같은 논쟁은 스트레츠 타임즈The Straits Times 논평에서 시작되었다. 그 논평에서 마부바니는 카타르의 사례에서 약소국의 큰 교훈을 얻었다.[75] 아마도 가장 중요한 교훈은 그들의 부와 상관없이 약소국은 항상 약소국답게 행동해야 한다는 것이다. 리콴유 이후 싱가포르는 마부바니가 확언하듯이 2016년 필리핀이 남중국해 분쟁과 관련해서 제기한 중재재판소 판결에 대해서 좀 더 신중했어야 했다. 의미심장하게도 마부바니는 지역 질서의 구조가 아니라 아테네Athenian의 권력 성장과 이것이 스파르타Sparta에게 준 두려움으로 야기된 펠로폰네소스 전쟁Peloponnesian War 20년 동안 중립적인 약소국 멜로스Melos가 직면한 딜레마에 대한 투키디데스 설명에서 약소국의 신중함discretion으로부터 교훈을 끌어왔다.[76]

마부바니는 '세상이 그러하듯이 강자는 자신들이 할 수 있는 것을 하고

---

[75] Kishore Mahbubani, "Qatar: Big lessons from a small country [Text]," *The Straits Times* (1 Jul 2017).

[76] Thucydides, op. cit., 49).

약자는 자신들이 해야 하는 것으로 고통받고 있지만 올바른 것은 권력은 평등한 관계일 때 문제가 될 뿐'이라는 멜리아인들Melians과 대화에서 아테네 대표단이 주장했던 논점을 인용한다.[77] 더 나아가 마부바니는 약소국은 '국제문제에서 진정으로 마키아벨리주의자가 되어야 한다'고 주장하며 지정학의 어려운 진실은 '때로는 원칙과 윤리가 신중함의 실용적 길로 뒷걸음질 쳐야 한다'는 것이라고 결론지었다.[78]

싱가포르의 외교정책 불행misadventure에 대한 마부바니의 의견은 주목할 만한 불협화음이 발생했다. 카우시칸은 그 주장을 '허위이고mendacious 사실 위험한 것으로 간주하고 싱가포르 지도자들은 자신들의 이상과 원칙을 지키는데 주저하지 않는다'라고 주장했다.[79] 더 조심스럽게 옹Ong Keng Yong은 '신흥 강대국 사이에 놓이게 될 때' 독립을 지킬 수 있는 '제한된 선택'을 가지고 있는 동남아시아의 2류second tier 국가들이 직면하고 있는 멜리안 딜레마를 인정했다.[80] 옹은 마부바니와 마키아벨리 둘 다 '신중하게' 행동함으로써 이 독립을 지켜야 한다는 데 동의했다. 그러나 옹은 통치자들에게 마키아벨리의 충고로부터 다른 교훈을 얻었는데 즉,

---

[77] 펠로폰네소스전쟁 중에 아테네는 반란을 진압하기 위해 멜로스 섬을 공격했다. BC 416년에 아테네 대변인은 멜로스 사람들에게 싸우다 죽든지 항복하든지 하나를 선택하라고 말했다. 멜로스 사람들이 자유를 위해 싸우다 죽겠다고 항의하자 아테네는 '강자는 가진 힘으로 할 수 있는 일을 하고 약자는 그들이 받아들여야 할 것을 받아들이는 법이다'라고 대답했다. 아테네인들은 현실 세계에서 도덕이 설 자리가 없다고 선언한 것이다. 힘이 정의를 만드는 것이다. 조지프 나이 지음, 양준희, 이종삼 옮김, 『국제분쟁의 이해: 이론과 역사』(서울: 한울, 2010), p. 53.

[78] ibid.

[79] Nur Asyiqin Mohamad Sallehand Hui Min, "Minister Shanmugam, diplomats Bilahari and Ong Keng Yong say Prof Mahbubani's view on Singapore's foreign policy 'flawed' [Text]," *The Straits Times*, (3 Jul, 2017).

[80] ibid.

약소국들은 국제무대에서 '자신의 사업을 염두에 두기'보다는 적극적으로 활동함으로써 '기동할 수 있는 공간'을 가장 잘 보존해야 한다는 것이다.[81]

이 논쟁이 보여주는 것은 지정학적 결과와 관련하여 약소국에 요구되는 신중함이 충돌하지만 똑같이 그럴싸한 조언이나 충고를 유발할 수 있다는 것이다. 신중함 또는 헤징은 본질적으로 양면적이고 역사적으로 조건화되어 있으며 특히 국제 규범과 합리적 행위자 행동과 관련된 현대 사회과학 사고에는 다소 애매하다. 신중함이라는 용어는 투키디데스가 펠로폰네소스 전쟁 역사에서 정치가의 상징으로 밝힌 편의주의expediency에서 발전한 아테네인들의 정치 이해에서 유래한 것일 수 있다. 그리스인들의 이해는 또한 순자荀子의 회의적인 유교와 신중한 사람이 승리한다고 주장한 손자孫子의 고전 손자병법에서 발견되는 오래된 중국 사상과 친밀감을 가지고 있었다.[82] 아테네에서 아리스토텔레스는 그 이후에 신중함, 즉 실제적인 이성으로 프로네시스(Phronesis: 필요한 결정을 내리고 시기적절하게 행동하는 실용적 지혜)를 구별했다. 중요한 것은 전술적 헤징과 형세 관망과 마찬가지로 신중성의 지혜는 역사적 사례와 실제 경험에서 비롯된 것이다.

그것은 보편성뿐만 아니라 세부 사항들과 관련이 있었고, '자세힌 것은 경험에서 알 수 있다.' 그것의 주요 업무는 '종말이 아니라 목적을 위한

---

81 ibid.
82 ByBo Mou, *The Routledge History of Chinese Philosophy* (England, UK: Routledge, 2008); Lo Ping-cheung, "Warfare Ethics. The Art of War?" *Military Ethics*, 11(2), 2012, p. 120.

수단을 결정하는 것, 그것이 가장 유용한 일'이었다.[83] 르네상스 시대에 마키아벨리와 같은 사상가들에 의해 르네상스Renaissance 동안에 부활된 로마 공화정의 이해에서 프로네시스phronesis의 라틴어 번역인 예지prudentia 는 특히 정치적 곤경에 직면했을 때 공화국res publica을 지도하는 정치가에게 요구되는 미덕virtu에 관한 것이었다. 마키아벨리를 추종하는 유럽인들은 국가의 이유raison d'e^tat에서, 신중한 계획은 전쟁과 통치에 관한 문제에 관한 한 추상적인 도덕적 명령 이상의 것을 제공하려고 노력했다. 대신, 그것은 열심, 열정, 열의에 대한 해독제로서 마음의 평온을 중시하는 아타락시아(ataraxia: 냉정)에 의해 알려지는 역사적, 보통 고전적인 선례를 바탕으로 한 실용적인 지침을 제공했다.

그러나 이러한 역사적으로 정보에 입각하고 명백하게 우발적인 국정에 대한 접근 방식은 칸트주의Kantian, 합리주의적인 민주주의 윤리에 의해 점점 더 많이 알려진 계몽주의 이후post Enlightenmen 세계에서 적절성을 잃었다. 신중함은 현대의 계몽주의 보편주의 목적론teleology이 미국의 민주주의를 대체함에 따라 보다 구체적이고 정치적으로 제한적인 의미를 지녔으며, 토크빌Alexis de Tocqueville은 민주주의 체제를 다른 국가들이 다루는 데 있어서 전통적인 국가 책략의 요구들에 대한 위협으로 규정했다.

토크빌은 민주주의는 '신중함의 제안보다는 열정의 충동에 순응하고…순간의 변덕momentary caprice 만족을 위한 성숙한 디자인을 포기하라'고 썼다. 거의 한 세기 반이 지난 후 그러한 경솔함에 대한 우려는 냉전

---

83 아리스토텔레스 지음, 박문재 옮김, 『수사학』(서울: 현대 지성, 2020); Aristotle, Roberts W. Rhys, Trans, *Rhetoric* (Oxford, UK: Clarendon Press, 1924), p. 24.

시대 미국 전략가들의 마음을 무겁게 짓눌렀다. 이러한 맥락에서 냉전의 신중함이 종종 검소함frugality이나 절제restraint를 나타내는 것으로 받아들여진 것이다. 신중함은 다루기 힘든 이상주의나 민주적 감수성excitability의 해독제로 여겨졌고 따라서 대체로 현실주의의 보조적인 것handmaiden으로 인식되었다.

그러므로 외교정책 측면에서 그것은 국익이 정한 실용적 범위를 넘지 않는다는 것을 의미하게 되었다. 이것이 국제관계론에서 살아가는 방법이다. '강대국 정치의 비극The Tragedy of Great Power Politics'에서 미어사이머John Mearsheimer는 '신중함은 현실주의 논리에 따라 행동하는 것을 지시한다'고 썼다.[84] 그러나 신중함의 요지는 결코 지시하지 않는다는 것이다. 그것은 법령이 아니라 경험적으로나 상황적으로 진화한다. 무엇보다 실용적인 추론에 대한 사전 과학적이고 반이성주의적인 지침을 제공한다.

구조주의의 합리주의rationalism of structuralism 또는 위험 관리와 대조적으로 분쟁에 대한 이러한 실제적 또는 사례 기반 신중함 또는 헤징된 접근 방식은 어려운 사례나 결의론casuistry의 살아있는 경험에 추상적 규범이나 기준을 적용하는 어려움에 민감하다는 점에서 그것과는 다르다. 합리주의자나 구조주의자에서 '일반적인 윤리적 규칙들은 이론적인 방식으로 특징한 도덕적 또는 법적 사례와 관련되며, 보편적인 규칙들은 특정한 도덕적 규칙들이 이론으로 추론되는 축도' 역할을 한다.

이와는 대조적으로, 신중론이나 헤징의 사고방식에서 '관계는 그 의미와 힘을 정의하는 패러다임적paradigmatic 사례의 관점에서만 완전히 이해

---

[84] John J. Mearsheimer, *The Tragedy of Great Power Politics* (New York: Norton, 2001), p. 51.

될 수 있는 격언maxims으로 역할을 하는 일반적인 도덕적 규칙들과 솔직하게 실용적이다'.[85] 그러한 접근 방식은 '구체적, 일시적 그리고 추정적인presumptive' 진술과 논의를 강조한다.[86] 국제정치의 실제 분야에서 정확한 이론이나 자연과학과는 달리, 즉각적인 사실, 특정적이고 구체적인 상황들은 심의deliberation, 발표presentation 그리고 판단judgement에 영향을 미친다.

버크Edmund Burke가 주장했듯이 만약 '신중함에 대한 규칙과 정의는 거의 정확할 수 없고, 결코 보편적일 수 없다면,' 따라서 헤징은 어떤 유형의 독특한 약소국의 방책이 될 수 있는가? 마키아벨리나 투키디데스처럼 버크에게 국제정치는 정해진 규칙이 없었고, 현재 상황에 근거하여 헤징하고 조정하기 위한 결정이 내려져야 했다. 버크는 '신중함의 문제는 상황의 지배 하에 있는 것이지 논리적 유추logical analogies가 아니다'라고 주장했다.

이러한 맥락에서 약소국들은 종종 우월한 힘으로 제시될 때 타협을 강요받거나, 현재 동남아시아에서 행해지는 인과적 헤징 행태casuistic hedging behavior에서 발생하는 의도적인 모호성 정책을 채택할 수밖에 없다. 반면, 강대국은 유지되어야 할 명성과 다양한 적을 상대해야 하기 때문에 지나친 신중함은 오히려 장기적으로 안보를 해칠 수 있다는 것을 의미했다. 즉 신중함은 지위에 따라 다르게 작용하며 자신의 열정을 단순히 확인하는 것이 아니라 남들이 자신을 어떻게 봤는지에 대한 자기 인식을

---

[85] Albert R. Jonsen and Stephen Toulmin, *The Abuse of Casuistry: A History of Moral Reasoning* (California: University of California Press, 1988), p. 23.

[86] ibid, p. 27.

요구한다.

투키디데스 맥락에서 버크는 다음과 같이 설명했다.

> 비굴하고 아첨하면서 국가들이 권력과 적절하게 타협하는 것은 종종 수단이었고 자신들의 보잘 것 없는 존재로부터 끌어낼 수 있는 유일한 수단이라는 것을 부인할 수 없다. 그러나 강대국은 굴욕 속에서 안전을 찾기에는 너무 많은 부러움과 두려움을 가지고 있다. 안전을 위해, 그것은 존중되어야 한다. 권력, 명예, 그리고 배려가 구걸해서는 안 되는 것이다.[87] 합리주의자 계산은 전쟁의 비용과 그 위험성을 강조한다. 그러나 버크가 주장했듯이 진정한 신중한 방침은 기존의 권력을 약화시켜서는 안 된다. 흥미롭게도, 앨리슨이 중국에 대한 미국의 관여와 헤징이 '근본적으로 결함이 있다'는 것을 알게 된 것은 바로 그러한 근거에서 유래한다.[88]

현대 소비에 대한 버크식의 신중함은 '우열과 열등의 관계는 바람과 풀 사이의 관계와 같다'고 비슷하게 관찰한 공자를 적용시키는 것이다. 바람이 불면 풀이 누워야 한다.[89] 그러므로 우리는 활동적인 신중함과 반응

---

[87] Edmund Burke, *First letter on a Regicide Peace: Vol. Works VIII* (Indianapolis, IN: Liberty Fund, Inc, 2016).

[88] Allison, op. cit., p. 18.

[89] 이 말은 『논어(論語)』 「안연편(顔淵篇)」에 실려 있다. 춘추시대(春秋時代)에 노(魯)나라의 실권자였던 계강자(季康子)가 하루는 정치에 대해 공자에게 질문했다. "무도한 인간들을 죽이고 도가 있는 사람을 공직에 나아가게 한다면 어떻습니까?" "그대는 정치를 하겠다고 하면서 어떻게 사람 죽이는 방식을 쓰겠는가? 그대가 먼저 선(善)해지려고 노력하면 백성들도 절로 착해질 것입니다. 군자의 덕은 바람과 같은 것이고, 소인의 덕은 풀과 같은 것입니다. 바람이 불면 반드시 바람에 쏠려서 따르게 마련이지요(子爲政 焉用殺 子欲善而民善矣 君子之德風 小人之德草 草上之風 必偃)"라고 대답하였다. 공자 저, 김원중 옮김, 『논어』 (서울: 휴머니스트, 2019); Confucius, James Legge Trans, *The Analects: Vol. I* (Oxford, England: Oxford

적인 신중함을 구별할 수 있다. 적극적 신중함은 행동에 열려 있는 가능성을 탐색하기 위해 위험을 감수하려는 분명한 의지가 수반되는 반면, 대응적 신중함은 제한된 질서, 평화 및 수용과 같은 온건한 목표에 초점을 맞춘다.

후자는 세계의 급격한 변혁에 대한 회의주의와 결합된 국제도덕의 도구적 개념을 따른다. 이 역할에서 신중함은 주로 구속, 초과 확인 및 양면성 헤징에 관한 것이다. 이것은 마부바니가 충고하는 바와 같이 약소국들의 신중함이다. 이러한 관점에서 헤징 전략은 생존전략에 '명품'이라고 보기 어렵지만, 약소국들에게 필요한 혼합된 신중함은 바위와 어려운 장소 사이에 끼어 있는 것이다.

5. 남중국해 분쟁과 아세안의 신중한 헤징 전략

모든 동남아시아 국가들의 국제관계가 반응적으로 신중한 외교 방식으로 할 수 있는 것은 아니다. 그럼에도 불구하고 신중함은 다른 지역의 약소국 외교와 근본적으로 다르지 않지만 독특한 외교 방법으로 아세안 국가들의 헤징 행동을 분석하는데 유용한 틀을 제공한다. 결국, 신중함, 우발성, 역사 그리고 방침은 계몽주의적 합리주의보다 훨씬 앞선 풍부한 전통을 누리고 있다. 실제로, 헨리 키신저와 다른 사람들이 썼듯이, 손자孫子를 따르는 법가法家의 중국 정치사상은 항상 유사하게 신중하고 우발적으로 계산적인 용어로 국가 책략을 보아왔다.[90]

University Press, 1983), pp. 12, 19.
[90] Henry A. Kissinger, *On China* (New York: Penguin, 2011), p. 30.

헤징에 대한 역사적 기반의 맥락적 이해의 유용성을 설명하기 위해 이 절은 헤징이 동남아시아 외교에 어떻게 적용되는지에 대한 하나의 예를 제공한다. 아세안의 외교 관행은 국가 차원에서 모두 변덕스럽게 행동하지 않을 때 실용적으로 외교 관계를 수행하는 약소국 연합의 신중함을 잘 반영하고 있다. 아세안은 1967년 창설된 이후 아세안 방식ASEAN Way으로 알려지게 된 것을 개발했는데, 그것은 아시안 국가들 간의 상호작용을 규제하는 일련의 독특한 절차적 규범과 원칙이다. 아세안의 협력 방식은 합의가 도출될 때까지의 심의적 관행을 활용하고 인적 유대를 형성하고, 체면을 살리고 비공식성 등으로 이루어진다. 이 운영 방식은 세 가지 측면에서 행동할 수 있는 아세안의 능력을 규정한다.

첫째, 아세안은 최소한 수사학적으로 불간섭non-intervention 원칙을 고수해야 한다. 둘째, 아세안은 가장 낮은 공통분모의 요구 조건에 따라 작동하며, 셋째, 아세안은 갈등을 해결하기보다는 관리가 우선이다. 아세안 방식은 수사학적으로 흥미롭지만, 합리적이고 구조주의적인 관점에서 볼 때, 그것의 실질적인 한계들은 아세안을 비효율적으로 만들고 있다. 아세안은 효율적인 모델로 전환할 필요성을 거의 느끼지 못했기 때문에, 아세안 회원국들이 더 느리고 개입이 없는 협의 과정에 가치를 부여한다는 결론을 내려야 한다. 실제로 니콜슨Harold Nicolson이 외교적 방법에 대해 설명을 무시한 관점에서 평가했을 때, 아세안 방식은 남중국해에서 부상하고 있는 헤게모니 국가에 직면한 약소국들의 이러한 어려움에 통찰력을 제시하고 있다.

니콜슨에 따르면 외교술도 시간과 상황에 민감하며 대인 관계를 알리고, 지속성과 신뢰를 보장하기 위해 공동의 외교적 언사를 만들어낸다.

아세안의 시간차적 접근 방식은 당장 해결하기 어려운 문제들은 유예하면서 시차를 둔 해결 모색을 통해서 간접적으로 이익 주장을 주장하면서 갈등을 피하는 것이 중요하다는 고전적인 외교정책을 반영하는 것이다. 이에 따라 남중국해 영유권 주장이 중복된 아세안 4개국(브루나이·말레이시아·필리핀·베트남)은 현안 분쟁을 유보하기로 합의했다. 같은 논리가 중국에 대한 그들의 접근 방식을 크게 지배해 왔다.

아세안은 1992년 남중국해 행동 강령(CoC: Code of Act of South China Sea)의 체결을 목표로 선언했지만, 이 강령 초안을 중국과 합의할 수 있었다. 이에 앞서 2002년에는 중국과 아세안은 구속력이 없는 행동 선언(DoC: Declaration of Conduct)과 비슷하게 모호하고 구체화되지 않은 행동 강령(CoC: Code of Conduct) 틀만 협상했다. 발라크리시난Vivian Balakrishnan 싱가포르 외교장관은 '어떤 의미에서 합의된 중요한 문서이며 그보다 더 중요한 것은 오래전에 밀린 이 문제에 대해 진전을 이루겠다는 약속'이라고 언급했다.[91] 아세안은 경쟁이 공개적으로 표명되는 것을 피하는 것이 확실하다. 그러한 CoC가 적용될 수 있는 장소와 같은 질문은 수사적으로 구체적이지 않고 애매한 조건 하에서 면제된다.

1998년부터 2002년까지 아세안의 사무총장을 지낸 세베리노Rodolfo Severino는 아세안의 분쟁 해결 방식을 '문제 해결을 회피하는 것sweeping problems under the carpet'으로 잘 묘사했다.[92] 필리핀이 남중국해에서 중국

---

[91] Raul Dancel, "Deal on framework of South China Sea code," *The Straits Times* (7 Aug 2017).

[92] Amitav Acharya, "Culture, security, multilateralism: The 'ASEAN way' and regional order," *Contemporary Security Policy*, 19(1), 1998, p. 62.

의 주장에 대해 국제 중재 재판소에 회부한 사건에서도 이 같은 사실이 다시 한 번 분명해졌다. 중국은 이 소송에 참여하지 않았고 판결을 무시한 채 재판부가 법적으로 무능하다고 선언하고 허위 정보에 근거한 판결도 내렸다고 반박했다. 따라서 2016년 7월 국제 중재 재판 판결이 내려진 후 중국과 아세안의 관계가 개선되었지만, 이 결정은 남중국해 분쟁을 해결하는 데 아무런 도움이 되지 못했다.

두테르테 정권의 변덕스러운 반응 외에 태국, 말레이시아 심지어 베트남까지 '그 판결을 언급하는 것은 중국의 외교적 분노를 불러일으킬 것'이라는 점을 알고도 중재 재판소 결정을 강조하지 않았다.[93] 당시 싱가포르만 그 판결을 지지했고 2016년 9월 베네수엘라에서 개최된 비동맹회의Non-Aligned Meeting에서 중재 재판소 결정 존중을 촉구했다. 국제 질서의 기본을 지키겠다는 아세안의 수사적 공약rhetorical commitment에도 불구하고 중재 재판소 판결이 나온 2주 후 아세안 외교장관이 만났을 때 국제법의 존중이나 중재를 존중하거나 중재에 의존한 필리핀의 선택에 대한 공개적인 지지가 나오지 않았다.[94] 오히려 수용에 대한 약소국의 방침은 예를 들면 비상사태를 대비한 관련 기관 대 기관ministry-to-ministry 핫라인(hot line/직통전화)같이 해양 문제에서 아세안이 중국과 협력을 확대하게 만들었다. 아세안은 2017년 4월 마닐라에서 열린 동남아시아 정상회의에서 '평화, 안정 그리고 지속 가능한 발전의 해양'으로 남중국해를 소유

---

[93] Sourabh Gupt, "A window of opportunity in the South China Sea," *East Asia Forum* (July 26, 2017).

[94] Christopher B. Roberts, "ASEAN, the 'South China Sea' Arbitral Award, and the Code of Conduct: New Challenges, New Approaches," *Asian Politics & Policy*, 10(2), 2018, p. 198.

함으로써 얻을 수 있는 장기적인 혜택을 인정하면서도 아세안과 중국 사이의 혜택 증진도 역시 높이 평가하기 위해 국제 중재 재판소 판결에 대한 활용을 억제했다.[95]

약소국의 신중함은 강대국의 신중함과는 다른 결론으로 이어진다. 따라서 아세안 국가들은 남중국해에서 군사적 대응이 필요하다는 미국의 입장과는 대체로 거리를 두고 있다. 대신 아세안 국가들은 1990년 이후 남중국해 워크숍workshops을 포함한 다양한 다자간 포럼에서의 개인적인 만남에 의존했는데 이것은 '갈등의 잠재력을 협력 영역으로 전환하는' 대화 과정을 볼 수 있다.[96] 끝없는 성의good faith의 반복이 결국 강대국들을 아세안 방식의 수용으로 유인해 자기 충족 예언self-fulfilling prophecy으로 바꿀 수 있다.

그러나 미·중 전략 경쟁에 영향을 미칠 수 있는 역량이 부족하기 때문에 남중국해 문제를 시간이 해결하게 하면서 모호한 책략을 사용하고 있는 동남아시아의 다자 전략은 압박을 받고 있다. 25년 동안 동남아시아가 수용했기 때문에 중국은 남중국해의 해양과 항공 공간을 통제할 수 있는 상당한 능력을 발전시킬 수 있었다. 아세안 국가들이 엄격히 외교적 접근을 고수하고 있는 가운데 미국은 중국의 남중국해 정책에 반대하는 가장 큰 목소리를 내는 국가가 되었다.

이는 평화, 자유, 중립 지대(ZOPFAN: Zone of Peace, Freedom, and Neutrality)

---

[95] ASEAN, *Chairman's Statement 30th ASEAN Summit Partnering for Change, Engaging the World* (ASEAN 30 April, 2017).

[96] Marty Natalegawa, *Does ASEAN Matter? A View from within* (Singapore: ISEAS-Yusof Ishak Institute, 2018), p. 117.

를 구축하려는 아세안의 외교적 노력에 위배되지만, 아세안 국가들은 약소국과 중견국들이 미국과 중국 사이에서 양자택일을 강요받고 있기 때문에 헤징과 책략의 범위가 축소된 이후 복잡한 도전에 직면하고 있다.[97] 카우시칸이 남중국해는 지역 질서에 대한 미국과 중국 사이 경쟁의 '대리인proxy'이 되었다고 말했을 때 아세안은 불편한 상황에 놓였다는 것을 인정했다.[98]

인도·태평양에 대한 '아세안의 2019년 전망ASEAN's 2019 Outlook on the Indo-Pacific'은 미국이 추진하는 '자유롭고 개방된 인도·태평양(FOIP: Free and Open Indo-Pacific)' 지역 개념이 중국을 더욱 소외시키겠다고 위협하면서 위축된 영토를 회복하려는 시도였다.[99] 미·중 사이에서 양자택일하는 것을 원하지 않고 인도네시아가 주도한 '개방되고 포용적인 인도·태평양'에 대한 대안적 제안은 아세안이 경쟁 강대국들 사이에서 역할을 할 수 있고 상황에 따라 '포용적 인도·태평양 지역 구조inclusive Indo-Pacific regional architecture' 내에서 다른 선택지로 돌아갈 수 있는 보장을 추구하는 것이다.

더욱 분명한 것은 코로나19대유행COVID-19 pandemic과 트럼프 대통령

---

[97] John D. Ciorciari, "The variable effectiveness of hedging strategies," *International Relations of the Asia-Pacific*, 19(3), 2019, pp. 523-555; Korolev(2019), op. cit; Adam P. Liff, "Unambivalent alignment: Japan's China strategy, the US alliance, and the 'hedging' fallacy," *International Relations of the Asia-Pacific*, 19(3), 2019, pp. 453-491.

[98] Patricia Lourdes Vira, *Singaporean envoy: ASEAN unable to resolve South China Sea row* (Philstar.Com, 2018).

[99] Ann Marie Murphy, "Prospects for U.S.-Indonesian Relations in Jokowi's Second Term," *Asia Policy*, 14(4), 2019, pp. 79-87.

임기 중 가뜩이나 경색된 미·중의 긴장감이 고조된 상황에서 아세안 국가들의 외교적 관행은 다시 신흥 강대국과 현상 유지를 강조하는 기존 강대국 사이에서 양자택일 선택에 아세안 제도 특유의 거부감이 증명되었다. 쿽이 주목한 바와 같이 코로나19는 동남아시아 국가들이 헤징의 세 가지 모든 특징 즉 양자택일 하지 않고, 가능한 자신들의 자율성을 보존하기 위해 전략과 발전 연계를 다양화할 뿐만 아니라 서로 다른 위험을 상쇄하기 위해offset 반대 조치를 추구하는 것을 보여준다는 방식으로 자리매김하는 것을 보여주었다.[100]

그러나 아세안 국가들의 자율성은 점점 더 제한되고 있다. 리셴룽Lee Hsien Loong 싱가포르 총리는 2020년 6월 아세안 곤경의 정확한 본질을 드러내면서 다음과 같이 전망했다. 미·중 관계가 악화되면서 아시아의 미래와 새로운 국제질서의 형태에 대해 심각한 의문이 제기되고 있다. 싱가포르를 포함한 아세안 국가들은 다양한 주요 강대국들의 이해관계가 교차하는 곳에 자리잡고 있기 때문에 중간에 갇히거나 불공정한 선택을 강요받는 것을 피해야 한다.

리셴룽은 '아시아·태평양에서 현상유지는 변화하고 있다는 것을 인정하고 있지만 제도로서 아세안 같이 싱가포르는 양자택일 할 수 없으며 이중janus faced 외교를 해야 한다.[101] 궁극적으로 아세안 회원국들은 미중 사이에서 양자택일 받는 것을 원치 않는다. 이 국가들은 미중 양국과 좋은 관계를 맺기를 원한다'고 주장했다.[102] 더 나아가 리셴룽은 '약소국은

---

[100] Kuik(2020), op. cit.
[101] Alexander Downer, "Personal communication," *Policy Exchange Zoom Conference* (Westminster, London: Policy Exchange, 10 June 2020).

반응적인 신중함reactive prudence을 채택함으로써 만약 아시아 국가들이 중국과 관계를 증진시킨다고 해서 반드시 미국과 맞서는 것은 아니라는 점을 미국이 이해하고 있으며, 그 반대의 경우도 마찬가지이다'라고 주장했다.[103] 이것은 각각의 관심 영역에 대한 미·중 사이의 협력과 합의가 없다면 아시아 세기Asian century의 전망은 점점 더 위태로워질 것이고 반응 외교의 한계도 약점으로 드러날 것이라고 볼 수 있다.

6. 결론

비록 헤징이 아시아·태평양의 국제관계를 분석하는 핵심 용어가 되었지만, 개념으로 헤징을 적용하는데 어려움은 남아있다. 헤징은 매우 다른 유형의 모호하거나 모순되는 행동에 적용되었고 카멜레온chameleon과 같이 다른 상황에서 다른 특성을 가정한다. 이 장은 헤징의 지배적인 이해는 특정 및 변화하는 국내와 국제 의제에 대응과 사건에 우발적 조정의 결과로서 더 잘 해석될 때 전략적 의도를 국가 행동의 탓으로 오도하는 국제정치 행동의 경험주의와 합리주의 모델에 의존하고 있다고 주장했다. 이 장은 이러한 후자의 이해가 사건의 역할, 신중한 방책, 우발적 상황, 역사적 사례 그리고 실제 경험을 강조하는 서구와 아시아의 정치사상 모두에서 오랜 전통을 가지고 있다는 것을 규명했다. 이 장은 이 접근법의 유용성을 입증하기 위해 헤징을 동남아시아 외교에서 약소국

---

102 Lee Hsien Loong, "The Endangered Asian Century America, China, and the Perils of Confrontation," *Foreign Affairs*, (June/August, 2020).

103 ibid.

국가 책략에 가장 중요하고 무시된 도구로서 재해석했다.

신중한 국가 책략에 대한 이해는 실제로 무엇을 의미하는가? 남중국해의 투키디데스 함정처럼 어렵고 모호한 경우 신중한 국가 책략은 전쟁과 평화를 둘러싼 결정에서 국가의 권리에 대한 통찰력을 제공한다. 여기서 역사와 경험은 현명한 방향을 결정하는 데 중심적인 역할을 한다. 이 장은 헤징의 위험 회피의 논리보다는 공통의 이익과 국익 모두를 발전시키기 위해 가장simulation과 위장dissimulation(또는 헤징)의 효용을 보는 약소국들의 행동을 안내하기 위해 실용적인 형태의 원칙at a more practical set of maxims으로 동아시아와 동남아시아의 역사적 경험에 도달했다. 궁극적으로 남중국해의 영해와 관할권 분쟁으로 제기되는 것과 같은 문제의 사례에서 약소국은 소신을 표명하는 것이 아름다운 것이 아니라 실제로 필요한 것을 해야 한다must do not what is beautiful to say, but what is necessary in practice는 것을 인식할 것이다.[104] 냉전 종식 이후 국제정치에 대한 이런 엇갈린 신중론은 대부분 연구되지 않았다.

현대 마키아벨리는 동아시아와 동남아시아(중국은 제외)의 정치 계급들이 강압적 무력 사용에 대해 얼마나 준비가 되어 있지 않은지 알면 놀랄 것이다. 군사적 신중성에 대한 지식이 부족하기 때문에 약소국들은 무력 사용의 이유나 특히 제한된 목적을 위해 무력을 사용한 결과에 대해 철저히 숙고할 것 같지는 않다. 역사에 대한 관심이 부족하면 동남아시아 국가 간 국경에서 접하는 문제들과 남중국해에 대한 중국의 장기적인 전

---

[104] Jan Waszink, Justus Lipsius, *Politica: Six Books of Politics or Political Instruction* (Belgium: Leuven University Press, 2004), p. 545.

략적 관심을 이해하지 못하는 결과를 낳게 된다. 이러한 관점에서 볼 때 헤징은 결코 사치품이라고 수 없지만 진퇴양난에 빠진caught between a rock and a hard place 약소국에게 필요한 혼합의 신중함이라고 할 수 있다.

참고문헌

공자 저, 김원중 옮김. 2019. 『논어』. 서울: 휴머니스트.

그레이엄 앨리슨 저, 정혜윤 옮김. 2018. 『예정된 전쟁 미국과 중국의 패권 경쟁, 그리고 한반도의 운명』. 서울: 세종서적.

아리스토텔레스 지음, 박문재 옮김. 2020. 『수사학』. 서울: 현대 지성.

이길성. 2017. "진주 목걸이 바닷길 넓힌다… 지부티에 첫 해외 군사기지: 바다로 땅으로 세력 키우는 중국: 남중국해~인도양~아프리카 잇는 '진주 목걸이' 전략 탄력 받아." 『조선일보』 (7/13).

조지프 나이 지음, 양준희, 이종삼 옮김. 2010. 『국제분쟁의 이해: 이론과 역사』. 서울: 한울.

Acharya, Amitav. 1998. "Culture, security, multilateralism: The 'ASEAN way' and regional order." *Contemporary Security Policy*, 19(1), p. 62.

Allison, Graham. 2017. *Destined for War: Can America and China Escape Thucydides's Trap?*. Boston: Houghton Mifflin Harcourt.

Allison, Graham, Robert Blackwill and Ali Wyne. 2012. *Lee Kuan Yew: The Grand Master's Insights on China, the United States, and the World*. United States: Belfer Center.

Aristotle, Roberts W. Rhys, Trans. 1924. *Rhetoric*. Oxford, UK: Clarendon Press.

Art, Robert J. 2004. "Europe Hedges Its Security Bets." in T. V. Paul, J. J. Wirtz, and M. Fortmann (eds), *Balance of Power: Theory and Practice in the 21st Century*. California: Stanford University Press.

ASEAN. 2017. *Chairman's Statement 30th ASEAN Summit Partnering for Change, Engaging the World* (30 April).

Bangkok Post Reporters. 2017. "White House trip seen as win for PM." *Bangkok Post*, (5 Oct).

Brock Tessman and Wojtek Wolfe. 2011. "Great powers and strategic hedging: The case of Chinese energy security strategy: Great powers and strategic hedging." *International Studies Review*, 13(2), p. 214.

Bull, Hedley. 2002. *The Anarchical Society: A Study of Order in World Politics*. New York: Columbia University Press.

Burke, Edmund. 1976. *First letter on a Regicide Peace: Vol. Works VIII*. Indianapolis, IN: Liberty Fund, Inc.

Busbarat, Pongphisoot. 2017. "Thai-US Relations in the Post-Cold War Era: Untying the Special Relationship." *Asian Security*, 13(3), pp. 256- 274.

Carroll, Lewis. 1934. *Alice in Wonderland and Through the Looking Glass Illustrations by M.L. Clements*. London: Glasgow: Collins.

Ciorciari, John D. 2019. "The variable effectiveness of hedging strategies." *International Relations of the Asia-Pacific*, 19(3), pp. 523-555.

Chung, Jae Ho. 2009. "East Asia Responds to the Rise of China: Patterns andVariations." *Pacific Affairs*, 82(4), p. 657-675.

Ciorciari, John D. 2019. "The variable effectiveness of hedging strategies." *International Relations of the Asia-Pacific*, 19(3), pp. 523-555.

Ciorciari, John D. and Jürgen Haacke. 2019. "Hedging in international relations: An introduction." *International Relations of the Asia-Pacific*, 19(3), pp. 367-374.

Confucius, Legge, James Trans. 1983. *The Analects: Vol. I*. Oxford, England: Oxford University Press.

Dancel, Raul. 2017. "Deal on framework of South China Sea code." *The Straits Times* (7 Aug).

Downer, Alexander. 2020. "Personal communication." *Policy Exchange Zoom Conference*. Westminster, London: Policy Exchange, (10 June).

Eead, Walter Russell and Nichokas M. Gallagerher. 2015. *Power Rankings: The Second Tier*. The American Interest.

Fifeld, Russell H. 1958. *The Diplomacy of Southeast Asia: 1945-1958*. New York: Harper.

Fowler, Henry Watson, Jessie Senior Coulson and George Washington Salisbury Friedrichsen. 1973. *The Shorter Oxford English Dictionary on Historical Principles*. Oxford: Clarendon Press.

Goh, Evelyn. 2005. *Meeting the China Challenge: The U.S. in Southeast Asian Regional Security Strategies*. Washington, DC: East-West Center Washington.

Goh, Evelyn. 2006. "Understanding 'hedging' in Asia-Pacific security." *PacNet43*, p. 1.

Goh, Evelyn. 2007. "Great powers and hierarchical order in Southeast Asia: Analyzing regional security strategies." *International Security*, 32(3), p. 121.

Gupt, Sourabh. 2017. "A window of opportunity in the South China Sea." *East Asia Forum* (July 26).

Haacke, Jürgen. 2019. "The concept of hedging and its application to Southeast Asia: A critique and a proposal for a modified conceptual and methodological framework." *International Relations of the Asia-Pacific*, 19(3), pp. 375-417.

Halifax, George Savile and Walter Alexander Raleigh. 1912. *The Complete Works of George Savile*, First Marquess of Halifax. Oxford: The Clarendon Press.

Harries, Owen. 1996. "Does realism have a future." in K. Minogue (ed.), *Conservative Realism New Essays in Conservatism*. New York: Harper Collins.

Jackson, Van. 2014. "Power, trust, and network complexity: Three logics of hedging in Asian security." *International Relations of the Asia-Pacific*, 14(3), pp. 331-356.

Jaipragas, Bhavan. 2018. "Malaysia's Chinese projects: Mahathir to respect all agreements." *South China Morning Post*, (17 May).

Jones, David Martin. 2018. "Between declarations and dreams China, US Foreign Policy and Southeast Asia." *Policy*, 34(1), p. 43.

Jonsen, Albert R. and Stephen Toulmin. 1988. *The Abuse of Casuistry: A History of Moral Reasoning*. California: University of California Press.

Jory, Patrick. 2014. "China is a big winner from Thailand's coup." *East Asia Forum*, (18 June).

Kausikan, Bilahari. 2017. "Dodging and Hedging in Southeast Asia." *The American Interest*, 12(5), p. 68.

Kislenko, Arne. 2002. "Bending with the wind: the continuity and flexibility of Thai Foreign policy." *International Journal: Canada's Journal of Global Policy Analysis*, 57(4), pp. 537-561.

Kissinger, Henry A. 2011. *On China*. New York: Penguin.

Korolev, Alexander. 2019. "Shrinking room for hedging: System-unit dynamics and behavior of smaller powers." *International Relations of the Asia-Pacific*, 19(3), p. 376.

Kuik, Cheng-Chwee. 2008. "The essence of hedging: Malaysia and Singapore's response to a rising China." *Contemporary Southeast Asia*, 30(2), pp.159-185.

Kuik, Cheng-Chweeand Gilbert Rozman. 2015. *Light or Heavy Hedging: Positioning Between China and the United States*. Washington, DC: Korea Economic Institute of America.

Kuik, Cheng-Chwee. 2020. "Hedging in Post-Pandemic Asia: What, How, and Why?." *The Asian Forum*, p. 5.

Kurlantzick, Joshua. 2018. "Thailand: Shifting Ground Between the U.S. and a Rising China." *A Review. Council on Foreign Relations 100*, (February 27).

Lakatos, Imre. 1963. Proofs and Refutations (I), *The British Journal for the Philosophy of Science*, 14(53), pp. 1-25.

Lee Kuan Yew. 1967. *Meet the Press*. Singapore: National Archive of Singapore.

Leifer, Michael. 2005 "ASEAN as a model of a security community?" in K. W. Chin and L. Suryadinata (eds), *Selected Works on Southeast Asia*. Singapore: Institute of Southeast Asian Studies.

Lee Hsien Loong. 2020. "The Endangered Asian Century America, China, and the Perils of Confrontation." *Foreign Affairs*, (June/August).

Liddell Hart, Basil Henry. 1967. *Strategy: The Indirect Approach*. London: Faber.

Liff, Adam P. 2019. "Unambivalent alignment: Japan's China strategy, the US alliance, and the 'hedging' fallacy." *International Relations of the Asia-Pacific*, 19(3), pp. 453-491.

Lim, Darren J. & Zack Cooper. 2015. "Reassessing Hedging: The Logic of Alignment in East Asia." *Security Studies*, 24(4), pp. 696-727.

Mahbubani, Kishore. 2017. "Qatar: Big lessons from a small country [Text]." *The Straits Times* (1 Jul).

Mearsheimer, John J. 2001. *The Tragedy of Great Power Politics*. New York: Norton.

Medeiros, Evan S. 2005. "Strategic hedging and the future of Asia-pacific stability." *The Washington Quarterly*, 29(1), pp. 145-16.

Mohamad Salleh, Nur Asyiqin and Hui Min. 2017. "Minister Shanmugam, diplomats Bilahari and Ong Keng Yong say Prof Mahbubani's view on Singapore's foreign policy 'flawed' [Text]." *The Straits Times*, (3 Jul).

Mou, ByBo. 2008. *The Routledge History of Chinese Philosophy*. England, UK: Routledge.

Murphy, Ann Marie. 2017. "Great power rivalries, domestic politics and Southeast Asian foreign policy: Exploring the linkages." *Asian Security*, 13(3), pp. 165-182.

Murphy, Ann Marie. 2019. "Prospects for U.S.-Indonesian Relations in Jokowi's Second Term." *Asia Policy*, 14(4), pp. 79-87.

Murray, Williamson. 2011. "Thoughts on grand strategy." in W. Murray, R. H. Sinnreich, and J. Lacey(eds), *The Shaping of Grand Strategy: Policy, Diplomacy, and War*. Cambridge, England: Cambridge University Press.

Nadkarni, Vidya. 2010. *Strategic Partnerships in Asia: Balancing without Alliances*. England, UK: Routledge.

Natalegawa, Marty. 2011. "A conversation with Marty Natalegawa." *Council on Foreign Relations 100*, (September 27).

Natalegawa, Marty. 2018. *Does ASEAN Matter? A View from within* (Singapore: ISEAS-Yusof Ishak Institute.

Oakeshott, Michael. 1981. *Rationalism in Politics and Other Essays*. Massachusetts: Methuen.

Panda, Ankit. 2020. "In Sudden Step, Philippines Reverses Course on Ending US Visiting Forces Agreement—For Now." *The Diplomat*, (June 04).

Parks, Thomas and Benjamin Zawacki. 2018. *The future of Thai-US relations*. The Asia Foundation, (29 August) p. 14.

Prachatai. 2014. "Roundup: International responses towards Thai situation." *PrachataiEnglish*, (25 Jun).

Pant, Harsh V and Yogesh Joshi. 2015. "The American 'Pivot' and the Indian Navy: Its Hedging All the Way." *Naval War College Review*, 68(1), Article 5, pp. 1-24.

Ping-cheung, Lo. 2012. "Warfare Ethics. The Art of War?" *Military Ethics*, 11(2), p. 120.

Pye, Lucian W. 1985. *Asian Power and Politics the Cultural Dimensions of Authority*. Massachusetts: Belknap Press of Harvard University Press.

Roberts, Christopher B. 2018. "ASEAN, the 'South China Sea' Arbitral Award, and the Code of Conduct: New Challenges, New Approaches," *Asian Politics & Policy*, 10(2), p. 198.

Shin, Dong-min A. 2015. *Critical Review of the Concept of Middle Power*. E-International Relations.

Storey, Ian. 2013. *Southeast Asia and the Rise of China: The Search for Security* (England, UK: Routledge.

Tessman, Brock F. 2012. "System structure and state strategy: adding hedging to the menu." *Security Studies*, 21(2), pp. 192-231.

Tunsjø, Øystein. 2013. *Security and Profit in China's Energy Policy: Hedging Against Risk*. New York: Columbia University Press.

Vira, Patricia Lourdes. 2018. *Singaporean envoy: ASEAN unable to resolve South China Sea row*. Philstar. Com..

Waltz, Kenneth N. 1979. *Theory of International Politics*. Massachusetts: Addison-Wesley Publishing Co.

Waltz, Kenneth N. 2002. "Structural realism after the Cold War." in G. J. Ikenberry (ed.),

America Unrivaled: The Future of the Balance of Power. New York: Cornell University Press.

Waszink, Jan. 2004. *Justus Lipsius, Politica: Six Books of Politics or Political Instruction*. Belgium: Leuven University Press.

Welsh, Bridget and Greg Lopez. 2018. *Rethinking Regime Resilience in Malaysia and Singapore*. Malaysia: Petaling Jaya Strategic Research and Development Centre.

Westcott, By Ben. 2018. "Duterte will 'go to war' over South China Sea resources, minister says." *CNN*, (May 29).

Wight, Martin. 1986. *Power Politics*. New York: Penguin Books.

Thucydides, Warner, Rex. Trans. 1972. *The Peloponnesian War*. New York: Penguin.

Wolfe, Wojtek M. 2011. "China's strategic hedging." *Orbis*, 57(2), pp. 300-313.

제8장

남중국해 분쟁 해결과 미·중의 역할

1. 서론

　남중국해 분쟁은 아주 다양하고 복잡하게 얽혀져 있다. 첫 번째 예로는 중국, 브루나이, 말레이시아, 필리핀, 대만, 베트남 그리고 최근 인도네시아가 포함된 주권 분쟁이다. 동남아시아의 영유권 주장국들은 상반된 주장을 하고 있지만, 중국과 다른 영유권 주장국 사이의 권력의 비대칭과 남중국해 대부분 지역에 대한 중국의 공세적인 주권 주장이 이 분쟁의 핵심 특징이다. 이러한 요인은 남중국해 분쟁의 난해함과 해결 노력이 별 성과를 거두지 못하는 것을 설명하는 데 도움이 된다. 한편 제2차 세계대전 이후 동남아시아 지역의 안보 질서의 수호자인 미국과 신흥 강대국 중국의 전략 경쟁은 지정학적 중요성을 가진 남중국해 분쟁을 더욱 복잡하게 만들고 있다.[1]
　남중국해는 인도양Indian Ocean과 서태평양Western Pacific을 연결하는 약

350만 평방 킬로미터km²의 반폐쇄 해양이다. 전 세계 선박의 3분의 1이 남동쪽의 말라카 해협Straits of Malacca과 싱가포르 해협Singapore Strait, 순다 해협Sunda Strait과 북서쪽의 대만 해협Taiwan Strait 또는 루손 해협Luzon Strait 을 통과한다.² 남중국해는 북서쪽에 프라타스 군도(Pratas Islands/둥사 군도: 東沙群島), 북동쪽에 파라셀 군도(Paracel Islands/시사 군도: 西沙群島) 그리고 동쪽에 스프래틀리 군도(Spratly Islands/난사 군도: 南沙群島)에 섬islands, 아주 작은 섬islets, 암석rocks 그리고 환초reefs 등 세 가지 암초 등 3개의 주요 지형군으로 구성되어 있다.³

프라타스 군도는 대만이 실효적으로 지배하고 있고 파라셀 군도는 중국이 지배하고 있지만 대만과 베트남이 영유권을 주장하고 있다. 스프래틀리 군도는 중국, 브루나이, 말레이시아, 필리핀, 베트남 그리고 대만이 전체 또는 일부 지역에 대한 영유권을 주장하고 있다. 이러한 지형물들은 작고, 많은 것들이 만조high tide 시 물에 잠기는 지역이다. 예를 들어 2013년 한 전문가는 스프래틀리 군도의 13개의 가장 큰 섬의 총 육지 면적은 1.7평방 킬로미터 미만이지만 맨해튼Manhattan의 센트럴 파크Central

---

1   Crisis Group Asia Reports N°s 275, *Stirring Up the South China Sea (IV): Oil in Troubled Waters*, (26 January 2016); Crisis Group Asia Reports N°s 267, *Stirring Up the South China Sea (III): A Fleeting Opportunity for Calm*, (7 May 2015); Crisis Group Asia Reports N°s 229, *Stirring up the South China Sea (II): Regional Responses*, (24 July 2012); Crisis Group Asia Reports N°s 223, *Stirring Up the South China Sea* (I), (23 April 2012).
2   China Power, "How much trade transits the South China Sea?," *China Power*, (25 January 2021).
3   Crisis Group Asia Reports N°s 316, *The Philippines' Dilemma: How to Manage Tensions in the South China Sea*, (2 December 2021); Crisis Group Asia Reports N°s 318, *Vietnam Tacks Between Cooperation and Struggle in the South China Sea*, (7 DECEMBER 2021.

Park는 3.41 평방 킬로미터라고 비교했다.[4]

2. 남중국해 분쟁 발생의 복잡한 배경

1) 분쟁의 다양성

남중국해 분쟁은 근본적으로 수백 개의 작은 해양 지형물들에 대한 영유권 주장과 이러한 지형들과 연관될 수 있는 해양 수역에 대한 관할권에 대한 경쟁적인 주장에 관한 것이다. 중국, 대만, 베트남은 각각 파라셀 군도와 스프래틀리 군도 전체를 영유한다고 주장하지만, 중국은 1974년 남베트남으로부터 파라셀 군도를 무력으로 점령한 이후 지배해 왔다. 현재 남중국해 분쟁의 중심지는 스프래틀리 군도인데 이 지역의 대부분을 중국과 베트남이 점유하고 있고, 말레이시아와 필리핀은 부분적인 지역을 점유하고 있으며 브루나이는 하나의 수중 환초에 대한 영유권을 주장하고 있다. 인도네시아는 남중국해 분쟁의 직접 당사국은 아니지만 배타적 경제 수역(EEZ: Exclusive Economic Zone)의 해양 관할권에서 외국의 어업 활동 특히 중국의 대규모 어선단의 침입을 강력하게 단속하고 있다.

남중국해에 있는 육지 지형물은 연안 국가들의 관할권이 중복되고 경쟁할 수 있는 다양한 종류의 해양 수역을 형성하고 있다. 이러한 지형물에 대한 권리는 1982년에 체결되고 1994년에 비준된 유엔해양법협약

---

[4] Robert Beckman, "The UN Convention on the Law of the Sea and the Maritime Disputes in the South China Sea," *The American Journal of International Law*, vol. 107, no. 1 (January 2013), p. 143.

(UNCLOS: UN Convention on the Law of the Sea)에 명시되어 있다. 유엔해양법 협약(UNCLOS) 하에서 국가가 주권을 행사하는 섬들은 12해리 영해, 200 해리 배타적 경제 수역(EEZ) 그리고 대륙붕 주권 권리를 통해 본토 영토와 동일한 해양 수역을 형성하고 있다. 연안 국가는 영해에 대한 주권과 배타적 경제 수역(EEZ)에 있는 해양과 해저의 자원에 관할권을 보유할 수 있다.[5]

이러한 구역은 연안 국가의 간조low tide 시 최저점 해안선에서 측정되지만 경우에 따라서 연안의 지형물로부터 그려진 직선 기선straight baseline에서 측정될 수 있다. 직선 기선에서 육지로 향하는 해역은 국내법의 적용을 받는 내해internal waters이다. 대만을 제외하고 남중국해 분쟁의 모든 영유권 주장국들은 유엔해양법협약(UNCLOS)의 당사국이다. 그럼에도 불구하고 대만은 관습적인 국제법에 따라 자신의 경계선을 선언했다.[6]

배타적 경제 수역(EEZ) 제도는 영유권 주장국들이 왜 그렇게 하찮은 땅덩어리에 대한 권리 주장에 그렇게 많은 시간과 노력을 투입하고 있는지를 설명하는 데 도움이 된다. 유엔해양법협약(UNCLOS)은 계층화된 주권을 제공함으로써 국가들이 영토 주장을 하도록 촉진해 분쟁을 촉발했다고 볼 수 있다.[7] 1960년대 후반 석유 및 가스 매장량 보고와 해양 시추 기

---

5   연안 국가들은 국내법이 적용되는 내해와 12해리(nm) 영해에 대한 주권의 권리를 가진다. 접속 수역(contiguous zone)은 해안 쪽으로 12해리 더 확장되며 이 지역에서 연안 국가들은 세관, 재정, 이민, 위생 및 관련 법률 및 규제를 시행할 수 있다. 배타적 경제 수역(EEZ)은 해안선이나 기준선으로부터 200nm에 이르는 해양 공간의 생물과 무생물 자원을 탐색, 개발, 보존 및 관리할 수 있는 주권을 연안국에 제공한다. 연안 국가는 해안에서 350nm까지 뻗어있는 대륙붕의 해저와 지하의 자원에 대한 주권적 권리를 가지고 있다. UNCLOS, Articles 33, 58 and 76, 1982.
6   유엔해양법협약(UNCLOS)은 영토 주권 취득 문제를 논하지 않기 때문에 이 협약만으로 모든 분쟁을 해결할 수 없다.

술의 발전에 따라 유엔해양법협약(UNCLOS)이 여전히 논의되고 있는 동안, 연안 국가들은 1970년대에 남중국해의 육지 지형물들을 본격적으로 점유하기 시작했다. 현재 베트남은 스프래틀리 군도에서 최소 21개, 필리핀이 9개, 말레이시아가 5개, 타이완이 1개, 중국이 7개 육지 지형물을 차지하고 있다.[8] 중국은 1988년까지 스프래틀리 군도의 육지 지형물을 점유하지 않았고 이때 다른 영유권 주장국들은 가장 큰 육지 지형물들을 점유하고 있었다. 그 후 중국은 1995년에 필리핀 배타적 경제 수역(EEZ)에 있는 미스치프 환초Mischief Reef를 점령했다. 중국은 그 다음 해에 자신의 연안 기선을 설정하고 직선 기선 안에 파라셀 군도를 포함시켰다.[9] 중국은 스프래틀리 군도 주위에 직선 기선을 획정할 권리가 있지만 아직 실행을 하지 않고 있다.

중국 역시 다른 영유권 주장국들과 마찬가지로 남중국해의 자원에 관심을 가지고 있지만, 이러한 것들은 중국보다 약소국 영유권 주장국들의 경제에 훨씬 더 중요하다.[10] 더 중요한 것은 중국이 국가 안보를 위해 주

---

7   Rebecca Strating, "Maritime Disputes, Sovereignty and the Rules-Based Order in East Asia," *Australian Journal of Politics and History*, vol. 65, no. 2, 2019, p. 464.

8   어떤 출처는 베트남이 점령한 지형물의 수를 27개 또는 그 이상으로 보고 있지만, 그 차이는 지형물에 대한 다른 정의에서 비롯된 것으로 보인다. 몇몇 전초기지는 수중 지형 위에 구축되었다. Alexander Vuving, "South China Sea: Who occupies what in the Spratlys?," *The Diplomat*, (6 May 2016).

9   People's Republic of China, "Declaration of the Government of the People's Republic of China on the Baselines of the Territorial Sea of the People's Republic of China," (15 May 1996).

10 Bill Hayton, "Crisis Group online interview," UK, (March 2021); Bill Hayton, "Two Years On, South China Sea Ruling Remains a Battleground for the Rules-Based Order," Chatham House, (11 July 2018); Patricia Lourdes Viray, "China blocks ASEAN from $2.5 trillion in South China Sea oil-US," *Philippine Star*, (18 October 2019).

변 지역 특히 자신의 '근해near seas'에 대해 더 큰 통제권을 행사하기를 원한다는 것이다.[11] 중국의 가장 중요한 목표는 중국 공산당 내부의 오랜 불안 원인인 대중 포위망을 방지하는 것이다.[12] 중국이 이 목표를 달성하기 위해서는 쿠릴 열도Kuril Islands에서 일본, 류큐오키나와 제도, 대만, 필리핀, 보르네오 그리고 인도네시아 나투나 군도Natuna Islands까지 남쪽에서 북쪽으로 뻗어 있는 선인 '제1도련선first island chain'으로 알려진 지역 내에서 군사적으로 지배하기 위한 능력이 수반된다.[13]

더 나아가 분석가들은 중국이 자신의 핵 잠수함 활동을 위해 남중국해 통제를 원하고 있다고 주장한다.[14] 중국이 남중국해를 통제하면 대만을 침공할 때 모든 작전을 쉽게 추진할 수 있다. 중국이 남중국해 대부분 해역을 자국 영토라고 주장한다는 것은 서구와 일본 제국주의 침략으로 당한 '굴욕의 세기' 극복과 중국의 우수함을 회복하는 개념인 '민족 부흥'이

---

[11] 이러한 것들은 발해만, 황해(서해), 동중국해 그리고 남중국해가 있다.

[12] 중국의 안보 우려는 1839년 아편전쟁부터 1949년 중국 공산당 승리까지 이어진 '굴욕의 세기(century of humiliation)' 서사와 연결되어 있으며 이것은 중국 관영 매체가 남중국해 분쟁을 보여주는 렌즈(lense)이다.

[13] 중국 인민해방군 해군은 1980년대 류화칭(劉華淸: 1916-2011) 제독에 의해 2000년대까지 제1도련선(북쪽 알류샨 열도에서 시작, 쿠릴 열도, 일본 열도, 오키나와가 속한 류큐 제도/Ryukyu Islands, 그리고 필리핀 등을 거쳐 남쪽 인도네시아 열도까지 이어지는 섬들의 연결), 2020년까지는 제2도련선(오가사와라-괌-사이판-파푸아뉴기니로 연결)까지 확대하는 전략 구상을 세웠다. 2050년까지 중국 해군은 태평양에서 미 해군과 경쟁할 수 있는 전력을 갖추게 될 것이다. Andrew Scobbell, "The South China Sea and U.S.-China Rivalry," in Huiyun Feng and Kai He (eds.), *US-China Competition and the South China Sea Disputes* (New York, 2018), p. 209.

[14] Kheng Swe Lim, Hailang Ju and Mingjiang Li, "China's Revisionist Aspirations in Southeast Asia and the Curse of the South China Sea Disputes," *China: An International Journal*, vol. 15, no. 1 (February 2017), pp. 205-206.

라는 중국 공산당의 원대한 목적 도구와 상징적으로 거대한 해양 세력이 되는 목표를 반영하고 있는 것이다.[15]

현재 단계의 남중국해 분쟁은 중국이 광범위한 영유권 주장을 공표한 2009년으로 거슬러 올라간다. 하나는 베트남이, 다른 하나는 말레이시아와 베트남이 공동으로 유엔 대륙붕 한계위원회(UNCLCS: UN Commission on the Limits of the Continental Shelf)에 제출한 두 개의 구상서verbal note에 대응하여, 베이징은 즉시 남중국해 약 85%를 포함하는 소위 '9단선nine-dash line'이라고 알려진 지도를 포함한 자체 구상서를 유엔에 제출했다.[16] 중국이 유엔에 구상서를 제출한 것은 '남중국해와 인접 해양에 대한 명백한 주권'과 '해저seabed와 그 지역의 해저 하층토subsoil 뿐만 아니라 관련 해역에 대한 주권 권리와 관할권'을 주장하기 위한 것이었다.[17] '인접 수역 adjacent waters'과 '관련 수역relevant waters'이라는 문구는 유엔해양법협약

---

15 시진핑은 '중국몽(中國夢)'의 진수로서 '중화민족의 위대한 부흥'을 주장했다. Xinhua, "Xi calls for persistently pursuing Chinese dream of national rejuvenation," *Xinhua*, (26 September 2017); Katherine Morton, "China's Ambition in the South China Sea: Is a Legitimate Maritime Order Possible?," *International Affairs*, vol. 92, no. 4 (2016), pp. 910-911, 932; Christian Wirth, "Emotions, International Hierarchy and the Problem of Solipsism in Sino-US South China Sea Politics," *International Relations*, vol. 34, no. 1 (2020), pp. 1-21.

16 그들의 행동 동기는 2009년 5월 13일 마감일 전까지 유엔 대륙붕 한계 위원회(CLCS)에 200nm를 넘는 대륙붕의 한계에 관한 정보를 제출할 필요성이었다. Beckman, "The UN Convention on the Law of the Sea and the Maritime Disputes in the South China Sea", op. cit., p. 147.

17 Notes Verbales, Permanent Mission of the People's Republic of China, CML/17/2009 and CML/18 /2009, 7 May 2009. 그 주장은 중국 대표부의 구상서(Note Verbale) CML/8/2011, 14 (April 2011)에서 반복되는데 이것은 '중국이 난사 군도(스프래틀리 군도)는 영해, EEZ 그리고 대륙붕의 완전한 자격을 갖추고 있고 남중국해에서 중국의 주권과 관련 관리 그리고 관할권은 풍부한 역사적이고 법적인 증거로 지지되고 있다'고 덧붙였다.

(UNCLOS)에는 없지만 영해와 배타적 경제 수역(EEZ)은 각각 언급하고 있다.

중국은 자신들의 주장에 대해 계산된 모호함을 유지하는 대신 9단선의 좌표가 정확히 무엇을 의미하는지를 명확히 밝힌 적은 없다. 두 명의 권위 있는 중국학자에 따르면 9단선 내의 섬들과 암석에 대한 중국의 주권 주장과 그 해역과 해저에 있는 어류와 다른 자원에 대한 역사적 권리를 의미하는 것이다.[18] 남중국해의 다른 영유권 주장국들과 분쟁에 대한 중국의 접근 방식은 양자 협의를 통해 관련국들과 해결을 모색하는 것이다.[19] 그동안 중국은 베트남, 말레이시아 그리고 필리핀에 분쟁 지역에서 자원 공동 개발을 제안했지만 권력의 비대칭성을 감안할 때 이러한 제안에 대한 반응은 거의 호응을 얻지 못했다.

중국의 남중국해 영유권 주장의 광범위한 속성은 종종 다른 영유권 주장자들 사이의 분쟁을 무색하게 한다. 필리핀과 말레이시아의 스프래틀리 군도 일부 지역에 대한 주장은 서로 상충되며, 전체 지역에 대한 베트남의 주장과도 충돌하고 있다. 예를 들어 필리핀과 베트남은 각각 코모도레 환초Commodore Reef와 암보이나 케이Amboyna Cay를 점유하고 있는데 이 둘 지형물은 말레이시아가 영유권을 주장하고 있다. 말레이시아는 베트남이 영유권을 주장하고 있는 스왈로 환초Swallow Reef, 인베스게이터 사구Investigator Shoal 그리고 에리카 환초Erica Reef를 점유하고 있는데 인베스게이터 사구와 에리카 환초는 필리핀이 영유권을 주장하고 있다.[20] 각

---

[18] Gao Zhiguo and Jia Bing Bing, "The Nine-Dash Line in the South China Sea: History, Status and Implications," *American Journal of International Law*, vol. 107, no. 98 (2013), pp. 123-124.

[19] Crisis Group Report, *Stirring up the South China Sea* (I), op. cit., p. 4.

[20] J. N. Mak, "Sovereignty in ASEAN and the problem of maritime cooperation in the

국의 권리 주장 중복 때문에 특히 베트남 선박이 말레이시아와 인도네시아 법 집행 기관과의 사건에 연루된 폭력적인 해양 충돌이 자주 발생하고 있다. 2019년 4월, 베트남 해양 경비대 선박이 베트남 어부들을 억류하려던 인도네시아 해군 선박을 들이받았던 사건이 발생했다. 2020년 8월 말레이시아 해양 경비대가 베트남 어부 1명을 사살했다.[21]

남중국해 분쟁의 복잡한 구성의 또 다른 차원은 항행의 자유에 대한 미국의 관심이다. 세계 최고의 해양 강국인 미국은 소위 '과도한 해양 권리 주장'에 반대하고 있다. 이러한 것들은 유엔해양법협약(UNCLOS)이 지지하지 않은 관할권에 대한 주장 또는 제한적 주장이라고도 알려진 국제법이 제공하는 다른 국가에 부여된 권리를 거부하려는 노력이다.[22] 주요 걸림돌은 중국이 자신이 관할권을 주장하는 해역에서 외국 군함의 활동을 규제할 권리를 주장하는 것이다. 2010년 힐러리Hillary Clinton 당시 미 국무장관은 하노이에서 열린 아세안 지역 포럼(ARF: ASEAN Regional Forum)에서 미국은 남중국해에서 항행의 자유에 '국익'이 달려있다고 선언했다.

South China Sea," in Sam Bateman and Ralf Emmers (eds.), *Security and International Politics in the South China Sea: Towards a Cooperative Management Regime* (Abingdon, 2009), p. 113.

21 The International Crisis Group Asia Report N° 315, *Competing Visions of International Order in the South China Sea*, (29 November 2021); Reuters, "Indonesia, Vietnam to probe reported skirmish in disputed waters," *Reuters*, (23 May 2019); Laura Zhou, "Why fishing boats are on the territorial front lines of the South China Sea," *South China Morning Post*, (12 January 2020); Bhavan Jaipragas, "South China Sea: Asean states set course for Beijing's red line," *South China Morning Post*, (22 August 2020).

22 Jonathan G. Odom, "Maritime Claims in the South China Sea and Freedom of Navigation Operations," in Tan Truong Thuy, John B. Welfield and Le Thuy Trang (eds.), *Building a Normative Order in the South China Sea: Evolving Disputes, Expanding Options* (Cheltenham, 2019), p. 173.

힐러리는 '미국은 남중국해 영토 분쟁에서 중립을 유지하고 무력 사용 금지와 역사적 권리보다는 연안으로부터 거리를 기반으로 해양권 규정 존중을 주장하면서 중립적 입장을 고수할 것'이라고 주장했다.

워싱턴은 유엔해양법협약(UNCLOS) 서명국이지만 국내 비준을 얻지 못했다. 레이건Ronald Reagan 대통령은 유엔해양법협약(UNCLOS) 서명 당시 심해 채굴에 관한 조항이 '미국의 이익에 부합하지 않는다'고 주장했고, 이후 미국 행정부들이 전략을 바꾸어 이 조약을 비준하려 했지만, 미 상원은 이러한 노력에 거부권을 행사했다. 그러나 미국은 유엔해양법협약(UNCLOS)의 모든 실질적 조항을 관습적인 국제법의 표현으로 간주한다는 입장은 분명히 표명하고 있다.[23]

2015년 미 해군은 국제법의 원칙을 지키기 위해 남중국해에서 '항행의 자유 작전(FONOP: Freedom of Navigation operations)'에 착수하기 시작했는데 이것은 중국과 다른 연안 국가들에 의한 과도한 해양 주장에 이의를 제기한 것이다.[24] FONOP는 트럼프 대통령Donald Trump 행정부 시기에도 꾸준히 증가했고 바이든Jeo Biden 행정부 출범 이후에도 지속되고 있다. 고

---

[23] 레이건 행정부는 무엇보다도 '민간 기술의 강제 이전과 민족 해방 운동의 이익 공유 가능성'에 반대했다. 이후 공화당과 민주당 행정부 모두 비준에 필요한 상원의 승인을 구했지만, 저항(특히 비준을 미국의 주권에 가해지는 것으로 보는 공화당 회의론자들 사이)이 너무 강력해 이를 극복할 수 없었다. Ronald Reagan, "Statement on United States Actions Concerning the Conference on the Law of the Sea," (9 July 1982); 오바마 행정부의 2015년 국가 안보전략((National Security Strategy)은 '이 조약을 비준하지 못하는 것은 규칙 기반 국제질서에 대한 우리의 국익을 훼손한 다'고 지적했다. U.S. National Security Strategy, (February 2015).

[24] 항행의 자유는 1978년에 시작되었다. 미국은 전 세계에서 일상적으로 FONOP를 시행하고 있으며, 때로는 호주, 일본과 같은 동맹국들과 인도, 베트남과 같은 현재의 협력국들이 과도한 주장에 이의를 제기하기도 한다.

위급 미 해군 고위 장교들을 포함한 일부 전문가들은 미국이 남중국해에서 FONOP를 실행하는 것을 비판하면서 이러한 것들은 미국 결의와 동맹국을 안심시키기 위한 훈련과 분리된 법적이고 외교적 기능을 가진 작전을 융합한 것이라고 주장했다.[25] 과도한 해양권 주장에 대한 미국의 메시지는 영유권 주장국이 기준선을 선언함으로써 관할권에 대한 명확한 주장을 한 적이 없는 스프래틀리 군도에서 모호해졌다.[26] 중국은 FONOP를 도발이고 중국을 봉쇄하기 위한 미국 정책의 증거로 간주하고 있다.[27]

2) 분쟁 해결과 협력 레짐

남중국해에서 중국과 관련된 주권과 관할권 분쟁이 해결될 수 있는 몇 가지 방법이 자주 논의된다. 첫째, 가장 강력한 영유권 주장국이 다른 국가들을 추방하고 자신이 통제하기 위해 무력을 사용할 수 있다. 둘째, 영유권 주장국들은 경제적 이익이나 다른 이익의 대가로 개별적으로 중국에 주권을 양도할 수 있다. 셋째, 모든 영유권 주장국들이 사법적 중재에

---

[25] Admiral Scott H. Swift (USN, Ret.), "Maritime Security in the Indo-Pacific and the UN Convention on the Law of the Sea," Testimony before the House Committee on Armed "Services Subcommittee on Seapower and Projection Forces and House Committee on Foreign Affairs Subcommittee on Asia, the Pacific, Central Asia and Nonproliferation, (29 April 2021); Christian Wirth and Valentin Schatz, "South China Sea 'Lawfare': Fighting over Freedom of Navigation," *GIGA Focus Asia*, no. 5 (August 2020), p. 1.

[26] FONOP는 주로 미국이 해군 작전을 통해 보내는 결의, 확신, 약속, 억지 또는 다른 많은 정치·군사적 신호를 보내는 것을 목표로 하는 것이 아니다. FONOP는 바다의 질서를 뒷받침하는 별개의 법률 규범을 보호하기 위한 전문 도구이다. Peter A. Dutton and Isaac B. Kardon, "Forget the FONOPs—just fly, sail and operate wherever international law allows," *Lawfare (blog)*, (10 June 2017).

[27] Crisis Group(2021 a), op. cit.

동의할 수 있다.[28] 첫 번째 선택지는 바람직하지 않고, 두 번째 선택지는 동남아시아 국가들이 실행가능하지 않다고 여기고 세 번째 선택지는 베이징에 대한 저주 즉 중국에게 최악의 시나리오이다.

분쟁 해결에는 부족하지만 네 번째 선택지는 영유권 분쟁을 일단 보류하고 해양 자원 관리 및 배분을 위한 협력 체제에 합의하는 것이다. 만약 중국이 남중국해 분쟁에서 전략적 이점을 심화하기 위해 그러한 협력 체제를 방지할 수 있는 규칙을 확실히 준수한다면 동남아시아의 영유권 주장국들은 그런 시나리오에서 중국의 큰 역할을 받아들일 수 있을 것이다. 주권과 해양 경계 분쟁이 다루기 힘든 점을 고려할 때 해양 관리에 대한 협력이 경쟁과 지속적인 환경 파괴, 부당한 결과의 유감스러운 조합에 대한 가장 실행 가능한 대안일 수 있다.[29] 문제는 그것을 어떻게 실행할 수 있는가이다.

국가 간의 배타적 경제 수역(EEZ) 경계가 아직 정해져 있지 않은 경우 유엔해양법협약(UNCLOS)은 서명자들을 '실용적 속성의 잠정적 협정을 맺

---

[28] Michael McDevitt, "Forward" in Raul (Pete) Pedrozo, "China versus Vietnam: An Analysis of the Competing Claims in the South China Sea," *Center for Naval Analysis*, (August 2014), p. iii; Bill Hayton, "History as Problem, History as Solution: A Means to Resolve the South China Sea Disputes," in Jörg Thomas Engelbert (ed.), *The South China Sea Conflict after the Arbitration of July 12, 2016: Analyses and Perspectives* (Berlin, 2020).

[29] Sam Bateman, "Conclusion: The Prospects for a Cooperative Management Regime," Sam Bateman, Ralf Emmers (eds), *Security and International Politics in the South China Sea: Towards a co-operative management regime* (Routledge, 2012), p. 242. 이러한 추세는 남획과 환경 악화가 2045년까지 남중국해 해양 종들의 59%까지 감소시킬 것이라는 것을 보여준다. Amanda Hsiao, "Opportunities for Fisheries Enforcement Cooperation in the South China Sea," *Marine Policy* (June 2019); James Borton and Jackson Ewing, "As nations fight for control, South China Sea coral reefs are dying in silence," *South China Morning Post*, (29 December 2018).

기 위해 모든 노력을 기울일 것'을 의무화하고 있다.[30] 지난 30년 동안 학자들과 분석가들은 남중국해를 어떻게 협력적으로 관리할 수 있는지에 대해 많은 계획을 수립해 왔다. 대부분의 제안은 자원을 관리, 보호, 수집 및 공평하게 배분하는 구조를 포함하고 있다. 이러한 구조는 어업, 에너지, 해양 안전 및 환경보호를 관리하기 위한 영유권 주장국들 사이의 다양한 조약 형태를 취할 수 있다.[31] 노르웨이는 스발바르 군도Svalbard archipelago의 1차 주권 권리를 갖지만 모든 서명국에게 자원 권리를 부여한 1920년 스발바르 조약Svalbard Treaty과 영토 주권을 배제하고 조약에 따른 협력이 주권 주장을 침해하지 않는 1959년 남극 조약Antarctic Treaty과 같이 그러한 합의를 위한 선례가 있다.[32]

그러나 현재로서는 포괄적 협력 체제에 대한 제안은 비현실적으로 보인다. 협력 관리는 남중국해 환경 보전과 자원, 특히 에너지 활용이 시급하다는 명제에 따른 것이다. 그러나 최소한 현재로서는 해양 자원에 대한 접근은 각 영유권 주장국들에게는 중국이 주장하는 지역에서 중국과의 공동 개발을 통해 주권과 관할권에 대한 주장을 위태롭게 할 수 있는

---

[30] UNCLOS, Article 74, paragraph 3는 Robert Beckman, "Legal Regimes for Cooperation in the South China Sea," in Bateman and Emmers, Security and International Politics in the South China Sea, op. cit., p. 223에서 인용. 제74조는 '이러한 합의는 최종적인 구분에 해를 끼치지 않아야 한다'고 추가로 규정하고 있다. UNCLOS 제123조 또한 서명자의 협조를 의무화하고 있다.

[31] Mark J. Valencia, Jon M. Van Dyke and Noel A. Ludwig, *Sharing the Resources of the South China Sea* (The Hague, 1991); CSIS Expert Working Group on the South China Sea, *Defusing the South China Sea Disputes: A Regional Blueprint*, Center for Strategic and International Studies, 2018; Huaigao Qi, "Joint Development in the South China Sea: China's Incentives and Policy Choices," *Journal of Contemporary East Asia Studies*, vol. 8, no. 2 (2019), pp. 220-239.

[32] Beckman, "Legal Regimes for Cooperation in the South China Sea," op. cit., p. 229.

위험보다 덜 중요하다. 동남아시아국가연합/아세안(ASEAN: Association of Southeast Asian Nations)의 영유권 주장국들은 '중국의 영토와 관할권 주장을 본의 아니게 인정하거나' 분쟁 지형물과 수역에 중국의 능력과 시설을 배치하는 데 정당성을 부여할 수 있는 합의'를 경계하고 있다.[33] 주권 권리 주장을 근거로 하는 것처럼 보이는 것은 모든 영유권 주장국의 국내 지원 비용이 발생해 정책 선택지를 제약할 수 있다.

중국을 포함한 남중국해 영유권 주장국들은 포괄적이고 구속력 있는 지역 레짐regime을 구축하려는 시도보다는 자원 관리를 위한 개별적인 노력에 대한 조정을 개선하는 것이 단기적으로 더 실현 가능성이 높다. 해양 환경 보호와 어업 관리를 둘러싼 이 같은 '소다자적인minilateral' 조율은 모든 영유권 주장국의 어업 관리에 특히 중요하다. 그것은 또한 에너지 자원을 공동으로 개발하는 것보다 더 실행 가능성이 높다.

3. 국제 중재 재판소 판결과 대응전략

2013년 1월 필리핀이 유엔해양법협약(UNCLOS) 제287조와 부속서 제7호에 따라 남중국해 관할권 관련 중국에 대한 강제 중재 절차를 개시하면서 남중국해 분쟁에 새로운 장이 열렸다. 필리핀은 중재 재판소에 중국의 주장과 관련된 15개의 해석 문제를 해결해 줄 것을 요청했다. 중재 재판소는 관할권을 갖기로 결정했고 군사 문제를 다루는 한 곳을 제외하고 14곳을 차지했다. 재판부가 유엔해양법협약(UNCLOS) 소관이 아닌 주

---

[33] Hoang Thi Ha, "Pitfalls for ASEAN in Negotiating a Code of Conduct in the South China Sea," *ISEAS Perspective*, 23 (July 2019), p. 5.

권을 정면으로 다루지 않고 영유권 주장국의 주권 문제에 초점을 맞춘 것이다. 중국은 중재 재판소가 관할권이 없다고 주장하며 참여를 거부했다.[34]

2016년 7월 12일, 국제 중재 재판소는 필리핀에게 유리한 최종 판결을 발표했다. 중재 재판소 판결은 9단선 내 역사적 권리에 대한 중국의 주장이 불법이며 스프래틀리 군도의 지형물도 '섬islands'의 법적 정의에 부합하지 않으며, 따라서 배타적 경제 수역(EEZ)이나 대륙붕에 대한 권리를 발생시킬 수 없다고 결정했다.[35] 국제 중재 재판소는 스프래틀리 군도는 하나의 단위로서 해양 지역을 생성할 수 없다고 판결했다.[36] 국제 중재 재판소 판결은 남중국해에서 주권과 관할권에 대한 중국의 법적인 주장

---

[34] 중국은 이 절차를 거부하고 2013년 2월 13일 필리핀의 통지 및 청구서를 반환했다. 필리핀은 국제해양법재판소(ITLOS: International Tribunal on the Law of the Seas)의 재판관을 중재자로 임명했다. 필리핀은 중국이 참여하지 않자 ITLOS 총재에게 중국을 대표할 중재인과 나머지 3명의 임시재판 중재인을 임명해 줄 것을 요청했다. 국제 중재 재판소는 상설 중재 재판소를 이 사건의 등록 기관으로 지정했다. 중국 외교부는 2014년 12월 재판부가 자국 관할권에 대한 이의 신청으로 처리했다는 입장문을 발표했다. 최종 판결은 필리핀과 중국에 구속력을 갖고 있다. S. Jayakumar, Tommy Koh, Robert Beckman, Tara Davenport and Hao Duy Phan, "The South China Sea Arbitration: Laying the Groundwork," in S. Jayakumar et al., (eds.), *The South China Sea Arbitration* (Cheltenham, 2018), pp. 12-13.

[35] UNCLOS 121조에 따르면, '섬은 자연석으로 형성된 육지로 만조 시 수면 위에 있는 물로 둘러싸여 있고, 인간이 거주하거나 스스로 경제적 삶을 유지할 수 없는 암석과 구별되고 EEZ나 대륙붕이 없어야 한다'라고 규정되어 있다.

[36] 국제 중재 재판소는 중국이 필리핀 EEZ 내에서 어업과 에너지 활동을 방해해 필리핀의 주권을 침해했고, 이 지형이 필리핀 대륙붕의 일부이기 때문에 미스치프 환초(Mischief Reef)에 중국이 구축한 시설은 불법이라고 판결했다. 국세 중재 새판소는 또한 중국의 인공섬 건설이 분쟁을 '악화시키고 확대시켰으며' 분쟁 해결 기간 동안 국가 의무와 양립할 수 없다고 판결했다. Case No. 2013-19, "South China Sea Arbitration between the Republic of the Philippines and the People's Republic of China, Award," (12 July 2016).

을 포괄적으로 기각했기 때문에 중국에게 쓰라린 패배였다.

1) 중국의 반응

베이징은 즉시 이 판결을 거부하고 '무효null and void'라고 선언하면서 자신의 주장을 합법화하기 위한 전략으로 대응했다.[37] 아마도 베이징의 가장 강력한 주장은 중재 재판소가 사실상 영토 주권과 해양 경계 획정 문제를 결정했다는 것인데 이것은 중국의 동의 없이는 불가능하다는 것이다.[38] 중국 전문가들은 중재 재판소가 배타적 경제 수역(EEZ)을 생성하는 스프래틀리 군도 지형물의 가능성을 배제해 섬에 대해 과도하게 제한적인 정의에 도달했다고 비판했다.[39]

중재 재판소 판결에 대한 중국의 가장 격렬한 비판자들은 '중국의 행동보다는 그 판결이 국제 질서에 대한 진정한 위협이다. 중재 재판소는 본

---

[37] The Ministry of Foreign Affairs of the People's Republic of China, "Statement of the Ministry of Foreign Affairs of the People's Republic of China on the Award of 12 July 2016 of the Arbitral Tribunal in the South China Sea Arbitration Established at the Request of the Republic of the Philippines," (12 July 2016). 남중국해에 대한 중국의 영향력 있는 언론과 전문가들은 미국이 필리핀을 꼭두각시로 이용해 중재 재판소를 획책했다고 주장한다. China-Southeast Asia Research Center on South China Sea, "Wu Shicun on Recent South China Sea Situation: Probability is Growing for Accidentally Triggered Incidents," (27 July 2020).

[38] Douglas Guilfoyle, "The Rule of Law and Maritime Security: Understanding Lawfare in the South China Sea," *International Affairs*, vol. 94, no. 5 (2019), p. 1013; 중국은 2006년 UNCLOS 298조에 따라 해양 경계 구분과 역사적 만(bays) 소유권을 포함한 어떤 범주의 분쟁에 대한 강제적인 분쟁 해결을 금지하는 선언을 발표했다. 중재 재판소는 중국의 2006년 선언은 필리핀이 제기한 문제에 적용되지 않는다고 결정했다. Arbitral Award, pp. 59-60, 85-86.

[39] Stefan Talmon, "The South China Sea Arbitration and the Finality of 'Final' Awards," *Journal of International Dispute Settlement*, (2017), vol. 8, pp. 397-401.

질적으로 유엔해양법협약(UNCLOS)을 위장해 미국과 필리핀의 속셈에 따라 중국의 권리와 주장을 전면 부인하면서 기존 국제 질서와 규칙에 이의를 제기하고 유엔 기관과 유엔해양법협약(UNCLOS)의 권위와 신성성을 훼손했다'고 비판했다.[40] 판결의 미비점이 무엇이든 중국과 필리핀에 구속력을 갖는다는 것은 중국이 이 결정을 준수하도록 국제법의 문제로 요구된다는 것을 의미한다.[41] 해양법 전문가에 따르면 '본질적으로 유엔해양법협약(UNCLOS) 재판의 당사국 중 한 국가가 이 협약 비준 당시 합의한 사항을 성실히 준수하지 않은 문제가 있을 수밖에 없다'고 주장했다.[42]

국제 중재 재판소 판결이 발표된 날 중국은 남중국해의 네 지역에 대한 권리 주장을 설명하는 성명을 발표했다. 첫째, 둥사 군도/프라타스 군도, 시사군도/파라셀 군도, 중사 군도/메이클즈필드 뱅크 그리고 난사 군도/스프래틀리 군도, 둘째, 위의 지형물에 기초한 내해, 영해 그리고 접속 수역에 대한 주권, 셋째, 위의 지형물에 기반한 배타적 경제 수역(EEZ)과 대륙붕에 대한 주권 권리와 관할권, 그리고 넷째, 남중국해에 대한 역사적 권리.[43] 중요한 것은 중국은 스프래틀리 군도 주변의 기준선을 선언

---

[40] Wu Shicun, "South China Sea arbitral award should be buried at dustbin of history," *Global Times*, (12 July 2021).

[41] 중재판결은 국제법상 관례가 아니지만 향후 소송에서 판례의 실질적 효력을 가질 수 있다. '판결은 국제 사법재판소(ICJ) 법령 제38조에 따른 법률 규칙의 결정을 위한 보조 수단으로 사용할 수 있다.' Tara Davenport, "The implications of the Award's reasoning on offshore archipelagos," *China-US Focus*, (29 July 2016).

[42] Andrea Ho, "Professor Robert Beckman on the Role of UNCLOS in Maritime Disputes," *Georgetown Journal of International Affairs*, (6 May 2021).

[43] Statement of the Government of the People's Republic of China on China's Territorial Sovereignty and Maritime Rights and Interests in the South China Sea, (12 July 2016).

하지 않았지만 그래서 이러한 지형물과 연관될 수 있는 해양 지역의 범위는 알려지지 않았다.

이 성명서는 중재 재판소 판결 이후 중국의 법적 논쟁의 강조가 9단선에서 유엔해양법협약(UNCLOS)의 전통적인 해석으로 뒷받침되지 않는 두 가지 다른 개념으로 어떻게 이동했는가를 보여주는 것이다. 2018년 중국 국제법 학회는 '남중국해 중재 재판소 판결: 비판적 연구The South China Sea Arbitration Awards: A Critical Study'라는 제목의 500페이지 분량의 반박문을 발간했다. 이 문서는 스프래틀리 군도는 국제 관습법에 따라 '외곽 군도outlying archipelago'이며 따라서 직선 기선으로 둘러싸일 수 있고 내해, 영해, 인접 수역, 배타적 경제 수역(EEZ)과 대륙붕인 해양 지역의 완전히 보완할 수 있는 단일 단위를 형성하고 있다.[44]

그러나 이러한 해석은 대륙 국가인 중국이 인도네시아와 필리핀 같은 군도 국가의 권리를 누릴 수 있는 이점을 가지게 되면, 이 주장은 대부분 국가들이 인정하는 UNCLOS에 반대되는 입장이다.[45] 전문가들은 중국이 스프래틀리 군도 주위에 직선 기선을 획정할 자격이 있다면 유엔해양법

---

[44] Chinese Society of International Law, "The South China Sea Arbitration Awards: A Critical Study," *Chinese Journal of International Law* (2018), pp. 475-479.

[45] 베이징은 UNCLOS가 외딴 군도 주변에 직선 기선을 그리는 것을 금지하지 않고 있고, 덴마크의 페로 군도나 에콰도르의 갈라파고스 군도와 같은 다른 국가들도 그렇게 적용한 사례를 지적하며, 이는 국제 관습법의 새로운 규칙으로 해석될 수 있다고 주장한다. Nong Hong, "The Applicability of the Archipelagic Regime in the South China Sea: A Debate on the Rights of Continental States' Outlying Archipelagos," *Ocean Yearbook*, vol. 32 (2018), pp. 80-117; 이에 대한 반론은 이러한 연안 군도의 직선 기선 주장이 다른 국가들의 항의를 받아왔으며, 관습적인 국제법을 확립하기에 충분할 정도로 일관되거나 균일하거나 광범위하지 않다는 것이다. Davenport, "The implications of the Award's reasoning on offshore archipelagos", op. cit.

협약(UNCLOS) 47조 1항은 군도 기선은 산호섬atolls을 포함해 육지 면적에 수면 지역 비율이 1:1과 9:1 사이에 있는 지역만이 합법적이다라고 규정하고 있는 것에 주목하고 있다.[46] 기준선을 획정하는 가장 제한적인 방법을 채택하면 스프래틀리 군도의 수면과 육지 비율의 보수적인 추정치 중 하나는 275:1이다.[47]

중국은 또한 '다른 국가가 묵인해온 오랜 기간 동안 권위적인 활동 덕분에' 특정한 관행에 대한 권리를 의미하는 '역사적 권리' 개념을 강조해 왔다.[48] 중국의 논점은 유엔해양법협약(UNCLOS)은 1998년 중국의 배타적 경제 수역(EEZ)과 대륙붕에 관한 법률 제14조에 보존된 중국의 역사적 권리에 영향을 미칠 수 없다는 주장에 근거하고 있다.[49] 유엔해양법협약(UNCLOS) 재판소는 중국이 가지고 있을 수 있는 모든 역사적 권리는 '유엔해양법협약(UNCLOS)에 의해 제공되는 해양 수역의 한계'로 대체된다고 판결했다.[50] 국제 중재 재판소는 남중국해에서 역사적인 중국의 항해와

---

[46] Rebecca Strating, "Defending the Maritime Rules-Based Order: Regional Responses to the South China Sea Disputes," *East-West Center*, 2020, p. 43.

[47] AMTI, "Reading between the Lines: The Next Spratly Legal Dispute," *AMTI*, (21 March 2019). 중국의 해양 군도 해석에 반대하는 또 다른 주장은 스프래틀리 군도의 땅이 너무 작아서(1,400 평방 킬로미터), 갈라파고스 군도(8,000 평방 킬로미터)와 다른 예시와 유사하다는 것이다. Guilfoyle, "The Rule of Law and Maritime Security: Understanding Lawfare in the South China Sea", op. cit., p. 1015.

[48] Justin D. Nankivell, "The Role of History and Law in the South China Sea and Arctic Ocean," *National Bureau of Asian Research*, (7 August 2017).

[49] 한 학자는 중국의 '역사적 권리' 주장이 1990년대 한 대만 학자로 거슬러 올라가는데, 그는 이후 중국이 채택한 성명을 발표했다고 주장했다. Bill Hayton, "The Modern Creation of China's 'Historic Rights' Claim in the South China Sea," *Asian Affairs*, vol. 19, no. 3 (2018), pp. 374-375, 379.

[50] Arbitral Award, para. 282, p. 111.

어업은 공해상 자유의 수행을 구성하고 있다고 판단했지만, 역사적 권리를 위한 논의를 지원하지 않았다.[51] 역사적 기록은 남중국해에서 중국 규제의 증거를 보여줄 수 있지만 다른 사람 또는 국가들이 반드시 동의하는 것은 아니다.[52]

국제 중재 재판소의 중재가 시작된 이후 중국은 스프래틀리 군도에 인공섬을 건설하기 시작했다. 2015년까지 모래와 산호초를 준설하여 7개의 암초에 약 1,300 헥타르(3,200 에이커)의 땅을 만들고, 미사일 포대를 포함한 항구와 군사 시설로 섬을 요새화했다. 중국은 파이리 크로스 환초 Fiery Cross Reef, 수비 환초 Subi reef와 미스치프 환초 Mischief reefs에서 모든 종류의 중국 군용기가 활용할 수 있는 기후 조절 격납고와 활주로를 건설했다.[53] 중국은 인공섬에 군사 자산을 배치하는 것은 방어용이지 공격용 군사 기지는 아니라고 주장하고 있다.[54]

일부 분석가들은 실제 남중국해에서 충돌이 발생할 경우 중국 인공섬의 전략과 전술의 효용성에 의문을 제기하고 있지만, 이 인공섬 기지는 전투기 기지와 공중 및 해양 작전에 대한 병참 지원을 제공할 수 있는 능

---

51 '실제로 중국이 주장하는 9단선 내에서 생물과 무생물 자원에 대한 배타적 역사적 권리를 확립하기 위해서는 중국이 역사적으로 다른 국가들에 의한 자원 착취를 금지하거나 제한하려 했고 그 국가들이 이를 묵인해왔다는 것을 보여줄 필요가 있다. 그러한 제약에 대해서. 재판소의 견해에 따르면, 그러한 주장은 뒷받침될 수 없다'고 말했다. Arbitral Award, para. 270, p. 114.

52 Douglas Guilfoyle, "A new twist in the South China Sea arbitration: The Chinese Society of International Law's critical study," *EJILTalk! (blog)*, (25 May 2018).

53 Office of the U.S. Secretary of Defense, "Annual Report to Congress: Military and Security Developments Involving the People's Republic of China 2016," p. 13.

54 Reuters, "Beijing says South China Sea militarization depends on threat level," *Reuters*, (21 January 2016).

력을 중국에 부여하고 있는 것은 사실이다.⁵⁵ 한 전문가는 인공섬이 '중국 정권에 제공하는 상징적인 정치적 자본을 위해 직접적인 군사적 가치보다 더 잘 이해될 수 있다'고 주장한다.⁵⁶ 다른 분석가들은 인공섬이 무력 충돌 시 '정보 우위성'을 제공할 수 있는 정보, 감시, 정찰 능력을 중국에 제공한다고 주장한다.⁵⁷

중국은 또한 행정 조치를 통해 주권을 주장해왔다. 2020년 4월, 중국의 천연자원과 민정 담당부China's ministries of natural resources and civil affairs는 공동으로 수중에 있는 50개 이상의 지형물을 포함해서 남중국해 지리적인 지형물을 위한 일련의 명칭 목록을 발표했는데 이것은 중국 학자들이 중국의 주권 주장을 반복할 의도가 있는 것이었다.⁵⁸ 이후 같은 달에 중국은 우디 섬Woody Island을 기반으로 하는 파라셀 군도와 메이클즈필드 뱅크를 관할하는 시사 지구와 피어리크로스 환초를 기반으로 스프래틀리 군도를 관할하는 난사 지구 등 남중국해에 두 가지 새로운 행정 지구 신설을 발표했다.⁵⁹

---

55 Office of the U.S. Secretary of Defense, "Annual Report to Congress: Military and Security Developments Involving the People's Republic of China 2020," p. 80; Drake Long, "China's naval aviation force shows up at Fiery Cross Reef," *Benar News*, (13 May 2020); Gregory B. Poling, "The conventional wisdom on China's island bases is dangerously wrong," *War on the Rocks*, (10 January 2020); Olli Pekka Suorsa, "The conventional wisdom still stands: America can deal with China's artificial island bases," *War on the Rocks*, (6 February 2020).

56 Steven Stashwick, "China's South China Sea militarization has peaked," *Foreign Policy*, (19 August 2019).

57 J. Michael Dahm, "Introduction to South China Sea Military Capability Studies, South China Sea Military," *Johns Hopkins University Applied Physics Laboratory*, (1 September 2020).

58 Kristin Huang, "Beijing marks out claims in South China Sea by naming geographical features," *South China Morning Post*, (20 April 2020).

중국은 아주 단기간에 세계에서 가장 강력한 해양 경비대 함대를 건조했는데, 이것은 대부분의 다른 영유권 주장국들의 해군을 압도하는 전력이다. 2021년 2월 1일, 중국 해경을 규정하는 새로운 법이 발효되어 해경이 중국의 관할권 해역에서 불법적인 외국 선박에 대한 무력 사용과 중국이 권리 주장하는 지형물에 구조물을 철거하기 위해 무력을 사용하는 것을 허용하고 있다. 이론적으로 해경에게 무력 사용을 허가하고 규제하는 법의 측면은 국제 기준에 부합하지만, '관할 수역'의 애매한 범위는 그 법이 자신들의 배타적 경제 수역(EEZ)에서 중국 해경에 의해 특히 자신들의 어민들에 대한 무력 사용을 조장할 수 있기 때문에 영유권 주장국들 사이에 우려가 높아지고 있다. 베이징은 또한 민간인 주로 어민들로 구성된 해양 민병대를 확대 개편해 운용하고 있다.[60] 중국은 최근 몇 년간 해양 민병대 선박을 현대화하면서 전력 확대를 추진해 다른 영유권 주장국의 선박을 괴롭히고 위협하는 활동을 전개하고 있다.

중국은 '회색지대전술grey zone tactics'과 미국의 강력한 대응을 촉발할 수 있는 임계점 이하의 행동을 채택해 남중국해의 현상 유지status quo를 변화시키기 위해 해경과 해양 민병대를 활용하고 있다.[61] 중국의 해경과 해양 민병대는 트롤 어선fishing trawlers, 지질 조사선seismic survey ships을 포함해 다양한 중국 선박에 대한 호위 임무를 수행한다. 중국은 남중국해

---

[59] Huong Le Thu, "Fishing while the water is muddy: China's newly announced administrative districts in the South China Sea," *AMTI Update*, (6 May 2020).

[60] "Annual Report to Congress: Military and Security Developments Involving the People's Republic of China 2020", op. cit., p. 71.

[61] 중국이 2012년 스카버러 사구를 점령한 것은 회색지대 전술과 대규모 어선단과 해양 민병대를 동원해 필리핀 접근을 거부하는 대표적인 사례다.

자원의 중국인의 경제적 개발 주권을 증명하고 방어를 통한 권리 보호 형태로서 간주하고 있다. 한 해양법 집행관은 '개발은 존재, 존재는 점유, 그리고 점유는 주권과 동등하다'라고 요약했다.[62]

말레이시아, 필리핀 그리고 베트남은 모두 중국의 '회색지대전술'의 대상이 되었으며 특히 석유 및 가스 시추와 개발 작업은 중국 해경과 해양민병대의 괴롭힘의 대상이었다. 남중국해에서 중국 행동으로 인해 다른 영유권 주장국들이 자신들의 해양 자격에 대한 권리를 완전히 행사하는 것을 더욱 어렵게 만들어 9단선 내에 있는 지역에서 새로운 에너지 자원 개발에 착수하는 것을 방해하고 있다.[63]

중국의 최근 회색전술 사례로는 2019년과 2020년 뱅가드 뱅크Vanguard Bank에서 베트남 함정과의 대치, 2020년 루코니아 사구Luconia Shoals의 말레이시아 배타적 경제 수역(EEZ)에서 시추선 괴롭히기 그리고 2021년 필리핀 배타적 경제 수역(EEZ)의 휫트선 환초Whitsun Reef에서 중국 어선 220척이 집단 정박 무력 시위 등이 있다. 중국은 스프래틀리 군도 안팎에서 다른 영유권 주장국들의 경제 활동을 자신의 관할 수역의 침해로 간주한 반면 자신의 권리 보호정책은 다른 영유권 주장국들의 배타적 경제 수역(EEZ)은 인정하지 않고 유엔해양법협약(UNCLOS)은 무시하는 효과를 가지고 있다.[64]

---

62 Ryan D. Martinson, "Shepherds of the South Seas," *Survival*, vol. 58, no. 3 (2016), p. 190.
63 Strating, "Maritime Disputes, Sovereignty and the Rules-Based Order in East Asia," op. cit., p. 458.
64 Rebecca Strating, "Norm Contestation, Statecraft and the South China Sea: Defending Maritime Order," *The Pacific Review* (2020), pp. 5-7.

2) 아세안 국가들의 반응

동남아시아의 모든 영유권 주장국들은 자신들의 해양 권리를 보존하고 중국과 좋은 관계 유지 속에서 자신들의 경제적 이익의 균형 유지를 추구하고 있지만 최근 몇 년 동안 그 국가들의 입장이 확실하게 강화되었다. 베트남은 중국의 모험주의에 대한 군사적 억지력을 강화하고 남중국해 분쟁을 국제화하려는 의지가 가장 강했다. 필리핀에서는 두테르테 Rodrigo Duterte 대통령이 전임자의 대립적 접근을 번복하고 중국으로 선회하려 했지만 마닐라가 말하는 서필리핀해West Philippine Sea에 대한 민중적 정서를 약화시키지는 못했다.[65]

말레이시아는 자신의 경제에서 중국이 차지하는 중요성 때문에 전통적으로 남중국해 권리 주장에 아주 신중한 입장을 취해왔다. 그 대가로, 베이징은 쿠알라룸푸르에 대해 대체로 부드러운 노선을 택했다. 그러나 말레이시아와 중국은 최근 몇 년 동안 더욱 대립적인 입장을 취하기 시작했다. 2018년 6월 마히티르Mahathir Mohamad 말레이시아 총리는 '중국은 남중국해가 자신의 바다라고 주장하고 있지만 그러한 섬들은 오랫동안 우리의 것으로 여겨져 왔다. 그래서 우리는 그것들을 유지하기를 원한다'라고 주장했다.[66] 말레이시아가 2019년에 발표한 최초의 국방백서

---

[65] Crisis Group Asia Reports(2021 b), op. cit.

[66] The Straits Times, "Malaysia wants to continue occupying its South China Sea islands," *The Straits Times*, (21 June 2018). 이후 마하티르 총리는 중국이 남중국해의 섬들에 대한 자신들의 '소위 소유권(so-called ownership)' 주장을 정의해야 한다고 말했다. Associated Press, "Mahathir: China should define its claims in the South China Sea," *Associated Press*, (8 March 2019).

는 남중국해에서 중국의 행동을 '공격'이라고 주장했다.[67]

중국은 말레이시아가 영유권을 주장하는 해역에서 수로 조사를 실시했다. 2021년 5월 31일, 중국 공군 수송기 16대가 말레이시아 사라왁Sarawak 해안 60해리 이내를 적법했지만 도발적으로 비행을 했다. 후세인Hishammuddin Hussein 말레이시아 외교부 장관은 중국의 이러한 도발적인 비행 활동은 말레이시아 주권 침해라고 비난했다.[68] 중국의 이러한 비행 도발은 사라왁 인근 카사와리Kasawari 가스전에 유정 설치를 위한 말레이시아 작업 추진과 관련이 있을 가능성이 있고 이 지역은 중국 해경에 의해 정기적으로 도전을 받아왔다.[69]

브루나이는 가장 작은 영유권 주장국이며 중국의 주장에 대응할 준비가 가장 덜 된 국가로서 '침묵의 영유권 주장국silent claimant'으로 불려왔다.[70] 브루나이와 말레이시아는 2009년 문서 교환을 통해 국경을 확정했다. 브루나이 외교부는 2020년 7월 남중국해 분쟁의 해결은 유엔해양법협약(UNCLOS)과 다른 국제법의 다른 근원을 기반으로 관련 국가 간 양자 협의를 통해 추진해야 한다고 강조하는 성명을 발표했다.[71] 그러나 브루

---

[67] Ngeow Chow Bing, "Xinjiang and the South China Sea complicate Malaysia-China relations," *East Asia Forum*, (24 February 2020).

[68] Euan Graham, "Aerial manoeuvres in the South China Sea," *IISS (blog)*, (9 June 2021).

[69] AMTI, "Contest at Kasawari: Another Malaysian gas project faces pressure," *AMTI*, (7 July 2021).

[70] Robert C. Beckman and Clive H. Schofield, "Defining EEZ Claims from Islands: A Potential South China Sea Change," *The International Journal of Marine and Coastal Law* vol. 29 (2014), p. 201.

[71] Sofia Tomacruz, "Brunei, the quiet claimant, breaks its silence on the South China Sea," *Rappler.com*, (22 July 2020).

나이의 일부 주변 국가들은 브루나이가 남중국해 남부 지역에 대규모 어선단을 끌어들일 수 있는 어항 단지를 중국 기업과 공동 개발에 착수한 합작 사업을 의심하고 있다.[72]

인도네시아는 남중국해 분쟁의 직접 당사국이 아니기 때문에 오랫동안 아세안과 중국 사이의 사심 없는 정직한 중개인으로 자리매김하려고 노력해 왔다. 그러나 서쪽은 말레이시아 반도와 동쪽은 보르네오 섬 사이에 있는 나투나 군도Natuna Islands 주위의 인도네시아 배타적 경제 수역(EEZ)과 다른 해역으로 중국의 수중 드론 활동 의심을 포함해 외국 선박의 침입은 자카르타에게 그 지역에 대한 방위를 강화하고 2017년에 그 수역으로 북나투나해North Natuna Sea로 개명하도록 촉진했다. 2019년 12월, 중국의 대규모 어선단이 중국 해경의 호위를 받으며 인도네시아 배타적 경제 수역(EEZ)에 진입했다. 자카르타는 중국 대사를 소환하고 그 지역에 군함을 파견했다. 2020년 초에 인도네시아는 중국 선박을 몰아내기 위해 전투기를 급발진시켰고, 11월에는 나투나 군도에 해군 '전투 부대combat squad' 본부를 설립한다고 발표했다.[73]

대만과 브루나이를 제외하고, 다른 영유권 주장국들은 2016년 7월 국제 중재 재판소 판결을 내세워 중국의 광범위한 권리 주장에 대응했다. 말레이시아는 2019년 12월 중국의 역사적 권리 주장을 묵시적으로 거부하는 내용의 구상서note verbale를 유엔에 제출했다.[74] 필리핀, 베트남, 인

---

[72] Crisis Group interview, analyst, June 2021. Xinhua, "Brunei-China joint venture to develop, operate largest local fishing complex," *Xinhua*, (22 December 2020).

[73] Benar News, "Indonesian Navy to move combat squad's HQ to Natuna Islands," *Benar News*, (23 November 2020).

[74] CLCS에 제출한 것은 확장된 대륙붕을 만들기 위한 말레이시아 노력의 일환이었다.

도네시아가 각각 유엔해양법협약(UNCLOS)과 2016년 국제 중재 재판소 결정을 인용하며 유엔에 수많은 구상서를 제출했다.[75] 말레이시아의 제출에 의해 촉발된 수많은 구성서들은 중국이 규탄하고 마닐라는 보류하고 어느 국가도 집행하지 않은 2016년 7월의 국제 중재 재판소 결정은 한 분석가가 주장한 것처럼 비록 중국이 동의하는 것을 거부했지만 중국의 해양 야망의 정당성에 '지속적인 장애물continuing obstacle'로 작용하고 있음을 보여주는 것이다.[76]

3) 남중국해 행동강령

국제 중재 재판소 판결의 또 다른 분명한 영향은 중국이 남중국해에서 아세안과 행동강령Code of Conduct 협상에 대한 전략 변화이다. 이 행동강령(CoC)은 영유권 주장국들 사이의 분쟁을 관리하는 데 도움이 되는 규범과 규칙(구속력이 있는지 없는지는 미해결)을 수립하기 위한 수단이다. CoC 구상은 1992년 아세안이 이 구상을 제안하면서 시작되어 중국이 1999년에 동의했다. CoC 협상은 2002년 남중국해 당사국 행동 선언Declaration on the Conduct of Parties으로 귀결되었지만, 그 이행에 대한 예비 지침은 2011년까지 합의되지 않았다. CoC에 대한 협의는 2013년에 시작되었으나, 중국의 인공섬 건설로 부산되었다. 그러나 중국은 국제 중재 재판소 판

2009년 베트남 · 말레이시아 공동 제출에 따른 개별 부분 제출이었다. Nguyen Hong Thao, "Malaysia's new game in the South China Sea," *The Diplomat*, (21 December 2019).

75 말레이시아의 2019년 12월 부분 제출에 대한 메모 언어는 유엔 해양 문제와 해양법 웹사이트에서 확인할 수 있다.

76 Guilfoyle, "The Rule of Law and Maritime Security: Understanding Lawfare in the South China Sea," op. cit., p. 1016.

결이 나온 지 한 달 뒤인 2016년 8월 CoC 협상 재개에 동의해 1년 후 기본 틀이 합의되었다.

2018년 7월, 당사국들은 협상된 합의보다는 9개국 정부 제안을 편집본 compilation을 반영해 단일 협상 초안Single Draft Negotiating Text에 합의했다.[77] 이 편집본은 중간 지대에 대한 전망이 거의 없는 화해할 수 없는 여러 가지 사항이 포함되었다. 예를 들어, 베트남은 무력 또는 강압의 위협에 의존하는 것, 인공섬 건설, 모의 공격을 수행하고 점령 지역 군사화에 대한 금지를 포함해 규범 당사국들에게 27개의 '해야 할 것do's과 하지 말아야 할 것dont's'의 목록을 제안했다. 한편, 베이징은 아세안 국가 및 일반적으로 아세안 국가 또는 중국 이외의 국가로 이해되는 '역외 국가'와 관련된 합동 군사 훈련에 대한 거부권과 역외 실재entites와 천연자원의 상업적 개발 금지를 추구했다. 비록 이러한 것들이 중국의 최종 결론이라기보다 강력한 공개 입찰opening bids을 의미할 수 있지만, 그럼에도 불구하고 중국이 남중국해에 관여하는 역외 행위자들을 배제하려고 시도하고 있다는 인상을 강화시켰다.

다른 문제도 있다. 중국과 동남아시아의 영유권 주장국들은 CoC의 지리적 범위, 법적 지위 그리고 분쟁 해결과 집행 구조에 의견 차이가 있다. 2018년 11월에 리커창李克强 중국 총리는 CoC 완결을 위한 3년 일정을 정했다. 2019년 7월, CoC 참가국들은 1차 회의에서 합의에 도달했지만, 코로나19 대유행Covid19 pandemic이 회의를 방해해 중국과 아세안이 진전을 이루고 있는 이 점을 중국이 잃게 되었다.[78]

---

77   The International Crisis Group, Crisis Group, "Single Draft Code of Conduct in the South China Sea Negotiating Text," (26 July 2018).

베이징의 관점에서 자신의 조건에 따라서 CoC의 결론은 여전히 바람직하며, 합의 체결을 위한 가장 큰 장애물은 아세안 내의 중국에 대한 의심과 CoC 협상을 지지하는 것에서 방해하는 것으로 인식된 미국의 변화이다.[79] CoC를 성공적으로 체결하면 중국은 남중국해 분쟁이 관리되고 있다고 선언할 수 있고 역외 강대국, 특히 미국이 개입해서는 안 된다는 주장을 강화할 수 있다. 또한 CoC 체결은 중국의 해양권 주장과 지역 지위에 어느 정도의 정당성을 부여할 것이다. 중국 국가 남중국해 연구소의 우시춘 소장은 '중국의 부상에 대한 주변국들의 불안과 적대감이 해소되지 않고 있으며 CoC 협의를 통해 중국이 역내 규칙 제정을 통제하는 것에 대해 계속 우려하고 있다'고 주장했다.[80]

그러나 전문가들은 아세안 회원국들과 중국이 효과적인 CoC 체결을 위해 이견을 좁힐 수 있다는 확신은 거의 없다고 예측한다. 많은 전문가들은 영유권 주장국과 아닌 국가들로 구성된 아세안의 의견 차이를 이용하고 있는 중국의 전략에 주목하고 있다.[81] 중국은 영유권 주장국들에게

---

[78] 2021년 6월 7일, 인도네시아는 다음 협상을 주최하겠다고 제안했지만, 코로나19 대유행으로 인해 가까운 시일 내에 대면 회담이 열릴 가능성은 거의 없다.

[79] Hu Bo, "Sino-US Competition in the South China Sea: Power, Rules and Legitimacy," *Journal of Chinese Political Science* (2021), p. 15. 권위 있는 중국의 한 학자는 미국이 '대리인(agent)'인 베트남을 통해 회담을 저해하고 있다고 주장했다. Wu Shicun, "Preventing Confrontation and Conflict in the South China Sea," *China International Strategy Review* (July 2020), p. 4.

[80] Wu Shicun, "Several characteristics and development trends of the current situation in the South China Sea," *speech at the 6th Earth System Science Conference*, (Shanghai, 9 July 2021).

[81] 예를 들어 2012년 7월 아세안 외무장관 회담에서 캄보디아는 중국이 스카버러 사구를 점유한 것에 대한 언급을 차단해 아세안 45년 역사상 처음으로 전통적인 공동성명을 폐기했다. 마찬가지로 2016년 쿤밍(昆明)에서 열린 특별회의에서 아세안 외교관들은 중국이 사전 협의 없이 서명하도록 작성한 10개 항목의 합의문을 건네받은

매력적이지만 자신은 원치 않는 조항들을 포함하도록 하는 압력을 완화하기 위해 이 전략을 활용하고 있다. 한 분석가는 진행 중인 CoC 회담을 '이 모든 것이 아세안의 약점을 그대로 보여주는 것이다'라고 논평했다.[82] 그러나 아세안의 외교관들은 '실질적이고 효과적인' CoC를 원하지만, 협상은 분쟁 관리에 대한 법적으로 구속력이 있는 합의보다는 영유권 주장국들이 쟁점을 제기할 수 있는 장을 제공할 가능성이 더 높다.[83] 그러나 영유권 주장국의 아세안이 그 회의 과정에 계속 참여하지만 대안이 거의 없으며 이것은 적어도 영유권 주장국들이 서로 대화를 유지하기 위한 포럼을 제공하는 것이다.[84]

4. 미국 주도 질서 대 중국 주도 질서?

미국과 동맹국들은 남중국해에서의 중국의 행동을 중국이 점점 더 영

것에 대해 불쾌감을 나타냈다고 말했다. 아세안의 일부 관측통들이 특히 우려하는 것은 미얀마가 2021년 말 아세안 중국 국가 조정관이 될 예정이라는 점이다. 일각에서는 중국 정부가 군사정부에 대한 지원을 고려할 때 양곤의 공정성에 의문을 제기하고 있다. Crisis Group Report, Stirring Up the South China Sea (II), op. cit., pp. 31-32; Congyan Cai, *The Rise of China and International Law: Taking Chinese Exceptionalism Seriously* (New York, 2019), p. 176. Robert Yates, *Understanding ASEAN's Role in Asia-Pacific Order* (Cham, 2019), p. 262.

82 Crisis Group(2021 a), op. cit.
83 ibid.
84 CoC의 개념은 진부한(platitudinous) 텍스트(text) 달성하기 위한 노골적인 실패가 아세안 자체의 실패로 보여질 수 있는 지점에 아세안 의제에서 공고화되어 있다. Donald K. Emmerson, "'Ambiguity is Fun': China's Strategy in the South China Sea," in Donald K. Emmerson (ed.), *The Deer and the Dragon: Southeast Asia and China in the 21st Century* (Stanford, 2020), p. 153.

향력 있는 강대국으로서의 역할을 어떻게 해나갈지에 대한 리트머스 시험지litmus test로 인식하고 있다. 특히 미국과 동맹국들은 중국의 행동이 제2차 세계대전 이후 국제체제의 이해 당사자 또는 도전 세력이 될 것인지에 초점을 맞추고 있는 데 이것은 미국과 다른 서구 정책 입안자들이 냉전 시대 동안 흔히 '자유주의 국제질서liberal international order'라고 부르다가 점점 '규칙 기반 국제질서rules-based international order'로 지칭하던 용어였다.[85] 한편, 중국은 남중국해에서의 규범 구축을 주도해야 하며 이러한 역할은 국가 안보에 필수적일 뿐만 아니라 현재의 세계적 지위에 부합한다고 믿고 있다. 이에 따라 남중국해 분쟁은 국제 질서라는 중대 문제와 얽혀 유동적이다.[86]

서구의 관점에서 미・중 경쟁은 전통적으로 세력전이power transition로부터 발생하는 것으로 이해되고 있는데 이것은 중국이 세계 차원은 아니지만 지역 헤게모니로서 미국의 지위에 점점 더 도전하면서 이 지역에 중국 중심의 질서를 강요할 것이라는 우려를 불러일으키고 있기 때문이다.[87] 일부 논평가들은 미・중 경쟁을 이런 방식으로 이해하는 것에 반대

---

[85] 자유주의 국제질서(LIO: liberal international order)는 냉전의 암흑기 동안 실제로 존재하게 되었다. 자유 민주주의 국가들이 그들 사이에 만들어낸 질서를 설명했다. 그것은 국제적인 것이었지만 결코 세계적이지는 않았다. 아무도 소련이 자유 질서의 일부라고 주장하지 않았다. 이와는 대조적으로 규칙 기반 질서(RBO: rules-based order)는 냉전 후 낙관주의 물결 속에서 만들어졌다. 공산주의의 붕괴와 함께, 모든 국가들이 경제 정책에 관한 워싱턴 컨센서스(Washington Consensus)을 수용하고 LIO가 전 세계로 확장되는 것은 시간문제일 것이라고 널리 추측되었다. Ben Scott, "Rules-based order: What's in a name," *The Interpreter* (Lowy Institute), (30 June 2021).

[86] Nick Bisley, "The South China Sea as Symptom of Asia's Dynamic Security Order," in Huiyun Feng and Kai He (eds.), *US-China Competition and the South China Sea Disputes* (New York, 2018), pp. 108-109.

하고 있다.[88] 그럼에도 불구하고, 미국과 가치동맹국들likeminded countries 의 정책 입안자들과 전략가들은 중국과의 경쟁을 국제 질서 주도와 지배가 걸린 경쟁으로 틀을 만드는 경향이 강하다. 이러한 인식은 미·중 경쟁이 양국 군대가 우연이지만 직접 대결할 가능성이 가장 높은 해역(대만 해협과 함께)인 남중국해에서 경쟁이 충돌로 번질 수 있다는 위험을 고조시키고 있다.

1) 공동 운명의 공동체

중국의 지도자들은 부분적으로 중국의 부상 때문에 기존의 국제 질서가 '한 세기 동안 보지 못한 변화' 속에서 중대한 전환을 겪고 있다고 주장한다.[89] 학자들은 코로나19의 충격이 이러한 변화를 가속화하고 있으

---

87 Christopher Layne, "The US-Chinese Power Shift and the End of the Pax Americana," *International Affairs*, vol. 94, no. 1 (2018).

88 일부 전문가들의 이 틀과 관련하여 제기된 반대는 '중국 대 규칙 기반 질서'의 이분법이 예를 들어 유엔 체제의 측면, 특히 국가를 보호하는 부분에 대한 중국의 지지를 고려할 때 중국이 국제 질서에서 이탈한 정도를 과대평가 할 수 있다는 것이다. 둘째로, 어떤 사람들은 그것이 현존하는 질서가 미국의 우월성과 자국의 이익에 맞게 규칙을 형성하고 해석하는 미국의 상응하는 능력과 국익이 지시할 때 법에 대한 미국과 동맹의 무시에 기반을 둔 정도를 최소화한다고 주장한다. 셋째, 하나의 국제 질서에 대한 일관성과 보편성을 제시하는데, 예를 들어 규범과 형식적인 규칙이 충돌할 수 있는 정도와 규칙이 시행되는 불일치를 고려할 때 오해의 소지가 있다. Greg Raymond, *Fragile and Fracturing or Evolving and Adaptive: Prospects for the Rules-Based Global Order*, Strategic and Defence Studies Centre, Australian National University (2017), p. 6; Malcolm Chalmers, "Which Rules? Why There is No Single 'Rules-Based International System'," Royal United Services Institute, (April 2019); Alastair Iain Johnston, "China in a World of Orders: Rethinking Compliance and Challenge in Beijing's International Relations," *International Security*, vol. 44, no. 2 (2019), p. 12, note 8; Strating, "Maritime Disputes, Sovereignty and the Rules-Based Order in East Asia", op. cit., p. 463.

89 The State Council Information Office of the People's Republic of China, "China's

며, 세계를 '구질서는 아마도 지속가능하지 않지만 새로운 세계 질서는 아직 구축되지 않은' 혼란스러운 '무극성non-polarity' 시대로 내몰고 있다고 주장한다.[90]

2017년부터 중국 지도부는 시진핑의 주장대로 국제정치와 공정하고 합리적인 새로운 국제질서를 집단으로 형성하기 위한 국제 사회를 인도하기 위해 중국이 인식한 의무에서 적극적인 역할을 하는 것을 분명히 밝히고 있다.[91] 남중국해와 관련해 중국의 영향력 있는 학자는 '중국이 구축해 역내 다른 나라들과 함께 하는 새로운 규칙 기반의 지역 질서와 동맹과 권력에 기반 한 미국 주도의 안보 구조 사이에 긴장이 존재하고 있다'는 것에 주목했다.[92]

2013년 10월 말, 중국의 최고위급 지도자들이 중화 인민공화국 수립 이후 처음으로 중국 주변과 관련된 외교정책을 논의하기 위해 만났다.[93] 그들은 국가 부흥 목적을 위해 이웃 국가들과 관계를 구축하는 방법을 모색했다. 중국 공산당은 부유하고, 강력하며, 자신 있는 나라에 적합한 외교정책을 구상하고자 했는데, 이는 베이징이 주로 서구의 이익과 가치에 기여하는 자유주의적 국제주의에 대한 대안을 주변국들에게 제공하는 정책이었다.

National Defense in the New Era," (July 2019).

[90] Yuan Peng, "The coronavirus pandemic and a once-in-a-century change," *asixiang.com*, (17 June 2020).

[91] Graham Webster, "China's 'new world order'? What Xi Jinping actually said about guiding international affairs," *Transpacifica*, (23 February 2017).

[92] Wu Shicun, op. cit., p. 5.

[93] Stephen N. Smith, "Harmonizing the Periphery: China's Neighborhood Strategy under Xi Jinping," *The Pacific Review*, vol. 34, no. 1 (2021), pp. 1-2, 13.

2012년부터 세계에 대한 중국의 구상은 '공동 운명의 공동체'라는 개념으로 구체화 되었다.[94] 중국의 공식 담화에서 '인류를 위한 공유된 미래 공동체'로 번역된 이 개념은 평화와 경제 발전을 유지하기 위해 주권, 포괄성, 다양성, 상호 이익과 같은 고상하고 겉보기에는 유의적인 주제 anodyne themes를 강조한다. 2013년 11월에 발표된 기념비적인 일대일로 (BRI: Belt and Road Initiative)는 이러한 구상을 보여주는 사례 중 하나이다.[95]

'공동 운명의 공동체'는 중국 고전 사상을 의식적으로 활용한 것으로 보이며, 중국이 주변국들과 조공 관계를 맺고, 무역과 후원을 주고받던 제국주의 과거를 연상시킨다. 한 분석가는 '시진핑의 주변 국가에 대한 전략은 비대칭적인 협상, 즉 원조나 차관을 대가로 중국의 핵심 이익을 존중하는 것에 달려 있다'고 설명했다.[96]

이 전략은 중국이 적극적으로 지역 질서를 형성해 '공동체'의 중심에 놓으려는 의도를 강조하며, 사실상 미국을 '역외로 완전히 벗어나지는 않더라도' 주변으로 밀어내려는 의도를 강조한다.[97] 또 다른 분석가는 중국

---

[94] Xi Jinping, "Let the Sense of Community of Common Destiny Take Deep Root in Neighbouring Countries," Ministry of Foreign Affairs of the People's Republic of China, (25 October 2013); Xinhua, "The CCP first mentions the 'community of a shared future for mankind', advocating peaceful development and common development," *Xinhua*, (10 November 2012).

[95] Baogang He, "Security Regionalism: A New Form of Strategic Competition or Cooperation between the United States and China in the South China Sea?," in Huiyun Feng and Kai He (eds.), *US-China Competition and the South China Sea Disputes* (New York, 2018), p. 156.

[96] Stephen N. Smith, "Harmonizing the Periphery: China's Neighborhood Strategy under Xi Jinping," *The Pacific Review*, vol. 34, no. 1 (2021), p. 4.

[97] Aaron L. Friedberg, "Competing with China," *Survival*, vol. 60, no. 3 (June-July 2018), p. 24.

의 지도자들이 중국이 인접 지역에서 우위를 점하는 것을 자연스럽게 느끼는 것인데, '그 논리는 다른 강대국이 아시아에서 활동할 때, 그 강대국은 그 규칙을 따라야 하고 이러한 규칙들은 지역의 다른 강대국과 중국이 만들어야 한다'라는 것이다.[98]

중국의 남중국해 정책은 중국이 강대국처럼 지역 이익에 부합하기 위해 전통적인 국제법 해석에 대한 예외를 스스로 개척하려고 시도하는 방법을 보여주는 것이다.[99] 중국은 이 과정에서 유엔해양법협약(UNCLOS)에 대한 새로운 해석과 남중국해에 대한 역사적 권리 개념 등 새로운 규범을 제시하고 있다. 일부 분석가들은 유엔해양법협약(UNCLOS)에 대한 일방적인 해석을 제도화하려는 중국의 노력은 국가 간 관계의 예측 가능성에 대한 우려스러운 함의를 가지고 국제 법치주의를 훼손한다고 믿고 있다.[100] 어떤 면에서 이러한 비판은 테러와의 전쟁war on terror을 기소할 때 국제법에 따라 취한 자유에 대한 불만을 반영하고 있다.[101]

---

[98] Yun Sun, "The United States and China in Southeast Asia: Is Confrontation Inevitable?," *Georgetown University Initiative for U.S.-China Dialogue on Global Issues*, (26 May 2021)

[99] Crisis Group(2021 a), op, cit.

[100] Crisis Group interviews, analysts, March-April 2021. Malcolm Jorgensen, "Equilibrium and Fragmentation in the International Rule of Law: The Rising Chinese Geolegal Order," *Berlin Potsdam Research Group*, (November 2018), pp. 10-14; Isaac B. Kardon, "China Can Say 'No': Analyzing China's Rejection of the South China Sea Arbitration," *University of Pennsylvania Asian Law Review*, vol. 13, no. 2 (2018), p. 43.

[101] Oona A. Hathaway and Scott J. Shapiro, *The Internationalists: How a Radical Plan to Outlaw War Remade the World* (New York, 2017).

2) 자유롭고 개방적인 인도 · 태평양

중국이 이 지역에서 보여주고 있듯이 국제 질서를 자신의 의지대로 재편하기를 원한다면, 미국은 이 질서를 따를 가능성이 없다. 2017년 11월 트럼프는 베트남에서 개최된 아시아 · 태평양 경제 협력체(APEC: Asia-Pacific Economic Cooperation) 연설에서 자유롭고 개방적인 인도 · 태평양(FOIP: Free and Open Indo-Pacific)이라는 새로운 구상을 발표했고 바이든 행정부가 이 구상을 계승했다. FOIP는 주권과 독립에 대한 존중, 평화적인 분쟁 해결, 공개 투자, 투명한 협정 및 연결성을 기반으로 한 상호 무역 그리고 항행과 상공 비행의 자유를 포함한 국제 규칙과 규범에 대한 준수의 네 가지 원칙에 기초한다.[102] 일본과 호주에서 처음 채택된 인도 · 태평양 개념은 남중국해를 아프리카 동부 해안에서 미국 서부 해안까지 이르는 지역의 전략적 이미지의 중심에 배치하고 있다.[103]

새로운 제목에도 불구하고, 이것은 FOIP와 아시아 회귀/아시아 재균형Pivot to Asia/Rebalancing Asia이라고 알려진 오바마Barack Obama 행정부 하의 초기 미국 정책 사이에 어느 정도 연속성이 있는데 이 목적의 하나는 '중국이 헤게모니를 노리는 것을 막아 미국이 우월한 위치에 있던 이 지역의 기존의 세력균형을 유지하는 것'이라고 볼 수 있다.[104] 오바마 행정

---

102   U.S. Department of Defense, "Indo-Pacific Strategy Report 2019," p. 3.
103   아베 신조 일본 총리는 2007년에 이 용어를 도입했다. 미 국방부는 2018년 5월 하와이에 본부를 둔 태평양 사령부(Pacific Command)를 인도 · 태평양 사령부(Indo-Pacific Command)로 개명했다.
104   Nina Silove, "The Pivot before the Pivot: U.S. Strategy to Preserve the Power Balance in Asia," *International Security*, vol. 40, no. 4 (Spring 2016), p. 46.

부에서 시작된 미국 정책 변화는 수십 년간 중국을 자유주의적 세계 질서에 통합시키려 했던 관여전략에서 이탈한 것과 일치한다.[105] 바이든 대통령의 인도·태평양 담당 조정관인 캠벨Kurt Campbell은 '관여engagement로 폭넓게 묘사되던 기간이 끝났으며 우리는 새로운 전략적 매개 변수에 착수하고 있다는 데 미국 내에 공감대가 형성되어 있다. 즉 미·중 간의 지배적인 패러다임은 경쟁이 될 것이다.'라고 주장했다.[106] 불과 몇 년 만에, 이 개념은 미국 동맹국들을 포함하되 이에 국한되지는 않는 많은 국가들의 정책에 영향을 미치게 되었다.

미·중이 스스로에게 유리한 국제 질서를 주도하기 위한 경쟁을 벌이고 있다는 개념이 미국의 공식 수사rhetoric에도 반영된다. 2017년 미국 국가 안보전략National Security Strategy은 중국을 '인도·태평양' 지역에서 미국을 몰아내고 국가 주도 경제 모델의 범위를 넓히고 이 지역을 자신에게 유리하게 재편성하는 수정주의 강대국으로 인정하고 이 과정에서 '미국의 가치와 이익에 반대되는 세계를 형성하는 세력'으로 규정했다.[107] 2018년 국무부는 '인도·태평양 지역의 규직 기반 실서의 시속적인 안정을 위협하는 베이징의 수정주의적 야망과 강압적 행동'에 대해 경고했다.[108] 바이든 행정부의 잠정 국가 안보 전략 지침Interim National

---

105 David Arase, "Free and Open Indo-Pacific Strategy Outlook," *ISEAS-Yusof Ishak Institute*, (September 2019), p. 15.
106 Kurt M. Campbell, comments on webinar, "Kurt M. Campbell and Laura Rosenberger on U.S.-China Relations," *2021 Oksenberg Conference*, (27 May 2021).
107 White House, "National Security Strategy of the United States of America," (December 2017), p. 25.
108 U.S. Department of State, "Joint Regional Strategy: East Asia and the Pacific State Department-Bureau of East Asian and Pacific Affairs," (20 November 2018).

Security Strategic Guidance은 중국을 '안정적이고 개방적인 국제체제에 지속적인 도전을 할 수 있는 유일한 경쟁자'로 규정했다.[109]

FOIP전략은 전통적인 중심축hub과 하부축spoke 동맹체제와 구별되지만 연결되어 있어 가치 동맹국들과 협력 관계의 네트워크network를 발전시켜 지역에서 미국의 지배에 대한 중국의 도전에 대응하는 것을 목표로 하고 있다. FOIP전략은 이 지역의 거대한 민주주의 국가인 호주, 인도 그리고 일본의 역할을 강조하고 있다. 이 국가들은 일반적으로 쿼드, 지금까지 가장 구체적인 표현은 FOIP구조라고 불리는 4자 안보 대화/쿼드 (QUAD: Quadrilateral Security Dialogue)를 통해서 미국과 연계되어 있다.

일본이 2007년 쿼드 대화를 시작했지만 호주가 중국을 소외시킬 우려로 2009년 탈퇴한 것은 쿼드가 2017년까지 개점 휴업상태였다는 것을 의미했다. 비공식적 유사 동맹quasi-alliance은 회원들 사이에서 행해지는 합동 군사 훈련의 부표에 외교적 안정감을 부여하는 역할을 한다.[110] 쿼드 정상들은 2021년 3월 첫 번째 정상 회담에서 유엔해양법협약(UNCLOS)을 지지하고 '동중국해와 남중국해의 규칙 기반 해양 질서에 대한 도전'에 협력할 의지를 선언하는 공동 성명을 발표했다.[111]

---

[109] White House, "Renewing America' Advantages: Interim National Security Guidance," (March 2021), pp. 7-8.

[110] Frederick Kliem, "Why Quasi-Alliances Will Persist in the Indo-Pacific: The Fall and Rise of the Quad," *Journal of Asian Security and International Affairs* (2020), p. 2.

[111] Quadrilateral Dialogue Leaders' Joint Statement, "The Spirit of the Quad," (12 March 2021).

3) 미·중 안보 딜레마

미·중이 규칙과 가치를 놓고 충돌하면서 양국 간 안보 딜레마Security Dilemma가 구체화되고 있다. 미·중은 서로의 이익을 증진시키려는 움직임을 악의적 의도가 있다는 증거로 보고 있다. 양국의 대응책은 최악의 경우 분석을 확증하는 것으로 보이며 불신을 심화시키고 대립의 위험성을 높이고 있다. 중국은 지난 40년 동안 급속한 군 현대화를 통해 남중국해에서 지배적인 강대국이 되었다. 2017년 시진핑은 인민해방군이 2035년까지 현대화를 완료하고 2049년까지 '세계 수준world-class' 군사력을 보유하겠다는 두 가지 목표를 발표했다. 중국 해군은 이미 함정 수에서 미국을 추월했다.[112] 한 분석가에 따르면 중국은 반(反)접근·지역거부(A2/AD: Anti-Access/Area Denial)전략을 지원하는 '육상 기반 순항 및 탄도 미사일에서 압도적 우위'를 갖고 있어 남중국해에서 미 함정을 위험에 빠뜨리는 중국의 능력에 대한 미국의 우려가 높아지고 있다는 분석이 나왔다.[113]

---

[112] 중국 해군은 103척 이상의 주요 수상 전투함을 포함해 대략 약 350척의 함정과 잠수함을 보유해 수치적으로 세계 최대 해군이다. 미 해군은 약 290척의 함정을 보유하고 있다. 중국은 130여 척의 대형 경비함을 보유한 세계 최대 해경도 운용하고 있다. U.S. Department of Defense, "Military and Security Developments Involving the People's Republic of China 2020," (September 2020), pp. 44, 71.

[113] 2020년 8월, 중국은 저장성(浙江省)과 칭하이성(靑海省)에서 남중국해로 DF-21D와 DF-26B 대함 탄도 미사일을 발사했다. 이 미사일들은 각각 항공모함 킬러(carrier killer)와 괌 익스프레스(Guam express)로 불린다. DF-26B는 아시아에 있는 미군 기지를 중국군의 사정거리 안에 두는 무기이다. David Lague, "Special report: U.S. rearms to nullify China's missile supremacy," *Reuters*, (6 May 2020); Steven Stashwick, "Chinese ballistic missiles fired into South China Sea claimed to hit target ship," *The Diplomat*, (17 November 2020).

그러나 중국의 급속한 군 현대화와 남중국해에서 현재 누리고 있는 이점에도 불구하고, 미국은 동남아시아와 동북아시아의 광범위한 지역과 지역 동맹 네트워크를 가지고 세계 최강의 군사 강대국 지위를 유지하고 있다.[114] 워싱턴은 한국, 일본과 동맹관계를 맺고 있고 양국은 물론 필리핀과 태국에서도 군사 기지를 유지하고 있다. 더욱이 미국은 싱가포르와 유사 동맹 체제를 통해 강력한 방위 협력 구축을 통해서 미 해군의 병참 지휘부와 연합 전투함과 대함 초계기인 P-8 포세이돈P-8 Poseidon aircraft 항공기 기지를 운용하고 있다.

중국 역시 남중국해와 관련해 점점 더 강경한 입장을 취하고 있다. 2020년 7월 폼페이오Mike Pompeo 미 국무장관은 중국의 해양권 주장에 대한 미국 입장은 2016년 국제 중재 재판소 판결과 일치하다는 것을 선언하는 성명을 발표했다.[115] 이 성명은 영토권 주장과 관련하여 신중한 중립에서 동남아시아 영유권 주장국들과 더 긴밀하게 협력할 것이라는 어조 변화를 보여준 것이다. 그 다음 달 미 상무부Commerce Department는 남중국해에 인공섬을 건설하는 데 관여한 중국 건설업체 24곳에 제재를 가했다.[116]

---

[114] 2020년 미국의 국방비는 세계 국방비의 39%를 차지했고 이 액수는 2위에서 10위까지 국방비를 합친 것보다 많다. Diego Lopes da Silva, Nan Tian and Alexandra Marksteiner, "Trends in World Military Expenditure, 2020," *Stockholm International Peace Research Institute*, (April 2021).

[115] U.S. Department of State, press statement, "U.S. Position on Maritime Claims in the South China Sea," (13 July 2020).

[116] 그 제재는 미국 기업이 미국 정부의 승인 없이 목표 기업에 수출하는 것을 금지하는 것이다. Jeanne Whalen, "U.S. slaps trade sanctions on more Chinese entities, this time for South China Sea island building," *The Washington Post*, (27 August 2020). 일부 분석가는 현재의 불법 활동보다 과거의 행동을 목표로 블랙리스트(blacklisting)

미국은 남중국해 불법 행위에 연루된 중국 기업과 개인들을 '명명하고 수치심naming and shaming'을 자극하는 것 외에도 방위와 법 집행 협력을 통해 중국 강압전략을 저지하고 유엔해양법협약(UNCLOS)와 모순되는 중국의 주장에 반대하기 위한 국제적 합의를 구축하기 위한 노력을 배가하기 위해 영유권 주장국들의 능력을 강화하는 노력을 증가시킬 것이다.[117] 실제로 미국이 2020년 제재를 발표한 이후 중국의 강압적 행동에 대응하기 위해 미국과 비공식적으로 동맹 수준의 협력을 체결하는 국가들이 출현하기 시작했다.[118] 2020년 7월 폼페이오 장관의 성명 발표 이후 호주 · 일본 · 뉴질랜드와 프랑스 · 독일 · 영국 공동 제출 등 미국의 동맹국 · 협력국들이 2016년 국제 중재 재판소 판결을 인용한 구상서 발표에 동참했다.[119] 유럽연합(EU: European Union) 역시 2021년 4월 남중국해의 평화와 안정에 대한 도전이라는 성명을 발표했다.[120]

를 올리는 것을 비판하고 있다. Greg Poling and Zach Cooper, "Washington tries pulling economic levers in the South China Sea," *AMTI Update*, (28 August 2020).

[117] Congressional Research Service, "U.S.-China Strategic Competition in South and East China Seas: Background and Issues for Congress," (28 January 2021), p. 27; Wendy He Qingli and Haridas Ramasay, "Naming and Shaming China: America's Strategy of Rhetorical Coercion in the South China Sea," *Contemporary Southeast Asia*, vol. 42, no. 3 (2020), pp. 317-345; Veerle Nouwens and Blake Herzinger, "Above the law: Holding China to account in the South China Sea," *ORF Online*, (12 April 2021).

[118] Tobias Burgers and Scott Romaniuk, "Is China done with salami slicing?," *The Diplomat*, (1 May 2021).

[119] 2019년 12월 말레이시아의 불공정한 제출에 대응한 이러한 구상서들은 UN's Division of Oceans and the Law of the Sea website에서 접근이 가능하다.

[120] European Union, "South China Sea: Statement by the Spokesperson on Challenges to Peace and Stability," (24 April 2021).

G7 국가 중 6개국의 해군은 2021년에 남중국해를 통과할 계획을 발표했다.[121] 2021년 6월 G7 공동성명은 '우리는 동중국해와 남중국해의 상황을 심각하게 우려하고 있으며, 현상을 바꾸고 긴장을 높이려는 일방적인 시도에 강력히 반대한다'고 밝혔다.[122] 2021년 9월 호주와 영국 그리고 미국은 오커스AUKUS라는 '강화된 3국 안보 동반자 관계'를 수립한다고 발표했는데 오커스의 첫 번째 구상은 호주가 핵잠수함을 건조하는 것을 지원하는 것이었다.[123]

모든 징후는 미국이 공격적이거나 괴롭힌다고 여기는 행동에 대해 중국에 더 큰 대가를 부과하려고 할 것이라는 것이다. 바이든 대통령은 미국이 중국과 '극단적 경쟁'을 전개할 것이라는 입장을 분명히 밝혔다. 칼 Colin Kahl 국방부 정책 담당 차관은 '우리는 중국과 더 경쟁적이고 때로는 적대적인 관계를 맺을 것이다'라고 주장했다.[124] 라트너Ely Ratner 미 국방부 인도·태평양 안보 담당 차관보이자 중국 태스크 포스(TF: Task Force) 책임자는 2017년에 이렇게 말했다. '중국의 우세는 강대국 전쟁이 아니

---

[121] Bill Hayton, comments on webinar, "Update on the South China Sea Disputes: A Transatlantic Approach," *Royal United Services Institute*, (18 May 2021); Masaya Kato, "European navies build Indo-Pacific presence as China concerns mount," *Nikkei Asia*, (4 March 2021).

[122] White House, "Carbis Bay G7 Summit Communiqué," (13 June 2021). 북대서양 조약 기구/나토(NATO: North Atlantic Treaty Organization) 공동성명은 다음 날 다음과 같은 내용으로 발표되었다. 중국의 야망과 공세적 행동은 규칙 기반 국제질서와 동맹 안보에 관련된 지역에 체계적 도전으로 나타나고 있다. NATO, "Brussels Summit Communiqué Issued by the Heads of State and Government participating in the meeting of the North Atlantic Council in Brussels," *NATO*, (14 June 2021).

[123] White House, "Joint Leaders Statement on AUKUS," (15 September 2021).

[124] Jim Garamone, "Official talks DOD policy role in Chinese pacing threat, integrated deterrence," *Defense.gov*, (2 June 2021).

라 오늘날 아시아에서 미국이 직면한 가장 큰 위협이다.'[125]

미 국방부의 베이징 정책을 검토하기 위해 행정부가 만든 펜타곤Pentagon의 중국 태스크 포스(TF)의 보고서 초안의 구체적인 내용은 공개되지 않았지만, 제안 중에서 인도·태평양 사령부가 자원 확보와 해군 전담 테스크 포스 확보를 용이하게 할 수 있도록 인도·태평양을 위해 명명된 작전named operation이 있다.[126] 바이든 행정부가 2021년 5월 제출한 미 국방부의 2022년 예산요구안에는 미국의 인도·태평양 지역에서의 중국에 대한 억지를 강화하고 우위를 유지하기 위한 미국 공약 이행을 실천하겠다는 목표를 가진 태평양 억지 구상Pacific Deterrence Initiative을 위해 51억 달러가 포함되어 있다.

베이징에 있어 남중국해에서의 미군의 활동은 '포함외교gunboat diplomacy'의 증거이며, 미국의 광범위한 지역 구상은 환영받지 못하는 것이다.[127] 중국은 미국이 자국 해안 근처에서 정찰 비행을 증가시키는 것에 불만을 표명하면서 미군 군용기가 '전자적으로 민간 항공기로 위장했다'고 주장했다.[128] 미국, 일본, 인도 그리고 호주가 추진하고 있는 대중

---

[125] 라트너(Ely Ratner) 미 국방부 인도·태평양 안보 담당 차관보는 중국정책을 갱신하는 태스크포스를 담당해 2월에 작업에 착수해 2021년 6월 중순 보고서를 발행했다.

[126] Office of the Under Secretary of Defense (Comptroller), "Pacific Deterrence Initiative, Department of Defense Budget, Fiscal Year 2022," (May 2021). 많은 의원들은 이 구상이 물류와 동맹국과의 상호 운용성보다 군사적 '플랫폼(platforms)'의 조달을 강조해 인도·태평양 사령부의 요청에 미치지 못한다고 비판했다. Ryo Nakamura, "Pacific deterrence budget creates rift between Biden and Congress," *Nikkei Asia*, (22 June 2021).

[127] Guo Yuandan and Liu Xuanzun, "US military activities in S. China Sea in 2020 unprecedented," *Global Times*, (12 March 2021).

[128] South China Sea Probing Initiative, "60 sorties of US surveillance planes flew 'upwind' to spy on China in September," (12 October 2020).

포위정책을 인지하고 있는 중국 지도자들은 이런 움직임들이 자신의 안보를 위협하는 것이기 때문에 미국과 동맹국들의 남중국해 순찰을 허용하지 않을 것이고, 이에 대응 전략으로 해군력을 증강시킬 것이다'라고 주장했다. 중국은 대응전략으로 전 세계 무역 이익을 완전히 통제할 수 있도록 군사력 특히 해군력을 현대화하고 있다.[129]

중국 관리들은 또한 역내와 세계 질서 모두에서 미국의 역할에 대해 반대의 목소리를 높였다. 중국의 2019년 국방백서는 '국제 안보 체제와 질서는 증가하는 헤게모니즘hegemonism, 권력정치, 일방주의, 끊임없는 지역갈등과 전쟁으로 훼손되고 있고, 이것은 일차적으로 미국이 책임이 있다'라고 지적했다.[130] 중국 관리들은 정기적으로 미국을 군사화의 근원지이자 남중국해의 평화와 안정을 위협하는 가장 위험한 외부 요인으로 지목하고 있다.[131] 중국 외교부 대변인은 2021년 9월 16일 오커스가 '지역 평화와 안정을 심각하게 해칠 것'이라고 논평했다.[132]

베이징의 눈에는 자신의 과도한 해양권 주장으로 보는 미국의 분노는 미국의 군사적 우위와 봉쇄전략을 영구화하려는 미국의 열망에 대한 연막 작전인 반면 미국이 유엔해양법협약(UNCLOS)을 비준하지 않은 것은

---

[129] Zhiguo Kong, *The Making of a Maritime Power: China's Challenges and Policy Responses* (Singapore, 2017), pp. 102-103.

[130] State Council Information Office of the People's Republic of China, "China's National Defense in the New Era," (July 2019).

[131] Embassy Spokesperson's Remarks, "Statement by Spokesperson of the Chinese Embassy in the Philippines on the China-related Remarks of the US National Security Advisor," (24 November 2020).

[132] The New York Times, "Biden announces defense deal with Australia in a bid to counter China," *The New York Times*, (16 September 2021).

국제법에 대한 미국의 신성모독sanctimony의 위선을 적나라하게 보여주는 것이다.¹³³ 중국 입장에서는 미국의 아시아 집중 강화 정책 결정이 없었다면 '이 지역 국가들이 남중국해에서 중국 이익에 도전하지 않았을 것'이라고 보고 있다.¹³⁴ 더욱이 중국은 지역의 평화와 안정을 유지하기 위해 자신들 마음대로 확대 조치를 취하지 않고 해양에서 자제력을 발휘했다고 주장하고 있다.¹³⁵

미·중 경쟁과 역내 안보 질서의 불안은 아세안 영유권 주장국들과 다른 아세안 국가들의 정책을 복잡하게 만들고 있다. 쿼드 국가들이 아세안 중심성 개념을 존중하는 데 신중하지만 쿼드의 재활성화는 남중국해에서 중국의 주장에 효과적으로 대처하지 못한 아세안의 실패에 대한 비난이라고 볼 수 있다.¹³⁶ 2019년 6월 아세안 정상 회담에서 승인한 정책 구조인 '인도·태평양에 대한 아세안 전망'은 아세안의 중심성을 재확립하고 지역 협력을 위한 현존의 아세안 주도의 구조 승인을 추구하는 것일 뿐만 아니라 아세안 주변화에 대한 우려를 드러내는 것이었다.¹³⁷

---

133 Global Times, "US the peace destroyer, South China Sea troublemaker: Chinese FM," *Global Times*, (14 July 2020).

134 Wang Wen, "Debunking 10 myths about China and the South China Sea," *South China Morning Post*, (10 July 2016).

135 Zhou Fangyin, "Between Assertiveness and Self-Restraint: Understanding China's South China Sea Policy," *International Affairs*, vol. 92, no. 4 (2016); Feng Liu, "The Recalibration of Chinese Assertiveness: China's Responses to the Indo-Pacific Challenge," *International Affairs*, vol. 96, no. 1 (2020).

136 '아세안 중심성(ASEAN centrality) 개념은 1990년대에 아세안이 아세안 지역 포럼(ARF), 동아시아 정상회의(EAS), 아세안 플러스 3(ASEAN+ Three)를 통해 구체화된 아시아 태평양의 제도적인 구조의 중심에 머물러야 한다는 확신을 언급하기 위해 등장했다.

137 Richard Javad Heydarian, "Why Biden should pursue 'minilateralism' with ASEAN,"

중국의 경제적 중요성과 지리적인 근접성은 아세안 국가들이 역내 세력균형에 대해 양면적인 전략을 유지하면서 중국을 봉쇄하는 어떤 것에 대해서도 반대할 것이라는 것을 의미한다. 그러나 동시에 대부분의 동남아시아 영유권 주장국들은 훨씬 더 강한 미국과 동맹국들이 남중국해에 주둔하는 것을 조용히 어쩌면 묵묵히 환영할 것이다.[138] 실제로 중국의 공세는 동아시아에서 미국의 안보 역할을 강조하는 역효과를 가져왔다.[139]

5. 강대국 책임과 결자해지

미·중·경쟁이 전면적인 대결로 발전되면서 동남아시아의 오랜 안보질서에 대한 신뢰도가 하락해 불확실성이 커지고 있다. 미·중은 자신들의 수사, 정책 그리고 공약이 어떻게 긴장을 완화하고 남중국해 영유권 주장국들 사이의 더 큰 협력을 증진시킬 수 있는 여건을 가져올 수 있는지에 대해 특별한 고려를 해야 한다. 이상적으로는, 미·중이 각각 상대국 정책 입안자들의 위협 인식을 줄이는 정책을 더 잘 제공한다고 볼 것이다. 양국은 협력을 막고 안보 딜레마를 촉진하는 정책보다는 상호 불

AMTI Update, (26 March 2021).

[138] 2020년 11월부터 2021년 1월까지 아세안 10개국의 학계, 공무원, 시민 사회 대표, 기업인을 대상으로 한 설문 조사에서 62.4%가 중국의 군사화와 남중국해에서의 적극적인 행동에 대해 가장 우려하는 반면 12.5%만이 미군의 주둔을 언급했다고 밝혔다. ISEAS-Yusof Ishak Institute, "The State of South Asia: 2021 Survey Report," (10 February 2021), p. 15.

[139] Morton, "China's Ambition in the South China Sea: Is a Legitimate Maritime Order Possible?," op. cit., p. 940.

신을 줄이고 서로의 선의를 안심시키는 데 적극적으로 노력할 수 있다.[140] 그러나 이러한 접근은 양쪽 모두에게 합리적이지만, 그것은 국익에 대한 인식과 양측의 그러한 인식에 대한 가치, 서사narrative 그리고 정체성에 대한 영향력을 경시한다.

중국에게 지배적인 서사는 중국이 '굴욕의 세기'로 인식한 것을 바로잡겠다는 결단이 포함되어 있어 국가의 명예가 걸린 문제이다. 미국은 제2차 세계대전 이후 누려온 지역과 세계적 군사적 우위를 유지하기 위해서 인도·태평양 안보의 신뢰할 수 있는 수호자로 남아야 한다는 확신도 담겼다는 것이다. 미국의 정책 입안자들은 미국이 보편적으로 보고 전후 시대에 불완전하지만 옹호해 왔던 가치를 타협하는 것으로 보일 수 있는 것을 깊이 경계하고 있다.

그렇게 높은 이해관계를 지닌 그러한 냉엄한 용어로 남중국해에서 미·중 긴장을 규정하는 것은 타협을 거의 불가능하게 만드는 것이다. 국제 질서의 본질에 대해서는 많은 논쟁이 있지만, 중국의 부상과 탈냉전 이후의 단극적 순간이 지난 15년 동안 강대국들 간의 오랜 관계의 형태를 불안정하게 만들었다는 것은 확실하다. 베이징과 워싱턴의 정책 입안자들은 어떤 것이 아시아의 국제 질서를 위한 규칙을 형성할 것인지

---

140 예를 들어, 학자들은 미국이 아시아에서 전진 배치한 군사력과 중국의 주장을 목표로 하는 FONOPS의 빈도를 줄이는 반면, 중국은 대만에 대한 무력 불사용을 선언하거나 영토 분쟁을 해결하기 위한 구속력 있는 중재에 동의할 것이라고 제안했다. Joshua R. Itzkowitz Shifrinson, "Neo-Primacy and the Pitfalls of US Strategy toward China," *The Washington Quarterly*, vol. 43, no. 4 (2020), pp. 79-104; Peter Harris, "China and the United States: The Case for Smart Appeasement," *Australian Journal of International Affairs*, vol. 75, no. 1 (2021), pp. 129-135; Anisa Heritage and Pak K. Lee, Order, *Contestation and Ontological Security-Seeking in the South China Sea* (Cham, 2020), pp. 210-219.

결정하고 남중국해를 경쟁의 장으로 인식하고 있다.

그러나 현재 양측이 새로운 지역 질서 구축 과정에서 자신이 승리해야 끝날 싸움으로 보고 있다고 해도, 이러한 초점은 또한 특정한 기회를 제공한다. 미·중 양국의 모든 노력에도 불구하고 최소한 엄청난 비용을 들이지 않고서는 어느 쪽도 순전히 하드 파워hard power나 기타 강압적인 수단을 통해 일련의 규칙과 규범을 강요할 수 없을 것 같다. 오히려 이런 주문의 대가는 서로 간에, 그리고 다른 지역 행위자들과의 관계에서 협력과 양보가 될 가능성이 높다.

논평가들이 널리 언급하듯이, 지속적이고 효과적인 국제 질서의 한 차원은 합법성, 즉 국가가 강압이나 편의에 대한 두려움에서가 아니라 질서가 충분히 공정하다고 생각하기 때문에 정통성 즉 국가가 이에 동의하는 것이다.[141] 월트Stephen Walt는 최근 '다른 국가의 동의를 얻기 위해, 미국과 중국은 여전히 다른 국가에게 그들이 원하는 것의 일부를 주어야 할 것'이라고 주장했다.[142] 그런 면에서 미·중은 동남아시아에서 정통성을 경쟁하는 것처럼 각자는 공통적으로 합의를 따르고 자신이 유엔해양법협약(UNCLOS)을 시작으로 법에 제약을 받도록 하는 동기를 가지고 있다.[143]

---

[141] Stewart Patrick, "World Order: What, Exactly, are the Rules?," *The Washington Quarterly*, vol. 39, no. 1 (Spring 2016), p. 9.

[142] Stephen M. Walt, "The choice between a U.S.-led rules-based order and a Chinese 'might-makes right' one is false," *Foreign Policy*, (31 March 2021).

[143] Evelyn Goh, *The Struggle for Order: Hegemony, Hierarchy and Transition in Post-Cold War East Asia* (Oxford, 2013), p. 9; Morton, "China's Ambition in the South China Sea: Is a Legitimate Maritime Order Possible?," op. cit., p. 913; Nico Krisch, "International Law in Times of Hegemony: Unequal Power and the Shaping of

1) 베이징의 정통성 부족

중국이 남중국해에서 얻은 이득은 연안의 이웃 국가들을 소외시키는 대가를 치르고 있다. 그런 점에서 중국의 적극적인 이익 추구는 다른 영유권 주장국들로부터 동의를 얻지 못했기 때문에 장기적으로 볼 때 자멸의 여지가 있다.[144] 아세안 지역에서 중국에 대한 외교 항의가 자주 발생했다는 점에서 분명히 보여주듯이 아세안 영유권 주장국들 중 아직 중국의 해양 질서 구상에 서명한 국가는 없다.[145] 중국이 2021년 백신 외교 vaccine diplomacy를 통해 어느 정도 선의를 얻었음에도 불구하고 규범적 영향이나 소프트 파워soft power를 생성하거나 행사할 능력을 거의 보이지 않고 있다.[146] 신장·위구르 지역에서 이슬람에 대한 심각한 인권 유린, 홍콩의 민주주의 탄압과 시민권 제한, 대만 해협에서 무력 시위를 통한 위협, 인도 국경에서의 호전성, 호주와 EU에 대한 경제 제재 그리고 호전적인 '늑대 전사 외교Wolf Warrior diplomacy'를 포함한 세계 여러 곳에서 중국 정책과 행동들은 특히 서구에서 공산당 지배는 독재적이고 despotic 약탈적predatory이라는 인식의 원인이 되고 있다.

---

the International Legal Order," *The European Journal of International Law*, vol. 16, no. 3 (2005), p. 378.

[144] David Groten, *How Sentiment Matters in International Relations: China and the South China Sea Dispute* (Opladen, 2019), pp. 311-317; Heritage and Lee, *Order, Contestation and Ontological Security-Seeking in the South China Sea* op. cit., p. 42; Emmerson, "'Ambiguity is Fun': China's Strategy in the South China Sea", op. cit., p. 157.

[145] Crisis Group(2021a), op. cit.

[146] Emmerson, "'Ambiguity is Fun': China's Strategy in the South China Sea", op. cit., p. 157.

이런 인식을 알고 있는 중국 관리들은 공개적으로 한탄한다. 중국의 저명한 학자는 '중국은 새로운 지역 질서의 구축을 촉진하기 위해 더 많은 공공재를 제공할 뿐만 아니라 이웃 국가들에게 중국 의도를 확신시키고 미래의 지역 체제에 대한 매력적인 전망을 제시할 필요가 있다'고 주장했다.147 시진핑은 2021년 5월 정치국 연구회study session에서 '국제 여론에 관한 한 친구를 사귀고, 단결해 다수를 확보하고, 친구 범위를 지속적으로 넓히는 것이 필요하다'고 언급했다.148

중국이 이웃 국가들을 안심시킬 수 있는 한 가지 방법은 수사와 관행 모두에서 애매한 '역사적 권리' 주장에서 한 발짝 물러나는 첫 번째 신호를 포함해서 유엔해양법협약(UNCLOS)에 따라 자신의 권리 주장을 일치시키는 것이다. 예를 들어, 베이징이 다른 연안국들의 배타적 경제 수역(EEZ)에 측량선과 대규모 어선단을 배치하는 관행을 중단시키는 것이다. 또한 이것은 스프래틀리 군도는 직선 기선을 획정할 수 있고 영해, 인접수역 및 배타적 경제 수역(EEZ)을 주장할 수 있는 단일 단위로 취급될 수 있다는 법적 주장을 결국 철회할 수 있는 것이다

유엔해양법협약(UNCLOS)와 중국의 주장과 그러한 화해는 정치적으로 어려울 것이지만 점진적으로 이루어질 수 있다. 그래야만 중국은 민족주의적 성향의 국내 지지자들에게 지나치게 수용적인 것처럼 보이는 것을 피할 수 있다. 그러나 지금까지 중국의 스프래틀리 군도에서 중국의 권

---

147 Wu Xinbo, "China in Search of a Liberal Partnership Order," *International Affairs*, vol. 94, no. 5 (2018), p. 1018.

148 Shi Jiangtao and Laura Zhou, "Xi Jinping wants isolated China to 'make friends and win over the majority'," *South China Morning Post*, (2 June 2021).

리 주장에 대해서 지금까지 모호성을 유지해 왔기 때문에 불가능한 것은 아니다. 현재의 노선에서 이탈하는 것은 시진핑 체제 하에서 거의 불가능하지만, 중국 지도자들은 추진력을 얻고 있는 베이징에 대한 반발의 결과를 포함해서 정통성 창출 실패 비용에 직면하고 있기 때문에 이러한 접근 방식을 재고할 이유는 충분하다.

2) 국제법 또는 규칙 기반 질서

미국은 지역 질서에 대한 희망을 '규칙 기반 질서' 보다는 '국제법'의 관점에서 구성해야 하는 것을 고려할 필요가 있다. 규칙 기반 질서 개념은 널리 사용되지만 권위적으로 정의된 지역이 없다는 것이 문제점이 되고 있다.[149] '자유주의 국제질서'라는 문구와 같이, 그것은 세계 통치의 규범, 가치, 기준뿐만 아니라 동일한 수명의 다양한 제도에 의해 보완된 제2차 세계대전 이후의 국제법 체계를 의미하는 것으로 볼 수 있다.[150] 그러나 이 용어는 미국을 국제법에 근거한 공정한 제도의 지도자로 묘사하기 위한 것으로 보이지만, 논평가들은 이 용어가 비정형적이고, 비합법적 요

---

[149] 미국 관리가 미국 대중정책 맥락에서 이 용어를 처음 사용한 것은 힐러리 클린턴 미 국무장관과 케빈 러드(Kevin Rudd) 호주 외교장관이 2010년 11월 발표된 성명이라 할 수 있다. '약 5-6년 사이에 규칙 기반 질서 밈(meme: 재현·모방을 되풀이하며 이어지는 사회 관습 문화)은 존재하지 않던 것에서 (아시아-태평양 지역에 배타적이지는 않지만) 모든 국가의 열망으로 바뀌어 마침내 중국이 도전하는 60-70년 된 기존 실체가 되었다. Adam Breuer and Alastair Iain Johnston, "Memes, Narratives and the Emergent US-China Security Dilemma," *Cambridge Review of International Affairs*, vol. 32, no. 4 (2019), pp. 440-441.

[150] Malcolm Jorgensen, "The Jurisprudence of the Rules-Based Order: Germany's Indo-Pacific Guidelines and the South China Sea Code of Conduct," *KFG Working Paper Series*, no. 49 (May 2021), p. 13.

소를 포함하고 있으며, 중국이 불쾌하다고 생각하는 특징들을 수용하고 있다고 지적했다.[151]

싱가포르의 전직 고위 외교관은 '규칙에 기초한 질서는 모호하기 때문에 외교적인 도구로써 유용하다'라고 지적했다.[152] 호주의 한 분석가에 따르면, 이러한 용어의 한 가지 용도는 '중국을 언급하지 않는 중국의 담론 방법'이라고 설명한다.[153] 또 다른 분석가는 '규칙 기반 질서가 현 상태의 고착된 이익을 보존하기 위한 완곡한 표현으로 보일 수 있다는 것이 놀랍지 않다'고 논평했다.[154] 또 다른 사람은 '거의 모든 정책이 규칙 기반 질서를 방어하기 위한 이러한 노력의 일환으로 정당화될 수 있다'고 주장하고 있다. 예를 들어 2016년 방위 백서는 호주의 지역 밖, 특히 중동에 대한 군사적 약속을 '세계 규칙 기반'에 대한 지지로 설명하고 있다.[155]

---

[151] 쿠드나니(Hans Kudnani)는 탈냉전 시대에 '수정주의 세력(revisionist powers)'이었던 것은 권위주의적, 비서구 또는 신흥 강대국이 아니라 서구 민주주의 국가들이었고, 서구 민주주의 국가들은 때때로 논쟁의 여지가 있는 방식으로 즉 국제 사법재판소(비록 미국은 가입하지 않았지만)의 설립, 보호 책임에 대한 생각과 인도주의적 개입의 소생을 통해 주권 개념에 적합한 혁신을 추진했다고 주장한다. 이러한 배경에서 쿠드나니는 '중국이나 러시아와 같은 주권주의 강대국들이 비록 1945년 판(version)이지만, 자유주의적 국제질서의 원칙을 수호하는 것은 서구 열강들보다는 자신들이라고 주장하는 것은 일리가 있다고 주목했다. Hans Kudnani, "What is the Liberal International Order," *German Marshall Fund of the United States*, (3 May 2017).

[152] Bilhari Kausikan, "What (and whose) rules based order?," *Asialink*, (2 August 2021).

[153] Crisis Group(2021 a), op. cit.

[154] Caitlin Byrne, "Securing the 'Rules-Based Order' in the Indo-Pacific," *Security Challenges*, vol. 16, no. 3 (2020), p. 11.

[155] Scott, "Rules-based order," op cit.

이런 상황에서 중국은 이 용어를 워싱턴을 곤경으로 몰아넣는 데 사용했다. 예를 들어, 2021년 7월 시에펑Xie Feng 중국 외교부 부부장은 셔먼 Wendy Sherman 미 국무부 부장관에게 다음과 같이 말했다.

> 미국은 보편적으로 인정된 국제법과 질서를 포기하고, 미국이 구축하는데 도움이 된 국제 체제를 손상시키고 '규칙 기반 국제 질서'로 대체하려고 하고 있다.'[156]

미국이 이 점에 대응하고 광범위한 지역 지원을 받는 지역 질서를 옹호하는 입장을 취할 수 있는 한 가지 방법은 '규칙에 근거한 질서'에 대한 수사학적 강조에서 벗어나 국제법에 초점을 맞추는 것이다. 국제법이 불균등하게 해석하고, 적용하고, 시행되고 있다는 점에서 '규칙 기반 질서' 보다 더 구체적이고 쉽게 이해되는 개념이다. 더욱이 법의 보편성의 이상은 작은 국가에 어휘를 제공하고 이론적으로 더 큰 권력에 도전할 수 있는 시냇내를 제공한다. 공식 성명에 반영된 이러한 수사적 변화는 물론 유엔해양법협약(UNCLOS)에 속박되려는 의지를 보이는 미국의 행동이 동반된다면 미국의 신뢰를 높일 수 있을 것이다.[157]

이런 점에서 미국이 국제법에 근거한 지역 질서에 대한 약속을 확약하기 위해 취할 수 있는 두 번째 조치는 유엔해양법협약(UNCLOS)을 비준하

---

[156] Ministry of Foreign Affairs of the People's Republic of China, "Xie Feng: The U.S. side's so-called 'rules-based international order' is designed to benefit itself at others' expense, hold other countries back and introduce 'the law of the jungle'," (26 July 2021).

[157] Monica Hakimi, "Why We Should Care about International Law," *Michigan Law Review*, vol. 118, no. 6 (2020) p. 1294.

는 것이다.[158] 미국은 이러한 확언을 통해 중국이 미국이 비준조차 하지 않은 조약을 준수하지 않는 것을 비난하는 것은 위선이라는 주장을 잠재울 수 있고 중국이 유엔해양법협약(UNCLOS)을 준수해야 한다는 요구를 피하기 어렵게 만들 것이다. 사실 가입은 완전히 실현 불가능한 것은 아니더라도 어려운 주문이 될 것이다. 미국 안보 기구의 가입에 대한 폭넓은 지지에도 불구하고, 비준을 승인해야 할 미국 상원의 정치적 분열은 적어도 현재로서는 이 조약이 앞으로 나아갈 길을 엄청나게 어렵게 만들고 있다. 그래도 유엔해양법협약(UNCLOS)의 지지자들은 포기하지 말아야 한다.

미국이 유엔해양법협약(UNCLOS)에 가입하기를 꺼리는 것은 자국의 도덕적 권위와 조약 체제 전체를 훼손하고 있다.[159] 미국이 유엔해양법협약(UNCLOS) 비준 당사국이 되지 않는 한 미국이 당사국들과 같은 상황이라고 설득력 있게 주장할 수 없다. 유엔해양법협약(UNCLOS)의 실질적인 조항이 관습의 문제로 이미 준수되고 있다고 하더라도, 조약의 당사자가 되는 것은 미국이 협약의 강제적인 교정 조항에 복종하는 중요한 단계를 밟아야 할 것이다. 미국의 한 분석가는 '우리는 중국이 우리 스스로가 행동하라는 명령을 받을 수 없었던 것처럼 행동해야 한다고 주장하고 있다'고 주장했다.[160] 미국이 유엔해양법협약(UNCLOS)을 비준한다고 해서 중국의 행동이 단기간에 바뀌지는 않겠지만, 장기적으로 도움이 될 수 있

---

[158] Rebecca Lissner and Mira Rapp-Hooper, *An Open World: How America Can Win the Contest for Twenty-First Century Order* (New Haven, 2020), p. 143.

[159] Paul Gewirtz, "The Limits of Law in the South China Sea," *Center for East Asia Policy Studies at Brookings*, (May 2016), p. 14.

[160] Gewirtz, "The Limits of Law in the South China Sea", op. cit.

다. 이것은 유엔해양법협약(UNCLOS) 체제를 강화하여 중국이 법을 위반하는 평판 비용을 높이고, 이 조약의 틀 안에서 궁극적인 분쟁 해결을 달성할 수 있는 가능성을 높여줄 것이다.[161]

한쪽은 법을 무시하고 다른 한쪽은 법에 얽매이기를 거부하는 경우 국제법을 옹호하는 것은 필연적으로 비실제적인 것이다. 그러나 가장 가능성 있는 대안들 즉 영향력, 강요, 무력 사용은 암울하다.[162] 한 분석가가 '남중국해 분쟁을 다룰 근거를 생각하는 것은 여전히 어렵다. 국제법의 이상을 존중하는 것보다 더 바람직할 것이다'라고 주장했다.[163] 유엔해양법협약(UNCLOS)은 이 난국에 대한 불완전한 해결책일 수 있는데 그 주된 이유는 주로 현재로서는 모든 요소에 대한 상호 준수가 도달할 수 없는 것처럼 보이지만 해양 주권의 평화로운 해결을 위한 나은 제도는 없다.[164]

동남아시아 연안국들 또한 유엔해양법협약(UNCLOS)에 대한 자신들의 주장을 수용함으로써 조약 체제를 강화하는데 기여할 수 있을 것이다. 이들은 먼저 유엔해양법협약(UNCLOS)의 기존 해석에 따라서 해양 구역(내해, 영해, EEZ 및 대륙붕)이 측정되는 기준선과 이러한 구역의 범위를 선언해야 한다. 인도네시아와 필리핀은 각각 2009년에 UNCLOS에 근거해서

---

[161] The Japan Times, "Beijing indicates it may exit U.N. sea convention if South China Sea ruling disappoints," *The Japan Times*, (21 June 2016); Mark J. Valencia, "Might China withdraw from the UN Law of the Sea Treaty?," *The Diplomat*, (3 May 2019).

[162] Jorgensen, "The Jurisprudence of the Rules-Based Order: Germany's Indo-Pacific Guidelines and the South China Sea Code of Conduct," op. cit., p. 32.

[163] Shirley V. Scott, "The Decline of International Law as a Normative Ideal," *Victoria University of Wellington Law Review*, vol. 49, no. 4 (2018), p. 643.

[164] Guilfoyle, "The Rule of Law and Maritime Security: Understanding Lawfare in the South China Sea," op. cit., p. 1006.

해양 기준선을 선언했고, 말레이시아는 아직 기준선에 대한 명확한 표현을 발표하지 않았으며 베트남의 선언 기준선은 유엔해양법협약(UNCLOS)에 부합하지 않는다.[165]

베트남, 필리핀, 인도네시아 그리고 말레이시아 4개국은 스프래틀리 군도 지형물들은 12해리 영해 이외에 어떤 해양 지역을 생성할 자격이 없다는 것을 이미 밝혔다는 것을 고려할 때 스프래틀리 군도에서 아세안 내부 분쟁의 범위는 원칙적으로 그러한 단계를 통해서 상당히 줄일 수 있다. 본질적으로 유일한 이견은 만조로 인해 생성되는 중복된 영해이지만 장기적으로 해결책이 더욱 실현 가능할 것이다.[166]

3) 불가원 불가근

비록 미국은 유엔해양법협약(UNCLOS) 체제 밖에 있지만, 조약 의무를 이행하도록 중국을 계속 압박할 의도가 분명하다.[167] 2021년 8월 베트남을 방문한 해리스Kamala Harris 미국 부통령은 '우리는 중국이 유엔해양법협약(UNCLOS)을 준수하고 다른 국가의 괴롭힘과 과도한 해양 권리에 도전할 수 있도록 중국에게 압력을 가할 방법을 찾아야 한다'라고 주장한

---

[165] Crisis Group Report, *Vietnam Tacks Between Cooperation and Struggle in the South China Sea*, op. cit., p. 28.

[166] Clive Schofield, "Competing Maritime Claims and Enduring Disputes in the South China Sea," in Keyaun Zou (ed.), *The Routledge Handbook of the South China Sea* (London, 2021), pp. 104-122.

[167] Ely Ratner, "Course Correction: How to Stop China's Maritime Advance," *Foreign Affairs* (July/August 2017), pp. 64-72; Hal Brands and Zack Cooper, "Getting Serious about Strategy in the South China Sea," *Naval War College Review*, vol. 71, no. 1 (Winter 2018), pp. 12-32; Bonnie S. Glaser and Gregory Poling, "How to Build a Coalition to Confront Beijing," *Foreign Affairs*, (20 August 2021).

다.[168] 중국 지도자들은 역풍에 직면했을 때 이 지역의 다른 국가들이 정당하다고 생각하는 수단을 통해서 자신들의 목표를 추구할 필요성에 대해 더 깊은 인식을 가질 수 있기를 바라는 것이다.

일부 분석가들은 그러한 압력을 통해서 중국이 노선을 바꿔 선린정책 good neighbour policy을 추진하도록 유도할 수 있다고 보고 있다. 한 분석가는 예를 들어 인공섬은 비용이 많이 들고, 쉽게 손상되며, 유지하기가 어려워 미국의 공격에 취약한 점을 감안할 때 중국의 국가 안보를 눈에 띄게 향상시키지 못할 수 있다고 지적한다. 이 논리에 따르면 중국의 인공섬들은 주변국들을 달래기 위해 희생될 수 있다.[169] 그럴 가능성은 낮아 보이지만, 어떤 분석가들은 중국의 모든 영토 분쟁 중에서 남중국해는 관련된 다양한 행위자들과 이해관계 때문에 가장 쉽게 양보할 수 있는 곳이라고 주장한다.[170]

그러나 미국은 자신의 힘을 과대평가하지 않도록 주의해야 한다. 중국이 질서를 구축하기 위해 주변국들로부터 어느 정도의 동의가 필요한 것처럼, 이 지역의 도로 규칙도 안정적이고 합법적인 것이 되려면 중국의 지원이 필요할 것이다. 현재 도시Rush Doshi 바이든 행정부의 국가안전보장회의(NSC) 중국 담당 선임 국장은 캠벨Kurt Campbell과 함께 '국제체제의 균형과 합법성을 보존하는 것은 중국의 묵인과 수용을 필요로 할 것'이라

---

168 Reuters, "U.S., China accuse each other of 'bullying' nations," *Reuters*, (25 August 2021).

169 Stein Tønnesson, "Four Aspects of the Crisis in the South China Sea," in Leszek Buszynski and Do Thanh Hai (eds.), *The South China Sea: From a Regional Maritime Dispute to Geo-Strategic Competition* (Abingdon, 2020), p. 21.

170 Crisis Group(2021 a), op. cit.

고 썼다.[171] 그러나 중국의 묵인에 대한 기대는 새로운 전략, 즉 중국에 유리한 힘의 균형을 이동시키는 것을 요구하는 바로 그 딜레마를 무시하는 것처럼 보인다.[172]

미국이 주도하는 대중국 압박이 급증하는 것도 실패의 위험을 넘어서는 위험을 수반한다.[173] 첫 번째, 해양 또는 공중에서 사건 발생 이후 확대될 가능성이 있다. 둘째로, 이 전략은 봉쇄에 대한 그들의 최악의 두려움을 확인시켜주고, 민족주의를 부추기고 관계를 냉전 영역으로 더 밀어 넣으면서 중국 강경파의 입장을 강화시킬 위험이 있다. 적대적인 양국 관계와 관련된 위험성 때문에 미·중은 트럼프 행정부 시절 중단됐던 트랙 I 고위급 대화를 강화해야 한다.[174] 2021년 3월 앵커리지와 7월 톈진에서 열린 미·중의 고위 관리들 간의 논쟁적인 회담은 잠재적으로 위험한 단절을 다루기 위해 더 솔직하고 빈번한 토론의 필요성을 보여준다.[175] 그 이후로 2021년 11월 바이든과 시진핑의 화상 회의는 양자 대화

---

[171] Kurt M. Campbell and Rush Doshi, "How America Can Shore Up Asian Order: A Strategy for Restoring Balance and Legitimacy," *Foreign Affairs*, (12 January 2021).

[172] Itzkowitz Shifrinson, "Neo-Primacy and the Pitfalls of US Strategy toward China," op. cit., pp. 88-93.

[173] U.S.-China Economic and Security Review Commission, "Report to Congress 2020," (December 2020), pp. 62-64.

[174] 미·중 간 고위급 외교 및 안보 대화는 2018년 11월에 마지막으로 소집되었다. 베이징은 2021년 3월 앵커리지에서 열린 미국 관리들과의 회담을 '고위급 전략대화'라고 불렀다. 블링컨 미 국무장관은 일찍이 이 회담을 '전략대화가 아니다'라고 선언했다. Tsuoshi Nagasawa and Tsukasa Hadano, "US and China play mind games over how to frame Alaska meeting," *Nikkei Asia*, (12 March 2021).

[175] U.S. Department of State, "Secretary Antony J. Blinken, National Security Advisor Jake Sullivan, Director Yang and State Councilor Wang at the Top of Their Meeting," (18 March 2021); Chris Buckley and Steven Lee Myers, "Biden's China strategy meets resistance at the negotiating table," *The New York Times*, (26 July

구조 재개에 대한 관심을 긍정적으로 나타냈다.[176] 비공개로 진행되는 솔직한 대화는 당사자들이 가능한 오해를 해결하고 보다 명확한 경계선을 전달하는 데 도움이 될 수 있다.

남중국해에서 진화하는 역학 관계를 고려할 때 당사자들이 대화를 나누는 것이 특히 중요하다. 2020년 7월 발표된 2016년 국제 중재 판결을 더욱 강력하게 지원하는 정책과 함께 이 지역에 미군 주둔 확대와 맞물려 미국의 의도에 대한 중국의 불신을 증폭시키고 있다. 베이징의 꾸준한 군사력 증강과 군사 및 준군사 조직의 주둔 정상화는 워싱턴도 마찬가지로 전략을 취하고 있다. 고위급 전략대화는 한 법률 전문가의 말대로 '안정을 보장하고 지역적 이해관계 수용에 대한 장기적 접근을 위한 공간을 제공한다'는 이해를 진전시켜야 한다. 한편 군사 해양 협의서와 국방정책 조정회의를 통해 최근 몇 년간 방치된 해양과 공중에서의 사고들을 관리할 수 있는 체제의 개선이 필요하다.[177]

미·중이 양자적으로 입장을 위해 책략을 쓰고 있지만, 양국은 각각 남중국해에서 영유권 주장국들의 협력을 이끌어낼 수 있는 정책을 추진

2021); Ministry of Foreign Affairs of the People's Republic of China, "President Xi jinping Had a Virtual Meeting with US President Joe Biden," (16 November 2021).

[176] Crisis Group(2021 a), op. cit.

[177] 1998년 체결된 군사 해양 협의서(Military Maritime Consultative Agreement)는 작전 차원에서 해양 안전을 높이기 위한 것이다. 2020년 12월에 예정된 관련 대화는 상호 비난 속에 무산되었다. 국방정책 조정 회담은 2006년 정책 차이를 논의하기 위해 시작되었으며 국방부 고위 관리들 간에 진행된다. 제16차 대화는 2021년 9월 28일부터 29일까지 화상회의로 진행되었으며, 이는 2020년 1월 이후 처음이다. Reuters, "U.S., Chinese military officials hold 'frank, in-depth' talks-Pentagon," *Reuters*, (29 September 2021).

할 수 있다. 동남아시아의 영유권 주장국들은 부분적으로 중국이 현재와 미래의 법과 규칙에 얽매이지 않으려는 것처럼 보이기 때문에 중국에 대해 헤징 전략hedging strategy을 채택하고 있다. 우선 중국은 법적 구속력이 있는 CoC에 대한 개방성을 표명하고 중국의 불균형한 군사 및 법 집행 능력에 대한 동남아시아 국가들의 우려를 어떻게 해결할지를 논의함으로써 주변 국가들을 안심시킬 수 있을 것이다.[178] 왕이王毅 중국 외교부장은 법적 구속력은 없지만 약간의 유연성을 시사하는 보다 구속력 있는 CoC의 가능성을 언급했다.[179] CoC 협상이 실질적이고 집행 가능한 일련의 규칙을 만들어낼지에 대한 회의론은 당연하지만, 중국과 아세안 회원국들이 합의한 유일한 과정으로 남아있기 때문에 시간과 노력을 지속적으로 투자할 가치가 있다.

미국은 협상의 타성과 중국이 이 과정을 지배하고 있다는 인식 때문에 CoC에 관심을 잃었다.[180] 그러나 아세안 영유권 주장국들은 CoC보다 더 나은 대안을 찾지 못하고 있다. 따라서 미국은 아세안 회원국들, 특히 영유권 주장국들은 남중국해가 어떻게 집단적으로 관리되어야 하는지에 대한 아세안의 구상을 보다 적극적으로 제안하도록 격려함으로써 원거

---

[178] 베트남이 UNCLOS 체약국은 남중국해에서 점유하고 있는 지형물을 군사화하거나 순환을 위해 식량이나 교대를 위해 수송하는 선박을 봉쇄하거나 방공식별구역 (ADIZ)을 선포하거나, 다른 국가에 대한 모의 공격을 수행해서는 안 된다고 제안한 단일 초안 협상 문안의 유출된 2018년 판에서 찾을 수 있다.

[179] Ministry of Foreign Affairs of the People's Republic of China, "Wang Yi Responds to Four Questions on the Consultations on the Code of Conduct in the South China Sea," (1 August 2019); Ministry of Foreign Affairs of the People's Republic of China, "Wang Yi Stresses 'Four Respects' on South China Sea Issue," (5 August 2021).

[180] Crisis Group(2021a), op. cit.

리에서의 협상을 지지해야 한다. CoC 과정을 넘어서 미국이 영유권 주장국들에게 특히 해양 과학 연구, 수산 보존 및 환경보호 등에 대해 포괄적이지 않은 소다자간minilateral 기준으로 협조를 권장할 수 있는 범위가 있다. 이러한 협력은 어업, 법 집행 기관의 어민에 대한 인간적인 대우 협정, 어류 자원에 대한 과학적 연구를 중심으로 수익성 있게 조직될 수 있다.[181]

중국과 동남아시아 연안국들은 또한 해양법 집행 기관 및 어선과 관련된 해양 사고를 예방하는 데 도움을 줄 수 있는 구조를 모색해야 한다. 때로는 분쟁 해역에서 주권과 주권 권리를 주장하는 임무를 맡고 있는 이들 법 집행선은 확대될 가능성이 있는 낮은 수준의 사건에 자주 연루된다. 연안국들은 일반적으로 그러한 조우가 안전하고 전문적으로 유지되도록 보장한다.

해양법 집행 기관들은 어민들에 대한 대우를 해양에서 법 집행 행동을 안내하기 위해 기존의 국제 규칙을 기반으로 한 일련의 운영 원칙을 개발하는 것을 고려할 수 있다. 이러한 구상은 필리핀과 베트남 사이에 이미 존재하는 법 집행에 의한 어민들에 대한 인도적 대우와 같은 기존의 양자 구조를 모델로 삼을 수 있다. 이 지역은 남중국해에서 활동하는 해경이 정기적으로 모여 정보를 교환하고, 우려를 제기하며, 북극과 북내평양에서 만들어진 것과 유사한 초국가적 해양 문제에 대한 협력 방안을 모색하는 포럼을 만드는 것을 추가로 고려할 수 있다.

---

[181] Crisis Group Reports, *The Philippines' Dilemma: How to Manage Tensions in the South China Sea*, op. cit., pp. 32-33; Crisis Group Reports, *Vietnam Tacks Between Cooperation and Struggle in the South China Sea*, op. cit., p. 27.

6. 결론

미국과 중국의 치열한 전략 경쟁은 중국과 영유권 주장국들 사이에 복잡하게 얽혀져 있었던 남중국해 분쟁이 미·중 양국 문제로 전환되었다. 미·중 경쟁은 일반적으로 획기적인 세력전이power transition가 주도하는 신흥 강대국 중국이 기존 강대국 미국 주도의 '규칙 기반 국제 질서'에 도전하는 것으로 규정할 수 있다. 따라서 중국은 경제력과 군사력 성장에 상응하는 영향력을 추구하면서 자국의 선호도를 반영한 지역 질서 구축에 착수하기 시작하고 있다.

반면 미국은 자국 이익을 보호하고 동아시아의 상대적 평화와 번영을 뒷받침하는 제2차 세계대전 이후의 국제질서 보존을 목표로 하고 있다. 이러한 패러다임들paradigms은 일부 전문가들이 뜨거워질 수 있는 신냉전 지역으로 보고 있는 남중국해에서 충돌하고 있다. 미·중의 전략 경쟁은 연안국의 권리, 국제법 그리고 분쟁 위험에 대한 의미를 담고 있다. 미·중은 마찰을 흡수하고 갈등을 피할 수 있는 지역 질서를 발전시키기 위해 양국과 약소국 연안 국가들과 협력할 의무를 공유하고 있다.

2016년 유엔해양법협약(UNCLOS)에 따라 구성된 국제 중재 재판소는 필리핀이 제기한 사건에서 중국이 주장한 남중국해에서의 광범위한 해양 권리를 무효라고 판결했다. 국제 중재 재판소 법적 절차 참여를 거부했던 중국은 이 결정을 거부했다. 중국은 스프래틀리 군도에서 7개 인공섬의 건설과 군사 기지화 구축을 통한 가장 가시적인 구체적인 방법으로 물리적 환경 변화를 포함해 자신의 권리 주장을 두 배로 확장시켰다. 중국은 그 다음 단계로 이 인공섬에 대규모의 중국해군, 해양 경비대 그리고 해양 민병대를 주둔시켰다. 중국의 행동은 배타적 경제 수역(EEZ) 내에서 해양 권리를 위한 다른 영유권 주장국들의 권리를 침해하고 있다. 수년 동안 말레이시아, 필리핀, 베트남은 중국 해양 세력의 위협을 감수하지 않고 자신들이 주장하는 해역에서 어업 활동을 할 수 없었다.

중국이 일으킨 물질적 변화는 새로운 법적 논쟁을 동반하는데, 이것은 주변 지역에서 새로운 국제 질서를 형성하려는 중국의 야망을 보여준다. 중국은 '공동 운명의 공동체' 명제 아래 BRI를 통해 국가들에게 지원과 원조 대가로 베이징에 유리한 지역 질서 구축을 시도하고 있다. 미국 중심의 동맹국과 협력국들은 중국의 권력 증가와 공세 강화에 안보 불안이 높아지면서 그 대응 전략으로 동남아시아 지역과 남중국해를 목표로 하는 FOIPS전략 개념을 발표해 실행하고 있다. 남중국해 영유권 분쟁에 대한 단기적 해결 전망은 보이지 않는다. 이론적으로 이러한 사실이 과학적 연구 수행에서 공동으로 환경보호와 자원 배분에 이르기까지 잠정적인 협력 협정을 배제해서는 안 된다. 그러나 현실은 연안 국가들의 민족주의 정서가 고조되고 영유권 주장국들 사이의 지속적인 신뢰 부족으로 인해 남중국해 대부분 지역에 대한 전면적인 영유권 주장을 강행하려는 중국의 결의는 필요한 타협이 특히 복잡해지고 있다.

한편, 중국의 공세와 이에 대한 미국 수도의 강력한 대응전략은 남중국해 해양과 공중에 위험이 고조되고 있다. 이 미국의 대응전략은 다른 국가들이 유엔해양법협약(UNCLOS)에 대한 일방적 해석을 받아들이지 않을 것을 중국에 각인시키기 위한 전략이라고 볼 수 있다. 그러나 이 전략은 중국이 대중 봉쇄정책에 대한 두려움을 확인하고 중국 공산당은 국가 안보를 위해 중국 근해를 확보하기 위한 노력을 강화하도록 자극할 가능성을 높여줄 수 있다.

　미국은 남중국해에서 중국의 지배력을 충돌 전망보다 더 큰 위험으로 보는 반면, 중국의 행동은 주변부를 확보하려는 자신의 이익이 주변 국가들이 중국의 행동을 어떻게 인식하는 지에 대한 우려를 능가한다는 판단을 보여주는 것이다. 이런 첨예한 환경에서 강대국들은 갈등 위험에 대해 신중히 생각하고 기존의 UNCLOS 체제를 강화할 필요가 있다. 미국과 동맹국들은 중국을 압박하는 것과 중국을 궁지에 몰아넣는 것 사이에서 절묘한 균형을 유지할 필요가 있다.

　중국은 유엔해양법협약(UNCLOS)에 명시된 연안국들의 주권을 존중할 필요가 있으며 더 일반적으로는 많은 지역 목표의 달성을 위해서는 주변국들의 매입 동의가 필요하다는 것을 내부화할 필요가 있다. 양자 차원에서는 미·중 양국 간 오해를 최소화하고, 사고 관리 메커니즘을 확립하고 안정성을 도모하기 위해 고위급 대화를 강화해야 한다. 2021년 11월 미·중 정상들의 화상 회담은 환영할만한 첫 단계이다. 양국은 법 집행, 환경 보호, 어업과 같은 문제들에 대해 영유권 주장국들 간의 협력을 지원할 수 있는 방법을 모색해야 한다.

　남중국해 분쟁에 대한 명확한 분석은 가까운 시일 내에 그 상황에 대한 환원 불가능한irreducible 사실을 인정해야 한다. 첫째, 중국은 인공섬이나 광범위한 영유권 주장을 포기하지 않을 것이다. 둘째로, 미국은 항해의 자유나 아시아 동맹체제의 보증인 역할을 포기하지 않을 것이다. 셋째, 동남아시아의 영유권 주장국들은 자신들의 주장을 집행할 능력이 부족하고 아직 아세안 내부에서 남중국해 분쟁을 해결하려는 의지를 보여주지 않고 있다. 이러한 상황에서 아세안 영유권 주장국들은 협력하고 중국 및 대만과 함께 가능한 언제 어디서나 긴장을 줄이고 협력하겠다는 통 큰 결단을 내려야 한다.

반면 미·중은 오해를 최소화하고 남중국해의 긴장을 완화하기 위한 고위급 대화를 가속화하고 심화시켜야 한다. 동남아시아 국가들은 미·중 경쟁의 부정적인 영향을 우려하고 있다. 그렇게 할 수 있는 위치에 있는 각 체제 내 사람들은 미국의 유엔해양법협약(UNCLOS) 동의와 중국의 유엔해양법협약(UNCLOS) 준수를 포함해 국제법에 근거한 지역 질서에 양국이 함께 참여하는데 필요한 조치를 취하도록 양국 정부를 설득해야 한다. 강대국으로서 미·중은 자신들의 갈등이 이 지역을 뒤흔들 수 있는 갈등으로 번지는 것을 막아야 할 특별한 의무가 있다.

참고문헌

Admiral Swift, Scott H. (USN, Ret.). 2021. "Maritime Security in the Indo-Pacific and the UN Convention on the Law of the Sea." Testimony before the House Committee on Armed "Services Subcommittee on Seapower and Projection Forces and House Committee on Foreign Affairs Subcommittee on Asia, the Pacific, Central Asia and Nonproliferation, (29 April).

AMTI. 2019. "Reading between the Lines: The Next Spratly Legal Dispute." *AMTI*, (21 March).

AMTI. 2021. "Contest at Kasawari: Another Malaysian gas project faces pressure." *AMTI*, (7 July).

Arase, David. 2019. "Free and Open Indo-Pacific Strategy Outlook." *ISEAS–Yusof Ishak Institute*, (September), p. 15.

Associated Press. 2019. "Mahathir: China should define its claims in the South China Sea.," *Associated Press*, (8 March).

Bateman, Sam. 2012. "Conclusion: The Prospects for a Cooperative Management Regime." Sam Bateman, Ralf Emmers (eds), *Security and International Politics in the South China Sea: Towards a co-operative management regime*. Routledge, p. 242.

Beckman, Robert. 2013. "The UN Convention on the Law of the Sea and the Maritime Disputes in the South China Sea." *The American Journal of International Law*, vol. 107, no. 1 (January), p. 143.

Beckman, Robert C. and Clive H. Schofield. 2014. "Defining EEZ Claims from Islands: A Potential South China Sea Change." *The International Journal of Marine and Coastal Law*, vol. 29, p. 2014.

Benar News. 2020. "Indonesian Navy to move combat squad's HQ to Natuna Islands." *Benar News*, (23 November).

Bing, Ngeow Chow. 2020. "Xinjiang and the South China Sea complicate Malaysia–China relations." *East Asia Forum*, (24 February).

Bisley, Nick. 2018. "The South China Sea as Symptom of Asia's Dynamic Security Order." in Huiyun Feng and Kai He (eds.), *US-China Competition and the South China Sea Disputes*. New York, pp. 108-109.

Bo, Hu. 2021. "Sino-US Competition in the South China Sea: Power, Rules and Legitimacy." *Journal of Chinese Political Science*, p. 15.

Borton, James and Jackson Ewing. 2018. "As nations fight for control, South China Sea coral reefs are dying in silence." *South China Morning Post*, (29 December).

Brands, Hal and Zack Cooper. 2018. "Getting Serious about Strategy in the South China Sea." *Naval War College Review*, vol. 71, no. 1 (Winter), pp. 12-32.

Breuer, Adam and Alastair Iain Johnston. 2019. "Memes, Narratives and the Emergent US-China Security Dilemma." *Cambridge Review of International Affairs*, vol. 32, no. 4, pp. 440-441.

Buckley, Chris and Steven Lee Myers. 2021. "Biden's China strategy meets resistance at the negotiating table." *The New York Times*, (26 July).

Burgers, Tobias and Scott Romaniuk. 2021. "Is China done with salami slicing?." *The Diplomat*, (1 May).

Byrne, Caitlin. 2020. "Securing the 'Rules-Based Order' in the Indo-Pacific." *Security Challenges*, vol. 16, no. 3, p. 11.

Cai, Congyan. 2019. *The Rise of China and International Law: Taking Chinese Exceptionalism Seriously*. New York.

Campbell, Kurt M. 2021. "Kurt M. Campbell and Laura Rosenberger on U.S.-China Relations." *2021 Oksenberg Conference*, (27 May).

Campbell, Kurt M. Campbell and Rush Doshi. 2021. "How America Can Shore Up Asian Order: A Strategy for Restoring Balance and Legitimacy." *Foreign Affairs*, (12 January).

Case No. 2013-19. 2016. "South China Sea Arbitration between the Republic of the Philippines and the People's Republic of China, Award," (12 July).

Chalmers, Malcolm. 2019. "Which Rules? Why There Is No Single 'Rules-Based International System'." Royal United Services Institute, (April).

China Power. 2021. "How much trade transits the South China Sea?." *China Power*, (25 January).

China-Southeast Asia Research Center on South China Sea. 2020. "Wu Shicun on Recent South China Sea Situation: Probability is Growing for Accidentally Triggered Incidents," (27 July).

Chinese Society of International Law. 2018. "The South China Sea Arbitration Awards: A

Critical Study." *Chinese Journal of International Law*, pp. 475-479.

Congressional Research Service. 2021. "U.S.-China Strategic Competition in South and East China Seas: Background and Issues for Congress." (28 January), p. 27.

CSIS Expert Working Group on the South China Sea. 2018. *Defusing the South China Sea Disputes: A Regional Blueprint, Center for Strategic and International Studies*, (11 October).

Dahm, J. Michael. 2020. "Introduction to South China Sea Military Capability Studies, South China Sea Military." *Johns Hopkins University Applied Physics Laboratory*, (1 September).

Davenport, Tara. 2016. "The implications of the Award's reasoning on offshore archipelagos." *China-US Focus*, (29 July).

Dutton, Peter A. and Isaac B. Kardon. 2017. "Forget the FONOPs—just fly, sail and operate wherever international law allows." *Lawfare (blog)*, (10 June).

Embassy Spokesperson's Remarks. 2020. "Statement by Spokesperson of the Chinese Embassy in the Philippines on the China-related Remarks of the US National Security Advisor." (24 November).

Emmerson, Donald K. 2020. "'Ambiguity is Fun': China's Strategy in the South China Sea." in Donald K. Emmerson (ed.), *The Deer and the Dragon: Southeast Asia and China in the 21st Century*. Stanford, p. 153.

European Union. 2021. "South China Sea: Statement by the Spokesperson on Challenges to Peace and Stability." (24 April).

Fangyin, Zhou. 2016. "Between Assertiveness and Self-Restraint: Understanding China's South China Sea Policy." *International Affairs*, vol. 92, no. 4.

Friedberg, Aaron L. 2018. "Competing with China." Survival, vol. 60, no. 3 (June-July), p. 24.

Garamone, Jim. 2021. "Official talks DOD policy role in Chinese pacing threat, integrated deterrence." *Defense.gov*, (2 June).

Gewirtz, Paul. 2016. "The Limits of Law in the South China Sea." *Center for East Asia Policy Studies at Brookings*, (May), p. 14.

Glaser, Bonnie S. and Gregory Poling. 2021. "How to Build a Coalition to Confront Beijing." *Foreign Affairs*, (20 August).

Global Times. 2020. "US the peace destroyer, South China Sea troublemaker: Chinese FM."

Global Times, (14 July).

Goh, Evelyn. 2013. The Struggle for Order: Hegemony, *Hierarchy and Transition in Post-Cold War East Asia*. Oxford.

Graham, Euan. 2021 "Aerial manoeuvres in the South China Sea." IISS (blog), (9 June).

Groten, David. 2019. *How Sentiment Matters in International Relations: China and the South China Sea Dispute*. Opladen.

Guilfoyle, Douglas. 2018. "A new twist in the South China Sea arbitration: The Chinese Society of International Law's critical study." *EJILTalk! (blog)*, (25 May).

Guilfoyle, Douglas. 2019. "The Rule of Law and Maritime Security: Understanding Lawfare in the South China Sea." *International Affairs*, vol. 94, no. 5, p. 1013.

Ha, Hoang Thi. 2019. "Pitfalls for ASEAN in Negotiating a Code of Conduct in the South China Sea." *ISEAS Perspective*, 23 (July), p. 5.

Hakimi, Monica "Why We Should Care about International Law." *Michigan Law Review*, vol. 118, no. 6, p. 1294.

Harris, Peter. 2021. "China and the United States: The Case for Smart Appeasement." *Australian Journal of International Affairs*, vol. 75, no. 1, pp. 129-135.

Hathaway, Oona A. and Scott J. Shapiro. 2017. *The Internationalists: How a Radical Plan to Outlaw War Remade the World*. New York.

Hayton, Bill. 2018. "The Modern Creation of China's 'Historic Rights' Claim in the South China Sea," *Asian Affairs*, vol. 19, no. 3, pp. 374-375, 379.

Hayton, Bill. 2018. "Two Years On, South China Sea Ruling Remains a Battleground for the Rules-Based Order." Chatham House, (11 July).

Hayton, Bill. 2020. "History as Problem, History as Solution: A Means to Resolve the South China Sea Disputes." in Jörg Thomas Engelbert (ed.), *The South China Sea Conflict after the Arbitration of July 12, 2016: Analyses and Perspectives*. Berlin.

Hayton, Bill. 2021. "Crisis Group online interview." UK, (March).

Hayton, Bill. 2021. "Update on the South China Sea Disputes: A Transatlantic Approach." *Royal United Services Institute*, (18 May).

He, Baogang. 2018. "Security Regionalism: A New Form of Strategic Competition or Cooperation between the United States and China in the South China Sea?." in Huiyun Feng and Kai He (eds.), *US-China Competition and the South China Sea Disputes*. New

York, 2018, p. 156.

Heritage, Anisa and Pak K. Lee. 2020. *Order, Contestation and Ontological Security-Seeking in the South China Sea*. Cham.

Heydarian, Richard Javad. 2021. "Why Biden should pursue 'minilateralism' with ASEAN." *AMTI Update*, (26 March).

Ho, Andrea. 2021. "Professor Robert Beckman on the Role of UNCLOS in Maritime Disputes." *Georgetown Journal of International Affairs*, (6 May).

Hong, Nong. 2018. "The Applicability of the Archipelagic Regime in the South China Sea: A Debate on the Rights of Continental States' Outlying Archipelagos." *Ocean Yearbook*, vol. 32, pp. 80-117.

Hsiao, Amanda. 2019. "Opportunities for Fisheries Enforcement Cooperation in the South China Sea." *Marine Policy* (June).

Huang, Kristin. 2020. "Beijing marks out claims in South China Sea by naming ographical features." *South China Morning Post*, (20 April).

ISEAS-Yusof Ishak Institute. 2021. "The State of South Asia: 2021 Survey Report." (10 February), p. 15.

Jaipragas, Bhavan. 2020. "South China Sea: Asean states set course for Beijing's red line." *South China Morning Post*, (22 August).

Jiangtao, Shi and Laura Zhou. 2021. "Xi Jinping wants isolated China to 'make friends and win over the majority'." *South China Morning Post*, (2 June).

Jayakumar, S., Tommy Koh, Robert Beckman, Tara Davenport and Hao Duy Phan. 2018. "The South China Sea Arbitration: Laying the Groundwork." in S. Jayakumar et al., (eds.), *The South China Sea Arbitration*. Cheltenham, pp. 12-13.

Johnston, Alastair Iain. 2019. "China in a World of Orders: Rethinking Compliance and Challenge in Beijing's International Relations." *International Security*, vol. 44, no. 2, p. 12, note 8.

Jorgensen, Malcolm. 2018. "Equilibrium and Fragmentation in the International Rule of Law: The Rising Chinese Geolegal Order." *Berlin Potsdam Research Group*, (November), pp. 10-14.

Jorgensen, Malcolm. 2021. "The Jurisprudence of the Rules-Based Order: Germany's Indo-Pacific Guidelines and the South China Sea Code of Conduct." *KFG Working Paper*

Series, no. 49 (May), p. 13.

Kardon, Isaac B. 2018. "China Can Say 'No': Analyzing China's Rejection of the South China Sea Arbitration." *University of Pennsylvania Asian Law Review*, vol. 13, no. 2, p. 43.

Kato, Masaya. 2021. "European navies build Indo-Pacific presence as China concerns mount." *Nikkei Asia*, (4 March).

Kliem, Frederick. 2020. "Why Quasi-Alliances Will Persist in the Indo-Pacific: The Fall and Rise of the Quad." *Journal of Asian Security and International Affairs*, p. 2.

Kong, Zhiguo. 2017. *The Making of a Maritime Power: China's Challenges and Policy Responses*. Singapore.

Krisch, Nico. 2005. "International Law in Times of Hegemony: Unequal Power and the Shaping of the International Legal Order." *The European Journal of International Law*, vol. 16, no. 3, p. 378.

Kudnani, Hans. 2017. "What is the Liberal International Order." *German Marshall Fund of the United States*, (3 May).

Lague, David. 2020. "Special report: U.S. rearms to nullify China's missile supremacy." *Reuters*, (6 May).

Layne, Christopher. 2018. "The US-Chinese Power Shift and the End of the Pax Americana." *International Affairs*, vol. 94, no. 1.

Lissner, Rebecca and Mira Rapp-Hooper. 2020. *An Open World: How America Can Win the Contest for Twenty-First Century Order*. New Haven.

Liu, Feng. 2020. "The Recalibration of Chinese Assertiveness: China's Responses to the Indo-Pacific Challenge." *International Affairs*, vol. 96, no. 1.

Long, Drake. 2020. "China's naval aviation force shows up at Fiery Cross Reef." *Benar News*, (13 May).

Martinson, Ryan D. 2016. "Shepherds of the South Seas," *Survival*, vol. 58, no. 3, p. 190.

Ministry of Foreign Affairs of the People's Republic of China. 2019. "Wang Yi Responds to Four Questions on the Consultations on the Code of Conduct in the South China Sea." (1 August).

Ministry of Foreign Affairs of the People's Republic of China. 2021. "Xie Feng: The U.S. side's so-called 'rules-based international order' is designed to benefit itself at others' expense, hold other countries back and introduce 'the law of the jungle'." (26 July).

Ministry of Foreign Affairs of the People's Republic of China. 2021. "Wang Yi Stresses 'Four Respects' on South China Sea Issue." (5 August).

Ministry of Foreign Affairs of the People's Republic of China. 2021. "President Xi jinping Had a Virtual Meeting with US President Joe Biden." (16 November).

Morton, Katherine. 2016. "China's Ambition in the South China Sea: Is a Legitimate Maritime Order Possible?." *International Affairs*, vol. 92, no. 4 , pp. 910-911, 932.

Lim, Kheng Swe, Hailang Ju and Mingjiang L. 2017. "China's Revisionist Aspirations in Southeast Asia and the Curse of the South China Sea Disputes." *China: An International Journal*, vol. 15, no. 1 (February), pp. 205-206.

Mak, J. N. 2009. "Sovereignty in ASEAN and the problem of maritime cooperation in the South China Sea." in Sam Bateman and Ralf Emmers (eds.), *Security and International Politics in the South China Sea: Towards a Cooperative Management Regime*. Abingdon, p. 113.

McDevitt, Michael. 2014. "Forward" in Raul (Pete) Pedrozo, "China versus Vietnam: An Analysis of the Competing Claims in the South China Sea." *Center for Naval Analysis*, (August), p. iii.

Nagasawa, Tsuoshi and Tsukasa Hadano. 2021. "US and China play mind games over how to frame Alaska meeting." *Nikkei Asia*, (12 March).

Nakamura, Ryo. 2021. "Pacific deterrence budget creates rift between Biden and Congress." *Nikkei Asia*, (22 June).

Nankivell, Justin D. 2017. "The Role of History and Law in the South China Sea and Arctic Ocean." *National Bureau of Asian Research*, (7 August).

NATO. 2021. "Brussels Summit Communiqué Issued by the Heads of State and Government participating in the meeting of the North Atlantic Council in Brussels." *NATO*, (14 June).

Notes Verbales, Permanent Mission of the People's Republic of China, CML/17/2009 and CML/18/2009. 2009. (7 May).

Nouwens, Veerle and Blake Herzinger. 2021. "Above the law: Holding China to account in the South China Sea." *ORF Online*, (12 April).

Odom, Jonathan G. 2019. "Maritime Claims in the South China Sea and Freedom of Navigation

Operations." in Tan Truong Thuy, John B. Welfield and Le Thuy Trang (eds.), *Building a Normative Order in the South China Sea: Evolving Disputes, Expanding Options*. Cheltenham, p. 173.

Office of the Under Secretary of Defense (Comptroller). 2021. "Pacific Deterrence Initiative, Department of Defense Budget, Fiscal Year 2022." (May).

Patrick, Stewart. 2016. "World Order: What, Exactly, are the Rules?." *The Washington Quarterly*, vol. 39, no. 1 (Spring). p. 9.

Peng, Yuan. 2020. "The coronavirus pandemic and a once-in-a-century change," *asixiang.com*, (17 June).

People's Republic of China. 1996. "Declaration of the Government of the People's Republic of China on the Baselines of the Territorial Sea of the People's Republic of China." (15 May).

Poling, Gregory B. 2020. "The conventional wisdom on China's island bases is dangerously wrong." *War on the Rocks*, (10 January).

Poling, Greg and Zach Cooper. 2020. "Washington tries pulling economic levers in the South China Sea." *AMTI Update*, (28 August).

Qi, Huaigao. 2019. "Joint Development in the South China Sea: China's Incentives and Policy Choices." *Journal of Contemporary East Asia Studies*, vol. 8, no. 2, pp. 220-239.

Qingli, Wendy He and Haridas Ramasay. 2020. "Naming and Shaming China: America's Strategy of Rhetorical Coercion in the South China Sea." *Contemporary Southeast Asia*, vol. 42, no. 3, pp. 317-345.

Quadrilateral Dialogue Leaders' Joint Statement. 2021. "The Spirit of the Quad." (12 March).

Ratner, Ely. 2017. "Course Correction: How to Stop China's Maritime Advance." *Foreign Affairs* (July/August), pp. 64-72.

Raymond, Greg. 2017. *Fragile and Fracturing or Evolving and Adaptive: Prospects for the Rules-Based Global Order*. Strategic and Defence Studies Centre, Australian National University, p. 6.

Reagan, Ronald. 1982. "Statement on United States Actions Concerning the Conference on the Law of the Sea." (9 July).

Reuters. 2016. "Beijing says South China Sea militarization depends on threat level." *Reuters*, (21 January).

Reuters. 2019. "Indonesia, Vietnam to probe reported skirmish in disputed waters." *Reuters*, (23 May).

Reuters. 2021. "U.S., China accuse each other of 'bullying' nations." *Reuters*, (25 August).

Reuters. 2021. "U.S., Chinese military officials hold 'frank, in-depth' talks-Pentagon." *Reuters*, (29 September).

Tønnesson, Stein. 2020. "Four Aspects of the Crisis in the South China Sea." in Leszek Buszynski and Do Thanh Hai (eds.), *The South China Sea: From a Regional Maritime Dispute to Geo-Strategic Competition*. Abingdon, p. 21.

Schofield, Clive. 2021. "Competing Maritime Claims and Enduring Disputes in the South China Sea." in Keyaun Zou (ed.), *The Routledge Handbook of the South China Sea*. London, pp. 104-122.

Scobbell, Andrew. 2018. "The South China Sea and U.S.-China Rivalry." in Huiyun Feng and Kai He (eds.), *US-China Competition and the South China Sea Disputes*. New York, p. 209.

Scott, Ben. 2021. "Rules-based order: What's in a name." *The Interpreter*. Lowy Institute, (30 June).

Scott, Shirley V. 2018. "The Decline of International Law as a Normative Ideal." *Victoria University of Wellington Law Review*, vol. 49, no. 4, p. 643.

Shicun, Wu. 2020. "Preventing Confrontation and Conflict in the South China Sea." *China International Strategy Review* (July), p. 4.

Shicun, Wu. 2021. "Several characteristics and development trends of the current situation in the South China Sea." *speech at the 6th Earth System Science Conference*, (Shanghai, 9 July).

Shicun, Wu. 2021. "South China Sea arbitral award should be buried at dustbin of history." *Global Times*, (12 July).

Shifrinson, Joshua R. Itzkowitz. 2020. "Neo-Primacy and the Pitfalls of US Strategy toward China." *The Washington Quarterly*, vol. 43, no. 4, pp. 79-104.

Silove, Nina. 2016. "The Pivot before the Pivot: U.S. Strategy to Preserve the Power Balance in Asia." *International Security*, vol. 40, no. 4, (Spring), p. 46.

Silva, Diego Lopes da, Nan Tian and Alexandra Marksteiner. 2021. "Trends in World Military Expenditure, 2020." *Stockholm International Peace Research Institute*, (April).

Smith, Stephen N. 2021. "Harmonizing the Periphery: China's Neighborhood Strategy under Xi Jinping." *The Pacific Review*, vol. 34, no. 1, pp. 1-2, 13.

South China Sea Probing Initiative. 2020. "60 sorties of US surveillance planes flew 'upwind' to spy on China in September." (12 October).

Stashwick, Steven. 2019. "China's South China Sea militarization has peaked." *Foreign Policy*, (19 August).

Stashwick, Steven. 2020. "Chinese ballistic missiles fired into South China Sea claimed to hit target ship." *The Diplomat*, (17 November).

State Council Information Office of the People's Republic of China. 2019. "China's National Defense in the New Era." (July).

Statement of the Government of the People's Republic of China on China's Territorial Sovereignty and Maritime Rights and Interests in the South China Sea. 2016. (12 July).

Strating, Rebecca. 2019. "Maritime Disputes, Sovereignty and the Rules-Based Order in East Asia." *Australian Journal of Politics and History*, vol. 65, no. 2, p. 464.

Strating, Rebecca. 2020. "Defending the Maritime Rules-Based Order: Regional Responses to the South China Sea Disputes." *East-West Center*, p. 43.

Strating, Rebecca. 2020. "Norm Contestation, Statecraft and the South China Sea: Defending Maritime Order." *The Pacific Review*, pp. 5-7.

Suorsa, Olli Pekka. 2020. "The conventional wisdom still stands: America can deal with China's artificial island bases." *War on the Rocks*, (6 February).

Sun, Yun. 2021. "The United States and China in Southeast Asia: Is Confrontation Inevitable?." *Georgetown University Initiative for U.S.-China Dialogue on Global Issues*, (26 May).

Talmon, Stefan. 2017. "The South China Sea Arbitration and the Finality of 'Final' Awards." *Journal of International Dispute Settlement*, vol. 8, pp. 397-401.

Thao, Nguyen Hong. 2019. "Malaysia's new game in the South China Sea." *The Diplomat*, (21 December).

The International Crisis Group. 2018. "Single Draft Code of Conduct in the South China Sea Negotiating Text." (26 July).

The International Crisis Group Asia Reports N°s 223. 2012. *Stirring Up the South China Sea*

(I), (23 April).

The International Crisis Group Asia Reports N°s 229. 2012. *Stirring up the South China Sea (II)*: Regional Responses, (24 July).

The International Crisis Group Asia Reports N°s 267. 2015. *Stirring Up the South China Sea (III)*: A Fleeting Opportunity for Calm, (7 May).

The International Crisis Group Asia Reports N°s 275. 2016. *Stirring Up the South China Sea (IV)*: Oil in Troubled Waters, (26 January).

The International Crisis Group Asia Report N° 315. 2021a. *Competing Visions of International Order in the South China Sea*, (29 November).

The International Crisis Group Asia Reports N°s 316. 2021b. *The Philippines' Dilemma: How to Manage Tensions in the South China Sea*, (2 December).

The International Crisis Group Asia Reports N°s 318. 2021c. *Vietnam Tacks Between Cooperation and Struggle in the South China Sea*, (7 December).

The Japan Times. 2016. "Beijing indicates it may exit U.N. sea convention if South China Sea ruling disappoints." *The Japan Times*, (21 June).

The Ministry of Foreign Affairs of the People's Republic of China. 2016. "Statement of the Ministry of Foreign Affairs of the People's Republic of China on the Award of 12 July 2016 of the Arbitral Tribunal in the South China Sea Arbitration Established at the Request of the Republic of the Philippines." (12 July).

The New York Times. 2021. "Biden announces defense deal with Australia in a bid to counter China." *The New York Times*, (16 September).

The State Council Information Office of the People's Republic of China. 2019. "China's National Defense in the New Era." (July).

The Straits Times. 2018. "Malaysia wants to continue occupying its South China Sea islands." *The Straits Times*, (21 June).

Thu, Huong Le. 2020. "Fishing while the water is muddy: China's newly announced administrative districts in the South China Sea." *AMTI Update*, (6 May).

Tomacruz, Sofia. 2020. "Brunei, the quiet claimant, breaks its silence on the South China Sea." *Rappler. com*, (22 July).

UNCLOS. 1982. Articles 33, 58 and 76.

U.S.-China Economic and Security Review Commission. 2020. "Report to Congress 2020."

(December). pp. 62-64.
U.S. Department of Defense. 2020. "Military and Security Developments Involving the People's Republic of China 2020." (September), pp. 44, 71.
U.S. Department of State. 2018. "Joint Regional Strategy: East Asia and the Pacific State Department-Bureau of East Asian and Pacific Affairs." (20 November).
U.S. Department of State. 2020. "U.S. Position on Maritime Claims in the South China Sea." (13 July).
U.S. Department of State. 2021, "Secretary Antony J. Blinken, National Security Advisor Jake Sullivan, Director Yang and State Councilor Wang at the Top of Their Meeting." (18 March).
U.S. National Security Strategy. 2015. (February).
Valencia, Mark J. 2019. "Might China withdraw from the UN Law of the Sea Treaty?." *The Diplomat*, (3 May).
Valencia, Mark J. Jon M. Van Dyke and Noel A. 1991. Ludwig, *Sharing the Resources of the South China Sea*. The Hague.
Viray, Patricia Lourdes. 2019. "China blocks ASEAN from $2.5 trillion in South China Sea oil-US." *Philippine Star*, (18 October).
Vuving, Alexander. 2016., "South China Sea: Who occupies what in the Spratlys?." *The Diplomat*, (6 May).
Walt, Stephen M.2021. "The choice between a U.S.-led rules-based order and a Chinese 'might-makes right' one is false." *Foreign Policy*, (31 March).
Webster, Graham. 2017. "China's 'new world order'? What Xi Jinping actually said about guiding international affairs." *Transpacifica*, (23 February).
Wen, Wang. 2016. "Debunking 10 myths about China and the South China Sea." *South China Morning Post*, (10 July).
Whalen, Jeanne. 2020. "U.S. slaps trade sanctions on more Chinese entities, this time for South China Sea island building." *The Washington Post*, (27 August).
White House. 2017. "National Security Strategy of the United States of America." (December), p. 25.
White House. 2021. "Renewing America' Advantages: Interim National Security Guidance." (March), pp. 7-8.

White House. 2021. "Carbis Bay G7 Summit Communiqué." (13 June).

White House. 2021. "Joint Leaders Statement on AUKUS." (15 September).

Wirth, Christian. 2020. "Emotions, International Hierarchy and the Problem of Solipsism in Sino-US South China Sea Politics." *International Relations*, vol. 34, no. 1, pp. 1-21.

Wirth, Christian and Valentin Schatz. 2020. "South China Sea 'Lawfare': Fighting over Freedom of Navigation." *GIGA Focus Asia*, no. 5 (August), p. 1.

Xi Jinping. 2013. "Let the Sense of Community of Common Destiny Take Deep Root in Neighbouring Countries." Ministry of Foreign Affairs of the People's Republic of China, (25 October).

Xinbo, Wu. 2018. "China in Search of a Liberal Partnership Order." International Affairs, vol. 94, no. 5, p. 1018.

Xinhua. 2012. "The CCP first mentions the 'community of a shared future for mankind', advocating peaceful development and common development." *Xinhua*, (10 November).

Xinhua. 2017. "Xi calls for persistently pursuing Chinese dream of national rejuvenation." *Xinhua*, (26 September).

Xinhua. 2020. "Brunei-China joint venture to develop, operate largest local fishing complex." *Xinhua*, (22 December).

Yates, Robert. 2019. Understanding ASEAN's Role in Asia-Pacific Order. Cham.

Yuandan, Guo and Liu Xuanzun. 2021. "US military activities in S. China Sea in 2020 unprecedented." *Global Times*, (12 March).

Zhiguo, Gao and Jia Bing Bing. 2013. "The Nine-Dash Line in the South China Sea: History, Status and Implications." *American Journal of International Law*, vol. 107, no. 98, pp. 123-124.

Zhou, Laura. 2020. "Why fishing boats are on the territorial front lines of the South China Sea." *South China Morning Post*, (12 January).

제9장

결론과 전망

　30년 전에 냉전이 종식되면서 미국이 소련과 사회주의 진영과의 경쟁에서 최종 승리자가 되면서 지구상에서 유일한 최강대국이 되었다. 미국 정책 입안자들은 냉전이 끝난 뒤 세계 위협의 지평선을 훑어보면서 별로 걱정할 이유가 없는 것 같았다. 특히 10년 이상 소련에 대항해 미국과 사실상 동맹국이었던 중국은 약하고 빈곤한 국가이기 때문에 전혀 우려나 경쟁 상대가 될 수 없었다. 그러나 미국의 낙관적 전망 속에 불길한 징후는 잠재되어 있었다. 중국은 미국보다 거의 5배나 많은 인구를 가지고 있었고, 숭국 지도자들은 자본주의 경제를 받아들여 석극석인 개혁·개방 정책을 추진했다. 국제정치에서 인구와 부의 규모는 군사력의 주요 구성요소이기 때문에 향후 수십 년 안에 중국이 아주 강력해 질 수 있는 가능성은 아주 높았다. 중국이 강해진다면 아시아와 다른 지역에서 미국의 지위에 도전할 것이 분명하기 때문에 미국의 논리적이고 현실주의적 선택은 중국 부상을 저지하거나 지연시키는 것이었다.

오히려 그와 반대로 미국은 중국의 부상을 적극적으로 촉진하고 지원했다. 탈냉전 이후 미국의 공화당과 민주당 행정부는 자유주의liberalism의 필연적 승리론inevitable triumph과 강대국 갈등의 약화라는 잘못된 이론에 현혹되어 중국이 더 부유해지도록 돕는 관여정책policy of engagement을 추구했다. 미국은 중국에 대한 투자를 촉진하고 중국이 평화를 사랑하는 민주주의가 되면 미국이 주도하는 국제 질서의 책임 있는 이해당사자가 될 것이라고 생각하면서 중국을 세계 무역체제로 적극적으로 편입시켰다.

물론, 미국의 이러한 환상은 실현되지 않았다. 중국은 국내에서 자유주의 가치를 수용하고 해외에서 미국 주도의 현상 유지status quo를 결코 수용하지 않았고 권력이 커지면서 더욱 억압적인 정치 체제와 해외에서 팽창 야망이 커지고 있다. 미국의 관여정책은 미국과 중국 사이 화합을 촉진하는 대신 경쟁을 미연에 방지하지 못했고 미국의 단극 체제의 종식을 단축시켰다. 오늘날 미·중 관계의 모든 측면에 영향을 미치는 치열한 안보 경쟁 상태인 신냉전new cold이라고 불리는 덫에 갇혀있다고 할 수 있다. 중국이 전성기 시절 소련보다 더 강력한 경쟁자가 될 가능성이 높기 때문에 중국과 경쟁은 원래의 냉전 시기에 보여주었던 것보다 미국의 정책 입안자들을 더욱 강하게 압박하게 될 것이다. 그래서 미·중 간의 신냉전은 미·소 냉전기의 대리전보다는 직접 대결이라는 전쟁으로 전화될 가능성이 아주 높다.

이러한 불길한 시나리오는 어느 것도 놀라운 일이 아니다. 중국은 현실주의가 예측한 대로 정확히 행동하고 있다. 동아시아를 지배하고 지구상에서 가장 강력한 국가가 되려는 목표를 세운 중국 지도자들을 누가 비난할 수 있는가? 자신의 지역에서 헤게모니 국가가 되고 세계에서 가장 안정되고 영향력 있는 국가로 부상하고 비슷한 의제를 추구했던 미국을 역시 비난할 수 없다. 그리고 오늘날 미국도 현실주의 논리가 예상하는 대로 행동하고 있다. 미국은 다른 지역 헤게모니 국가들의 출현을 오랫동안 반대해 왔기 때문은 중국의 야망을 직접적인 위협으로 보고 중국의 지속적인 부상을 견제하기로 결정했다. 이러한 논리의 피할 수 없는 결과가 경쟁과 갈등이다. 이것이 강대국 정치의 비극이라 할 수 있다.

그러나 중국의 부상 속도와 규모는 피할 수 없는 추세이다. 미국 정책 입안자들이 일극 시대에 세력균형 정치balance-of-power politics의 관점에서 생각했다면 그들은 중국의 성장을 늦추고 미·중 사이의 권력의 격차를 극대화하려고 노력했을 것이다. 그러나 중국이 부강해지면서 미·중 냉전은 불가피할 수밖에 없었다. 관여는 최근 역사에서 어느 나라든 저지른 최악의 전략적 실수였다. 강대국이 적극적으로 동료 경쟁자의 부상을 촉진하는 것은 비교 가능한 예는 존재하지 않는다. 그리고 이제 미국이 중국에 많은 것을 요구하고 압력을 가하기에는 중국이 너무 강해졌기 때문에 너무 늦었다고 볼 수 있다.

1960년대 중국과 소련이 분열한 직후 미국의 지도자들은 현명하게도 중국을 서구 질서에 통합하고 경제적으로 성장하기 위해 노력했고, 중국이 더 강력해지면 소련을 봉쇄하는 데 더욱 도움이 될 것이라고 추론했다. 그러나 냉전이 끝나면서 다음과 같은 의문이 제기되었다. 미국 정책 입안자들은 더 이상 러시아를 견제할 필요가 없는 상황에서 어떻게 대처해야 할까? 탈냉전 당시 중국의 1인당 국내총생산(GDP)은 미국의 75분의 1 크기였다. 그러나 중국의 압도적인 인구 우위에 비추어 볼 때 향후 수십 년 동안 중국 경제가 급성장할 경우 중국은 순전히 경제력에서 미국을 압도할 수 있다. 간단히 말해서, 점점 더 부유해지는 중국이 세계 세력균형에 미친 결과는 아주 컸다.

현실주의 관점에서 중국이 경제적 거물이 된다는 전망은 악몽이었다. 그것은 미국의 일극주의unipolarity의 종말을 의미할 뿐만 아니라, 부유한 중국은 인구가 많고 부유한 국가들이 항상 경제력을 군사력으로 전환하기 때문에 강력한 군사력을 보유하게 될 것이다. 그리고 중국은 아시아의 헤게모니hegemony를 추구하고 세계의 다른 지역에 권력을 투사하기 위해 자신의 강력한 군사력을 사용할 것이 거의 확실하다. 일단 그렇게 되면, 미국은 중국의 세력을 되돌릴 수 없더라도 중국을 봉쇄할 수밖에 없기 때문에 위험한 안보 경쟁이 촉발할 것이다.

강대국들이 경쟁할 수밖에 없는 운명은 무엇인가? 우선 국제체제는 국가 간 분쟁을 판단하거나 위협을 받았을 때 보호할 수 있는 상위권력higher authority이 없다. 더욱이 어떤 국가도 경쟁 국가 즉 특히 강력한 군사력을 가진 국가가 공격하지 않을 것이라고 확신할 수 없다. 국가는 다른 경쟁국의 의도를 파악할 수 있는 방법이 없다. 국가들은 무정부적 세계anarchic world에서 살아남는 가장 좋은 방법은 가장 강력한 행위자가 되는 것이라는 것을 알고 있는데, 이것은 실제로 자신의 지역에서 헤게모니 국가가 되어 다른 강대국들이 그들의 지역을 지배하지 못하도록 하는 것을 의미한다.

이런 현실주의 논리는 처음부터 미국의 대외정책에 영향을 미쳤다. 미국의 초기 대통령들과 후임자들은 미국을 서반구에서 가장 강력한 국가로 만들기 위해 부단히 노력했다. 미국은 20세기 초에 아메리카 대륙에서 헤게모니가 된 이후 당시 4대 강대국이 아시아와 유럽을 지배하는 것을 막는 데 중요한 역할을 했다. 미국은 제1차 세계 대전에서는 제국 독일, 제2차 세계 대전에서는 나치 독일과 제국 일본을 패배시키는 데 도움을 주었고 냉전 동안에는 소련을 봉쇄했다. 미국은 이러한 잠재적 헤게모니 국가들이 서반구를 지배할 정도로 강력해질 뿐만 아니라 미국의 권력을 전 세계 지역으로 투사하는 것을 어렵게 만들 수 있기 때문에 이러한 세력들을 두려워했다.

중국은 이와 같은 현실주의 논리에 따라 행동하고 있으며, 사실상 미국을 모방하고 있다. 그것은 뒷마당에서 그리고 결국에는 세계에서 가장 강력한 국가가 되기를 원한다. 그것은 중국은 페르시아만 석유에 대한 접근을 보호하기 위해 대양해군 구축을 원하고 있다. 중국은 역시 첨단기술의 선도적인 생산자가 되기를 원한다. 중국은 결국 자국의 이익에 더 유리한 국제 질서를 만들고자 하는 것이다. 강력한 중국이 이러한 목표를 추구할 기회를 놓치는 것은 어리석은 일이라는 것을 잘 인식하고 있다.

대부분의 미국인들은 미국이 중국과 같은 권위주의적이고 무자비한 나라들과는 다르게 행동하는 고귀한 민주주의라고 믿기 때문에 베이징과 워싱턴이 같은 전략을 따르고 있다는 것을 인식하지 못하고 있다. 그러나 국제정치는 이러한 이상주의적 방식이 작동하는 세계가 아니다. 민주주의 국가든 아니든 모든 강대국들은 근본적으로 제로섬 게임zero-sum에서 권력을 놓고 경쟁할 수밖에 없다. 이러한 불가피성imperative은 냉전 기간 동안 미국과 소련 초강대국 모두에게 동기를 부여했다. 그러한 불가피성은 오늘날 중국에 동기를 부여하고 그것이 민주주의라고 할지라도 그 국가의 지도자들에게 동기를 부여할 것이다. 그리고 똑같은 논리가 현재 미국의 지도자들에게도 동기를 제공해 중국을 봉쇄할 수밖에 없게 만드는 것이다.

강대국 경쟁을 주도하는 구조적인 힘을 강조하는 이 현실주의적인 설명을 거부하더라도 미국 지도자들은 모든 국가들 중 중국을 강대국으로 만드는 것이 문제의 비책recipe이라는 것을 인식해야 했다. 결국 중국은 인도와의 국경 분쟁을 자국에게 유리한 조건을 해결하기 위해 오랫동안 추구해 왔으며 동아시아에 광범위한 수정주의 목표를 품고 있었다. 중국의 정책 입안자들은 대만을 재통합하고 일본으로부터 댜오위다오釣魚島/센카쿠 열도尖閣列島를 되찾고, 미국은 물론이고 중국 주변국으로부터 강력하게 저항할 것이라고 예상된 남중국해의 대부분을 통제하겠다는 희망을 일관되게 주장하고 있다. 중국은 항상 수정주의적인 목표를 가지고 있었다. 미국의 실수는 중국이 수정주의 전략에 따라 행동할 수 있을 만큼 강력해지도록 허용한 것이다.

미국의 정책 입안자들이 현실주의 논리를 받아들였더라면 중국의 경제 성장을 늦추고 미국과 빈부격차를 유지하기 위해 추구할 수 있었던 일련의 간단한 정책들이 있었다. 1990년대 초, 중국 경제는 비참할 정도로 저개발 상태였고, 미래 성장은 미국 시장, 기술 및 자본에 대한 접근에 크게 의존했다. 당시 정치, 경제 그리고 안보의 강대국이었던 미국은 중국의 부상을 막을 수 있는 이상적인 위치에 있었다. 1980년부터 미국 대통령들은 국가에게 미국과 최상으로 가능한 무역 조건을 부여한 명칭인 '최혜국 대우most favored nation'를 중국에게 허용했다. 미국이 중국에게 제공한 그러한 특혜는 냉전 종식과 함께 끝내고 미국 지도자들은 중국에 더 가혹한 조건을 부과한 새로운 양자 무역 협정을 협상했어야 했다. 중국 경제의 규모가 작았다면 미국 경제보다 더 큰 타격을 받았을 것이다.

대신 미국 대통령들은 현명하지 못하게 중국에 매년 최혜국 지위를 부여했다. 미국의 2000년 이 오류는 베이징에 대한 미국의 영향력을 현저하게 감소시키면서 그 지위를 영구화함으로써 더 악화되었다. 이듬해 미국은 중국이 세계무역기구(WTO)에 가입하도록 허용함으로써 또 다시 큰 실수를 저질렀다. 이제 세계 시장이 열리면서 중국 무역 기회가 확대되고, 제품 경쟁력이 높아졌고 중국은 더욱 강력해졌다.

미국은 중국이 국제 무역 체제에 접근하는 것 외 정교한 미국 기술의 수출을 엄격하게 통제했어야 했다. 미국의 중국에 대한 수출 통제가 1990년대와 다음 10년 초반에 시행되었다면 특히 효과적이었을 것인데 당시 중국 기업들은 스스로 혁신하지 않고 주로 서구 기술을 모방하고 있었기 때문이다. 미국이 항공 우주 및 전자와 같은 분야의 첨단 기술에 대한 중국의 접근을 거부했다면 거의 확실히 경제 발전을 둔화시켰을 것이다. 그러나 미국은 기술의 흐름을 거의 제한하지 않고 중국이 혁신이라는 중요한 영역에서 미국의 지배력에 도전하도록 허용했다. 미국의 정책 입안자들은 1990년에는 미미했지만 이후 30년 동안 급증한 미국의 대중 직접 투자에 대한 장벽을 낮추는 실수도 저질렀다.

미국이 무역과 투자에 대해 강경한 태도를 보였다면 중국은 분명히 다른 나라에 도움을 요청했을 것이다. 그러나 1990년대에 미국이 그렇게 할 수 있었던 것에는 한계가 있었다. 미국은 세계에서 가장 정교한 기술의 대부분을 생산했을 뿐만 아니라 제재와 안전장치를 포함한 여러 가지 지렛대를 가지고 있어서 다른 나라들이 중국에 대해 강경 노선을 취하도록 설득할 수 있었다. 세계 무역에서 중국의 역할을 제한하려는 노력의 일환으로 미국은 일본, 대만과 같은 동맹국을 모집하여 강력한 중국이 그들에게 실존적 위협이 될 것임을 상기시킬 수 있었다.

중국은 시장 개혁과 잠재력을 감안할 때 이러한 정책에도 불구하고 여전히 상승했을 것이다. 하지만 중국은 현재보다 훨씬 나중에 강대국이 되었을 것이다. 그리고 중국이 보다 늦게 강대국이 되었더라도 여전히 미국보다 현저히 약했기 때문에 지역 헤게모니를 추구할 위치에 있지 않았을 것이다. 절대적이기보다는 상대적인 권력이 국제정치에서 궁극적으로 중요하기 때문에, 현실주의 논리는 미국 정책 입안자들이 중국의 경제 성장을 늦추기 위한 노력과 중국에 대한 자국의 주도권을 높이지는 못하더라도 유지하려는 전략과 결합시켰어야 했다고 주장한다. 미국 정부는 첨단 기술에 대한 미국의 지배력을 유지하는 데 필요한 끊임없는 혁신에 자금을 대면서 연구와 개발에 많은 투자를 할 수 있었다. 미국의 제조업 기반을 강화하고 취약한 세계 공급망으로부터 경제를 보호하기 위해 제조업체가 해외로 이전하는 것을 적극적으로 억제할 수 있었다. 그러나 미국은 이 신중한 조치들 중 어떤 것도 채택하지 않았다.

1990년대 워싱턴 기득권층에 만연했던 진보적 승리주의를 고려할 때 현실주의적 사고가 미국의 외교정책에 영향을 미칠 가능성은 거의 없었다. 대신 미국 정책 입안자들은 민주주의 확산, 개방적 국제경제 촉진, 국제 제도 강화 등을 통해 세계 평화와 번영을 극대화할 것으로 추정했다. 미국은 이 논리를 적용해 중국을 세계 경제로 통합시켜 더욱 번영할 수 있는 관여정책으로 규정했다. 미국은 중국이 권리를 존중하는 민주주의와 책임감 있는 세계적 행위자로 성장할 것이라고 생각했다. 미국의 관여주의자들은 현실주의자들의 우려와 달리 중국의 성장을 환영했다.

미국은 현실주의자들의 우려와 달리 4차례 행정부에 걸쳐 대중 관여 정책에 대한 지원의 폭과 깊이는 아주 넓고 깊었다. 조지 W. 부시George H. W. Bush 미국 대통령은 냉전이 끝나기도 전에 중국에 대한 관여정책을 실시했다. 부시 대통령은 1989년 톈안먼天安門 대학살 이후 가진 기자 회견에서 미·중 무역 접촉이 본질적으로 더 많은 자유를 추구하도록 이끌었으며 경제적 동기가 민주화를 '불가피하게inexorable' 만들 수 있다고 주장하면서 중국에 경제적으로 관여하는 것을 정당화했다. 2년 후, 부시는 중국을 최혜국 대우 지위를 갱신했다는 비판을 받자, '민주주의 변화를 위한 분위기를 조성하는 데 도움이 될 것'이라고 주장함으로써 관여정책을 옹호했다.

클린턴Bill Clinton은 1992년 대통령 선거 기간 중 당시 부시 대통령이 중국에 대해 '너무 유화적으로 대우하고 있다coddling'고 비난했기 때문에 백악관에 입성한 뒤 중국에 강경정책을 보여주었다. 그러나 곧 클린턴은 정책을 전환해 1994년에 미국은 중국에 대한 관여정책을 '강화시키고 확장해야 한다intensify and broaden its engagement'고 선언했는데 이것은 '중국이 경제적으로 성장할 뿐만 아니라 인권이 지켜질 수 있도록 정치적 성숙도를 높이는 데 도움이 될 것이다'라는 이유 때문이었다. 클린턴은 중국이 WTO에 가입하기 위한 토대를 마련하기 위해 의회를 설득했다. 클린턴은 2000년 '중국 인민을 위한 개방과 자유의 미래를 믿는다면 이번 합의를 지지해야 한다'고 주장했다. 조지 W 부시 대통령도 대선 후보로서 '중국과의 교역이 자유를 증진시킬 것'이라고 약속하며 중국을 세계경제 속으로 끌어들이려는 노력을 받아들였다. 부시는 취임 첫해에 중국에 영구적인 최혜국 지위를 부여하는 선언문에 서명했고, 중국을 WTO

에 가입시키기 위한 마지막 절차를 밟았다.

오바마Barack Obama 행정부의 대중정책도 이전 행정부와 일관성을 유지했다. 오바마는 2015년 '대통령이 된 이후 중국과 건설적인 방식으로 일관되게 교류하고, 서로의 차이를 관리하며 협력의 기회를 극대화하는 것이 목표이다. 그리고 나는 중국이 성장하는 것을 보는 것이 미국의 이익에 부합한다'고 반복해서 주장했다. 힐러리Hillary Clinton 국무장관이 2011년 공개한 '아시아로의 회귀pivot to Asia'정책이 관여정책에서 벗어나 봉쇄정책으로 가는 변화를 상징한다고 생각할 수 있지만 그것은 잘못 판단이었다. 힐러리는 관여정책에 적극적이었고, 클린턴은 아시아 회귀정책을 주장하는 포린 폴리시Foreign Policy 논문에서 '번영하는 중국은 미국에게 이익이 된다'라고 주장해 공개 시장의 미덕에 대한 자유주의적 수사liberal rhetoric로 가득 채웠다. 게다가 오바마는 2,500명의 미국 해병대를 호주에 배치하는 것을 제외하고, 중국에게 강력한 봉쇄전략을 시행할 수 있는 의미 있는 조치들은 취하지 않았다.

미국의 재계는 중국을 제조업의 거점이자 10억 명 이상의 잠재 고객을 간주할 정도도 관여정책에 지지가 깊고 넓었다. 미국 상공회의소Chamber of Commerce, 비즈니스 라운드 테이블Business Roundtable, 전미제조업협회 National Association of Manufacturers 등 무역 단체들은 도너휴Thomas Donohue 전 상공회의소 회장이 중국의 WTO 가입을 돕기 위해 이른바 '논스톱 로비 공세nonstop lobbying blitz'를 벌였다. 월스트리트 저널Wall Street Journal, 뉴욕 타임즈The New York Times 그리고 워싱턴 포스트The Washington Post의 사설을 포함해 미국 주류 언론의 조명도 관여정책을 수용했다.

세계화와 자유시장의 옹호자인 프리드먼Thomas Friedman은 '세계는 평평하다'에서 '중국에서 시장 경제와 민주주의가 확산되면 언론이 활성화 될 것이고 그러면 중국 공산당과 지도자들은 시간이 지남에 따라 폭발 하는 자본주의 시장을 통제하고 감시할 수 없을 것'이라면서 미국의 대중 관여정책을 적극적으로 지지했다. 대중 관여정책은 미국 학계에서도 인기가 있었다. 중국 전문가나 국제관계 학자들은 베이징이 더 강력해지도록 지원하는 것이 지혜로운지에 대해 거의 의문을 제기하지 않았다. 그리고 아마도 미국 외교정책 수립에 압도적인 관여 의지를 보여주는 가장 좋은 지표는 냉전기 민주당과 공화당의 가장 저명한 매파hawks였던 브레진스키Zbigniew Brzezinski와 키신저Henry Kissinge가 대중 관여정책을 적극적으로 지지했다는 것이다.

관여정책 옹호자들은 자신들의 정책이 실패의 가능성을 허용했다고 주장한다. 클린턴은 2000년에 '우리는 어디로 가고 있는지 모른다'라고 인정했고, 부시는 같은 해 '보장은 없다'라고 말했다. 그러나 관여정책의 지지자 어느 누구도 실패의 의미를 예상하지 못했다. 관여정책 지지자들은 만약 중국이 민주화를 거부한다면 중국은 단순히 능력이 떨어지는 나라가 될 것이라고 믿었다. 중국이 더욱 강력해지고 그만큼 더 권위주의가 될 것이라는 전망은 그 지지자들의 계산에 들어있지 않았다. 더욱이 관여정책 지지자들은 현실주의 정치가 낡은 것이라고 믿었다.

현재 관여정책의 일부 지지자들은 미국이 위험을 분산해hedged its bets 중국과 우호가 잘 진행되지 않는 경우를 대비해 관여정책과 함께 봉쇄정책을 추구해야 한다고 주장하고 있다. 클린턴 행정부 시절 미 국방부에서 근무한 적이 있는 나이Joseph Nye는 2018년에 '안전을 위해서… 우리는 관여정책이 실패할 경우를 대비해서 보험정책insurance policy을 만들었다'라고 포린 어페어Foreign Affairs에 기고했다. 이 주장은 미국 정책 입안자들이 중국을 봉쇄하지 않았다고 자주 반복하는 말과 상충된다. 예를 들어 1997년에 클린턴은 자신의 정책을 '봉쇄와 갈등containment and conflict'이 아니라 '협력cooperation'이라고 설명했다. 그러나 비록 미국 정책 입안자들이 소리없이 중국을 봉쇄하고 있다고 해도 관여정책이 궁극적으로 세계 세력균형을 중국에게 유리하게 전환했기 때문에 관여는 그들의 노력을 약화시켰다.

누구도 관여정책이 충분하게 일할 기회가 주어지지 않았다고 말할 수 없으며 미국이 충분히 수용하지 않았기 때문에 중국이 위협 세력으로 부상했다고 주장할 수도 없다. 세월이 흐르면서 관여정책은 실패라는 것이 분명해졌다. 중국 경제는 유례없는 경제 성장을 이루었지만 자유민주주의나 세계 문제에 책임 있는 이해 관계자로 발전하지 못한 것은 사실이다. 반대로 중국 지도자들은 자유주의 가치를 자국의 안정에 대한 위협으로 보고 있으며, 신흥 강대국들의 통치자들이 일반적으로 그러하듯이 점점 더 공격적인 외교정책을 추구하고 있다. 중국의 이러한 전략과 추세는 피할 방법은 없다. 관여정책은 아주 큰 전략 실패였다. 관여정책은 실패했다는 것을 인정하면서 현재 바이든 행정부에서 일하고 있는 캠벨Kurt Campbell과 라트너Ely Ratner가 2018년 '포린 어페어'에서 '미국은 이제 현대 역사에서 가장 역동적이고 강력한 경쟁자에 직면해 있다'라고 주장했다.

오바마는 대통령 재임 기간 동안 중국의 해양 권리 주장에 이의를 제기하고 WTO에 제소하는 등 중국에 대해 강경 노선을 취하겠다고 공언했지만, 이러한 진정성 없는 노력은 별 효과가 없었다. 2017년이 되어서

야 미국의 대중정책이 완전히 바뀌기 시작했다. 트럼프Donald Trump는 미국 대통령이 된 이후 이전 4개 행정부가 채택한 대중 관여전략을 신속하게 포기하고 봉쇄정책을 추진했다. 2017년에 공개된 백악관 전략 문서에 따르면 강대국 경쟁이 다시 시작됐고, 중국은 이제 '미국의 권력과 영향력 그리고 이익에 도전해 미국 안보와 번영을 약화시키고 있다'고 규정했다.

트럼프는 중국의 성공을 막기로 결정해 2018년 중국과 무역전쟁을 일으켰고 미국의 기술 우위를 위협한 거대 기술기업 화웨이Huawei와 다른 중국 기업들을 약화시키려 했다. 대신 트럼프 행정부는 보다 더 긴밀한 관계를 발전시켰고 남중국해에서의 중국의 주장에 이의를 제기했다. 트럼프 행정부가 출범한 이후 미·중 사이에는 제2차 냉전이 시작되었다.

전문가들과 언론들은 바이든 대통령이 상원 외교위원장과 오바마 행정부 시절 대중 관여정책을 확고히 지지했다는 점에서 봉쇄정책을 포기하고 다시 관여정책을 회복할 것으로 전망했었다. 그러나 실제로 바이든은 미국 대통령으로서 봉쇄정책을 수용하고 트럼프와 마찬가지로 중국에 대해 강경한 태도를 보이며 취임 직후부터 중국과 '극한 경쟁extreme competition'을 약속했다. 미국 의회도 바이든 행정부의 대중 강경정책을 지원했다. 2021년 6월 미국 혁신 경쟁법Innovation and Competition Act은 입도적인 초당적 지지를 받으며 상원을 통과했다. 이 법안은 중국을 '미국 외교정책의 가장 큰 지정학적, 지리 경제적 도전'으로 규정하고 대만을 '아주 중요한vital' 전략적 주권 국가로 인정해야 한다고 주장한다. 미국 여론은 이 견해를 공유하고 있다. 2020년 퓨 리서치 센터 여론조사에 따르면 미국인 10명 중 9명이 중국의 권력이 미국에게 위협의 대상이라고 인식하고 있다. 신냉전 구조의 미·중 경쟁 관계는 당분간 지속될 것이다. 미국 대통령이 누구이든 상관없이 현재의 미·중 구도는 현재보다 더 격화될 가능성이 높다.

여전히 관여정책을 지지하는 현재의 미·중 관계의 하향 나선형 곡선 downward spiral을 부시 행정부에 근무한 적이 있는 졸릭Robert Zoellick의 말처럼 미·소식의 대결 구도 조성에 혈안이 된 개인들 즉 '신냉전 전사들 New Cold Warriors'의 소행으로 설명하고 있다. 관여정책의 견해에서 중국과 경제 협력을 더욱 심화시키는 유인책이 권력 경쟁을 위한 필요성보다 더 중요하다는 것이다. 이들은 상호 이익은 상충되는 이익을 능가한다고 주장한다. 유감스럽게도 관여정책의 옹호자들은 경고하고 있다whistling in the wind. 이미 미·중 사이의 제2차 냉전은 도래했고 두 냉전을 비교해보면 미·소 경쟁보다 미·중 경쟁 구도는 직접 전쟁으로 이어질 가능성이 높다는 것이 더 분명해지고 있다. 미·소 냉전은 개도국을 통한 대리전이었지만 미·중은 대만 해협, 동중국해 그리고 남중국해에서 군사적으로 대치하고 있기 때문에 언제든지 양국은 물리적인 충돌의 시한폭탄이 작동하고 있다고 볼 수 있다.

미·중 갈등의 첫 번째 대비점은 역량에 관한 것이다. 중국은 소련보다 이미 잠재적인 권력의 측면에서 미국에 근접하고 있다. 소련은 권력이 최고조에 달했던 1970년대 중반 인구에서 1.2 대 1 미만의 작은 우위에 있었고, 국민 총생산(GNP)을 대략적인 부의 지표로 사용했을 때 미국의 거의 60% 정도에 머무르고 있었다. 이와는 대조적으로, 중국은 현재 미국보다 4배 많은 인구를 가지고 있고 미국 부의 약 70%까지 따라왔다고 볼 수 있다.

중국 경제가 연평균 5% 안팎의 놀라운 속도로 계속 성장한다면 결국 미국보다 더 많은 성장 잠재력을 가질 수밖에 없다. 2050년까지 중국은 약 3.7 대 1의 인구 우위에 있을 것으로 예측되었다. 만약 중국이 2050년에 미국의 1인당 GDP의 절반, 즉 오늘날 한국의 GDP에 도달한다면 미국의 1.8배가 될 것이다. 그리고 중국이 더 발전해 현재 일본의 GDP 수준인 미국의 5분의 3에 도달하게 되면 미국보다 2.3배가 부유해질 것이다. 중국은 이러한 잠재력이 현실화되면 6,000 마일mles 떨어진 곳에서 중국과 경쟁하고 있는 미국보다 훨씬 더 강력한 군사력을 보유하게 될 것이다.

소련은 미국보다 더 빈곤했을 뿐만 아니라 냉전이 한창일 때 나치 독일의 끔찍한 파괴로부터 여전히 회복 중이었다. 소련은 제2차 세계대전 때 70,000개 이상의 도시와 마을, 32,000개의 산업 기업, 40,000마일의 철도와 도로를 포함하여 2,400만 명의 시민을 잃었기 때문에 미국과 전쟁할 수 있는 세력이 되질 못했다. 반면 중국은 1979년 베트남과 마지막으로 전쟁을 벌였고 이후 수십 년 동안 미국 다음으로 강한 경제대국이 되었다.

중국은 능력이 크게 부족한 소련의 역량에 비해 또 다른 걸림돌이 있었는데, 미·소와 달리 동맹국이 선혀 없나는 것이다. 소련은 냉진기긴 동안 동유럽에 거대한 군대를 주둔시키면서 동유럽의 거의 모든 나라의 정치에 깊이 관여했다. 그래서 소련은 동독, 폴란드, 헝가리, 체코슬로바키아에서의 민주화 세력 중심의 반체제와 싸워야 했다. 그리고 알바니아, 루마니아 그리고 유고슬라비아는 일상적으로 모스크바의 경제 및 안보 정책에 도전해 왔다. 소련은 냉전 중에 자기를 지원한 중국과 손을 잡았다. 이러한 소련의 동맹국들은 소련 지도자들이 주요 적수인 미국으로부터 주의를 돌리게 하는 모스크바의 목에 있는 골칫거리albatross였다. 현재 중국은 북한을 제외하고 동맹국은 거의 없고 소련 동맹국과 우호국들과 맺었던 관계보다 관계가 긴밀하지 못하다. 한마디로 중국이 해외에서 문제를 일으킬 수 있는 유연성이 더 크다는 것이다.

이념적 동기는 무엇인가? 중국은 소련처럼 명목상 공산주의 정부가 주도하고 있다. 그러나 냉전 시대의 미국인들이 모스크바를 악의적 이데올로기를 전 세계에 확산시키기로 결심한 공산주의 위협으로 보는 것은 잘못되었듯이, 오늘날 중국을 이념적 위협으로 묘사하는 것은 실수일 것이다. 소련의 외교정책은 공산주의 사상의 영향을 크게 받지 않았다. 스탈린Joseph Stalin은 그의 후임자들과 마찬가지로 냉철한 현실주의자였다. 공산주의는 자본주의를 포용하는 권위주의 국가로 가장 잘 이해되는 현대 중국에서는 훨씬 더 중요하지 않다. 미국인들은 중국이 공산주의 국가이기를 바라야 한다. 그러면 중국의 경제는 무기력해질 것이다.

그러나 중국이 확실히 가지고 있는 '이즘ism'이 있는데, 그것은 미국과의 경쟁 관계를 악화시킬 가능성이 높은 민족주의다. 일반적으로 세계에서 가장 강력한 정치 이념 민족주의는 공산주의와 대립하고 있기 때문에 소련에서 영향력이 제한적이었다. 그러나 중국의 민족주의는 1990년대 초부터 강력한 추진력이 되었다. 특히 중국의 민족주의가 위험한 것은 제1차 아편전쟁First Opium War에서 시작된 중국의 '민족적 굴욕의 세기century of national humiliation'를 강조하는 것인데, 중국은 이 기간 동안 강대국들 특히 일본 그리고 중국 서사 속에서 미국에 의해 희생되었다고 주장하고 있다. 이 강력한 민족주의 서사의 효과는 2012-13년 중국과 일본이 댜오위다오/센카쿠 열도를 둘러싸고 충돌하면서 중국 전역에 반일 시위가 촉발되었을 때 확실하게 드러났다. 앞으로 동아시아에서 치열해지는 안보 경쟁은 일본과 미국에 대한 중국의 적대감이 증폭되면서 지금의 냉전이 열전으로 전화할 가능성이 아주 높다고 할 수 있다.

또한 이 지역에서 전쟁의 가능성이 높아지는 것은 중국의 역내 야망 때문이다. 소련의 지도자들은 제2차 세계대전으로부터 회복하고 동유럽 제국을 관리하는 것에 집중하면서 유럽 대륙의 현상 유지에 만족하고 있었다. 반면 중국은 동아시아에서 확장주의적 의제에 깊이 전념하고 있다. 중국의 팽창 지역의 주요 목표는 분명 중국에 전략적 가치가 있지만, 신성한 영토로 여겨지기도 하는 만큼 이 지역의 운명은 중국 민족주의 발전의 강도, 깊이 그리고 속도에 달려있다. 중국의 민족주의 제1 목표 지역은 대만이다. 예를 들어, 중국은 소련이 베를린에 대해 전혀 느끼지 못했던 감정적인 애착을 대만에 가지고 있어 대만을 방위하겠다는 미국 공약이 대만을 더욱 위험하게 만들고 있다.

마지막으로, 신냉전 지형은 구냉전 지형에 비해 전쟁 가능성이 더 높다. 미·소 경쟁 구도가 세계적 수준이었지만, 그 무게 중심은 유럽의 철의 장막Iron Curtain으로 양측은 수천 개의 핵무기를 갖춘 대규모 육·공군을 보유하고 있었다. 그렇지만 유럽에서 초상대국 선생의 가능성은 거의 없다. 왜냐하면 미·소 양측의 정책 입안자들은 핵확산의 무서운 위험을 이해했기 때문이다. 어떤 지도자도 자신의 나라를 파괴할 수 있는 전쟁을 시작하려 하지 않았다.

동아시아에는 유럽처럼 안보를 고정할 수 있는 철의 장막처럼 뚜렷한 구분선이 없다. 대신, 제한적이고 재래식 무기를 수반하는 소수의 잠재적 충돌이 확전될 수 있는 전쟁을 생각할 수 있게 만든다. 이 전쟁에는 대만, 남중국해, 댜오위다오/센카쿠 열도, 중국과 페르시아만을 연결하는 인도·태평양 항로에 대한 지배권 싸움이 포함된다. 이러한 충돌은 주로 공군과 해군 사이의 공해상에서 발생하고 섬의 통제권을 행사하는 경우에는 소규모 지상군이 참전할 가능성이 높다. 심지어 중국 수륙 양용부대를 동원할 수도 있는 대만과 전쟁에서도 핵무기를 장착한 대규모 군대가 충돌하지는 않을 것이다.

이 중 어느 것도 이러한 제한적인 전쟁 시나리오가 가능성이 높다고 말하는 것은 아니지만, 나토NATO와 바르샤바 조약기구Warsaw Pact 사이의 주요 전쟁보다 더 가능성이 높다. 그러나 미·중이 대만이나 남중국해에서 전쟁을 발생할 경우 핵확산이 없을 것이라고 단정할 수는 없다. 사실, 만약 미·중 한쪽이 심하게 패하고 있다면 최소한 그 상황을 타개하기 위해 핵무기를 사용할 수 있다고 고려할 수 있는 시나리오이다. 일부 의사 결정자들은 공격이 바다에서 일어나고 중국과 미국 그리고 그 동맹국들의 영토를 벗어난다면 핵무기는 용납할 수 없는 확전 위험 없이 사용될 수 있다고 결론을 내릴 수도 있다. 그래서 현재와 같은 미·중 신냉전에서는 강대국 전쟁이 일어날 가능성과 핵무기 사용 가능성도 높다고 할 수 있다.

미국 학계와 정치가들 사이에서 비록 수가 많이 줄어들었지만 관여정책의 옹호자들은 남았고 그들은 여전히 미·중이 공통점을 찾을 수 있다고 생각한다. 2019년 7월 말, 100명의 중국 참관인들이 트럼프에게 보내는 공개서한에 서명했고, 하원 의원들은 중국이 위협적이라는 생각을 거부했다. 그들은 '많은 중국 관료들과 엘리트들은 서방과의 온건하고 실용적이며 진정으로 협력적인 접근이 중국의 이익에 도움이 된다는 것을 알고 있다. 미국이 더 개방적이고 번영하는 세계를 만들기 위해 동맹과 우호국들과 협력을 촉구하면서 중국이 참여할 수 있는 기회를 제공해야 한다고' 주장했다.

하지만 강대국들은 다른 강대국들이 자신을 희생시켜 더 강해지도록 허용하지 않는다. 이런 강대국 경쟁의 원동력은 구조적인데 이것은 유능한 정책 결정만으로는 문제를 없앨 수 없다는 뜻이다. 근본적인 역학을 바꿀 수 있는 유일한 것은 중국의 부상을 멈추게 하는 주요한 위기일 것이다. 이는 중국의 오랜 안정과 능력 그리고 경제 성장을 고려할 때 일어날 것 같지 않은 사건이다. 따라서 미·중 사이의 위험한 안보 경쟁은 거의 피할 수 없다.

이 경쟁은 기껏해야 전쟁을 피할 수 있다는 희망에서 관리될 수 있다. 그러기 위해서는 미국이 동아시아에서 가공할 재래식 군대를 유지하며 무력 충돌은 잘해야 피로스 승리Pyrrhic victory를 가져다 줄 것이라고 중국을 설득해야 할 것이다. 빠르고 결정적인 승리를 거둘 수 없다고 적들을 설득하는 것이 전쟁을 막을 수 있다는 것이다. 더욱이 미국의 정책 입안자들은 자신들과 중국 지도자들에게 전시의 핵확산 가능성에 대해 끊임없이 상기시켜야 한다. 결국 핵무기는 궁극적인 억제력이다. 미국은 이러한 안보 경쟁을 수행하기 위한 길을 위한 명확한 규칙을 수립하기 위해 노력할 수 있는데 예를 들면 해양 또는 다른 우연적 군사적 충돌과 같은 사건을 피하기 위한 합의이다. 만약 양측이 상대방의 금지선red line을 넘는 것이 무엇을 의미하는지 이해한다면, 미·중 간의 전쟁은 일어날 가능성이 낮아진다. 이러한 조치들은 점증하는 미·중 경쟁에 내재된 위험을 최소화하기 위해 많은 것을 할 수 있을 뿐이다. 그러나 그것은 미국이 현실주의 논리를 무시하고 중국을 모든 전선에서 도전하는 강력한 국가로 만들기 위해 치러야 하는 대가이다.

시진핑習近平 중국 국가 주석이며 중국 공산당 총서기는 2021년 7월 1일 '중화민족이 지배당하고 괴롭힘을 당하는 시대는 끝났다'고 선언했다. 또 시진핑은 '중국을 괴롭히는 세력은 강철 만리장성에 머리를 부딪혀 피를 흘리게 될 것'이라고 경고했다. 시진핑은 중국 공산당 창당 100주년을 맞아 내부 결속을 다지는 한편, 미국이 주도하는 전방위적 '중국 포위전략'에 정면 대응하겠다는 의지를 밝힌 것이다. 시진핑은 베이징의 천안문 광장에서 7만여 명이 참석한 가운데 열린 중국 공산당 창당 100주년 기념행사에서 '중국 인민은 낡은 세계를 파괴하는 능력도 있지만, 새로운 세계를 건설하는 능력도 있다. 사회주의만이 중국을 구할 수 있으며, 중국 특색의 사회주의만이 중국을 발전시킬 수 있다고 세계에 엄숙히 선포한다'고 강조했다. 시진핑은 '1840년 아편전쟁 이후 중국은 점차 반식민지 반봉건사회가 됐고, 중화민족은 유례없는 재난을 당했다. 이때부터 중화민족의 위대한 부흥은 중국 인민의 가장 위대한 꿈이 됐다'고 주장하면서 중국 공산당 창당의 당위성을 강조한 셈이다.

시진핑은 연설에서 커진 국력에 걸맞는 강한 군대의 필요성도 역설했는데 대만 해협과 동중국해와 남중국해 일대에서 미국과 군사적 긴장이 높아지고 있는 상황을 염두에 둔 발언으로 볼 수 있다. 시진핑은 '역사를 거울삼아 미래를 열어가려면 국방과 군 현대화에 박차를 가해야 한다며 강대국은 군대가 강력하며, 군대가 강력해야만 국가가 평안할 수 있다. 인민해방군은 붉은 강산을 지키고 민족의 존엄을 지켜낸 든든한 기둥이

자, 지역과 세계 평화를 지키는 강력한 힘'이라고 강조했다.

특히 시진핑은 '중국 인민은 정의를 숭상하고 폭압을 두려워하지 않으며, 지금까지 다른 나라 인민을 괴롭히고 압박하고 노예화한 적이 없다. 과거에도, 지금도, 앞으로도 없을 것'이라며 동시에 중국 인민은 어떤 외세도 우리를 괴롭히고 억압하고 노예화하는 것을 용납하지 않을 것'이라고 말했다. 이어 시진핑은 '그 어떤 외세라도 중국을 괴롭히려 든다면, 14억 명이 넘는 중국 인민이 피와 살로 쌓은 강철 만리장성 앞에 머리를 부딪혀 피를 흘리게 될 것'이라고 덧붙였다.

시진핑은 홍콩보안법 시행으로 사실상 직할 체제가 들어섰음에도 홍콩과 관련해 여전히 '일국양제(한 국가 두 체제)' 원칙을 내세우며, '외부 세력'의 개입을 경계했다. 시진핑은 '우리는 전면적으로 '일국양제'와 고도 자치 방침을 정확하게 관철해야 하며, 홍콩·마카오 특별행정구에 대한 중앙 정부의 전면적인 통치권을 실현해야 한다. 특별행정 당국도 국가 안정을 수호하는 법률 제도와 집행 제도를 실현하고, 국가의 주권과 안전 발전 이익을 수호해야 한다'고 강조했다.

시진핑은 대만과 관련해선 '조국의 완전한 통일을 실현하는 것은 중국공산당의 변함없는 역사적 과업이며 모든 중화민족의 공통된 염원이며, 대만 독립 시도를 단호히 분쇄하고 민족 부흥의 아름다운 미래를 개척해 나가야 한다. 누구도 국가 주권과 영토를 수호하려는 중국 인민의 굳은 결심과 의지, 강한 능력을 과소평가해선 안 된다'고 주장했다. 이러한 표현은 중국이 대만이 미국과 밀착 관계를 보일 때마다 동원하는 상투적인 표현이다. 시진핑의 연설에서 알 수 있듯이 인민해방군 해군은 중국이 대만과 동중국해에서 일본, 남중국해에서 아세안ASEAN 등 이웃 국가에 위협을 가함에 따라 제2차 세계대전 이후로 볼 수 없었던 속도로 함정을 대량 생산하고 있다. 미국 국방부는 중국이 가까운 시일 내에 대만 해협, 남중중국해 등 지정학적 분쟁 지대hot spots에서 군사적 충돌에 착수할 가능성이 높다고 경고했다.

워싱턴의 분석가들과 국방부 및 국무부는 미국과 중국 사이의 긴장이 악화되고 두 강대국들이 협력하기는커녕 다시 한 번 충돌할 수 있는 위험 가능성을 높게 보고 있다. 바이든Joe Biden 대통령은 미국은 '새로운 냉전을 추구하지 않는다'고 말했다. 그러나 바이든의 주장은 현재 미·중 관계를 바라보는 잘못된 방법이라 할 수 있다. 이미 미·중 사이에는 냉전이 진행되고 있다. 대신 올바른 질문은 과연 미국이 중국이 무력 충돌이나 전쟁에 착수하는 것을 어떻게 막을 수 있는가이다.

중국은 대만을 본토와 '재통합reuniting'하고, 동중국해와 남중국해를 자신의 호수로 만들고, 지역 우위를 확보해 미국을 능가하는 세계 최강대국의 디딤돌로 삼아 중국을 다시 완전한 국가로 만들겠다는 매우 야심찬 실지회복 세력revanchist power이다. 중국은 또한 점점 더 포위당하고 있고 많은 전선에서 점점 더 저항에 직면하고 있는데 이 전략이 과거 중국을 몰아붙였던 일종의 같은 시나리오라고 인식하고 있다. 1949년 중화인민공화국이 건국된 이래의 역사적 기록은 명확하다. 중국은 지정학적 이익에 대한 증가하는 위협에 직면했을 때, 공격받기를 기다리는 것이 아니라, 기습의 이점을 얻기 위해 선제 사격을 제시했다.

중국은 6·25 한국전쟁과 1979년 베트남과의 응징 전쟁에서 무력 사용을 종종 교육 훈련으로 인식했다. 중국은 단 한 명의 적 싸움에서 아주 값비싼 비용이 들더라도 기꺼이 선택해, 다른 이들이 옆에서 관찰하는 것도 교훈이 될 것이라고 생각한다. 오늘날, 중국은 다양한 분야에서 이러한 종류의 공격에 관여하고 싶은 유혹을 느끼고 있을 것이다. 그리고 중국이 일단 선제 사격을 가하게 되면 공격을 받는 당사자는 공격이 강화되는 것에 대한 압박이 가중될 가능성이 높다.

수많은 학자들이 베이징이 언제, 왜 무력을 사용하는지 분석했지만 대부분은 비슷한 결론에 도달했다. 중국은 미래에 대한 확신이 있을 때가 아니라 적들이 몰려올 것을 우려할 때 선제공격을 한다. 콜럼비아 대학의 중국 및 세계 프로그램 책임자인 크리스텐슨Thomas Christensen은 '중국 공산당은 영토와 바로 주변부에 대한 취약성의 열린 창구 또는 분쟁 지역에 대한 통제를 강화할 수 있는 기회의 창이 폐쇄될 때 전쟁을 시작한다'라고 주장했다. 이러한 중국의 전쟁 형태는 상대방의 전력과 무관하게 유지되었다. 사실, 베이징은 종종 미국을 포함한 훨씬 우월한 적들을 공격하여 그 규모를 축소해서 자신이 요구하거나 분쟁이 민감한 영토로부터 적들을 격퇴해 왔다.

이러한 사례는 중국에게 매우 많다. 예를 들어 1950년 신생 중화인민공화국은 수십 년간의 국민당과의 내전과 일본의 반식민지 지배에서 벗어난 지 1년도 채 되지 않았고 아주 궁핍한 국가였다. 그럼에도 불구하고 중국은 미국이 북한을 정복하고 중국을 공격하는 기지로 사용할 것을 우려하여 6·25 한국전쟁에 '항미원조(抗美援朝: 미국에 대항해 북한을 돕는다)'라는 이름으로 참전해 미국과 직접 전쟁을 수행했다. 중국이 참전한 한국전쟁의 확대된 결과로 거의 100만 명의 사상자를 냈고, 핵 보복을 당할 위기에 처했으며 한 세대 동안 유지된 경제 제재로 고통을 당했다. 그러나 오늘날까지 베이징은 한국전쟁 개입을 자국의 실존적 위험을 물리친

영광스러운 승리로 기념하고 있다. 이것은 2020년 10월 중국에서 개봉된 '금강천' 영화에서 잘 보여주고 있다. 금강천은 1953년 6월-7월 사이 강원도 철원군 일대에서 중공군의 대대적인 공세로 시작된 금성전투를 다룬 영화이다. 금강천은 중국의 시각에서 미군과 한국군을 적으로, 중공군은 영웅으로 미화하며 한국전쟁 역사를 왜곡하고 있다.

2021년 10월에는 중국에서 역대 최대 제작비를 들여 '항미원조 전쟁'을 다룬 영화 '장진호'가 돌풍을 일으키면서 애국주의를 고조시키고 있다. '항미원조 전쟁'은 중국이 미국에 맞서 북한을 지원한 전쟁이라는 뜻으로 중국군이 참전한 한국전쟁을 일컫는 말이다. 장진호는 참전의 당위성을 설명하는데 상당한 시간을 들인다. 미군이 38선을 넘은 것은 중국의 안보를 위협한 것이라고 강조하며, 압록강 이북의 북중 접경 지역이 미군 폭격의 피해를 본 장면도 보여준다.

영화 중에서 1950년 10월 5일 마오쩌둥毛澤東은 중국 인민지원군의 총사령관을 맡게 되는 펑더화이彭德懷에게 '수십 년, 100년의 평화를 위해 싸울 수밖에 없다'고 말한다. 마오쩌둥은 회의에서 '순망치한(脣亡齒寒·입술이 없으면 이가 시리다)'이라는 성어로 중국군 참전의 필요성을 설명한다. 그러면서 '항미원조 보가위국(保家衛國, 집과 나라를 지킨다)'이라는 말이 나온다. 장진호는 철저히 중국의 시각에서 전쟁을 다룰 뿐만 아니라 역사 미화도 시도한다. 중국 관영 매체들은 장진호 띄우기와 함께 항미원조 정신과 애국심을 강조하고 나섰다. 중국은 금성천과 장진호와 같은 영화 매체를 통해 중국의 국경절과 맞물려 중국인들의 애국심을 한껏 고취하는 역할을 하고 있다.

1962년 중국군은 히말라야 산맥의 중국 영토에 전초기지를 건설했다는 이유로 인도군을 공격했다. 중국이 인도를 공격한 더 깊은 원인은 중국 공산당이 인도, 미국, 소련, 중국 국민당에게 포위되는 것을 두려워했기 때문이다. 중국은 그 후 10년 동안, '반혁명counterrevolution' 세력을 물리치기 위한 노력의 일환으로 모스크바의 공격 대상 목록에 오를 것을 우려해 우수리강을 따라 소련군을 매복 공격했고, 다시 한 번 핵전쟁을 일으킬 위험이 있는 7개월간의 선전포고 없는 전쟁에 착수했다.

1970년대 후반, 베이징은 베트남과 전쟁을 선택했다. 당시 공산당 지도자인 덩샤오핑鄧小平은 베트남이 자국 영토에서 소련군을 주둔시키고 동남아시아 지역의 중국의 유일한 동맹국인 캄보디아를 침공한 후 '베트남을 가르치기 위한 것'을 내세우고 있지만, 사실상 베트남 응징 전쟁이다. 덩샤오핑은 중국이 포위되고 있으며, 시간이 지남에 따라 중국의 위치가 더 나빠질 것을 두려워했다. 그리고 중국은 1950년대부터 90년대까지 1954-55년, 1958년, 1995-96년에 대만 영토와 대만 해협 근처에 장사포와 미사일을 발사함으로써 세 차례에 걸쳐 거의 전쟁 직전까지 갔다. 중국의 대만에 대한 무력 시위를 내세운 압박전략 목표는 무엇보다도 대만이 미국과 더 가까운 관계를 맺거나 중국으로부터 독립을 선언하는 것을 막는 것이었다.

분명한 것은 중국의 전쟁을 위한 모든 결정이 복잡하고, 국내 정치와 지도자들 개개인의 성격 기질을 포함한 요소들도 전쟁을 선택한 데 영향을 끼쳤다는 점이다. 그러나 매우 중요한 중국의 행태는 일관적이다. 베이징은 영토에 대한 통제권을 영구적으로 상실할 것이라는 전망에 직면하면 폭력적으로 변한다. 중국은 전쟁 착수가 다른 적대 세력을 겁주기 위해 한 적을 공격하는 경향이 있다. 그리고 중국이 적대 세력에게 사전 경고를 하거나 초기 타격을 흡수하기 위해 거의 기다리지 않는다.

지난 수십 년 동안 중국의 이러한 선제공격 및 기습공격 행태는 유예한 것 같다. 중국군은 1979년 이후 큰 전쟁을 수행한 적이 없다. 중국은 1988년 스프래틀리 군도에서 벌어진 충돌에서 중국 프리깃함이 베트남 해군 64명을 사살한 이후 많은 수의 외국인에게 무력 공격을 하지 않았다. 중국의 지도자들은 종종 자국이 유일하게 평화로운 강대국이라고 주장하는데 이를 뒷받침하는 증거가 있다. 그러나 지난 수십 년간 중국은 경제 호황을 과시하는 것만으로도 경쟁국들로부터 영향력과 양보를 얻어낼 수 있었던 것은 역사적인 이상 현상aberration이었다. 중국은 13억 인구, 하늘 높은 성장률, 대기업을 집중 지원하는 권위주의 정부를 보유하고 있고 소비 시장과 저임금 생산 플랫폼production platform을 포기할 수 없는 너무 좋은 나라였다. 그래서 동남아시아 국가들은 물론 모든 국가가 베이징에게 호의를 보일 수밖에 없다.

영국은 1997년에 홍콩을 중국에 반환했다. 포르투갈은 1999년에 마카오 지배를 포기하고 중국에 양도했다. 미국은 중국을 세계무역기구(WTO)와 같은 주요 국제기구에 빠르게 참여하는 것을 지원했다. 1991년부터 2019년까지 6개국이 중국과 영토 분쟁을 해결했고, 다른 20여 개국은 중국과의 관계 확보를 위해 대만과 외교관계를 단절했다. 덩샤오핑이 도광양회韜光養晦 전략에서 주장했듯이 중국은 총 한방 쏘지 않고 이익을 진전시키고 있었다.

그러한 중국의 호시절은 끝났다. 중국 공산당의 국제적 영향력 엔진인 중국 경제가 흔들리기 시작했다. 2007년부터 2019년까지 성장률이 절반 이상 떨어졌고 생산성은 10% 이상 감소했으며 전체 부채는 8배 급증했다. 코로나19 바이러스 대유행coronavirus 19 pandemic은 성장률을 더욱 끌어내려 베이징의 재정을 더욱 악화시켰다. 무엇보다도 중국 인구는 엄청나게 고령화되고 있다. 2020년부터 2035년까지만 7천만 명의 생산 가능한 연령의 성인을 잃고 1억 3천만 명의 노인이 증가하게 될 것이다.

세계는 최근 중국 시장에 대한 매력이 떨어지게 되었고 중국의 강압 능력과 공세적인 행동을 더 많이 우려하고 있다. 시진핑이 강제 통일을 시도할 것을 우려한 대만은 미국과의 관계를 강화하고 국방력을 강화하고 있다. 약 10년 동안 일본은 냉전 이후 최대 규모로 군사력을 증가해 왔다. 일본 집권 자민당은 현재 국방비 GDP의 1%를 두 배로 증가시키는 것을 추구하고 있다.

인도는 중국의 국경과 중요한 항로 근처에 병력을 집결시키고 있다. 베트남과 인도네시아가 공군, 해군, 해안 경비대를 확대하고 있다. 호주는 미군에 북부 해안을 개방하고 장거리 미사일과 핵 추진 공격 잠수함을 도입하고 있다. 프랑스, 독일, 영국은 인도·태평양Indo-Pacific 지역에 군함을 파견하고 있다. 현재 세계 수십 개의 국가들이 자신들의 공급망supply chains에서 중국을 차단하려고 하고 있다. 그런 맥락에서 미국, 일본, 호주 그리고 인도로 구성된 쿼드QUAD와 오커스AUKUS와 같은 반중국 연합이 확산되고 있다. 전 세계석으로 여론 조사는 중국에 대한 두려움과 불신이 탈냉전 이후 최고조에 달했음을 보여준다. 이 모든 것이 골치 아픈 질문을 제기하는데 만일 중국이 쉬운 확장의 가능성이 좁아지고 있다고 본다면 보다 폭력적인 방법에 의지하기 시작할지도 모른다는 것이다. 전문가들은 중국은 이미 그 방향으로 가고 있다고 주장한다.

중국은 서태평양의 약한 경쟁자들을 강압하기 위해 해양 민병대maritime

militia(본질적으로 은밀한 해군), 해안 경비대 그리고 다른 '회색지대gray zone' 자산을 사용해 왔다. 시진핑 체제는 2020년 뉴델리가 미국과 더욱 긴밀한 관계를 맺고 있다는 우려 때문에 분쟁 중인 중국·인도 국경을 따라 인도와의 유혈 분쟁을 촉발시켰다. 베이징은 자신의 군사력을 더 멀리까지 투사할 수 있는 수단을 가지고 있다. 중국 공산당은 지난 30년 동안 미국의 세력이 약화되면서 중국의 이웃 국가들을 침략할 수 있는 군대를 건설하는데 3조 달러를 투자했다. 중국은 확대를 위한 동기를 가지고 있다. 중국은 경제 성장이 둔화되고 포위망이 서서히 좁혀지는 것 외에도 가장 중요한 영토 분쟁에서 유리한 기회의 창이 닫히고 있다.

중국의 지정학적 목표는 비밀이 아니다. 시진핑은 전임자들과 마찬가지로 중국을 아시아와 궁극적으로 세계에서 지배적인 강대국으로 만드는 것이 중국몽中國夢이라고 주장하고 있다. 시진핑은 중국이 제국주의 열강들에 의해 분열되었던 '굴욕의 세기century of humiliation'(1839-1949) 동안 상실했던 중요한 영토와 수로에 대한 중국의 통제를 강화하기를 원하고 있다. 중국이 실지 회복을 원하고 있는 지역들에는 홍콩, 대만, 인도가 영유권을 주장하는 영토 그리고 동중국해와 남중국해의 약 80%가 포함된다.

서태평양의 인화점flash points은 특히 중요하다. 대만은 워싱턴과 긴밀한 유대 관계를 맺고 있는 아시아의 중심부에 있는 경쟁 관계에 있는 민주적인 중국인 정부이다. 중국의 무역 대부분은 동중국해와 남중국해를 통과한다. 그리고 이 지역에서 중국의 주요 적대국인 일본, 대만 그리고 필리핀은 태평양 심해로의 중국 접근을 차단하는 미국 동맹국들과 협력국들로 구성된 전략적 사슬strategic chain의 일부 국가이다.

중국 공산당은 이 지역들을 재흡수하는 데 정통성을 걸고 중국인들 사이에서 강렬한 실지회복 형태의 민족주의를 배양해 왔다. 학생들은 굴욕의 세기를 공부한다. 국경일은 외국이 중국 영토를 강탈해간 것을 기념하는 날이다. 많은 중국 인민들은 중국을 다시 하나의 완전한 국가로 완성하는 것이 전략적 의무만큼이나 감정적인 일이다. 중국 공산당과 중국민들에게 어떤 종류의 타협도 불가능하다. 시진핑은 2018년 매티스James Mattis 당시 미 국방장관에게 '조상이 남긴 영토의 1인치도 잃을 수 없다'고 말했다.

대만은 중국 공산당에게 시간 압박이 가장 심한 곳이다. 중국이 대만을 평화적인 방법을 통해 본토와 통일할 가능성은 아주 희박하다. 2021년 8월 대만 국민의 68%가 중국인이 아닌 대만인이라고 밝혔으며, 95% 이상이 대만이 사실상의 주권을 유지하거나 독립을 선언하기를 원했다. 중국은 미사일을 동원한 기습공격으로 대만 공군과 오키나와 미군 기지를 무력화시켜 성공적으로 대만을 침략할 수 있기 때문에 실행 가능한 군사적 선택지를 유지하고 있다. 그러나 대만과 미국은 중국의 명백한 무력 침공 위협을 인식해 다양한 수단을 통해 대응전략을 수립하고 있다.

최근 바이든 미국 대통령은 미국은 중국의 부당한 공격으로부터 대만을 방어하기 위해 지원할 것이라고 밀했다. 워싱턴은 2030년대 초반까지 아시아·태평양Asia-Pacific 지역에서 미 군사력을 강화, 분산 그리고 확장할 계획을 수립하고 있다. 대만 역시 미국과 같은 시간대에 대함 미사일과 이동식 방공 미사일과 같은 값싸고 풍부한 능력을 사용하여 대만 섬을 중국이 절대 침략할 수 없을 정도로 다루기 어려운 지역으로 만드는 방어 전략을 추구하고 있다. 이것은 중국이 미국과 대만이 군사력을 증강할 때까지 2020년대 10년 동안 대만을 침략할 수 있는 가장 좋은 기회를 갖게 된다는 의미이다. 실제로 미국의 노후 함정, 잠수함, 비행기 등이 대거 퇴역해야 하는 2020년대 후반에는 군사적 균형이 일시적으로 중국 쪽으로 더 유리하게 작용할 수 있다. 이것은 오크마넥David Ochmanek 전 미 국방부 관리가 주장했듯이 미국은 중국과 고강도 분쟁high-intensity conflic에서 대가를 치를getting its ass handed to it 위험에 처하게 될 때라는 것이다. 중국이 대만을 공격한다면 미국은 전쟁의 확대나 대만을 점령하는 것을 보고 있는 것 중 선택해야 할 수도 있다.

미국의 이러한 딜레마는 동중국해에서 더 많이 나타나고 있다. 중국은 수년 동안 함대를 건조해 왔으며 현재 해군 톤수는 미국과 비교해 베이징에 유리하다. 중국은 동중국해에서 일본의 통제를 약화시키기 위해 분쟁 중인 센카쿠열도/댜오위다오/댜오위타이(일본, 중국, 대만) 주변 해역으로 잘 무장된 해경 함정을 통해 정기적으로 순찰을 하고 있다. 그러나 일본은 수륙 양용함을 장거리 대함미사일로 무장한 스텔스 전투기가 이착륙할 수 있는 항공모함으로 전환함으로써 전략적 우위를 회복할 계획을 추진하고 있다. 더 나아가 일본은 동중국해를 가로 지르는 류큐 열도 Ryukyu Islands를 따라 미사일 발사대와 잠수함을 배치함으로써 지리적 이점을 유리하게 활용하고 있다.

한편 일본의 재무장화의 장벽이었던 미·일 동맹은 점점 세력을 배가시키고 있다. 일본은 평화헌법을 유연하게 재해석해 미 해군 함정 및 항공모함 그리고 일본 함정에서 이착륙하는 미군 F-35 전투기와 함께 정기적으로 작전을 수행하는 주일 미군과 함께 적극적으로 전투에 임할 수 있게 해주었다. 미국과 일본 관리들은 이제 중국의 침략에 어떻게 대응할 것인가에 대해 통상적으로 논의하고 그 협력을 공개적으로 홍보하고 있다.

수년 동안, 중국 전략가들은 일본에게 굴욕을 안겨주고 미국과 동맹을 단절하게 만들고 이 지역 다른 국가들에게 교훈이 되는 좋은 실례object lesson가 될 수 있는 짧고 매서운 전쟁을 염두에 두어 왔다. 예를 들어, 베이징은 센카쿠 열도에 상륙하거나 특수부대를 낙하산으로 투입하거나 이 지역에 대규모 해양 배제 수역maritime exclusion zone을 선포하고, 일본군과 심지어 일본에 있는 목표물을 겨냥한 수백 개의 재래식 탄도미사일의 지원을 받아 함정, 전투기 그리고 드론drones을 배치하여 그 선언을 뒷받침할 수 있다.

그러면 일본은 중국의 공격을 기정사실fait accompli로 받아들이거나 센카쿠 열도를 재탈환하기 위해 어렵고 피비린내 나는 군사 작전을 개시해야 할 것이다. 미국 역시 일본이 센카쿠를 방어하는 것을 돕기 위해 2014년과 2021년에 발표한 공약을 준수하거나 후퇴 중 하나를 선택해야 할 것이다. 후퇴는 미·일 동맹의 신뢰를 무너뜨릴 수도 있다. 저명한 싱크탱크들이 주최하는 전쟁 게임인 저항은 쉽게 급속한 확전으로 이어져 이 지역의 주요 전쟁으로 확대될 수 있다.

남중국해는 어떠할까? 중국은 남중국해에서 약소국들을 압박하는 데 익숙해졌다. 그러나 남중국해 영유권 주장국 역시 중국에 강력하게 대응 전략을 추구하고 있다. 베트남은 자국 연안에서 200마일 이내에서 중국의 작전을 어렵게 할 수 있는 이동식 미사일, 잠수함, 전투기, 해군 함정을 증강하고 있다. 인도네시아는 치명적인 대함 미사일로 무장한 수십 대의 전투기, 수상함, 잠수함을 구입하기 위해 국방비를 2020년 16%,

2021년에는 16%나 증가시켰다. 두테르테Duterte 대통령 임기 대부분을 친 중국 정책을 추진했던 필리핀은 공군과 해군 순찰을 강화하고 미국과 군사 훈련을 강화하면서 인도로부터 순항 미사일 구입 계획을 세우고 있다. 동시에, 미국, 일본, 인도, 호주, 영국, 프랑스, 독일 등 강력한 역외 강대국 연합이 중국의 남중국해 주장에 대항하기 위해 '항행의 자유 작전(FONOP)'을 실시하고 있다

베이징의 관점에서 남중국해 상황은 주변 국가들에게 교훈을 줄 수 있는 시기가 도래했다고 볼 수 있다. 중국의 최적 목표 국가는 필리핀이다. 마닐라는 2016년 국제 상설 중재 재판소에 남중국해에 대한 중국의 영유권 주장에 이의를 제기해 승소했다. 중국은 고립되고 방어가 불가능한 남중국해 전초기지에서 필리핀을 몰아냄으로써 자신의 주장을 재확인하고 동남아시아 국가들에게 중국을 자극하는 비용에 대해 경고할 기회를 활용했을 것이다. 이런 상황에서도 워싱턴은 좋은 선택지가 별로 없을 것이다. 미국은 중국이 사실상 남중국해와 주변국에 자신들의 의지를 효과적으로 강요할 수 있게 하면서 물러날 수도 있고, 동맹국을 방어하기 위해 훨씬 더 큰 전쟁의 위험을 감수할 수도 있다.

중국이 '잃어버린lost' 영토를 회복하고 자신의 발전을 견제하기 위해 추구하고 있는 미국 중심의 연합을 해체할 강력한 유인책을 가지고 있는 기간인 '끔찍한 2020년(terrible 2020s)'의 최악의 시나리오에 대비해야 한다. 베이징은 거창한 영토 목표는 물론 위험 부담을 인지하면 먼저 치고 세게 때리는 것을 강조하는 전략 문화를 갖고 있다. 중국은 10년을 넘기지 못할지도 모르는 군사적 이익의 형태로 많은 자산을 낭비하고 있다. 그러한 역학 관계는 과거에 중국을 전쟁으로 몰아넣었고 오늘날에도 그

러할 가능성이 높다.

만약 미·중 갈등이 발생한다면, 미국은 이 분쟁이 어떻게 끝날지에 대해 낙관해서는 안 된다. 미국이 서태평양에서 중국군의 침략을 억제하거나 되돌리기 위해서는 대규모의 무력 사용이 필요할 수 있다. 권위주의 중국 공산당은 항상 불안정한 국내 정통성을 염두에 두고 있기 때문에 비록 초기 목적을 달성하지 못하더라도 패배를 인정하고 싶지 않을 것이다. 그리고 역사적으로 강대국들 간의 현대 전쟁은 일반적으로 단기적이라기 보다는 장기적인 전쟁이었다. 이 모든 것은 미·중 전쟁이 그럴듯한 출구가 거의 없고 확대를 위한 심각한 압력을 제공해 만들 수 없을 정도로 위험할 수 있다는 것을 의미한다.

미국과 그 우방국들은 하드 파워hard power를 과시하고 중국이 기습 공격을 통해 미국의 전투력을 쉽게 쓰러뜨리지 못하도록 확신하기 위해 다른 노력보다도 무기 조달을 대폭 가속화하고 대만 해협과 동중국해, 남중국해에 군사 자산을 배치하는 등을 통해서 중국을 억제하기 위한 조치를 취할 수 있다. 동시에 중국 침략에 대응하기 위해 일본, 호주 그리고 잠재적으로 인도와 영국이 참여하는 다자간 계획을 차분히 시작하는 것은 중국이 그러한 침략에 얼마나 많은 비용이 들 수 있는지를 깨닫게 할 수 있다. 중국이 쉽게, 저렴하게 분쟁에서 이길 수 없다는 점을 이해한다면 분쟁 착수에 더 신중할 수도 있다.

이 단계들의 대부분은 기술적으로 어렵지 않다. 이것들은 현재 사용 가능한 기능을 활용한다. 그러나 그것들은 지적인 변화를 필요로 하는데, 미국과 동맹국들이 중국의 군사적 기회의 창을 빠르게 닫아야 한다는 것을 깨닫는 것으로, 이는 2035년이 아니라 2025년에 시작될 수 있는 전쟁을 준비한다는 것을 의미한다. 그리고 그것은 이제까지 부족했던 어느 정도의 정치적 의지와 긴급성을 요구한다. 남중국해에서 중국에 대한 역사적 경고등은 이미 켜지고 있다. 중국이 왜, 어떤 상황과 무슨 목적을 위해 전쟁을 수행했는지에 대한 분석을 통해 대비를 한다면 중국의 호전성을 약화시켜 미·중 경쟁을 완화해 남중국해, 양안 문제 그리고 동중국해 분쟁이 평화적으로 해결되어 아시아·태평양과 인도·태평양이 평화, 안정 그리고 번영과 발전의 지역이 될 것 가능성이 훨씬 더 높아질 수 있을 것이다.

에필로그

'권력정치와 남중국해 분쟁'에 관한 주제를 가지고 인문 저술에 착수했던 2017년에는 트럼프Donald Trump 행정부가 출범했지만 오바마Barack Obama 행정부의 아시아회귀/재균형정책을 통한 남중국해 분쟁 연구가 주류를 이루었다. 트럼프Donald Trump가 2017년 11월 베트남 다낭에서 개최한 아시아·태평양 경제협력체(APEC)에서 인도·태평양Indo-Pacific 구상을 발표하면서 남중국해 분쟁은 아시아·태평양에서 인도·태평양 지역으로 확산되었다. 2021년 1월 바이든Joe Biden 행정부가 출범하면서 미국, 호주, 일본 그리고 인도가 참여하는 안보 대화인 쿼드QUAD를 강화하기 시작했다. 이제 남중국해 분쟁은 중국과 관련 영유권 국가의 문제를 넘어서 인도·태평양 지역에서 쿼드 국가와 유럽국가인 영국, 프랑스 그리고 독일과 중국 사이의 분쟁으로 확대되었다.

쿼드 4개국은 9월 24일 워싱턴에서 중국 견제와 봉쇄를 위한 첫 비대면 정상회의를 개최해 '자유롭고 개방된 인도·태평양'에 대한 결의를 확인했다. 바이든 행정부가 20년에 걸친 아프가니스탄 전쟁을 끝내고 중국문제 집중을 위해 경제 분야에서는 쿼드, 군사 분야에서는 미국, 영국 그리고 호주 동맹체인 '오커스Aukus'라는 3자 안보 협의체를 축으로 본격적으로 중국 압박전략에 착수했다. 쿼드 정상들은 공동성명을 통해 '우리는 강압에 흔들림 없는 자유롭고 개방적이며 규칙에 기초한 질서 촉진에 전념한다. 이것은 인도·태평양과 세계 다른 지역의 안보와 평화를 증진하기 위한 것'이라고 주장했다.

이 쿼드 공동성명 내용에는 '중국'이라는 단어가 단 한 번도 포함되지 않았지만 결국 모두가 중국을 겨냥하는 것이라고 볼 수 있다. 쿼드는 공동성명을 통해 '우리는 법치, 항행의 자유, 분쟁의 평화적인 해결, 민주적 가치, 국가들의 영토적 온전함을 지지한다. 또 동중국해와 남중국해 등에서 해양의 규칙과 기반 질서에 대한 도전에 맞서기 위해 유엔해양법협약(UNCLOS) 등 국제법 준수를 계속 옹호하겠다'고 발표했다. 이 공동성명은 현재 중국이 동중국해와 남중국해에서 주장하는 영유권 권리, 홍콩과 신장·위구르 지역의 인권 문제, 대만의 안전을 위협하는 군사적 움직임 등을 견제하기 위한 목적으로 볼 수 있다.

더 나아가 쿼드 공동성명에 담긴 구체적 합의 사항들도 중국의 경제적, 외교적 부상을 견제하는 데 초점이 맞춰져 있는데 3월 비대면 정상회담에서 코로나19, 기후 변화, 인프라, 핵심·신기술 등 분야에서 협력을 강조했지만 대면 정상회의에는 위성 데이터 정보 공유, 5G 등 통신기술 협력, 반도체 공급망 협력 등으로 분야를 확장시켰다. 구체적으로 위성 데이터 정보 공유는 기후 변화 모니터링과 재난 대비 등 평화적 목적을 위해 4개국이 우주 공간에서도 협력하는 것이다. 통신망과 관련해서는 '안전하고 개방되고 투명한 5G의 배치'를 강조했다. 중국이 5G망을 통해 다른 나라의 정보를 빼어갈 수 있다는 우려를 반영한 표현으로 볼 수 있다. 쿼드 정상들은 '반도체 공급망 구상'을 출범시켜 반도체와 핵심 부품 보유량을 공유하는 데 합의했다.

이번 쿼드 정상 회담에서 가장 이목을 끈 내용은 4개국이 공개한 '기술

디자인・개발・거버넌스・이용에 관한 쿼드 원칙'이다. 이것은 기술 개발과 사용 등이 '공통의 민주적 가치와 보편적 인권 존중'에 의해 이뤄져야 하며, 이런 원칙이 인도・태평양뿐 아니라 전 세계에 확산되기를 바란다고 밝혔다. 첨단 산업 분야의 승패를 사실상 결정하는 '기술 표준'에서 중국을 배제하려는 의도를 읽을 수 있다. 또 인도・태평양 지역의 인프라 건설 지원을 위한 '쿼드 인프라 협력 그룹'을 만들어 인프라 수요를 파악하고 기술 지원 등을 하기로 했다. 이것은 중국의 경제영토 확대 구상인 '일대일로구상(BRI)'에 맞서 약소국과 중견국들의 인프라 구축에 투자하겠다는 2021년 6월 주요 7개국(G7) 정상회의 합의 사항을 인도・태평양에서 더욱 진전시킨 것이다. 과학 분야 발전을 위해 해마다 각국 25명씩 모두 100명의 장학생을 후원하는 '쿼드 펠로십'도 출범시키기로 했다.

　미국은 쿼드의 외연 확장을 위해 이 협의체가 중국에 맞서는 군사・안보 협의체가 아니라고 강조하고 있다. 쿼드 정상들은 3월에 이어 이번에도 '아세안ASEAN과의 협력'을 강조했다. 일본 '니혼게이자이 신문' '쿼드는 인도・태평양 지역에서 가치 동맹국 내지 협력국에 대해 참가를 호소해나갈 것'이라며 '아세안이나 한국, 영국 등이 대상이 된다'고 보도했다. 현재 인도・태평양 지역에서 중국과 가장 심한 갈등을 빚고 있는 모리슨Scott Morrison 호주 총리는 쿼드 정상 회남 이후 명백한 군사동맹인 오키스의 관계에 대해 '상호 강화하는 것이며. 서로 대체하는 게 아니라 상호 지원하는 것'이라고 주장했다.

　이런 맥락에서 인도・태평양 지역에서 미국과 중국 전략 경쟁이 본격화되면서 전후 70년간 미국이 주도하는 국제 질서를 지탱해온 미국과 유럽 사이의 '대서양 동맹'이 조락하고 '태평양 동맹'이 본격화되고 있다고 볼 수 있다. 미국, 영국 그리고 호주가 2021년 9월 15일 오커스라는 3자 안보 협의체를 창설하기로 한 것에 대해 2차 세계대전 이후 국제 안보 체제에 등장한 최대 변화라는 평가가 나오고 있다. 그동안 국제 질서의 기본 축이었던 대서양 양안 동맹이 저물고, 태평양을 무대로 한 '반중국 동맹'이 구체화되고 있기 때문이다. 9월 24일에는 미국의 인도·태평양 전략을 지탱하는 쿼드 첫 대면 정상회의가 열렸다. 영국 '이코노미스트'는 이러한 변화를 '눈앞에서 벌어지는 지정학의 지각 변동'이라고 평했다.

미국이 반중국 포위를 동맹 구도의 중심축으로 삼기 시작한 것은 오바마 행정부의 아시아회귀정책이다. 트럼프 행정부는 이 변화를 쿼드를 기반으로 한 인도·태평양 전략으로 발전시켰다. 오커스 조약은 중국 봉쇄가 핵심인 인도·태평양 전략을 군사적으로 구체화하는 첫 움직임이라 평할 수 있다. 미국은 오커스를 통해 호주에 핵 추진 잠수함 건조 기술을 제공하겠다고 밝히며 반중국 동맹 강화를 위해서라면 '핵 기술'까지도 이전할 수 있다는 의지를 드러냈다. 미국의 이러한 전략은 인도·태평양 지역 국가들 사이에서 안보 딜레마를 불러일으킬 수 있다. 호주의 역내 잠재적 경쟁자로 보는 인도네시아는 '군비 경쟁과 무력 개발이 이 지역에서 계속되는 것을 깊이 우려한다'는 성명을 발표했다. 미국과 중국 사이에서 양자택일 압박을 받고 있는 아세안 국가들도 각자도생의 군비 강화에 나설 수 있다.

지금까지 미국은 이라크, 아프가니스탄, 시리아, 이란, 예멘, 레바논, 사우디아라비아 등 중동 지역에 외교정책과 안보정책을 집중해 왔다. 그동안 중동 지역은 계속 뜨겁게 달구어진 지역이었다. 2021년 8월 31일 미국이 아프가니스탄에서 완전 철수함에 따라서 미국의 외교정책과 안보정책은 남중국해, 아시아·태평양 그리고 인도·태평양으로 초점이 이동하면서 남중국해를 중심으로 하는 인도·태평양 지역이 뜨겁게 끓기 시작했다. 중동 지역은 미국과 이슬람 세력들. 탈레반, 이슬람국가(IS), 알카에다 등 이슬람 극단주의 내지 테러 세력과 전쟁이었다.

그러나 남중국해, 아시아·태평양 그리고 인도·태평양 지역에서 미국이 경쟁하고 대립하는 국가는 오직 중국이다. 2010년 이후 남중국해 분쟁은 중국과 관련 영유권 주장국들과 양자 간의 문제였다. 이 문제에 영유권 분쟁에 전혀 관련이 없는 미국이 관여하면서 판이 커졌고 중국과 관련 국가의 분쟁에서 미국과 중국의 경쟁과 대립으로 전환되었다. 이제 남중국해와 인도·태평양에서 미국과 중국의 경쟁과 대립은 미·중 양국 간의 대립이 아니라 민주주의 가치 동맹국인 쿼드, 다소 관계가 느슨하지만, 한국, 미국 그리고 일본 소위 한·미·일 3각 협력, 오커스, 정보 협력을 위한 파이브 아이스(미국, 캐나다, 영국, 호주 그리고 뉴질랜드) 그리고 미국 독자적으로 세계 각국에서 중국의 움직임을 감시할 조직인 '차이나 하우스China House'를 만들고 있다.

그래서 남중국해와 인도·태평양에서 미·중의 경쟁과 대립을 보고 현실주의 학자들과 전문가들은 투키디데스 함정 이론을 통해서 양국이 필연적으로 전쟁으로 귀결될 것이라고 비관적인 전망을 내놓고 있다. 학자들의 이러한 진단과 예측은 동남아시아 국가들과 남중국해 그리고 대만을 한 번도 방문한 적이 없고 그 지역 현지 사정과 지리적, 전략적, 정치·안보적, 경제적, 역사적 그리고 문화인류적 배경을 알 수 없기 때문에 사건과 상황을 침소봉대하는 서방 언론과 민족주의 정서를 촉발하는 자가 발전이 능한 현지 언론을 통한 정보와 지식을 통해 이루어졌다고 볼 수 있다.

미국과 중국 해군은 항공모함, 구축함, 잠수함 그리고 전투기를 동원해 통상적인 훈련과 작전을 실시하고 있다. 그러면 이러한 언론사와 현실주의 학자들과 전문가들은 나와서 호들갑을 떨면서 공포를 자극하는 전쟁 발발 희망 시나리오를 반복해서 주장해 오고 있다. 중국이 남중국해에서 가장 절실한 것은 물론 영토 확보가 가장 중요하지만 본질적으로 중요한 자원은 석유나 가스보다도 어류 자원 확보이다. 사실상 중국의 보하이만(발해만)에서 남중국해 연안과 근해에는 남획과 오염으로 어장이 황폐화되어 어류 자원의 씨가 말랐다고 보는 것이 정확하다. 그래서 중국의 어선단들이 해양민병대, 해경 그리고 해군 지원을 받으면서 수백 척씩 몰려다니며 다른 국가의 배타적 경제 수역(EEZ)과 인근해 어장까지 불법조업을 감행하고 있다. 그래서 중국 대규모 어선단들이 인도네시아 배타적 경제 수역(EEZ)에 있는 나투나Natuna 군도 주변 해역에 진출해 불법 조업하면서 내세우는 이유가 자신의 선조들이 조업했던 전통적인 어장이라며 역사적인 권리를 주장하고 있을 정도이다.

그래서 남중국해 연안 국가들에게 가장 피해를 주고 있는 것은 중국의 군사력을 앞세운 기동훈련과 작전이 아니라 1년 내내 남중국해 전역에 등장해 불법 조업을 하고 있는 수백 척으로 구성된 중국의 대규모 어선단이다. 중국 대규모 어선단이 자행하는 불법 남획과 조업 그리고 환경 파괴를 통한 어장 황폐화는 현지 주민들의 생계를 직접적으로 위협하고 있는 절실한 현실적인 문제이다.

필자는 정치학자이다. 그래서 권력정치와 남중국해 분쟁이라는 주제를 가지고 인문 저술을 완성해야 하기 때문에 정치적인 현실을 통해서 남중국해 분쟁을 분석하고 이해할 수밖에 없었다. 그것도 주로 미국과 서방 진영에서 나오는 자료에 의존할 수밖에 없기 때문에 어느 정도 현실주의적 당파성을 가질 수밖에 없다. 그래서 본 연구가 남중국해 분쟁을 정당하고 공정하고 정확하게 설명하고 분석했다고 볼 수 없다는 한계를 가지고 있다는 것은 인정한다. 그래도 오늘도 내일도 그 이후에도 아마 국내 언론, 미국 중심의 서구 언론 그리고 해당 지역이 제공하는 남중국해 문제와 분쟁은 금방이라도 미·중, 중국과 관련 국가 그리고 대만해협 문제를 두고 중국과 대만 그리고 미국 사이에 전쟁이 발발할 것처럼 보도하고 있다.

2021년 중국 공산당 100주년과 2022년 제20차 공산당 대회를 주재하고 임기 연장을 구상하는 시진핑에게 대만 통일을 향한 어느 정도 가시적인 성과를 보이는 것이 바람직하고 필요할 수도 있다. 최근의 여론 조사는 미국, 일본 그리고 다른 민주주의 국가들에서 반중 정서가 증가하고 있는 것을 보여주고 있다. 현재 대만에 대한 어떠한 공격도 미국과 다른 민주주의 국가들에서 분명히 격분을 불러일으킬 것이다. 시진핑은 군사 행동이 초래할 중국의 평판에 손상을 입힐 수 있다는 것을 확실히 알고 있다. 하지만 프라타스 군도는 인접 지역 밖의 사람들은 거의 들어본 적이 없다는 섬을 감안할 때 다를 수 있다. 중국 지도부는 프라타스 군도 점령에 대한 국제적 반응은 대만 자체에 대한 공격보다는 격렬하지 않을 것이라고 계산할 수도 있다. 더욱이 중국은 다양한 선택지를 가지고 실험할 수 있다.

예를 들어, 중국은 워싱턴에서의 대응을 추적하면서 공급선 교란 중단으로 실행하기 전에 군사 훈련 강화로 시작할 수 있다. 만약 그것이 바이든 행정부가 반응이 조용하다면 중국은 그 훈련을 더욱 강화할 것이다. 만약 미국의 반응이 더 강력하다면, 중국은 추가 확대를 피하고 공급선 방해를 통해 대만에 압력을 계속 가할 수 있을 것이다. 만약 이것이 대만에서 공황panic과 체념감feeling of resignation의 감정을 일으킨다면, 시진핑이 횡재windfall가 될 것이다. 중국이 프라타스 군도를 점령할 때 돌 하나로 몇 마리의 새들을 죽일 수 있었다.

중국이 대만 문제에서 연합 전선을 구축한 미국과 일본을 향해 서로 다른 접근법을 취하고 있다. 중국은 '하나의 중국' 원칙을 흔들며 의기투합한 두 나라 중 일본을 먼저 공격해 제압한 뒤 미국과 맞서는 전략을 택할 것이라는 주장이 나왔다. 홍콩 명보明報는 2021년 4월 19일 '일본이 미국의 보호 역할을 과대평가했든 중국의 주권 방어 의지를 과소평가했든 한 가지 예측하지 못한 것이 있다. 중국이 위점타원圍點打援 전술을 취할 것이라는 점'이라고 분석했다. 위점타원이란 적이 구하지 않으면 안 되는 지점을 포위한 뒤 지원 병력을 치는 것이다. 이 전술은 중국이 대만 문제를 놓고 미국과 전면전을 벌이기 전 일본을 먼저 공략해 미국의 힘을 뺀다는 의미로 해석할 수 있다. 명보는 이어 중국은 당분간 미국과 '투이불파(鬪而不破·싸우되 판을 깨지 않는다) 전략을 유지할 것'이라고 덧붙였다. 중국이 위점타원을 미·일에 적용하면 중국이 미국의 대일 지원을 차단하고 일본을 공격하는 형태가 된다. 대만 해협을 둘러싼 미·중 갈등이 격화돼 분쟁이 발생하면 일본 미·일 동맹을 내세워 미국을 지원하게 될 것이다.

프라타스 군도에 대한 신속한 기습 점령 시나리오가 현실성이 높은 것은 중국이 남중국해에 대규모 토지 간척 사업을 통해 구축한 인공섬과 군사 기지는 모든 언론과 전문가들이 미국과 군사적인 충동에 대비한 전초기지라고 주장하는 데서도 알 수 있다. 이러한 주장은 어느 정도 적실성은 있지만 중국 의도와 전략을 정확하게 파악하지 못하고 있다고 볼 수 있다. 중국이 남중국해 인공섬에 구축한 원거리 군사 기지들은 이 지역에 대한 중국의 통제권을 확대할 수 있지만 군사 충돌이 발생했을 때 전혀 작전에 도움이 되지 않는다. 예를 들면 중국이 통제하고 있는 파라셀 군도에서 800km 떨어진 피어리 크로스 환초는 지원함대가 가장 빠른 속도로 항해한다고 해도 하루 이상의 시간이 필요하다. 일부 인공섬들은 활주로가 구축되어 있지만, 바다를 건너는 범위는 제한되어 있으며, 배치할 수 있는 대부분의 전투기는 기지들 사이의 장거리 비행에 대부분의 연료를 소비하면서 효과적일 만큼 충분히 빨리 다른 섬에 도착하기 위해 어려움을 겪게 될 것이다. 중국은 현재 2척의 항공모함을 운용하고 있는데 이론상으로는 남중국해에 배치될 수 있지만, 그들 역시 어떤 사건 발생 시 활동 범위에 있어야 할 것이다.

남중국해 인공섬 기지들이 본토에서 멀리 떨어진 곳이라는 것은 매복 공격에 매우 취약하며 미국과 일본의 장거리 미사일 체계나 이 지역 해군의 표적이 될 수 있다. 그리고 섬 기지들 자체가 공격받지 않았더라도 단순히 봉쇄하기가 쉽기 때문에 보급품 부족으로 고통을 당할 것이다. 인공섬 기지의 섬 대피소에는 초목, 자연 암석 그리고 토양과 다른 보호 시설이 부족하고 고도는 낮지만 지하수 수위는 높기 때문에. 인력과 자원을 지하에 장기간 보관할 수는 없고 그 기지에 건설된 대피소는 매우 제한적인 대응 타격 능력만을 가지고 있다.

인공 섬 방어를 유난히 어렵게 만드는 또 다른 문제들이 있는데 염수

부식과 악천후로 인해 남중국해의 열악한 환경 조건은 이 섬들에 기지를 방어할 수 있는 방식으로 어떤 것도 배치하는 것이 거의 불가능하고 1주일 안에 이 섬들에서는 엄청나게 비싸고 복잡한 항공기의 운용이 거의 불가능하게 될 것이다. 인공섬 기지들이 사격 플랫폼shooting platforms으로서 효과적일지 모르지만, 만약 충돌이 남중국해에서 일어난다면 첫 번째 표적이 될 것이다. 인공섬에 원래 있었던 암초와 모래톱의 유형을 감안할 때 본질적으로 방어할 수 있는 섬을 건설하는 것은 물리적으로 불가능할 것이다. 중국의 인공섬들은 영유권 주장을 위한 근거는 될 수 있지만 그 섬들에 있는 기지를 방어할 수 없기 때문에 장기적으로 시간과 노력 그리고 계산할 수 없는 매몰 비용 때문에 전략상 계륵이 될 가능성이 높다고 할 수 있다.

따라서 중국의 인공섬 군사 기지와 시설은 대만 정복을 위한 거점 지역으로 대만이 점유해 군사 시절을 구축하고 있는 프라타스 군도 점령을 위한 우회 전초기지로 역할을 더 높다고 볼 수 있다. 그 증거로서 중국은 2020년 10월부터 프라타스 군도에 대한 압박을 시작했고 미국과 대만의 정보에 의하면 중국은 이 섬을 점령하기 위한 구체적인 시나리오를 작성했다는 보도이다. 중국군이 프라타스 섬을 전격적이고 최소한의 희생으로 점령에 성공한다면 시진핑은 중국 공산당에 대한 지배력을 강화해 3기 임기를 성공적으로 시작할 수 있을 것이다. 따라서 프라타스 군도는 현재 미국, 일본 그리고 미국의 가치 동맹국들의 관심과 보호가 필요한 발화점이 될 수 있는 지역이라고 볼 수 있다.

대만 해협에 중국 항공모함과 군함 그리고 전투기의 훈련과 작전을 실시하고 미국이 대응 훈련과 작전을 개시하면 냉정한 주시와 분석보다는 선정적인 언론이 주도해서 중국이 통일을 위해 대만 무력 침공 가능성을 보도하고 있다. 그리고 얼마 시간이 지나면서 잠잠해지는 형태를 주기적으로 반복하는 언론 보도를 자주 접할 수 있다. 대만 서해안은 절벽이고 동해안은 조수 간만의 차이가 큰 갯벌로 이루어져 접근이 쉽지 않은 침몰시키는 것이 거의 불가능한 항공모함이라고 할 수 있다.

중국의 전략전술은 성동격서聲東擊西와 살라미salami 전술을 능수능란하게 구사하면서 전격적으로 위점타원 전술을 통해 야금야금이지만 신속하게 남중국해, 동중국해를 잠식해 들어가고 있다고 볼 수 있다. 살라미 전술은 하나의 과제를 여러 단계별로 세분화해 하나씩 해결해 나가는 전술이다. 중국은 먼저 일을 저지른 후 수습하고, 시간이 지나면 또다시 저지르는 식의 행보를 통해 세력권을 계속 넓혀가고 있다. 중국은 이 전략과 전술을 활용해 1995년 필리핀이 실효적으로 지배하고 있었던 미스치프 환초, 2021년에는 필리핀의 스카버러 사구를 점령해 통제하고 있다. 그래서 중국은 대만을 침공하기 전에 반드시 프라타스 군도를 점령할 것이다. 중국은 그 전략에서 남중국해 인공섬 기지를 충분히 활용할 것이다.

그러나 중국은 남중국해에서 7개국과 국경을 접하고 있어 전쟁이 발생하면 아무리 약소국이지만 7개국을 상대해야 한다. 반면 7개국은 오직 중국만을 상대로 전쟁을 수행해야 하고 베트남은 해안선이 아주 긴 국가이고 베트남의 모든 화력은 중국 남해 함대 거점인 하이난섬에 집중되어 있고 군사력이 약한 필리핀은 미국과 동맹국이고 다른 국가들은 미국과 안보 협력국이기 때문에 중국은 미국 중심의 7개국과 전쟁을 해야 하기 때문에 남중국해에서 전면전은 중국 공산당의 운명을 결정할 수 있다.

중국이 남중국해와 대만에서 실행하는 공세 전략 전술은 국내 정치와 민족주의 강화용이면서 2022년 말에 시진핑의 3기 연임을 위한 포석이라고 볼 수 있다.

그런 맥락에서 물론 향후에도 지금과 같은 미·중 경쟁과 대립, 중국과 관련 국가들과 영유권 분쟁이 빈번하게 발생할 것이지만 물리적인 충돌을 통한 해결은 불가능하다고 할 수 있다. 따라서 현실주의자들과 언론들이 주장하는 투키디데스 함정 이론과 남중국해가 미·중 충돌의 인화점 내지 인계철선이라는 주장은 단지 희망 사항으로 존재할 것이다. 아세안 국가들은 서구 식민지로부터 독립하고 경제 발전 정책을 추진한 이후 중국과 경제적인 상호의존 관계 때문에 중국에 경제적으로 편승전략, 미국에 안보 확보를 위한 균형전략을 추구하면서 미·중 어느 한 쪽을 선택하지 않는 헤징 전략을 통해 경제, 안보 그리고 국가 자율성을 확보해 나가고 있다.

그래서 아세안 국가들은 남중국해 문제가 미·중 경쟁과 대립이 첨예해지는 것을 원하지 않고 다자적 방식을 통해 평화적으로 해결하는 방법을 추구해 오고 있다. 따라서 남중국해에서 미국과 미국의 가치 동맹국들과 중국 사이의 권력정치와 남중국해 분쟁은 상황에 따라 강도는 차이는 있지만 무력 충돌이라는 최악의 상황은 발생할 가능성이 낮고 불안하지만 평화로운 상황은 지속될 것이다. 이것이 남중국해 분쟁에 관여하는 아세안 국가, 연안 국가, 중국 그리고 미국 중심의 외부 행위자들이 바라는 가장 현실적인 최상의 시나리오라고 볼 수 있다.

세계는 코로나19 이후와 그리고 백신이 널리 보급되면, 어떻게든 세계 질서가 정상으로 돌아올 것이라고 믿고 있다. 어떤 사람들은 바이든 행정부가 출범함에 따라 미국이 보다 예측 가능하고 책임감 있는 세계 리더십을 회복해 인도·태평양 지역의 지정학적 불안을 안정시키기를 희망하고 있다. 그러나 이 위급하고 급박한 시기에 어떤 것도 얼어붙지 않았으며, 동남아시아의 세력 균형도 확실히 얼어붙지 않았다. 그래서 코로나19 이후에만 이러한 문제들을 다룰 필요가 있다고 생각하는 것은 치명적인 실수일 것 이다.

권력이 부패하면 위기가 드러난다. 실제로 코로나19와 같이 이러한 전 세계적이고 다층적multi-layered 위기는 항상 강대국들이 양질의 공공재를 제공하거나 진정한 세계적 지도력을 보여주는데 의존할 수는 없다는 것을 보여주었다. 동남아시아는 그 지역이 직면하고 있는 많은 도전을 해결하기 위해 어떤 하나의 강대국의 도움에 기대할 수 없다는 사실을 받아들여야 한다. 그리고 현명한 협력정치가 필요하지만, 동남아시아 지역이 새로운 질서에 어떻게 적응할 수 있을 뿐만 아니라 실제로 그것을 형성하는 데 참여하는 것은 개별 국가의 적극성이다. 지금은 동남아시아가 자신의 힘을 발휘할 때라고 볼 수 있다.

아세안은 발리 조약의 원칙을 지지하기 위해 '맹세한 협력국들에게 평화'를 압박해야 한다. 이러한 것들은 모든 국가가 외부의 간섭, 전복 또는 강압으로부터 자유로울 수 있는 권리 그리고 위협이나 무력 사용에 대한 포기 및 평화적인 방법으로 차이점이나 분쟁을 해결할 권리가 포함된다. 한 가지 가능성은 아세안의 핵심 회원국들이 미국과 중국에 자신들을 자제해 달라고 다자간 공개 호소하는 것이다. 그렇지 않다면 미국이 동남아시아 국가들을 돕기 위해 행동한다는 평계를 댈 수 없게 될 것이다. 아마도 남중국해 영유권 주장국들은 보다 큰 기구가 미국을 방어하려고 하는 동안 중국과 협상하기 위해 아세안 소위원회를 구성할 수 있다. 남중국해에서의 지배권 투쟁의 주요 행위자들이 말과 행동이 다르다는 것은 분명하다. 아세안은 이것을 꿰뚫어보고 있지만, 그것에 대해 무엇을 할 수 있고 무엇을 할지는 또 다른 문제라고 할 수 있다.

찾아보기

ㄱ
가즈민 118
가치 동맹국 36, 168, 326
경제번영 네트워크 176
고르바쵸프 221
관여정책 51
구단선 33, 103, 120, 191
구상서 33, 232
국민당 76, 78
국제해양 재판소 119
굴욕의 세기 83, 341, 400
권력정치 104, 137
규칙 기반 질서 34, 37
균형 52, 248
그로비스 74

ㄴ
나이 383
나이트 78
나탈레가와 265
나투나 군도 31, 40, 47, 49, 59, 128
남중국해 당사국 행동 선언 230
늑대 전사 외교 343
니콜슨 280

ㄷ
다오위타이 38
대리전 46
대양 20, 58
댜오위다오 38, 43, 63
더 나은 세계 재건 148
덩샤오핑 50, 67, 89, 138
데이비슨 223
도드 186
도시 351
독새우 전략 214
동아시아 정상회담 125
동중국해 59, 164
두테르테 127, 194, 259, 318
버크 276

ㄹ
라작 260
레이건 304
로사리오 118
로스 71
로즈먼 254
롤리경 32
롬복해협 213
루손해협 296
루즈벨트 57
류화칭 213
리드 뱅크 109
리센룽 284
리커창 322
리콴유 257, 270
린치 96
림 254

(ㅁ)

마 249
마부바니 249
마오쩌둥 89
마카사르 해협 213
마키아벨리 268, 271, 274
마하티르 261, 265, 268, 318
만트라 199
말라카해협 31, 115, 116, 260
말리크 219
말릭 86
매티스 35, 401
메이데이로스 252
메이드인 차이나 152
메이클즈 필드 뱅크 79, 81
멜로스 272
멩카 70
모겐소 55, 69, 268
모디 176
모리슨 409
모호성 생성전략 53
무히딘 262
미국 우선주의 116
미스치프 환초 106, 112, 232, 299
미어샤이머 158, 275
민족주의 38, 67

(ㅂ)

바이든 147, 166, 225, 394
반접근/지역거부 42, 44, 333
발라크리쉬난 117, 281
발리카탄 56
방공식별구역 188
방문군 협정 194, 260

배타적 경제 수역 45, 106, 108, 297
백신외교 343
범가 279
북대서양 조약 기구 186
분발유위 50
브레진스키 383
브룩스 48
브릭스 151
블링컨 186, 199, 352

(ㅅ)

산샤시 79, 80, 107
삼전전략 38, 46, 157, 215
상그릴라대화 35
새도우 복싱 253
색 73
샌프란시스코 조약 84
성동격서 417
세계무역기구 227, 379
세력균형 47, 51, 53, 250
세력전이이론 48, 139, 325
세베리노 281
센카쿠열도 38, 46, 157, 215
손자 273
수비암초 41
수비환초 112
수이성 75
수정주의 34, 173
순다해협 213
순자 273
스발바르조약 307
스위니거도부
스카버러 사구 32, 79, 106, 108
스탈린 388

스파르타 48, 272
스프래틀리 군도 31, 67, 79, 106, 108
시노모세키조약 218
시에핑 347
시진핑 50, 111,113, 129, 138, 392
신스람시주의 139
신현실주의 248
신화사 107
싱 57

◎

아베신조 37, 41, 165, 174
아세안 77, 249
아세안 방식 279
아세안지역포럼 173, 229
아시아 인프라 투자은행 144, 150
아시아·태평양 35
아시아·태평양 경제협력체 330
아시아적 가치 145
아시아판 나토구상 52
아시아회귀/재균형정책 38, 330, 389
아시안 안심법안 225
아세안 확대국방장관회의 266
아키노3세 111
아테네 48, 272
안보딜레마 333
알류슈 73, 74, 76
알리 131
앤더슨 75
앨리슨 38, 230
양푸 82
영 249
영락제 72, 90
오바마 43, 385

오스턴 194
오커스 194, 336, 407
오크숏 248, 267
올간스키 139
왕이 194, 354
왕제츠 118, 169, 188, 229
왕지시 166
우디섬 79, 113
우성리 77
워싱턴 컨센서스 50, 154
월포트 48
위신전략 71
위점타원 417
유럽연합 125, 149
유엔 해양법협약 34, 40, 46, 298
유엔대륙붕한계위원회 107
유엔식량농업기구 80
U자형선 79, 88, 106
이투아바 83, 104
인공섬 34, 44
인도·태평양 34
일내일로구상 49, 138, 146, 199

㊈

자유롭고 개방적인 인도·태평양 165, 167, 284
자유수의 국제 실서 325
자크 87
장밍 75
장예수이 96
장제스 78
장춘셴 91
잭슨 253
저우언라이 84

찾아보기 423

전략적 명확성 103
전략적 모호성 103
정화 90, 217
제1도련선 42, 114, 155, 211, 300
제2도련선 114
제임스 사구 105, 106
제즐리 79
조지 부시 381
존슨 226
졸리 386
중국몽 138, 301
중재 재판소 45
중화민고 76
지경학 138, 145
지리전략 46, 163
지역 포괄적 경제 동반자 협정 143, 159
지연전술 45
지정학 71, 145
진주 목걸이전략 261

ⓒ
차이나 모델 50
챈 144
철의 장막 389
체스판 163, 170, 177

ⓚ
카우시칸 249, 264
카터 43
칸트주의 274
캉 249
캐롤 256
캠벨 331, 351
켈리 125

코로나 19 55, 56, 143
코벳 214
코브라골드훈련 263
코헨 130
쿠드나니 346
쿠롤란츠익 262
쿠퍼 254
쿼드 플러스 59, 140, 173, 190, 322
퀵 54, 214
크리스텐센 359
키신저 166, 270, 383
키오르키아리 257
키팅 230

ⓔ
타이 188
타이핑다오 105
태평양 억제구상 253
태평양 전쟁 78
테먼 138
테스맨 253
통킹만 88, 105
투키디데스 함정 48, 66, 248, 268, 277
트럼프 35, 51, 66, 259, 385

ⓟ
파라셀 군도 32, 79, 93
파이리 크로스 환초 314
판창룽 125
팜 빈 민 59
퍼트남 70
펑리앙 216
페트로베트남 80
펠로폰네스 전쟁 48, 272

포괄적·점진적 환태평양 동반자 협정 192
폼페이오 51, 59, 169, 334
프라타스 군도 32, 82
프리드먼 382
피로스 승리 391
피어리 크로스 환초 112

ⓗ
하이난섬 81
하이양디지 8호 40
하케 256
한비자 268
함바토타 226
항미원조 395
항행의 자유 34, 42, 43, 228
해안 경비대 108
해양교통로 68, 71, 145

해양서사 90
해양의 날 76, 91
행동강령 117, 191
헤게모니 69, 139, 158
헤리스 193
헤이턴 86
헤징전략 53, 247, 250
현상유지 44
현실주의 269
홈즈 94
홉스주의적 투쟁 104
홍레이 111
화평굴기 89
황주 92
회색지대전략 41, 50, 215, 316
후세인 319
후진타오 94
힐러리 38, 118